몸젠의 로마사 제4권

희랍 도시국가들의 복속

Römische Geschichte

몸젠의 로마사

희랍 도시국가들의 복속

테오도르 몸젠 지음 / 김남우·성중모 옮김

푸른역사

일러두기

1. 이 책은 Theodor Mommsen, *Römische Geschichte*, Bd. 2, Buch 3, Berlin, 1902.의 제8장~
   제14장을 번역한 것이며, 소제목은 Theodor Mommsen, *Roman History*, translated by
   William Purdie Dickson, Richard Bentley Publisher, 1864.을 참고하여 번역자들이 붙였다.

2. 고유명사 표기에 있어 국립국어원 외래어 표기법을 따르지 않은 것이 있다. 예를 들어
   '그리스' 대신 '희랍'이라고 적었는바, 이는 '희랍'을 고대 그리스를 가리키는 전문용어로
   사용하고자 했기 때문이다.

3. 문화체육관광부에서 고시한 〈외래어 표기법〉 일부 개정안(문화체육관광부 고시 제2017-14
   호, 2017년 3월 28일)에 따라 일부 용어 표기가 《몸젠의 로마사》 제3권까지의 표기와 다르
   다. 예를 들어 '로마 인'은 '로마인'으로, '라티움 어'는 '라티움어'로, '도나우 강'은 '도나
   우강'으로, '켈트 족'은 '켈트족'으로, '올림포스 산'은 '올림포스산'으로 표기했다(제3권까
   지의 표기는 추후 수정할 예정이다).

옮긴이 서문

Grandibus exigui sunt pisces piscibus esca 작은 물고기는 큰 물고기의 먹잇감이다. 《몸젠의 로마사》 제4권은 앞서 《몸젠의 로마사》 제3권에서 언급했듯이, 몸젠의 제3책의 제8~14장을 번역한 것이다. 이제 로마는 카르타고 전쟁 이후 희랍 세계로 세력권을 확장하는 동시에, 내부적으로 국가 체제의 큰 변화를 겪는다. 종래의 구질서는 전복되고 다수의 사회 영역에서 경장更張이 성취되었다. 안팎으로 로마를 강타했던 새로운 도전에 직면하여, 변화를 감당할 수 없는 제도들은 철저히 도태되었다. 건국 시부터 지켜온 이념은 시대의 뒤안길로 홀연히 사라지고, 현실적인 해결책들이 공식적인 것으로 권위를 얻고 승격되었다.

제4권에서는 이미 카르타고를 제압한 로마에게 지중해 동부 지역이 특히 문제로 부상하는 과정이 전개된다. 불행히도, 로마가 세운 질서를 어지럽히고 로마 공동체를 몰락으로 압박할 수 있는 역량을 갖춘 강력한 적수들이 지중해 동부 희랍권에 즐비했다. 대제국 마케도니아의 필립포스와 페르세우스, 그리고 아시아의 안티오코스가 있었고, 그 밖에 여러 군소 세력들과 켈트족까지 준동했다. 그러나 그 누구도 로마를 능가할 수는 없었다. 결국 지중해 동부 희랍권 내의 공동체들은 로마에게 제압되어 여러 지방으로 분할·해체된 후 로마에 동화되었다.

하지만 밖으로는 전 세계를 호령하게 된 패자覇者 로마도 안으로는 근본적 재정비를 갖추지 못해 군데군데 곪기 시작한다. 예컨대 민회에 주권이 있다지만 실은 도당들이 이용했다. 가문에 기반을 둔 소수의 엄격한 통치가 무너졌다. 지리적 팽창을 통해 로마로 흘러들어온 막대한 부는 흥청망청 로마를 부패시켰다. 전통적 지배 계급이었던 원로원은 자기가 움켜쥐고 있던 권력을 놓지 않으려 스스로 분규의 중심으로 뛰어들었다. 이윤 추구를 궁극적 목표로 삼고 국가를 무시하는 투기 자본이 지금처럼 정치를 압도했다. 로마를 받치던 주된 기둥이었던 자유농민은 힘센 자들의 세력다툼에 휘말려 파멸의 길로 내몰렸다. 결국 군대 편성을 포함하여 국가의 근간을 이루던 제도들이 급변했고, 국가에 대한 책임은 무책임으로 교체되었다. 국가를 폭력으로 얼룩진 나락으로 떨어뜨리는 단초들이 이 시기에 벌써 숙성되고 있었다.

《몸젠의 로마사》 제4권과 더불어 몸젠 번역어 사전(www.mommsen.or.kr)에 등재된 단어들은 650여개로 늘었고, 기원전 1세기를 중심으로 하여 273명의 인물을 등재한 인명사전이 새롭게 추가되었다. 정암학당의 키케로 전집 번역 분과의 연구원들은 번역 출간의 조속한 속계를 지지해주었다. 번역 못지않게 길었던 편집 기간을 기다려주신 푸른역사 대표 박혜숙 사장님과 정호영 편집자님에게 감사한다. 몸젠 번역어 사전의 인명사전을 만드는 한편, 박람을 바탕으로 번역초고를 정치精緻하게 교정해주신 서승일 선생님께 특별히 감사드린다. 마지막으로, 2016년부터 지금까지 《몸젠의 로마사》 제4권의 출간을 인내심을 갖고서 기다려주신 독자제현들께 심심甚深한 감사의 말씀을 전한다.

2019년 2월
번역자 일동

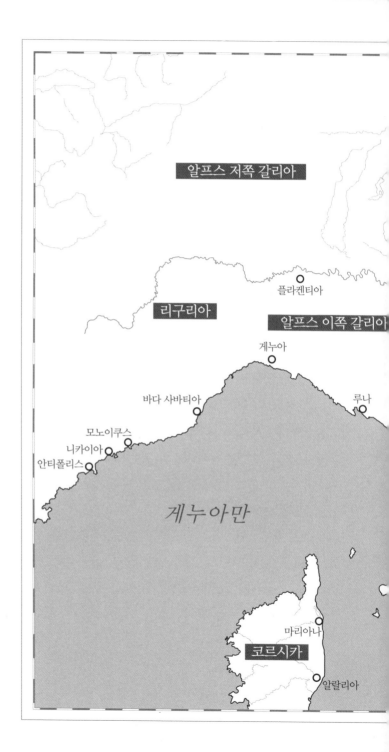

〈지도 1〉
이탈리아 북부

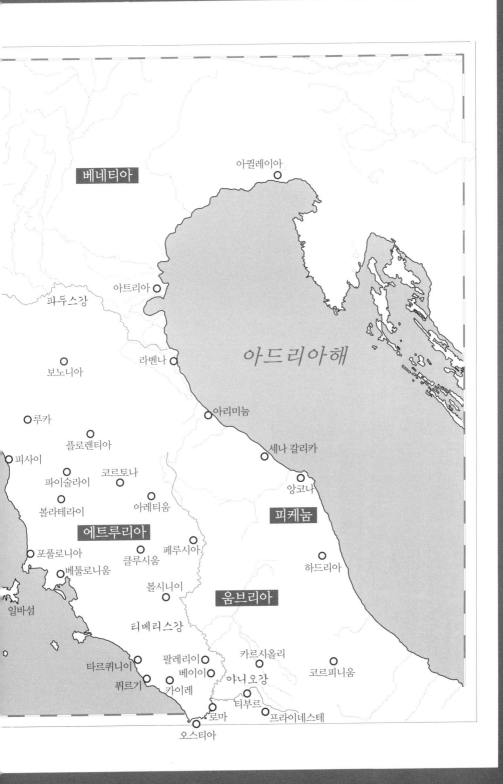

베네티아

아퀼레이아

아트리아

파두스강

아드리아해

보노니아

라벤나

루카

아리미눔

플로렌티아

피사이

세나 갈리카

파이술라이

코르토나

앙코나

볼라테라이

아레티움

피케눔

포풀로니아

에트루리아

페루시아

클루시움

하드리아

베툴로니움

볼시니이

일바섬

움브리아

티베리스강

타르퀴니이

팔레리이

카르시올리

베이이

코르피니움

퓌르기

아니오강

카이레

티부르

로마

프라이네스테

오스티아

〈지도 2〉
이탈리아 남부

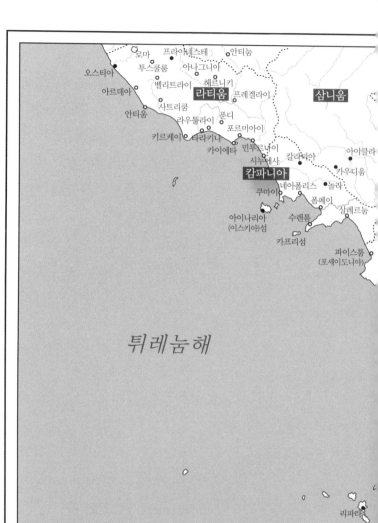

로마　프라이네스테　안티눔
투스쿨룸　아나그니아
오스티아　벨리트라이　헤르니키
아르데아　　　　프레겔라이　　삼니움
사트리쿰
안티움　라우룰라이　푼디
키르케이　타라키나　포르미아이
카이에타　민투르니이　아이클라
시누에사　칼라티아　가우디움
캄파니아
쿠마이　네아폴리스　놀라
폼페이
아이나리아　수렌툼　살레르눔
(이스키아)섬
카프리섬
파이스툼
(포세이도니아)

튀레눔해

리파리

포르반티아섬　에뤽스　파노르모스
히에라섬　드레파눔　　　　　　　아폴로니아　튄다리스
아이구사섬　세게스타　　　히메라　　아바카이눔
(아바카이눔
릴뤼바이움　마자라
이네사
셀리누스
테르마이 셀리눈티아이　카타나
헤라클레이아 미노아　아그리겐툼(아크라가스)　시킬리아
(마카라)
레온티니
핀티아스　겔라　아크라이
카마리나　헬로로스

〈지도 3〉
로마와
카르타고

리게르강

칸타브리아

퓌레니스

가룸나강

두리우스강

누만티아

이베르강

켈티베리아

타구스강

사군툼

발레아레스군도

아나스강

신카르타고

누미디아

가데스

마우레타니아

로마의 속국과 동맹국

카르타고의 속국과 동맹국

〈지도 4〉
소아시아 희랍계 도시들

〈지도 5〉
고대 희랍 북부

이타케

켈레니아

칼뤼돈

칼뤼돈만

코린토스만

아카이아
(아이기말레아이아)

코일레

자킨토스

엘리스

아자니아

피사티스

아르카디아

아르고스

트리퓔리아

퀴누리아

퀴누리아

메세네

메세니아

라케다이모니아

이오니아해

메세니아만

라코

라코니아만

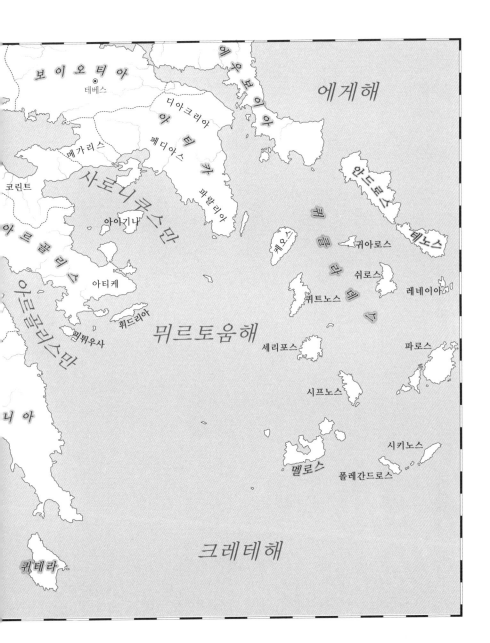

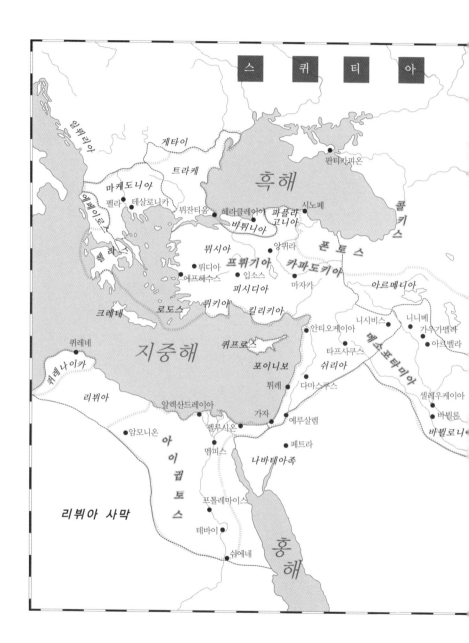

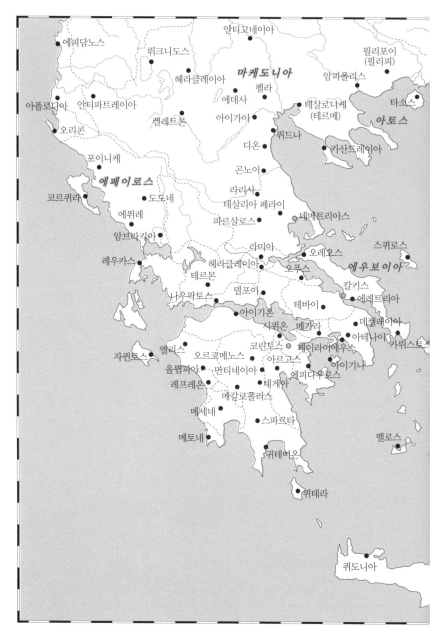

에피담노스

안티고네이아

뤼크니도스

필리포이
(필리피)

헤라클레이아

마케도니아

암피폴리스

펠라

타소스

에데사

테살로니케
(테르메)

아토스

아폴로니아

안티파트레이아

오리콘

켈레트론

아이가아

퓌드나

카산드레이아

포이니케

디온

곤노이

에페이로스

라리사

코르퀴라

도도네

테살리아 페라이

데메트리아스

에퓌레

파르살로스

스퀴로스

암브라키아

라미아

레우카스

헤라클레이아

오레오스

에우보이아

테르몬

오푸스

나우파토스

델포이

칼키스

아이기온

테바이

에레트리아

시퀴온

메가라

데켈레이아

자퀸토스

엘리스

오르코메노스

코린토스

페이라이에우스

아테나이

카뤼스토스

올륌피아

만티네이아

아르고스

아이기나

레프레온

테게아

에피다우로스

메세네

매갈로폴리스

메토네

스파르타

멜로스

귀테이온

퀴테라

퀴도니아

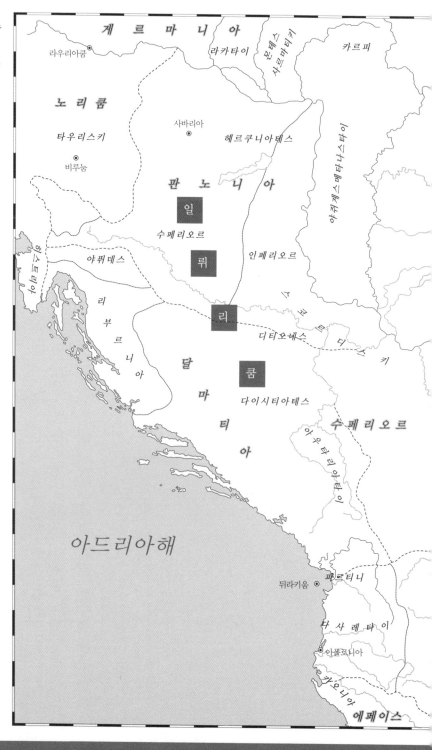

〈지도 9〉
로마의 속주
일뤼리쿰,
마케도니아,
다키아,
모이시아,
판노니아,
트라키아

게르마니아

라우리아쿰

노리쿰

타우리스키

비루눔

라카타이

몬테스
사르마티기

카르피

사바리아

헤르쿠니아테스

판노니아

일

뤼

리

쿰

수페리오르

인페리오르

야퓌데스

야지게스메타나스타이

리
부
르
니
아

달
마
티
아

디티오네스

다이시티아테스

코트미스키

수페리오르

아우타리아타이

하스트리아

아드리아해

뒤라키움

파르티니

타사레타이

아폴로니아

카오니아

에페이스

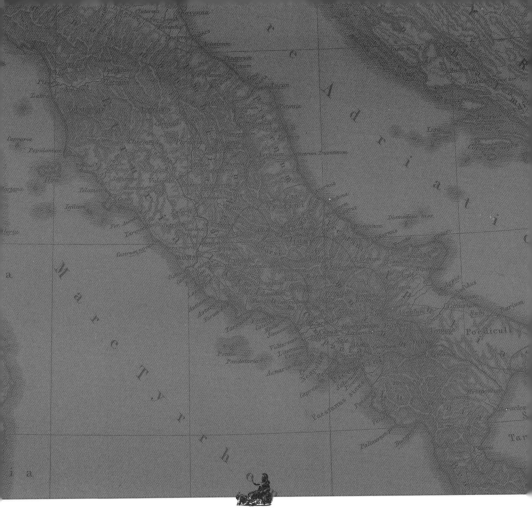

제4권

희랍 도시국가들의 복속

역사를 기술하는 것은 험난한 일이다.
— 살루스티우스

제8장
지중해 동부와 제2차 마케도니아 전쟁

지중해 동부 희랍권

마케도니아의 알렉산드로스 대왕이 자기 소유라고 명명한 지역에 로마가 첫 발판을 마련하기 백 년 전, 알렉산드로스 대왕이 착수한 과업은 시간이 흐르면서, 동방의 희랍화라는 위대한 기본 바탕은 유지하면서, 희랍·아시아적 국가체계 건설로 확대되고 변화되었다. 한때 상인들을 마살리아와 퀴레네, 나일강과 흑해로 보냈던 희랍 민족의 이주벽과 정주욕은, 이제 알렉산드로스 대왕이 획득한 것을 고수하는 쪽으로 돌아섰다. 희랍 문명은 마케도니아 장창(Sarisae)의 보호를 받으며 옛 아카이메네스 제국 도처에 평화롭게 자리 잡았다. 위대한 사령관의 위업을 상속받은 장교들은 점차 병존관계를 만들고, 관계의 기복마저도 일정한 규칙성을 보이는 가운데 균형 체제를 유지했다.

대제국 마케도니아

이런 체제의 세 강대국은 마케도니아, 아시아, 이집트였다. 마케도니아는 로마 건국 534년(기원전 220년) 왕위를 차지한 필립포스 5세 치하에서 전적으로—적어도 외형적으로는—알렉산드로스의 부왕 필립포스 2세 때처럼 튼튼한 국가재정을 갖춘 조직된 군사 국가였다. 갈리아인들의 침범이 진정된 이후 북쪽 국경 지대는 예전의 상황을 회복했다. 국경 수비대는 일뤼리아의 야만인들을 적어도 통상적 평화기에는 어려움 없이 제어했다. 마케도니아 남부의 희랍은 마케도니아에 종속되었고 나아가 마케도니아의 커다란 부분이 되었다. 올륌포스산에서 스페르케이오스강에 이르는 가장 넓은 의미의 테살리아 전체, 마그네시아반도, 크고 중요한 에우보이아섬, 로크리스, 도리스, 포키스 등의 지역들, 마지막으로 수니온곶, 코린토스, 오르코메노스, 헤라이아, 트리퓔로스 등 아티케와 펠로폰네소스의 상당 지역 곳곳에 마케도니아 점령군이 진주했다. 특히 중요한 세 요새, 마그네시아의 데메트리아스, 에우보이아의 칼키스, 코린토스가 "희랍을 옥죄는 세 족쇄"였다.

　제국 마케도니아의 힘은 무엇보다도 본국 마케도니아에 있었다. 물론 광대한 본국의 인구는 매우 적어서 총동원해도 집정관 휘하의 통상적 로마 군단 두 개만큼도 간신히 동원할 정도였고, 이런 면에서 본국은 알렉산드로스 원정과 갈리아 침범이 초래한 인구 감소를 아직 극복하지 못했음이 분명하다. 하지만 희랍 본토에서 민족의 윤리적 국력은 파탄에 이르고, 국민은 사라지고, 삶은 노력할 가치가 없어 보였기 때문에, 형편이 나은 사람들도 누구는 술잔을 들고, 누구는 칼을 잡고, 누구는 등불 아래에서 책을 들추며 허송세월했다. 오리엔트와 알렉산드레이아의 희랍인들은 원주민들에게 언어와 연설술과 학문, 사이비 학문에 이르기까지 문명의 씨앗을 전파했지만, 그 숫자가 워낙 적어 조밀한 여러 민족에게 장교와 정치가와 교사를 충분히 제공하지 못했고, 도시에서조차 순수 희랍적 중산층을 형성할 수 없을 정도였다.

하지만 희랍 북부에는 마라톤 전사들의 그 상당한 민족성이 여전히 남아 있었다. 그리하여 마케도니아인, 아이톨리아인, 아카르나니아인은 동방 어디서든 더 나은 종족으로 자부했고, 또 그렇게 인정받았다. 때문에 알렉산드레이아와 안티오케이아의 궁정에서도 좀 더 중요한 역할을 담당했다. 오랫동안 마케도니아에서 살며 그 관습과 복식을 받아들인 알렉산드레이아인이 고향 도시로 돌아가서는 자신만 사람이고 나머지 알렉산드레이아인들은 노예로 여겼다는 일화가 있다. 건강한 탁월함과 강인한 민족의식은 북부 희랍에서 가장 강하고 질서 잡힌 마케도니아에 특히 좋은 영향을 미쳤다. 물론 여기에서도 신분 기반의 구체제에 반하여 전제정이 등장했다. 하지만 마케도니아에서 왕과 국민의 관계는 아시아나 이집트와 같지 않았다. 국민은 여전히 독립적이고 자유롭다고 느꼈다. 어떤 적과도 싸우는 용기, 조국과 전통 정부에 대한 충성심, 극한 시련을 견디는 인내에 있어, 고대 민족 중 유일하게 마케도니아가 로마 민족과 가장 흡사하다. 또 길리아의 침입 이후 거의 기적적으로 국가를 재건함으로써 통치자들이나 국민은 불멸의 명예를 얻기에 이르렀다.

아시아

세 강대국 중 두 번째인 아시아는 겉으로만 희랍화된 페르시아였고, 아시아의 통치자가 즐겨 쓰던 대로—통치자의 오만과 약점을 모두 드러내는 호칭인바—소위 "왕중왕"의 왕국이었다. 아시아는 자신이 헬레스폰토스에서 펀자브(인도)에 이르는 땅을 통치한다고 페르시아와 동일한 주장을 했으며, 다소간에 종속된 여러 속국, 불온한 태수(satrapes)들, 반자유의 희랍 도시들 등을 페르시아와 마찬가지로, 실체 없는 행정조직으로 느슨하게 묶어놓은 조직이었다. 명목상 셀레우코스 왕조가 통치했으나 사실상 소아시아 북부 해안 전체와 동부 내륙 상당 부분은 토착 왕조들 또는 유럽에서 몰려온 켈트족 집단의 수중에 있었고, 서부 대부분은 페르가몬의 왕들이 점령했고, 섬들과 해안 일부는 이집트가 지배했고 일부는 자유 지역이었다. 따라서 셀레우코스 왕국의 "대왕"에게 남은 것이라고는 킬리키아 내부, 프뤼기아, 뤼디아, 그리고 명목상으로만 왕권에 귀속된 다수의 자유 도시와 제후들뿐이었다. 이는 세습지역을 넘어선 독일 황제의 통치와 흡사했다. 이집트인을 해안에서 축출하려는 헛된 시도들, 파르티아인과 박트리아인 등 동부 종족들과의 국경분쟁, 소아시아를 위협하며 그곳에 정주한 켈트족과의 분쟁, 동부 태수들과 소아시아의 희랍인들의 해방 시도를 제어하려는 지속적 노력, 왕가의 불화, 권리 참절자들의 반란 등으로 아시아 제국은 쇠했다. 물론 이런 일들뿐만 아니라 타락한 절대 군주정이 초래하는 온갖 공포가 알렉산드로스 대왕의 후계 국가들에도 있었다. 하지만 이런 일들이 그 어디보다 아시아에 치명적인 것은 왕국 구조가 느슨해 개별 지역들이 왕국에서 분리되는 경향 때문이었다.

이집트

아시아와 현저히 다른 이집트는 공고한 단일국가였다. 이집트 최초의 왕조 라고스는, 민족적·종교적 기원을 둔 옛 관행들을 국가경영술로 능숙하게 다루어 절대적인 내각 지배 체제를 확립했다. 심각할 정도로 통치에 실패했어도, 개별 지역들이 해방이나 분열을 결코 시도하지 않았다. 자기 정체성에 기초한 정치 구호이기도 했던 마케도니아의 민족적 충성과 상반되게, 이집트의 각 지방은 완전히 피동적이고, 수도(首都)가 모든 것의 중심이었으며, 그 수도는 다시 왕궁의 부속물이었다. 그래서 마케도니아나 아시아보다 더 심각하게 통치자들의 나태와 무기력이 국정을 마비시켰지만, 프톨레마이오스 1세와 선정자(善政者, Euergetes) 프톨레마이오스 3세 등의 수중에서 이런 국가기제는 극히 능률적이었다.

또 두 큰 적수와 대조적으로, 이집트는 불확실성을 따르지 않고 분명히 달성할 수 있는 정책들만을 목표로 했다는 점이 특징이다. 마케도니아는 알렉산드로스의 고향이었다. 아시아는 알렉산드로스왕권의 토대였고, 계속하여 알렉산드로스왕정의 직접 후계자라고 자칭했고, 알렉산드로스왕정을 예전과 똑같이 회복하지 못하지만 적어도 대표한다고 주장했다. 하지만 라고스왕조는 결코 세계 왕국을 세우려 하지 않았고 인도 정복을 꿈꾸지 않았다. 대신 그들은 인도와 지중해 사이의 거래 전체를 페니키아인의 항구들로부터 알렉산드레이아로 옮겨왔고, 이집트를 이 시기 최고의 무역과 해상의 국가로 만들었다. 그리하여 이집트는 동부 지중해와 그 해안 및 섬들의 지배자가 되었다. 에우에르게테스 프톨레마이오스 3세가 자발적으로 항구도시 안티오케이아를 제외한 모든 정복지를 셀레우코스 칼리니코스에게 반환한 것은 주목할 만하다.

한편 이런 이유로, 다른 한편 유리한 지리적 위치 때문에, 이집트는 대륙의 두 열강들에 비해 방위와 공격 양면에서 훌륭한 군사적 지위를 점했다. 적국은 다른 곳에서 계속 성공을 거두었을지라도, 이집트는 제대로 위협할 수 없었다. 이집트는 보병부대에게 난공불락이었다. 반면 이집트군은 해상에서 퀴레네뿐만 아니라 퀴프로스와 퀴클라데스 제도, 페니키아·쉬리아 해안, 소아시아의 남해안과 서해안 전체, 심지어 유럽의 트라키아 케르소네소스반도까지 지배했다. 국고 수익으로 직결된 풍요로운 나일강 계곡의 유례없는 개발, 그리고 실질적 이익을 진지하고 능숙하게 추구하는 철저하고 현명한 재정운영 덕분에 알렉산드레이아궁정은 보유 화폐에서도 적수에 비해 지속적 우위를 점했다.

끝으로, 시대 흐름에 맞추어 모든 영역에 걸쳐 능력과 지식을 수용하고 이를 절대 군주정에 맞게 제한하고 이익을 위해 왕국 체제에 잘 편입시켜 활용할 수 있었던 라고스 왕조의 학문적 관용은—예컨대 선박제조와 기계제작은 알렉산드레이아 수학에서 큰 영향을 받았다—국가에 직접적 이익이 되었다. 그뿐 아니라 이집트는 희랍 민족이 정치적 분열 이후 품은 새로운 힘, 극히 중요하고 위대한 지식권력을 —지식권력이 봉사를 원하는 한—알렉산드레이아궁정의 시녀로 받아들였다. 알렉산드로스제국이 계속되었다면 희랍의 예술과 학문을 유지할 능력도 자격도 있는 단일 국가를 건설했을지 모른다. 알렉산드로스의 희랍제국이 붕괴하자 그 폐허 속에서 학문적 세계시민주의가 자라났고, 이어 곧 알렉산드레이아는 세계시민주의의 구심점이 되었다. 그곳에서 학문적 도구와 축적이 무진장하게 이루어졌으며, 왕들은 비극을 쓰고 신하들은 주석을 달았으며, 장려금과 학당이 번성했다.

세 강대국의 상호관계를 이상 언급했다. 해안선을 장악하고 해양을 독점한 해양 패권국은 위대한 첫 성공인바, 유럽 대륙과 아시아 대륙을 분리시킨 후, 대륙 세력인 나머지 두 강대국의 세력 약화를 위해, 그리고 소아시아의 군소국가 전체를 보호하기 위해 진력했다. 이와 반대로, 마케도니아와 아시아는 서로 경쟁하면서도 우선 이집트를 공동의 적으로 삼아 협력했다. 아니, 협력할 수밖에 없었다.

소아시아의 군소국가들

군소국가들 가운데 우선 동서 교류에 간접적으로 중요성을 깃는 일련의 국가들은 카스피움해(오늘날 카스피해)의 남쪽 끝에서 헬레스폰토스 해협까지 길게 소아시아의 내륙 및 북쪽 해안지대에 들어찬 나라들이었다. 아트로파테네(카스피해의 남서쪽, 오늘날의 아제르바이잔),

소아시아 내륙의 아르메니아와 카파도키아, 흑해 남동쪽의 폰토스, 흑해 남서쪽의 비튀니아 등은 모두 거대한 페르시아제국의 파편들로서, 옛 페르시아제국의 대부분을 차지하고 있었다. 아트로파테네는 옛 페르시아왕조의 피난지로서, 알렉산드로스의 원정대조차 그냥 지나쳐갈 정도로 험준한 산악지대에 위치했다. 이들 모두는 잠정적으로 그리고 표면적으로, 아시아에서 페르시아대왕을 대신하는 혹은 대신하려던 희랍계 왕조의 지배하에 있었다.

소아시아의 켈트족

일반적 관계에 있어 좀 더 중요한 군소국가들은 소아시아 내륙에 위치한 켈트족의 국가들이었다. 비튀니아, 파플라고니아, 카파도키아, 프뤼기아로 둘러싸인 지역에 세 켈트족이 자리 잡고 있었다. 톨리스토보기이족, 텍토사게스족, 트로크미족이 그들이었는데, 이들은 본래의 언어와 풍습, 국가체제 및 약탈경제활동을 버리지 않았다. 이 세 부족은 각각 네 지역구로 나뉘며 지역구마다 수령 한 명이 다스리는 사두체제를 갖춰 총 12명의 수령이 있었다. 수령들은 원로 300명과 함께 부족 전체에서 최고 권위를 누렸으며, 특히 극형을 선고할 때 '신성한 제단Drunemetum'에서 회합했다. 아시아인들은 켈트족의 국가체제를 이상하게 여겼으며, 특히 이 북방 이주민들의 무모함과 약탈경제활동은 더욱 낯설게 느꼈다. 이들 중 일부는 비전투적인 이웃의 모든 전투에 용병으로 고용되었으며, 일부는 주변 농경지를 독자적으로 약탈하거나 파괴했다. 거칠고 강력한 이들 야만족은 근처의 유약한 민족들에게 공포 그 자체였다. 심지어 아시아의 강대국에게도 그러했다. 이 켈트족에게 몇몇 군대가 패배하고 구원자(Soter) 안티오코스 1세가 전사한 이후(로마 건국 493년, 기원전 261년), 아시아는 이들에게 공물을 제공하는 데 결국 동의했다.

페르가몬

이들 켈트족 집단에 용감하게 맞서 성공적으로 대항한 사람은 페르가몬의 부유한 시민 아탈로스(Attalos)였다. 그는 조국으로부터 왕호를 받았으며, 이후 자손들에게 왕호를 물려주었다. 새로운 왕궁은 알렉산드레이아왕궁의 축소판이었다. 여기서도 경제적 이익의 추구, 예술과 문학의 진흥이 일반적이었다. 정부는 사려 깊고 합리적인 내각으로 구성되었으며, 내각의 목표는 한편으로 대륙의 두 이웃 강대국들의 국력을 약화시키고, 한편으로 독립적 희랍국가를 소아시아 서부에 건립하는 것이었다. 가득한 국고는 페르가몬왕조의 영향력을 더욱 증가시켰다. 페르가몬왕조는 쉬리아의 왕들에게 상당량의 돈을 빌려주기도 했는데, 채무 상환 문제가 후에 로마와의 강화조약에서 일정한 역할을 한다. 페르가몬의 영토 확장도 이런 재력을 도대로 이루어졌다. 예를 들어 아탈로스는 로마와 아이톨리아 연합군이 최후의 전쟁에서 필립포스의 동맹국 아카이아에게 빼앗은 아이기나를, 조약에 따라 아이기나를 소유하게 된 아이톨리아로부터 30탈렌툼(5

만 1,000탈러)에 매입했다. 왕궁의 위엄과 왕호에도 불구하고 페르가몬 공동체는 늘 도시국가적 성격을 유지하며, 정책도 일반적으로 자유도시국가들과 함께했다. 고대의 로렌초 데 메디치인 아탈로스는 평생 부유한 시민으로 살았으며, 아탈로스왕가는 왕가임에도 불구하고 화합과 애정이 지속되었고 여타 왕조들의 끔찍한 추태들과는 거리가 멀었다.

희랍

유럽대륙의 희랍 지역에서 로마가 소유한 희랍 서부를 제외하고─가장 중요한 곳에는, 예를 들어 코르퀴라섬에는 로마 관리가 상주했던 것으로 보인다(제3권 104쪽)─그리고 마케도니아영토를 제외하면, 크든 작든 간에 자신들 고유의 정책을 수행할 수 있는 지역은 희랍 북부의 에페이로스, 아카르나니아, 아이톨리아, 희랍 중부의 보이오티아, 아테나이, 펠로폰네소스 지역의 아카이아, 라케다이몬, 메세네, 엘리스 등이었다. 이들 가운데 에페이로스, 아카르나니아, 보이오티아 등의 도시국가들은 여러 측면에서 마케도니아와 긴밀한 관계를 맺고 있었다. 특히 아카르나니아는 오로지 마케도니아의 보호를 통해서만 아이톨리아의 위협을 막아낼 수 있었기 때문이다. 이 중 영향력이 큰 나라는 없었고, 각 내부사정도 아주 다양했다. 이들이 어떠했는지를 부분적으로나마 알 수 있는 예를 들어보면, 보이오티아에서는─실로 극단적인 예이겠지만─직계비속에게 상속하지 않고 모든 재산을 공동식사 구성원들(Syssitia)에게 유증하는 관습이 있었고, 또 국가공직 출마의 첫 자격조건으로 수십 년 동안 유지된 사항은 후보자가 어떤 채권자로부터, 적어도 외국인으로부터 채무 소송을 당하지 않아야 한다는 의무조항이었다.

아테나이

아테나이는 알렉산드레이아에서 원조를 받아 마케도니아에 맞서곤 했으며, 아이톨리아와 아주 긴밀한 연맹관계를 유지했다. 하지만 아테나이도 완전히 무력하기는 마찬가지였다. 다만, 아티케 예술과 문학의 후광은 찬란한 과거의 초라한 후계자를 비슷비슷한 군소도시국가들 가운데 돋보이도록 만들어주었다.

아이톨리아

아이톨리아 연맹의 힘은 여전했다. 강력한 북부 희랍 기질은 이곳에서 아직 건재했다. 물론 빈약한 교육과 정부의 부재로 변질되어, 아이톨리아 남자는 누구와도, 심지어 아이톨리아 연맹과 연합한 국가에 대항해서도 용병으로 싸울 수 있다는 것이 국법이었다. 이런 말도 안 되는 국법을 폐지하라고 여타 희랍국가들이 강력하게 요청했을 때, 아이톨리아 의회는 아이톨리아를 아이톨리아에서 쫓아낼 수는 있어도 그 법률을 폐지할 수는 없다고 설명했다. 아이톨리아인들이 이런 조직적 약탈경제로써, 아카이아 연맹에 대한 과격한 적대행위로써, 그리고 강대국 마케도니아에 대한 비타협적 저항으로써 희랍 민족에게 막대한 피해를 입히지만 않았다면, 그들은 희랍 민족에게 커다란 도움이 될 수도 있었다.

아카이아

펠로폰네소스반도의 아카이아 연맹은 희랍 본토의 최고 덕목들을 하나로 결집시켜 미풍양속과 민족적 기상과 평화적 국토수호의 의지에 기초한 연맹체를 건설했다. 연맹의 번영, 특히 군사적 위세는 연맹의 외연 확대에도 불구하고 아라토스의 외교적 이기주의 때문에 좌절을 겪었다. 아카이아 연맹은 스파르타와 곤혹스러운 상황에 얽히면서 마케도니아를 펠로폰네소스에 개입토록 불러들일 수밖에 없는 더욱 곤혹스러운 일을 저질렀고, 결국 마케도니아 패권에 완벽하게 굴복하고 말았던 것이다. 이로써 아카이아의 주요 요새들은 이후 마케도니아 점령군을 수용하고 매년 필립포스에게 충성 서약을 바치게 되었다.

　펠로폰네소스의 약소국, 엘리스, 메세네, 스파르타 등은 아카이아 연맹과의 국경 분쟁으로 인한 적대감이 오래됐고, 아카이아인들이 필립포스와 연합했기 때문에 정치적으로 친(親)아이톨리아적, 반(反)마케도니아적 성향을 보였다. 이들 국가 가운데 일정한 힘을 갖고 있던 것은 군사 왕국 스파르타였는데, 마카니다스왕이 죽고 나서 나비스라는 사람이 통치를 맡았다. 그는 점차 막무가내로 부랑자들과 떠돌이 용병들을 수하에 두며 그들에게 집과 토지는 물론 시민권자들의 아내와 자식들까지 제공했다. 그리고 그는 대규모 용병집단과 해적집단과 연계해 공동으로 해적 행위에까지 열렬히 나섰으며, 해적 본거지였던 크레테섬의 일부 지역을 소유하기도 했다. 육지에서의 약탈 행위 및 말레아곶에서의 해적 행위는 주변 지역에 광범위하게 위협을 끼쳤고 주변 지역은 그를 저열하고 잔혹한 자라며 증오했다. 하지만 그의 세력은 점차 확대되어 자마 전투가 벌어지던 시점에 이르러서는 메세네가 소유했던 것들까지 손에 넣는 데 성공했다.

희랍계 도시국가들의 연맹

군소 도시국가들 가운데 독립적 지위를 유지했던 곳은 프로폰티스해의 유럽대륙 연안, 전체 소아시아 연안 그리고 에게해에 위치한 상업 국가들이었다. 이들은 동시에 희랍 국가 체계의 어두운 다양성 속에서 가장 밝은 자리를 차지하고 있었다. 개중 세 나라가 특히 두드러졌는데, 이 나라들은 알렉산드로스 사후 다시 완전한 자유를 누렸고, 활발한 무역을 통해 정치적으로 존경받는 권력을 갖게 되었고, 그 자체로 중요한 요충지역을 차지하고 있었다. 우선 뷔잔티온이 그중 하나다. 보스포로스해협의 지배자로서 통행세를 받아 부유하고 막강했으며 흑해로 향하는 주요 곡물무역을 장악했다. 프로폰티스해의 아시아 쪽 연안에 위치한 퀴지코스가 그 다음이다. 밀레토스의 식민 도시이자 상속도시로서 페르가몬왕국과 매우 긴밀한 관계를 유지했다.

무엇보다 로도스가 있었다. 로도스인들도 알렉산드로스 사후 마케도니아 점령군을 내쫓았으며, 무역과 항해에 매우 유리한 위치를 이용하여 지중해 동부 전체로 향하는 교류의 중개인 역할을 했다. 이들의 뛰어난 항해술과, 로마 건국 450년(기원전 304년)의 저 유명한 포위 공격에서 보여준 용기 덕분에 로도스인들은 만인의 만인에 대한 투쟁과 반목의 시대에 신중하면서도 적극적으로 중립적 무역정책을 대표할 수 있었고, 경우에 따라 이를 위해 싸울 수도 있었다. 예를 들어 그들은 무기로써 뷔잔티온인들에게 로도스 선박의 보스포로스 통행세를 면제하도록 강요했으며, 페르가몬 왕국이 흑해를 봉쇄하려 들자 이를 저지했다. 타국과의 전쟁을 가능한 한 멀리했으며—섬 맞은편의 카리아 지방에서 상당한 영토를 정복하기도 했지만—전쟁을 피할 수 없는 경우라면 용병을 고용했다.

로도스인들은 쉬라쿠사이, 마케도니아, 쉬리아, 특히 이집트와도 친교를 유지했고 이들로부터 높은 존중을 받았다. 그리하여 강대국들 전쟁에서 중재자로 초대를 받곤 했다. 특히 폰토스왕국, 비튀니아왕국, 페르가몬왕국 해안의 희랍계 도시국가들은 물론, 이집트가 셀레우코스왕가에게 빼앗은 소아시아 해안과 도서에 자리한 수많은 희랍계 도시국가들과 매우 긴밀했다. 예를 들어 시노페, 헤라클레이아 폰티케, 키오스*Kios*, 람프사코스, 아뷔도스, 뮈틸레네, 키오스*Chios*, 스뮈르나, 사모스, 할리카르나소스 등의 도시국가들과 그러했다. 이 모든 도시국가는 근본적으로 자유국가였고 특권을 보장받고 기껏해야 적당한 조세만 바칠 것을 지역 왕들과 약속했다. 왕국의 공격에 이들은 때로 유연하게 대처하기도 하고, 때로 적극적으로 방어하기도 했다. 예를 들어 폰토스 미트리다테스왕의 공격을 받은 시노페를 로도스인들은 크게 도왔다. 소아시아 도시국가들의 자유가 왕국 간의 불화 혹은 갈등과 얼마나 긴밀하게 연계되었는가를 증명하는 예가 있다. 자유 수립 몇 년 후 안티오코스와 로마가 논쟁을 벌였는데, 쟁점은 이 도시국가들의 자유 자체가 아니라, 지역 왕에게 자유의 면장을 받아야 하는가 여부였다. 이들 도시국가 연맹은 다른 무엇보다 지역 왕에 대해 특별한 지위를 갖는 공식적 한자동맹이었으며, 그 우두머리가 로도스였다. 로도스는 자국 및 연맹 회원국을 위한 계약을 조율했으며 협정을 체결했다. 이때 로도스는 왕국들의 이익에 대항하여 도시국가들의 자유를 대변했고, 여타 도시 성곽들에서 전쟁이 벌어지는 동안에도 로도스에서는 상대적으로 평온한 상태에서 시민정신과 시민안녕이 유지되었다. 또 이곳에서는 예술과 학문이 번창했는데, 전쟁 경제에 의해 황폐화되거나 궁정 분위기에 의해 타락하는 일이 없었다.

마케도니아의 왕 필립포스

동부 지중해의 상황이 이러했다. 그때 오리엔트와 유럽의 정치적 장벽이 무너지고 마케도니아의 필립포스 등 동부 지중해의 강대국들은 서부 지중해 문제에 개입했다. 개입이 어떻게 시작되고 제1차 마케도니아 전쟁(로마 건국 540~549년, 기원전 214~205년)은 어떻게 진행되었는지 이미 앞서(제3권 216쪽) 부분적으로 설명했고, 필립포스가 한니발 전쟁에서 무엇을 할 수 있었고 한니발의 당연한 기대와 예측에서 필립포스가 얼마나 벗어났는지를 약술했다. 이는 위험한 도박 가운데 가장 부패하기 쉬운 것이 절대 세습왕정임을 다시 한 번 확인해주었다. 당시 필립포스는 마케도니아인들이 필요로 하던 인물은 아니었다. 그렇다고 과소평가할 만한 인물도 아니었다. 그는 좋은 의미로든 나쁜 의미로든 정당한 왕이었다.

독재 통치의 생생한 열정이 그의 기본 성격이었다. 그는 붉은 용포를—그것만은 아니었겠지만—자랑스러워할 만했다. 그는 병사의 용기와 사령관의 통찰력을 입증했을 뿐만 아니라, 마케도니아의 자부심이 상처 입을 때마다 공무 수행에서 진취적 기상을 보여주었다. 넘치는 지혜와 기지로써 플라미니누스나 스피키오처럼 아주 유능하고 교양 있는 자들의 마음을 사로잡기도 했다. 술자리를 즐길 줄 아는 사람으로 지위도 물론이려니와 이 때문에 더욱 여인들에게 위험한 인물이었다. 동시에 무례한 시대가 낳은 아주 오만하고 무도한 사람들 가운데 하나이기도 했다. 그는 신들 외에 누구도 경외하지 않는다고 말하곤 했는데, 그 신들이 제독 디카이아르코스가 정기적으로 경배하던 불경신(Asebeia)과 무법신(Paranomia)이 아니었을까 싶다. 그는 충성스러운 조언자와 책사들의 목숨을 중하게 여기지 않았으며 아테나이인들과 아탈로스에 대한 분노를 신성한 기념물과 유명한 예술품들을 파괴하면서 풀었다. 아비를 죽였으면 그 자식도 죽이라는 국가적 금언이 필립포스 때문에 생겨났다. 원래 잔인함을 즐긴 것은 아닐 수 있지만 타인의 목숨과 고통에 무관심했고, 변덕조차―이것은 한 인간을 견딜 만하게 해준다―그의 경직된 마음에는 찾을 수 없었다. 절대 군주는 어떤 약속에도, 어떤 도덕률에도 구애받지 않는다는 명제를 가혹하고 강력하게 실천했고, 이는 오히려 그의 계획을 수행하는 데 중대한 장애가 되었다.

누구나 인정한 그의 통찰력과 결단력에는, 이상하게도 산만함과 망설임이 결합되어 있었다. 이는 부분적으로 다음 사실에서 설명될 듯하다. 그는 겨우 18세에 절대 군주가 되었는데, 통치를 방해하고 반박하는 반대자에게 맹렬히 분노했고, 이때 직언을 하던 조언자가 모두 떠나버렸다. 이런 모든 성향이 작용하여 제1차 마케도니아 전쟁에서 필립포스가 그처럼 나약하고 굴욕적으로 행동했는지는 모르겠다. 아마도 오만함에서 비롯된 게으름 때문이었거나―그는 위험이 코앞에 닥쳐서야 비로소 온힘을 쏟았고―아니면 자신이 제안한 계획 외에는 흥미를 보이지 않는 무관심 때문이었거나, 아니면 자신을 주눅들게 하는 한니발의 위대함에 대한 질투 때문이었을 것이다. 분명한 것은 이후 행보가 필립포스답지 못했고, 그의 게으름 때문에 한니발의 계획이 좌초했다는 점이다.

마케도니아와 아시아가 이집트를 공격하다

필립포스는 로마 건국 548/549년(기원전 206/205년)에 아이톨리아 및 로마와 조약을 맺었다. 로마와 지속적 강화를 유지하고 오로지 동부 지중해의 일에만 몰두하려는 진지한 목적이 있었다. 필립포스가 카르타고의 빠른 패전을 안타깝게 바라보았음은 의심의 여지가 없다. 한니발은 다시 한 번 마케도니아가 선전포고를 하길 희망했을 수도 있고, 필립포스는 비밀리에 카르타고의 마지막 군대를 위해 용병을 보냈을 수도 있다(제3권 218쪽). 하지만 그동안 그가 동부 지중해의 지루한 일들에 개입한 점, 로마의 원조가 있었던 점, 특히 로마가 호시탐탐 전쟁의 핑계를 찾고 있으면서도 강화조약 위반 행위를 언급하지 않았다는 점을 미루어 볼 때, 로마 건국 551년(기원전 203년) 필립포스에게는 그가 벌써 10년 전에 했어야 할 일을 뒤늦게나마 만회하려는 의사가 전혀 없었음이 분명하다.

필립포스는 눈을 전혀 다른 데로 돌렸는데 로마 건국 549년(기원전 205년) 이집트의 프톨레마이오스 필로파토르가 사망했기 때문이다. 마케도니아의 왕 필립포스와 아시아의 왕 안티오코스는 필로파토르의 후계자인 다섯 살의 프톨레마이오스 에피파네스를 치기 위해 연합했다. 대륙 강대국들이 해양 강대국에게 품은 오랜 원한을 풀려는 것이었다. 이집트의 패배 이후 이집트와 퀴프로스는 안티오코스가, 퀴레네와 이오니아와 퀴클라데스 제도는 필립포스가 가지기로 했다. 대륙의 왕들은 이유도 명분도 없이―이런 고려를 비웃는 필립포스의 방식대로―'큰물고기가 작은 물고기를 삼키듯' 전쟁을 시작했다. 그 밖에 두 동맹은 상황을 정확히 파악했고 필립포스는 특히 그러했다. 이집트는 좀 더 급박한 쉬리아의 적을 막기 위해 해야 할 일이 많았다. 필립포스가 자기 몫의 전리품처럼 소아시아의 이집트 소유지와 퀴클라데스 제도를 약탈할 때도 이집트는 이 지역들의 방어를 포기해야 했다. 카르타고가 로마와 강화조약을 맺던 해(로마 건국 553년, 기원전 201년) 필립포스는 그에게 복속된 도시들에서 소집한 전함들로 하여금 병력을 싣고 트라키아 해변을 따라 항해하게 했다. 이때 뤼시마케이아를 아이톨리아 점령군에게서 탈환했고 뷔잔티온의 피호도시 페린토스도 점령했다. 그렇게 뷔잔티온과의 평화는 깨졌고, 방금 아이톨리아와 평화협정을 맺었지만 적어도 상호 친선은 사라졌다. 그때 비튀니아의 왕 프루시아스는 마케도니아와 동맹관계에 있었기 때문에, 아시아로 건너가는 것은 어려운 것은 아니었다. 복수를 위해 필립포스는 프루시아스왕을 도와 그 지역의 희랍 상업도시들을 정복했다. 칼케돈은 항복했다. 키오스*Kios*도 저항했지만 폐허가 될 정도로 파괴되었고 주민들은 노예로 팔려나갔다. 키오스를 훼손 없이 소유하고 싶었던 프루시아스 본인도 이런 무의미한 만행에 치를 떨었고 희랍세계 전체가 크게 격분했다. 특히 당시 키오스에서 아이톨리아의 장군이 지휘를 맡았기 때문에 아이톨리아인들이, 그리고 중재를 시도했으나 필립포스왕의 비열하고 교활한 처신에 좌절한 로도스인들이 누구보다 큰 상처를 입었다.

로도스 동맹과 페르가몬이 필립포스를 대적하다

로도스인들이 아니었다면 모든 희랍 상업도시의 이익은 위험에 빠졌을 것이다. 그들은 이집트의 온화하고 명목뿐이던 지배가 마케도니아의 강압 통치로 바뀌는 것을 납득할 수 없었다. 마케도니아 통치 때문에 도시국가의 자치와 자유로운 상업교류는 더는 지속될 수 없었다. 키오스에 대한 마케도니아의 끔찍한 행동은 이것이 도시 자치권의 문제가 아니라 생사 문제임을 확인시켜 주었다. 벌써 람프사코스가 넘어갔고 타소스는 키오스와 같은 상황에 처했다. 로도스인들은 서둘러야 했다. 로도스의 용감한 장군 테오필리스코스는 시민들에게 공공의 위험을 공공의 저항으로 막아내자고 격려했고 도시와 섬들이 적에게 넘어가는 일을 막았다. 로도스는 전쟁을 결정했고 필립포스에게 선전포고를 했다. 뷔잔티온도 가담했다. 개인적으로나 정치적으로나 필립포스와 앙숙인 페르가몬의 늙은 왕 아탈로스도 동참했다.

로도스 동맹군 함대가 아이올리아 해안에 집결하는 동안에도 필립포스는 병력 일부를 동원하여 키오스Chios와 사모스를 강탈했다. 그는 나머지 병력을 데리고 페르가몬으로 갔으나 포위 공격은 실패했다. 그는 넓은 평야를 정찰하고 사원들을 두루 파괴하며 용맹한 마케도니아의 흔적을 남기는 데 만족해야 했다. 그는 사모스에 정박한 자신의 함대와 합류하기 위해 갑자기 전함에 올랐다.

하지만 로도스·페르가몬 연합 함대가 그를 추격하여 키오스Chios 해협으로 밀어붙이면서 결국 전투가 벌어졌다. 마케도니아 전함의 수는 아주 적었지만 소형 선박들이 열세를 상쇄했다. 필립포스의 병사들은 용감하게 싸웠다. 하지만 필립포스는 결국 패했다. 필립포스 함대의 절반인 24척이 침몰 또는 나포되었고 제독 데모크라테스를 포함하여 마케도니아 선원 6,000명, 보병 3,000명이 전사했고 2,000명이 포로가 되었다. 연합군의 희생은 병사 800명 이하, 전함 6척에 지나지 않았다. 하지만 연합군 지휘관 중 하나였던 페르가몬의 아탈로스는 연합 함대를 이탈하여 대장선을 에뤼트라이 해변에 급히 정박할 수밖에 없었다. 시민정신으로 전쟁을 끝내고 전투를 용기로써 결판냈던 로도스의 테오필리스코스도 부상으로 다음날 숨지고 말았다. 아탈로스 함대가 고향으로 돌아가고 로도스 함대가 키오스*Chios*에 임시로 정박하게 되자 필립포스는 그가 승리했다고 주장하면서 카리아의 도시들을 점령하기 위해 사모스를 향해 계속 항해했다. 카리아 해안에 이르러 로도스인들은 아탈로스의 지원 없이 헤라클레이데스의 지휘 하에 마케도니아 함대와, 밀레토스 항구 앞 라데섬 근방에서 두 번째 전투를 치렀다. 양편이 승리를 주장하는 이 전투는 마케도니아의 승리로 보인다. 로도스인들은 뮌도스로, 거기서 다시 코스섬으로 퇴각한 반면, 마케도니아인들은 밀레토스를 점령했고 이어 아이톨리아 출신의 디카이아르코스 휘하의 함대는 퀴클라데스 제도를 점령했기 때문이다. 그사이 필립포스는 카리아 본토의 로도스 소유지와 희랍 도시들을 점령했다. 만일 전리품 획득에만 그치지 않고 프톨레마이오스를 직접 공격하길 원했다면 그는 이집트 원정도 생각할 수 있었다. 카리아의 어떤 군대도 마케도니아를 상대할 수 없었고 필립포스는 아무런 방해도 받지 않으면서 마그네시아에서 뮐라사까지 영토를 확장했지만, 카리아 지방의 각 도시들은 요새였고, 요새를 둘러싼 공성전은 큰 성과도 기약도 없이 장기화되었다.

뤼디아의 태수 제욱시스는 필립포스가 쉬리아 왕의 이익을 보장하는 데 그랬던 것처럼 주군의 동맹군을 지원하는 데 소극적이었다. 희랍 도시들은 공포와 강압 속에서만 필립포스를 지원했다. 군량 보급은 점점 어려워졌다. 필립포스는 어제 그에게 자발적으로 군량을 바쳤던 자들을 오늘은 약탈해야만 했다. 그리고 다시 그의 성미와 달리 부탁하는 법을 익혀야 했다. 좋은 계절은 점차 끝나갔고 그사이 로도스인들은 해군을 강화하고 아탈로스 해군도 가세하여 결국 바다를 장악했다. 퇴로가 차단되어 필립포스는 카리아에서 겨울을 보내야 할 것으로 보였다. 그동안 고국의 사태, 특히 아이톨리아와 로마의 갑작스러운 개입 때문에 그의 귀향은 절실히 요구되었다. 필립포스는 위험을 알아차렸다. 그는 3,000명에 이르는 병력을, 일부는 페르가몬을 견제하기 위해서 뮈리나에, 일부는 카리아의 훌륭한 항구이자 상륙 장소를 확보하기 위해서 밀라사 근방, 그러니까 이아소스, 바르귈리아, 에우로모스, 페다사에 남겨두었다. 그는 로도스 동맹국의 부주의를 틈타 전함으로 빠져나와 트라키아 해안에 이르렀다. 그는 겨울이 되기 전에 고향에 도착했다(로마 건국 553~554년, 기원전 201~200년).

로마의 외교적 개입

사실 지중해 서부에서 필립포스를 향하여 폭풍우가 밀려오고 있었다. 그 때문에 그는 무방비 상태에 있던 이집트의 약탈을 이어갈 수 없었다. 그해 로마는 마침내 자신들의 조건대로 카르타고와 강화조약을 체결하고 지중해 동부의 상황에 대해 진지하게 우려하기 시작했다. 로마가 지중해 서부의 정복 후에 곧바로 동부를 복속시키려 했다고 종종 사람들은 주장한다. 하지만 숙고하면 좀 더 정당하게 판단할 수 있을 것이다. 로마가 이 시기에는 결코 지중해 나라들을 지배하려 하지 않았고 아프리카와 희랍에서 위험하지 않은 이웃들을 가지는 것만으로 만족했다는 사실은 우둔한 편견이 없다면 쉽게 파악할 수 있다.

게다가 마케도니아는 로마에 별로 위협이 되지 않았다. 물론 마케도니아의 패권이 약하지 않았고 마케도니아의 패권을 제한하지 않은 로마 건국 548/549년(기원전 206/205년)의 강화조약을 로마 원로원이 마지못해 인정했다는 사실도 분명하다. 로마가 마케도니아를 심각하게 우려하지 않았음은 로마가 다음 전쟁에 우세한 병력에 대항한다고 보기 힘들 정도로 적은 병력을 동원했다는 데서 가장 잘 드러난다. 원로원은 마케도니아의 굴욕을 기꺼이 볼 수도 있었다. 하지만 이런 굴욕을 보자고 마케도니아에서 로마 군단이 지상전을 수행한다는 것은 원로원에 보기에 너무 비싼 대가를 지불하는 것이었다. 때문에 원로원은 아이톨리아 군의 퇴각 후 즉시 자진하여 현상 유지를 기조로 하는 강화조약을 체결했다. 다만 로마 정부가 좀 더 적절한 시기에 기회가 되면 전쟁을 속행하려는 의도로 강화조약을 체결한 것은 명백하다. 국가가 철저하게 탈진한 시점에, 그리고 두 번째 해외 원정이라는 사태를 로마 시민들이 기필코 피하려던 시점에, 마케도니아 전쟁을 로마인들이 원하지 않았음은 확실하다.

그러나 이제 전쟁은 불가피했다. 로마는 로마 건국 549년(기원선 205년) 마케도니아를 이웃으로 묵인할 수도 있었다. 하지만 마케도니아가 소아시아의 가장 좋은 땅과 중요한 희랍 식민 도시 퀴레네를 차지하고 중립적 무역 국가들을 탄압하고 권력을 확장하는 것을 묵과할 수 없었다. 또한 이집트의 몰락과 로도스의 치욕과 정복이 시킬리아와 이탈리아의 무역에 심각한 타격을 주었을 것이다. 이탈리아의 동부 지중해 무역을 두 거대 대륙 세력이 좌우하는 것을 로마는 좌시할 수 없었다. 게다가 제1차 마케도니아 전쟁 중에 충실한 동맹자였던 아탈로스에게 로마는 명예의 의무를 준수해야 했으므로, 이미 한 번 아탈로스와 그의 수도를 포위 공격한 필립포스가 이제 아탈로스의 땅과 백성을 빼앗지 못하도록 저지해야 했다. 마지막으로 희랍인 모두에게 보호의 팔을 내민다는 로마의 주장은 결코 헛된 말이 아니었다. 네아폴리스, 레기온, 마살리아, 엠포리아이는 로마의 보호가 실질적임을 쉽게 증명해 줄 수 있었다. 그리고 이 시기에 로마인들이 분명 어떤 민족보다 희랍인들과 가까웠고, 희랍화된 마케도니아만큼 멀지 않았다. 그리하여 키오스*Kios*인과 타소스인들이 받은 무도한 취급에 대해 로마인들이 적극 공감하며 마케도니아에게 공분을 느꼈음을 부정할 수 없다.

제2차 마케도니아 전쟁 준비와 그 명분

사실 로마가 필립포스를 상대로 수행한 전쟁 중 가장 정의로운 제2차 마케도니아 전쟁 발발에는 정치적, 상업적, 윤리적 동기들이 얽혀 있었다. 즉각 전쟁을 결정했을 뿐만 아니라, 국력이 소진됐든 국민이 선전포고를 원치 않든 간에 예정대로 추진한 것이 원로원의 명예를 크게 높였다. 로마 건국 553년(기원전 201년)에 대리법무관 마르쿠스 발레리우스 라이비누스는 38척의 시킬리아 함대와 함께 벌써 동부 지중해에 등장했다. 그러나 로마 정부는 인민 설득에 필요한, 전쟁의 당위성을 찾지 못하고 있었다. 로마 정부는 필립포스처럼 전쟁의 법적 근거를 소홀히 할 만큼 통찰력이 없지 않았다. 우선 필립포스가 로마와의 강화조약 체결 후에 카르타고에게 제공했다고 전해지는 원조는 입증되지 않을 듯했다. 또 일뤼리아의 로마 복속민은 오래 전부터 마케도니아 침입 때문에 불만이 쌓여 있었다. 앞서 로마 건국 551년(기원전 203년) 로마 장교 1인이 일뤼리아 동원군을 지휘하여 필립포스 군대를 일뤼리아에서 구축했고, 이후 원로원은 로마 건국 552년(기원전 202년)에 왕의 사절에게 왕이 전쟁을 원한다면 원하는 것보다 빨리 전쟁을 보게 될 것이라고 선포했다.

하지만 필립포스의 이런 침탈은 이웃국가들에게 행한 통상적 무법행위 중 하나였을 뿐이고, 현시점에 과거 사안을 끄집어내도 전쟁보다는 수모와 사과 정도에 그칠 일이었다. 동부 지중해에서 전쟁을 수행하는 모든 세력과 로마는 명목상 친선관계에 있었고 그들이 공격을 받는 경우 원조를 보장한 상태였을 수 있다. 그러나 분명히 로마에게 원조 요청하기를 망설이지 않았을 로도스와 페르가몬은 명목상 침략자였고—알렉산드레이아 사절이 로마 원로원에게 소년 왕의 후견인 역할을 맡아 줄 것을 요청한 바 있지만—이집트도 직접적 로마 개입을 서둘러 요청하지 않는 것으로 보인다. 이집트 입장에서 그렇게 한다면 당면 문제는 해결하겠지만, 동시에 서부 지중해의 강국에게 동부 지중해를 개방하는 결과를 초래하게 될 것이기 때문이었다. 특히 이집트를 위한 원조는 먼저 쉬리아에서 수행되었어야 했고 그럼으로써 로마는 아시아와 마케도니아의 전쟁에 얽혀 들어갔을 것이다. 그러나 로마인들은 적어도 아시아 사안에 개입하지 않기로 단단히 결심한 만큼 더더욱 전쟁을 피하고자 했다.

로마에게 남은 것은 잠정적으로 사절단을 동부 지중해로 파견하는 것뿐이었다. 이는 로마가 희랍 상황에 개입할 수 있도록, 상황이 곤란하지 않다면 승인해 줄 것을 이집트에게 요청하기 위해서였으며, 또 쉬리아를 넘겨줌으로써 안티오코스왕을 달래기 위해서였으며, 또 가능한 한 빨리 아시아의 희랍계 국가들이 필립포스와 단교하고 반(反)필립포스 연합을 구축하도록 촉구하기 위해서였다(로마 건국 553년, 기원전 201년 말). 알렉산드레이아에서 사절단은 어려움 없이 원하는 것을 얻을 수 있었다. 알렉산드레이아 궁정은 선택권이 없었는바 "왕의 후견인"인 원로원이—가능한 한 실제적 개입 없이도—왕의 이익을 지켜주려 파견한 마르쿠스 아이밀리우스 레피두스를 감사히 받아들여야 했다. 반면 안티오코스는 필립포스와의 동맹을 깨지 않았고 로마인들에게 로마인들이 원하는 명확한 입장 설명도 없었다. 그 밖에도 태만 때문인지, 쉬리아에 개입하지 않는다는 로마의 선언 때문인지 안티오코스는 바로 쉬리아에 대한 그의 계획을 이어갔고 희랍과 소아시아는 관여하지 않았다.

전쟁의 속개

로마 건국 554년(기원전 200년)의 봄이 왔고 전쟁이 새로 시작되었다.

필립포스는 우선 트라키아로 쳐들어가서 마로네이아, 아이노스, 엘라이오스, 세스토스 등 해안지역 전체를 점령했다. 그는 유럽 내의 보유 재산을 로마군 상륙 이전에 확보하려 했다. 이어 그는 아시아 해안의 아뷔도스를 공격했다. 이 도시의 함락은 그에게 분명 중요했다. 세스토스와 아뷔도스의 점령으로 동맹자인 안티오코스와 더 확고한 동맹을 구축했고, 연합 함대가 소아시아 왕복 항로를 봉쇄하지는 않을까 두려워 할 필요가 없게 되었다. 마케도니아의 함대가 위축된 후 연합 함대는 에게해를 지배하고 있었던 것이다. 필립포스는 바다와 관련해서 안드로스, 퀴트노스, 파로스 등 퀴클라테스의 세 지역에 병력을 주둔시키고 사략선(私掠船)을 무장시키는 것에만 일을 국한했다. 로도스인들은 키오스Chios로 갔고 거기서 다시 테네도스로 갔다. 겨울 내내 아이기나에서 아테나이인들의 연설을 들으며 시간을 보낸 아탈로스는 테네도스에서 함대를 이끌고 로도스인들과 연합했다.

연합 함대는 영웅적으로 자신을 방어하던 아뷔도스인들을 구할 수도 있었다. 연합 함대는 미동도 하지 않았기에 결국 아뷔도스는 함락되었다. 무장 능력 있는 자의 거의 모두는 성벽 앞에서 전사했고, 패전 후 주민 대부분은 자진해서 승자의 자비에 운명을 맡겼다. 승자는 아뷔도스인들에게 자살을 선택할 수 있도록 3일을 주었다. 쉬리아와 이집트에서 공무 수행 후 희랍 소도시들을 방문하고 여러 일을 처리한 로마 사절단은 여기 아뷔도스이 숙영지에서 필립포스왕과 만나 원로원의 위임사항을 전달했다. 왕은 희랍 국가를 상대로 침략전쟁을 감행해서는 안 되며, 프톨레마이오스에게 탈취한 재산을 반환해야 하고, 페르가몬인과 로도스인들이 입은 피해를 판정할 중재법원 설치에

동의해야 한다는 것이 그 내용이었다. 왕을 도발하여 공식 선전포고를 유도하려던 원로원의 의도는 실현되지 않았다. 로마 사절 마르쿠스 아이밀리우스는 '젊은 미남 로마인 사절의 세 가지 자질에 비추어 그가 말한 것을 용서한다'는 세련된 답변만을 왕으로부터 들었을 뿐이다.

그사이 로마가 바라던 계기는 다른 곳에서 왔다. 아테나이인들은 길을 잃고 헤매다 비교(秘敎) 의식을 우연히 방해한 불행한 아카르나니아 사람 두 명을 어리석고 잔인하고 오만하게도 처형했다. 아카르나니아인들이 격분하여 필립포스에게 보복을 요청했을 때 왕은 충실한 동맹자의 정당한 소망을 거부할 수 없었다. 필립포스는 아카르나니아인들에게 마케도니아에서 병력을 모으고 아카르나니아 군대를 합쳐 정식 선전포고 없이 아티케를 침공할 것을 양해했다. 이것은 진정한 의미의 전쟁은 아니었고, 게다가 마케도니아 병력의 지휘관 니카노르는 당시 아테나이에 체류하던 로마 사절단의 협박성 언사에 밀려 즉시 군대를 퇴각시켰다(로마 건국 553년, 기원전 201년 말). 하지만 너무 늦어버렸다. 로마의 오랜 동맹국 아테나이를 필립포스가 침략한 것을 알리기 위해 아테나이 사절단은 이미 로마로 갔고, 원로원이 이 사절단을 환영하는 모습에서 필립포스는 자신의 앞날이 어떨지 명확히 보았다. 그리하여 필립포스는 곧바로 로마 건국 554년(기원전 200년) 봄, 희랍에 있던 군사령관 필로클레스에게 아티케 지역을 황폐화시키고 도시 아테나이를 분쇄하라고 명했다.

로마에 의한 선전포고

원로원은 이제 필요한 것을 손에 넣었고 로마 건국 554년(기원전 200년) '로마 동맹국에 대한 침략'에 맞서 민회를 통해 선전포고를 할 수 있었다. 하지만 선전포고 안건은 첫 회의에서 거의 만장일치로 부결되었다. 어리석은 혹은 악의적인 호민관들이 시민에게 쉴 틈을 주지 않는 제안이라고 불평을 늘어놓았던 것이다. 하지만 전쟁은 필연적이었고, 정확하게 말하자면 이미 시작되었기에 원로원은 물러설 수 없었다. 비난과 회유로 시민들을 굴복시켰다. 주목해야 할 것은 이런 회유에 본질적으로 동맹국들의 희생이 따랐다는 점이다. 예전 다른 경우에 적용된 로마의 원칙과 달리, 갈리아, 남부 이탈리아, 시킬리아, 사르디니아의 복무 중인 군단은 모두 동맹국들에서 차출된 병력으로 총 2만 명에 이르렀고, 한니발 전쟁 이래로 복무하던 시민권자들은 모두 제대한 상태였다. 자원자들만으로 마케도니아 전쟁에 참전할 병력을 꾸린다고 했다. 하지만 나중에 밝혀지는 것처럼 대부분의 자원자들은 사실 강제에 의한 것이었다. 이는 로마 건국 555년(기원전 199년) 가을 아폴로니아 군영의 반란을 초래했다. 새로 소집된 병사들로 6개 군단이 만들어졌고, 2개 군단씩 로마와 에트루리아에 주둔했고, 2개 군단만이 브룬디시움에서 마케도니아로 출항했다. 이들을 이끈 사령관은 집정관 푸블리우스 술키피우스 갈바였다.

주권체 민회의 근시안적 결정은, 로마가 승전을 통해 얻은 광범위하고 난해한 대외 관계들을 처리하는 데 민회가 부적합한 기구임을 다시 한 번 분명히 확인시켜 주었다. 또한 민회는 국가 운영에 엉뚱하게 개입하여 필연적인 군사 조치들을 변경했고, 더욱 심각한 것은 민회가 라티움 동맹을 무시했다는 것이다.

로마의 동맹국들

필립포스의 처지는 매우 위태로웠다. 로마의 개입에 맞서 단합해야 했고 어떤 상황에서도 단합했을 동부 지중해 국가들은 주로 필립포스의 실책 때문에 격앙되어, 로마의 침공을 방관하거나 심지어 도우려는 경향까지 보였다. 필립포스의 자연적이며 중요한 동맹이던 아시아는 그에게 무시당했으며, 더군다나 우선 이집트와 얽히고 또 쉬리아 전쟁에 휘말리면서 적극적으로 개입할 형편이 아니었다. 이집트는 로마 함대를 지중해 동부에서 멀리 떼어놓을 긴급한 이해관계를 갖고 있었다. 로마에 주재하던 이집트 사절들은 아티케 사태에 개입하려고 애쓰지 말라는 알렉산드레이아 왕궁의 뜻을 로마인들에게 계속해서 아주 분명하게 전달했다. 그러나 이집트 분할을 놓고 아시아와 마케도니아 사이에 맺어진 조약은 결국 이 중요 국가를 로마의 품에 던져 넣는 결과를 낳았다. 알렉산드레이아 내각은 유럽 대륙의 희랍 세계와 관련된 문제에 있어 오로지 로마의 뜻에 따르겠다고 선언했던 것이다.

하지만 마찬가지로 훨씬 더 급박한 상황에 놓인 것은, 로도스와 페르가몬과 뷔잔티온을 정점으로 한 희랍계 무역도시들이었다. 이들은 다른 상황에서라면 당연히 로마를 동부 지중해에서 몰아내기 위해 각

자의 일을 했겠지만, 이제 자신들의 생존을 위해, 필립포스의 끔찍한 말살적 정복정책에 따른 도저히 맞설 수 없는 전쟁에 이탈리아 열강을 개입시키기 위해 뭐든지 할 수밖에 없었다. 희랍 본토에서 필립포스에 맞설 제2의 동맹세력을 규합하는 임무를 맡은 로마 사절은 적들이 희랍 본토에서 정지 작업을 이미 거의 끝내주었음을 알게 되었다. 반(反)마케도니아 세력인 스파르타, 엘리스, 아테나이, 아이톨리아 중 아이톨리아를 필립포스는 동맹으로 삼고자 했는데, 로마 건국 548년 (기원전 206년)의 강화협정으로 아이톨리아와 로마의 선린 관계는 회복할 수 없게 되었기 때문이다. 마케도니아가 아이톨리아 연맹에서 축출한 테살리아의 도시들, 에키노스, 라리사 크레마스테, 파르살로스와 프티오티스의 테바이 등 때문에 생겨난 양국의 오래된 의견차를 논외로 하더라도, 뤼시마케이아와 키오스Kios에서 아이톨리아 주둔군을 축출한 일은 필립포스에 대한 아이톨리아인들의 분노를 새롭게 촉발시켰다. 이들이 반(反)필립포스 연합결성을 두고 망설인 커다란 이유는 로마인들에 대한 반감이었다.

보다 유감스러운 것은, 마케도니아와 이해관계가 강하게 얽힌 희랍 국가들, 에페이로스, 아카르나니아, 보이오티아, 아카이아 중 필립포스를 흔들림 없이 지지한 것은 아카르나니아와 보이오티아뿐이라는 사실이었다. 에페이로스인들과 로마 사절이 벌인 협의는 성과가 없지 않았으며, 특히 아타마네스인들의 왕 아뮈난드로스는 로마에 밀착하게 되었다. 아카이아인 대다수는 필립포스의 아라토스 살해로 상처를 입었고, 일부는 로마와 자연스럽게 동맹으로 발전할 여지를 열어두었다. 이들은 필로포이멘(로마 건국 502~571년, 기원전 252~183년; 로마 건국 546년, 기원전 208년의 최고사령관)의 지휘 아래 군대를 재건했으며, 스파르타를 상대로 승전함으로써 자신감을 회복하여 아라토스 시절처럼 맹목적으로 마케도니아의 정책을 추종하는 일이 더는 없었다. 희랍 전체에서 유일하게 아카이아 연맹만이 필립포스의 확장에 이익은 몰라도 손해는 입지 않았기 때문에, 확장 전쟁에 중립적이었고 희랍 민족주의적 관점을 유지했다. 그들은 심지어 로마인들이 원하기도 전에 희랍 민족이 먼저 자신을 의탁했음을 곧 깨달았다. 그래서 필립포스와 로도스인들을 중재하려고 시도했다. 그러나 이미 너무 늦었다. 일찍이 동맹국 간의 전쟁을 막고 동맹국들을 제1차 마케도니아 전쟁에 참여하도록 이끈 희랍 민족주의는 이제 사라져 버린 것이다. 아카이아인들의 중재는 성과를 거두지 못했고, 도시와 섬들을 찾아다니며 민족주의를 선동하려던 필립포스의 순방도 소용이 없었다. 이것은 키오스*Kios*와 아뷔도스를 위한 신들의 복수였다. 아카이아인들은 이들을 바꿀 수도 도울 수도 없어서 중립을 유지했다.

로마의 마케도니아 상륙

로마 건국 554년(기원전 200년) 가을 집정관 푸블리우스 술키피우스 갈바는 2개 군단과 누미디아 기병 1,000명, 카르타고 전쟁의 노획물인 코끼리들까지 거느리고 마케도니아의 아폴로니아에 상륙한다. 이 소식을 듣고 필립포스왕은 서둘러 헬레스폰토스에서 테살리아로 돌아왔다. 하지만 겨울로 접어든 날씨와, 최고사령관의 와병 때문에 육지에서는 탐색전만 벌어지기 일쑤였고, 이 과정에서 근처 지역, 특히 마케도니아의 식민 도시인 안티파트레이아가 로마군에 점령되었다. 이듬해 로마군은 이런 기회를 활용하려는 북쪽의 야만족들, 특히 당시 스코드라의 왕 플레우라토스과 다르다니아의 왕 바토 등과 함께 마케도니아 침공에 합의했다.

좀 더 비중 있던 작전은 100척의 갑판선과 80척의 경무장 함선으로 구성된 로마 함대의 작전이었다. 나머지 전함들이 코르퀴라에 겨울 내내 정박해 있는 동안 가이우스 클라우디우스 켄토가 이끄는 일개 전투 함대가 궁지에 몰린 아테나이인들을 돕고자 페이라이에우스항으로 이동했다. 하지만 아티케 지방이 코린토스 정찰대 및 마케도니아 사략선을 거뜬히 방어 중임을 알았을 때 켄토는 항해를 계속하여 에우보이아의 칼키스에 출현했다. 그곳은 필립포스가 희랍 땅에 설치한 주요 무기고로서 병장기 및 전쟁 보급물자를 관리하며 전쟁 포로를 수용하고 있었다. 최고책임자 소파트로스는 로마군의 공격을 전혀 예상치 못했다. 경계병이 배치되지 않았던 성벽은 돌파되고 주둔군이 궤멸되어 전쟁 포로들은 풀려났고 보급물자들은 불태워졌다. 하지만 유감스럽게도 이 주요거점을 점거할 병력이 부족했다. 기습 소식을 듣자마자 몹시 분노해 테살리아의 데메트리아스에서 칼키스로 달려간 필립포스가 발견한 것은 적군이 아니라 불탄 잔해뿐이었다. 그는 눈에는 눈으로 복수하기 위해 아테나이로 이동했다. 하지만 그의 기습은 무위로 끝났고, 왕은 목숨을 걸었으나 본격적인 공격도 헛일이었다. 페이라이에우스항에서 가이우스 클라우디우스 켄토가 다가오고 아이기나로부터 아탈로스가 접근하자 그는 퇴각하지 않을 수 없었다. 하지만 필립포스는 상당 기간 희랍 땅에 머물렀다. 정치적으로나 군사적으로 그가 거둔 성과는 매우 적었다. 아카이아인들을 끌어들여 자기 편에 세우려 했으나 실패하고 말았다. 엘레우시스와 페이라이에우스항에 이어 다시 한 번 아테나이를 공격했으나 모두 소득 없이 끝났다. 그에게 남은 것은 없었다. 그저 상당한 분노에 휩싸여 아카데모스 숲을 황폐화하고 주변 지역을 파괴하는 데 만족하고 다시 북으로 돌아가는 수밖에 없었다.

로마군의 마케도니아 침공

그렇게 겨울이 지나갔다. 로마 건국 555년(기원전 199년) 봄 대리집정관 푸블리우스 술키피우스 갈바는 겨울 숙영지를 떠나 로마 군단을 가장 짧은 길을 통해 아폴로니아에서 마케도니아 본토로 이끌었다. 서쪽에서 주공격을 실시하는 한편 세 방향에서 일제히 지원 공격을 감행했다. 북쪽에서 다르다니아와 일뤼리아가, 동쪽에서 로마 함대와 아이기나 중심의 희랍 연합 함대가 공격했다. 마지막으로 남쪽에서 아타마네스인과 아이톨리아인들이 진격했고 가능하다면 주공격에 참여하도록 했다. 갈바는 압수스강(오늘날 베라티노)이 흐르는 산악지대를 통과하여 비옥한 다사레타이족의 평야를 가로질러 일뤼리아와 마케도니아의 경계를 형성하는 산맥을 넘어 마케도니아 본토에 도착했다. 필립포스는 그에 대항하여 싸웠다. 하지만 넓게 흩어져 살며 인구밀도가 높지 않은 마케도니아 지역에서 양군은 상당한 시간을 허비했고 마침내 륀케스티스 지역의 늪이 많은 비옥한 평야에서 맞서게 되었다. 그곳은 북서 국경지대에서 멀지 않은 곳으로 그들은 서로 1,000보도 채 떨어지지 않은 곳에 각각 군영을 꾸렸다.

필립포스 군대는 북부 협곡을 방어하기 위해 파견했던 부대를 복귀 시킴으로써 약 2만 명의 보병과 2,000명의 기병을 갖추었다. 로마 군단도 얼추 비슷한 전력을 갖추고 있었다. 마케도니아인들이 이 전쟁에 우세했던 것은 그들의 본거지여서 이동로와 지름길에 익숙했기에 보급품을 쉽게 조달할 수 있었기 때문이다. 더군다나 군영을 로마군에 밀착시켜 로마군의 보급로를 막았기 때문이었다. 집정관은 거듭해서 전투를 시도했으나 왕은 끈질기게 전투를 회피했다. 소규모 부대들 사이의 교전에서 로마군이 몇 번 승리했지만 대세는 달라지지 않았다. 갈바는 현재의 군영을 떠나 11킬로미터 정도 떨어진 옥톨로포스에 다시 군영을 설치할 수밖에 없었고 그곳에서라면 좀 더 용이하게 보급품을 확보할 수 있을 것이라고 생각했다. 하지만 이를 위해 파견된 선발대가 마케도니아 경무장 보병과 기병대에 의해 궤멸되었다. 로마 군단은 파견선발대를 도우러 출동해야 했고 당연히 마케도니아 전위를 격퇴시켰다. 이때 마케도니아 전위는 큰 손실을 입고 퇴각하기에 이르렀으며 마케도니아왕은 말을 잃고 한 기병의 충성 덕분에 목숨을 건졌다.

이런 위험한 상황을 로마군은 충시령관 길바가 요정한 연합군의 성공적인 전투 덕분에 혹은 오히려 마케도니아 전력의 약세 덕분에 벗어났다. 비록 자기 영토 내에서 최대한 병사들을 징집했고 로마 탈영병과 용병들을 추가 투입했지만 필립포스는 소아시아와 트라키아 점령군을 제외하면, 그가 직접 집정관과의 맞대결에서 지휘한 부대 말고 다른 병력을 확보하는 데 실패했다. 더군다나 그는 이 부대를 충원하기 위해 펠라고니아 산악지대의 북부 협곡을 무방비로 방치해야 했다. 마케도니아 동해안을 방어하기 위해 그는 적군에게 주둔지를 제공할 여지가 있는 스키아토스섬과 페라레토스섬을 완전히 불태우는 청야 작전을 명령하는 한편, 타소스 및 해안을 방어하던 병력, 그리고 헤라클레이데스의 지휘 하에 데메트리아스에 정박 중이던 함대를 동원했다. 또한 남쪽 국경을 방어하기 위해서 그는 아이톨리아인들의 의심스러운 중립 말고 다른 무언가를 고려해야 했다. 아이톨리아인들은 갑작스럽게 반(反)마케도니아 연합군에 합류했고 곧장 아타마네스인들에 합류하여 테살리아로 쳐들어갔다. 또한 다르다니아인과 일뤼리아인들은 마케도니아 북부로 들어왔다. 로마 함대는 루키우스 아푸스티우스의 지휘 하에 코르퀴라를 출항하여 마케도니아 동해에 출현했고 거기서 아탈로스 함대, 로도스 함대, 이스트리아 함대와 합류했다.

그 후 필립포스는 자진해서 거점을 포기하고 동쪽으로 후퇴했다. 아이톨리아인들의 갑작스러운 침입을 견제하기 위해서인지, 아니면 로마군을 유인하기 위해서인지, 아니면 다른 어떤 이유에서인지는 단정하기 어렵다. 필립포스는 퇴로를 마련했고, 그를 추격하려고 무모한 결정을 내린 갈바를 아주 노련하게 따돌렸으며 결국 륀케스티스와 에오르다이아의 경계 협곡 구간의 측면에 도착하여 그곳을 점령하고 강력한 반격을 위해 로마인들을 기다렸다. 그는 전투하기에 알맞은 지점을 선택했다. 하지만 마케도니아 장창은 숲이 우거지고 고르지 못한 지형에서는 쓸모없음이 증명되었을 뿐이다. 마케도니아인 일부는 후퇴했고 전열이 흐트러지면서 커다란 인명 피해가 발생했다.

로마인의 귀환

필립포스의 군대는 불행한 타격을 입고 더는 로마의 전진을 막을 수 없었다. 하지만 로마군은 길도 없는 적진에서 알 수 없는 위험에 빠질까 두려워 아폴로니아로 돌아가 버렸다. 그 전에 로마군은 이미 북부 마케도니아, 그러니까 에오르다이아, 엘리마이아, 오레스티스의 비옥한 지역을 황폐화시켰고 오레스티스의 가장 중요한 도시로서 로마인에게 성문을 연 유일한 도시 켈레트론(오늘날 카스토리아 호수 내의 반도에 위치하는 카스토리아 시)를 접수했다. 로마군은 일뤼리아 지역에서 압소스의 상류에 있는 다사레타이의 도시 펠리온을 급습하여 정복한 후 앞으로 있을 전투에 전진기지로 삼았다.

필립포스는 로마의 주력 부대가 후퇴하는 것을 방해하지 않았다. 로마 군단 때문에 필립포스가 정신이 없을 것이라는 생각으로 페네이오스의 기름진 계곡을 두려움 없이 무자비하게 약탈하던 아이톨리아인과 아타마네스인들을 필립포스는 강행군으로 이동하여 완전히 제압했고, 살아남은 자들은 익숙한 산속으로 숨어 목숨을 도모했다. 이 패전 때문에도, 이집트를 위해 신행된 아이톨리아의 대규모 징병 때문에도 연합군의 사기는 적잖이 떨어졌다. 다르다니아인들은 필립포스 경무장 보병의 지휘관 아테나고라스에 의해 막대한 피해를 입고 산으로 쫓겨났다. 로마 함대의 성과는 크지 않았다. 로마 함대는 마케도니아 수비대를 안드로스에서 몰아냈고, 에우보이아와 스키아토스를 공격했고, 칼키디케반도를 공략했다. 하지만 마케도니아 수비대는 멘데Mende에서 적극적으로 방어했다. 로마군은 에우보이아의 오레오스 점령에 남은 여름을 보냈는데 마케도니아 수비대의 결정적 방어 때문에 오랜 시간을 들여야 했다. 약체였던 마케도니아 함대는 헤라클레이데스의 지휘하에 헤라클레이아에 정박한 채 아무런 행동을 취하지 않았고 바다를 놓고 감히 적과 싸우려 들지 않았다. 마케도니아군은 일찍 겨울 숙영지로 갔고 로마인들은 페이라이에우스항과 코르퀴라로 갔다. 로도스인과 페르가몬인은 귀향했다.

전반적으로 이런 결과에 필립포스는 다행이라고 생각할 수 있었다. 매우 힘들었던 출정을 끝낸 로마 군단은 봄에 소집되었던 바로 그 장소에서 가을을 맞이했다. 그러나 아이톨리아인들의 시의적절한 개입과 에오르다이아 협곡의 전투에서 행운이 없었다면, 로마 군단의 단 한 사람도 로마를 다시 볼 수 없었을 것이다. 사방 포위 공격은 모든 곳에서 목표에 못 미쳤고, 가을에 이르러 필립포스는 전 영토에서 적들이 사라진 것을 보았고, 아이톨리아와 테살리아 국경에 있는 페네이오스 평원의 도시 타우마코이를 아이톨리아인들에게서 빼앗으려는 헛된 시도마저 했다. 신들에게 간구하던 안티오코스 대왕이 다음 원정에 합류한다면 필립포스는 좋은 결과를 기대할 수도 있었다. 잠깐 동안 안티오코스는 그럴 것으로 보였다. 그의 군대는 소아시아에서 아탈로스왕의 일부 지역을 점령했다. 아탈로스왕은 로마에 보호를 요청했다. 하지만 로마는 안티오코스 대왕을 붕괴시키는 데 서두르지 않았다. 로마는 안티오코스에게 사절을 보내 사실상 아탈로스왕의 영토에서 철수하도록 관철시켰다. 그래서 필립포스에게 이 지역에서는 바랄 것이 없었다.

필립포스가 아오오스에 진을 치다

지난 출정의 승리는 필립포스의 용기와 자만을 부풀려 놓았다. 그래서 필립포스는 몇몇 안전한 지역을 포기하고 기피 인물인 제독 헤라클레이데스를 희생시키고 아카이아의 중립을 믿으며 마케도니아인들의 충성을 확신하고, 이듬해 봄(로마 건국 556년, 기원전 198년) 공세를 펼쳐 아틴타니아 지역으로 쳐들어갔고, 아이로포스산맥과 아스마오스산맥 사이에 굽이굽이 돌아나가는 아오오스(비오사)강의 협곡에 방어진지를 쌓았다. 필립포스의 맞은편에 새로 파견된 병사들로 보강된 로마 군영이 있었다. 처음에는 작년 집정관 푸블리우스 빌리우스가, 로마 건국 556년(기원전 198년) 여름 이후에는 당해 집정관 티투스 �큉크티우스 플라미니누스가 지휘를 맡았다. 서른을 갓 넘긴 다재다능한 플라미니누스는, 선조들의 애국심이나 조국은 등한시하기 시작하여 자신과 희랍문화에만 관심을 쏟는 젊은 세대였다. 그는 유능한 장교이자 외교관으로서 희랍의 난국을 해결하기에 많은 측면에서 적합한 인물이었다. 하지만 로마를 위해서도 그리고 희랍을 위해서도 희랍에 덜 공감하는 사람을 희랍으로 보내는 편이 좋았을지도 모른다. 아첨에 매수되지 않으며, 비판에 상처받지 않으며, 희랍 국헌의 딱한 처지를 문학적 예술적 회상 때문에 망각하지 않으며, 희랍을 그들의 성과에 따라 평가하며, 로마의 이상을 추구하지 않을 인물이면 좋았을 뻔했다.

필립포스가 템페계곡으로 쫓기다

로마의 신임 총사령관은 즉시 필립포스왕과 만났다. 그사이 양측 군대는 묵묵히 대치하고 있었다. 필립포스는 강화를 제안했다. 그는 정복 지역을 모두 반환하고 희랍 도시들에 입힌 손해에 합당한 배상을 하겠다고 제안했다. 하지만 로마가 마케도니아의 옛 소유지, 특히 테살리아를 포기하라고 요구하면서 교섭이 결렬되었다. 40일 동안 양 군대는 아오오스의 협곡에서 대치했다. 필립포스는 물러서지 않고 플라미니누스도 돌격을 명령해야 할지 아니면 필립포스를 그대로 놔두고 지난해의 작전을 고수해야 할지 결정할 수 없었다. 결국 친(親) 마케도니아 성향의 에페이로스인들, 특히 귀족 카롭스가 마케도니아를 배신하면서 로마의 사령관을 곤경에서 구했다. 그들은 산길로 보병 4,000명과 기병 300명의 로마군을 마케도니아 진영 배후의 고지대로 안내했다. 집정관이 전면에서 공격하고 로마군이 산에 들이닥침으로써 갑작스럽게 전투는 끝나고 말았다. 필립포스는 진영과 요새뿐만 아니라 약 2,000명의 병사를 잃었다. 그는 원래 마케도니아의 관문이던 템페계곡까지 급히 후퇴했고, 다른 모든 정복지역을 포함하여 성채까지 모두 포기했다. 방어할 수 없었던 테살리아 도시들을 그는 자기 손으로 파괴했다. 페라이 성읍만이 문을 열지 않기에 화를 면했다. 그리하여 에페이로스인들은 한편으로 로마의 무력 때문에, 다른 한편으로 플라미니누스의 신중한 관용 때문에 마케도니아 동맹을 처음으로 탈퇴했다. 로마의 승리가 전해지자 아타마네스인과 아이톨리아인들은 테살리아로 진군했고, 로마도 뒤따라왔다. 평야지대는 쉽게 점령되었지만, 친마케도니아 성향으로 필립포스의 지원을 받던 강력한 도시들은 저항하고 나서야 비로소 항복하거나 우세한 적을 맞아 끝까지 저항했다. 특히 아트락스 도시는 페네이오스강 좌안에서 성벽을 대신하여 중무장보병을 세워 놓기까지 했다. 이 테살리아의 요새들과 충성스러운 아카르나니아 지경을 제외하고 북부 희랍 전체가 로마 연합군의 손에 들어왔다.

아카이아가 로마 연합군에 가담하다

희랍 남부는 친마케도니아의 보이오티아를 중간에 두고 마케도니아를 연결하는 칼키스와 코린토스의 요새를 통해 그리고 정치적 중립을 유지하는 아카이아를 통해 여전히 상당 부분 마케도니아의 세력 아래 있었다. 플라미니누스는 마케도니아로 침공하기에 시기적으로 너무 늦었기 때문에 우선 육군과 해군을 코린토스와 아카이아로 돌리기로 결심했다. 로마 해군은 로도스와 페르가몬 함대까지 다시 집결하여 지금껏 에우보이아의 작은 도시 에레트리아와 카뤼스토스를 점령하고 약탈하는 일에 몰두하고 있었다. 하지만 오레오스는 양측에서 방치하다가 칼키스 출신 마케도니아 사령관 필로클레스에 의해 다시 점령되었다. 연합 해군은 그곳을 떠나 코린토스의 동쪽 항구 켄크레아이로 이동하여 난공불락의 요새를 위협했다.

　다른 측면에서 플라미니누스는 포키스로 진입하여 지역을 점령했다. 거기에서 엘라테이아에서만 오랜 공성전이 있었다. 그는 코린토스만의 안티퀴라를 겨울 숙영지로 삼았다. 아카이아인들은 도덕적으로 가치 있으나 정치적으로 유지될 수 없는 중립정책을 포기했다. 아카이아의 한쪽으로 로마 육군이 진군하고 있었고, 다른 쪽으로 로마 해군이 이미 해안에서 목도되었기 때문이다. 마케도니아와 아주 밀접했던 도시 뒤메, 메갈로폴리스, 아르고스 등의 사절단이 민회를 떠난 이후, 민회는 반(反)필립포스 연합군에 가입할 것을 결의했다. 퀴클리아데스 등 마케도니아 당파의 지도자들은 추방되었다. 아카이아 군대는 즉시 로마 함대와 연합하여 코린토스를 육상에서 포위하기 위해 서둘렀다. 로마는 아카이아에 대항하기 위한 필립포스의 보루였던 코린토스를 로마 연방의 가입보증으로 아카이아인들에게 맡겼다. 하지만 대개 이탈리아 이탈 주민으로 구성된 1,300명의 마케도니아 점령군이 단호하게 이 도시를 방어하는 바람에 거의 난공불락이었다. 게다가 필로클레스는 1,500명의 칼키스 병력을 이끌고 왔는데, 이들은 코린토스를 구해냈고 나아가 아카이아 지역까지 침입했고, 친마케도니아 시민들과 합의 하에 아르고스를 탈취했다. 하지만 그 보답으로 필립포스왕은 충실한 아고르스인들을 공포정치를 일삼는 스파르타의 나비스에게 넘겨주었다. 필립포스는 아카이아가 로마 연방이 되자 이제껏 로마 편이던 나비스를 자기편으로 끌어들이기를 원했던 것이다. 한때 나비스는 아카이아인들과 대적했고 더욱이 로마 건국 550년

(기원전 204년) 이후로 그들과 전쟁상태였기 때문에 로마 연합군에 가담했었다. 하지만 당시 누구도 필립포스에게 가담할 의향을 가지지 못할 정도로 필립포스의 상황은 너무 절망적이었다. 나비스는 아르고스를 필립포스로부터 받았지만 그를 배신하고 플라미니누스와의 동맹을 유지했다. 전쟁 중인 스파르타와 아카이아를 동맹으로 이끄는 데 어려움을 느끼던 플라미니누스는 잠정적으로 4개월의 휴전을 주선했다.

강화의 실패

그렇게 겨울이 다가왔다. 필립포스는 공정한 강화조건을 얻어내기 위해 다시 한 번 겨울을 이용했다. 말리아만의 니카이아에서 열린 회의에서 필립포스는 친히 참석하여 군소 수장들의 뻔뻔한 교만함을 자부심과 세련됨으로 억누르고, 로마인들을 유일의 동등한 맞수로 깍듯이 존중함으로써 플라미니누스와 양해 약정을 체결하여 유리한 조건을 얻어내려 했다. 플라미니누스는 패전한 필립포스가 자신을 대하는 태도의 세련됨과—그동안 왕은 물론 그도 경멸하게 된—동맹국을 대하는 왕의 오만한 태도를 기분 좋게 느낄 정도로 교양을 갖추었다. 하지만 플라미니누스의 권한은 왕의 바람만큼 크지 못했다. 그는 왕에게서 포키스와 로크리스를 양여 받고 2개월간의 휴전을 허용했고, 왕과 관련된 주된 사안은 로마 정부에 보고했다. 로마 원로원은 마케도니아가 모든 해외재산을 포기해야 한다는 견해에 오래전부터 일치했다. 그리하여 필립포스의 사절단이 로마에 모습을 나타냈을 때 원로원은 그들이 전 희랍, 특히 코린토스, 칼키스, 데메트리아스를 포기할 권한을 수권 받았는지 물었다. 사절단이 그렇지 못하다고 밝히자 즉시 협상은 결렬되었고 더욱 강력한 전쟁 속행이 결정되었다. 호민관의 협력으로 원로원은 최고사령관을 변경하는 아주 불리한 사태를 피할 수 있었는바 플라미니누스의 명령권이 연장되었다. 그는 중요한 강화조약을 체결했고 두 전임 최고사령관 푸블리우스 갈바와 푸블리우스 빌리우스는 그의 지휘를 받았다. 필립포스도 다시 한 번 전쟁 감행을 결심했다. 또 아카르나니아와 보이오티아를 제외하고 희랍의 모든 국가가 그를 상대로 무장한 상황에서 그는 희랍을 지키기 위해 코린토스 주둔군을 6,000명까지 보강했으며, 지친 마케도니아의 마지막 힘을 짜내어 어린이와 노인까지 밀집대형에 밀어 넣어 약 2만 6,000명의—그중 정규 마케도니아 중장보병은 1만 6,000명 정도—부대를 준비했다.

필립포스가 테살리아로 진군하다: 퀴노스케팔라이 전투

그렇게 로마 건국 557년(기원전 197년)에 네 번째 원정이 시작되었다. 플라미니누스는 함대 일부를 레우카스에 농성하던 아카르나니아인들에게 보냈다. 희랍 본토에서는 책략을 써서 보이오티아 수도 테바이를 접수했다. 테바이는 반(反)마케도니아 동맹에 적어도 명목상으로는 가입하도록 강요되었다. 이로써 코린토스와 칼키스 간의 결합을 깬 것에 만족한 플라미니누스는 결정타를 가하기 위해 북쪽으로 향했다. 작전 수행의 걸림돌이던 군량을—대체로 황무지인 적지에서 맞닥뜨린 큰 어려움을—이제 함대가 보병부대를 해안으로 따라가며 아프리카, 시킬리아, 사르디니아 등에서 조달함으로써 해결해야 했다. 결판은 플라미니누스의 바람보다 일찍 이루어졌다. 승리를 확신한 필립포스는 조바심 때문에 적을 마케도니아 국경에서 마냥 기다릴 수 없었다. 디온에서 군대를 결집시킨 후 테살리아의 템페계곡을 통해서 침투한 필립포스는 그를 향해 다가오던 적군과 스코투사 지역에서 조우했다.

마케도니아군, 그리고 이에 대항하는 아폴로니아와 아타마네스의 추가 병력, 나비스에 의해 파견된 크레테 병력, 특히 강력한 아이톨리아 병력으로 강화된 로마군은 각각 거의 같은 수, 즉 2만 6,000명씩의 병력을 갖추었다. 다만 로마 기병은 적보다 우세였다. 스코투사의 앞쪽 카라다그고원에서 비가 내리는 우중충한 어느 날 예상치 못하게 로마의 전위부대는, 양편 중앙의 높고 가파른 '퀴노스케팔라이'(개의 머리) 언덕을 점령하고 있던 적의 전위부대와 조우했다. 평원으로 밀리던 로마군은 경무장 부대와 탁월한 아이톨리아 기병대의 지원을 받아 이제 마케도니아의 전위부대를 다시 고지로, 나아가 고지 너머로 몰아붙였다. 하지만 이때 마케도니아 군도 다시 전체 기병대와 대부분 경무장 보병의 지원을 얻었다. 주십성 없이 전진하던 로마군은 큰 손실을 입고 거의 로마군 진영까지 쫓겼다. 플라미니누스가 재빨리 군단들을 정렬할 때까지 아이톨리아 기병대가 평지에서 시간을 벌지 않았다면 로마군은 완전히 궤멸하여 도주했을 것이다.

승리에 취해 전투의 속행을 바라는 병사들의 맹렬한 요구에 굴복한 왕은 중무장 보병의 투입을 명했는데, 로마군 사령관과 병사들은 이 날은 중무장 보병의 투입이 없으리라 생각하고 있었다. 누구도 점령하지 않은 언덕을 차지하는 것이 급선무였다. 왕이 직접 지휘하는 밀집방진 부대의 우익은 일찌감치 도착하여 방해받지 않고 전투대형을 완성했다. 하지만 좌익은, 마케도니아의 경무장 보병들이 로마 군단들에 밀려 언덕 위로 올라올 때까지 아직 준비를 마치지 못한 상태였다. 필립포스는 후퇴하는 경무장 보병들에게 밀집방진을 지나 부대 중앙으로 들어가도록 다그쳤다. 니카노르가 밀집방진의 나머지 좌익을 데리고 도착하길 기다리지 못하고 왕은 밀집방진의 우익에게 창을 꼬나들고 언덕을 내려가 로마 군단들을 공격할 것과, 다시 정렬한 경무장 보병에게 로마 군단들을 우회하여 측면을 공격할 것을 명령했다. 매우 적합한 장소에서 이루어진 밀집방진 부대의 강력한 공격은 로마 보병들을 산산이 흩뜨렸고 로마군의 좌익을 완전히 궤멸했다.

니카노르는 왕의 공격을 보고 자신이 지휘하는 밀집방진 부대의 절반에게 신속한 전진을 명했다. 그때 니카노르의 밀집방진 부대는 혼란에 빠졌다. 이미 승기를 잡은 필립포스의 우익을 따라 서둘러 산 아래로 먼저 진격한 니카노르의 선두 대열은 평탄치 않은 지형 때문에 질서를 잃었고 반면 후미 대열은 그제야 비로소 고지에 도달했다. 로마군의 우익은 이 상황에서 쉬이 적의 좌익을 끝장냈다. 이쪽 날개의 코끼리들은 무너진 마케도니아 밀집방진을 짓밟았다. 끔찍한 살육이 이루어지는 동안, 어떤 용맹한 로마 장교는 20개 중대를 모아, 승기를 잡은 마케도니아 우익을 공격했다. 마케도니아 우익은 후퇴하는 로마

군 좌익을 따라 전진하여 마침내 로마군 우익을 등 뒤에 둘 정도까지 나아갔다. 후미 공격에 마케도니아 밀집방진 부대는 무방비였고 이 공격으로 전투는 결판났다. 마케도니아 밀집방진 부대의 좌우는 완전히 해체되었고 포로와 전사자가 1만 3,000명에 달했는데 대부분은 전사했다. 로마 병사들이 장창을 높이 드는 마케도니아의 항복 표시를 알아차리지 못했기 때문이었다. 승자의 손실은 미미했다. 필립포스는 라리사로 피신했고, 누구의 체면도 손상되는 일이 없도록 모든 문서를 소각하고 테살리아를 비우고 다시 고향으로 퇴각했다.

심각한 패배로 마케도니아는 아직 점령하고 있던 모든 지역에서 다시 한 번 불이익을 당했다. 카리아에서 로도스 용병들이 그곳에 주둔한 마케도니아 군을 쳐서 스트라토니케이아에 옴짝달싹 하지 못하게 했다. 또 코린토스 주둔군은 니코스트라토스의 아카이아군에게 크게 당했고, 아카르나니아의 도시 레우카스는 영웅적 방어전을 치르고 함락되었다. 필립포스는 완전히 제압되었다. 마지막 동맹자인 아카르나니아인들은 퀴노스케팔라이 전투의 소식을 듣고 항복했다.

강화의 예비

강화조건의 결정권은 완전히 로마의 수중에 있었다. 로마는 권한을 남용 없이 행사했다. 알렉산드로스 제국을 해체할 수 있었다. 이를 동맹자 회의에서 아이톨리아 측은 명시적으로 요구했다. 하지만 이런 조치는, 트라키아인과 켈트인들에 맞서 희랍 문화의 방어벽을 무너뜨리는 것 말고 무슨 이득이 있겠는가? 번영을 누리던 뤼시마케이아(트라키아의 케르소네소스에 위치한)는 막 끝난 전쟁에서 이미 트라키아인들에 의해 완전히 파괴되었다. 이것은 미래를 향한 엄중한 경고였다. 희랍 국가들의 깊은 적개심을 알았지만, 플라미니누스는 로마가 강대국이라고 해서 아이톨리아 동맹의 원한을 풀어주는 해결사 역할을 맡는 데는 동의할 수 없었다. 섬세하고 고귀한 왕에 대한 플라미니누스의 희랍적 동정심이, "퀴노스케팔라이의 승리자"를 자처하는 아이톨리아인들의 오만한 허풍 때문에 상처입은 로마 민족 감정만큼 크지는 않았지만, 그럼에도 동의하지 않았다. 그리하여 플라미니누스는 아이톨리아인들에게 패자를 절멸시키는 것은 로마의 관행이 아니라고, 또 아이톨리아인들이 할 수 있다면 얼마든지 직접 마케도니아를 끝장낼 수 있다고 답했다. 왕은 가능한 한 모든 것을 고려하여 처결되었다. 앞서 제기된 요구들에 이제 응하겠다고 왕이 선언했을 때, 플라미니누스는 일정 금액을 지급받고—데메트리우스 왕자도 포함하여—인질들을 잡고서 상당 기간의 휴전을 허락했다. 왕은 다르다니아인들을 마케도니아에서 쫓아내기 위해 상당한 시간이 필요했다.

마케도니아와의 강화

원로원은 희랍 문제의 최종적 규율을, 플라미니누스를 주축으로 구성된 10인 위원회에 위임했다. 위원회는 카르타고에 제시했던 것과 비슷한 조건들을 필립포스에게 부과했다. 필립포스는 소아시아, 트라키아, 희랍, 에게해 섬들에 있던 모든 해외 소유재산을 상실했다. 하지만 마케도니아 본토는, 중요치 않은 일부 국경지역과 자유로 선언된 오레스티스 지역을 제외하고, 감축되지 않았다. 해외 소유재산의 박탈이라는 결정은 필립포스에게 극히 민감한 것이었으나 로마 입장에서 이반한 신민들에 대한 처분권을 그에게 다시 줄 수 없었기에 불가피한 결정이었다. 또 마케도니아는 로마에 사전 통지 없이 어떠한 외부 세력과도 동맹하지 않을 의무, 외부로 주둔군을 파견하지 않을 의무를 부담했다. 그 외에도 마케도니아 밖 문명국들, 특히 로마의 동맹국들을 상대로 전쟁을 수행하지 말 것, 그리고 5,000명 이상의 병력을 유지하지 말 것, 코끼리를 보유하지 말 것, 갑판선은 5척을 넘기지 않으며 초과하는 갑판선은 로마에게 인도할 것 등이 정해졌다. 마지막으로 필립포스는 로마와 군사동맹을 체결하여 요구가 있으면 지원 병력을 보낼 의무를 부담했다. 그 후 실제로 마케도니아 부대가 로마 군단과 함께 전투에 참여하기도 했다. 또 1,000탈란톤(170만 탈러)의 배상금도 지급했다.

희랍의 해방

따라서 야만족에 맞서 희랍국경을 방어하는데 필요한 정도만의 무력을 마케도니아에 허용하고, 마케도니아를 정치적으로 완전히 무력화하고 나자, 이제 마케도니아왕에게 빼앗은 재산을 처분하는 일이 남았다. 히스파니아 속주의 경험에 비추어 해외 속주는 매우 불확실성이 높은 수익임을 알고 있던 로마인들은 더군다나 영토 획득이 전쟁 목표가 아니었기 때문에 노획 재산을 취하지 않았고, 나아가 동맹국들에도 자제할 것을 강력히 권고했고, 이어 지금까지 필립포스를 지지했던 희랍 도시국가 모두에게 자유를 허용하기로 했다. 그리하여 플라미니누스는 이런 결정을 담은 포고문을 이스트미아 제전을 위해 모인 희랍인들 앞에서 낭독하는 임무를 맡았다(로마 건국 558년, 기원전 196년). 사려 깊은 사람들이라면 도대체 자유가 선물할 수 있는 물건인지, 민족 통일과 화합 없이 자유가 무슨 의미인지 물었을 것이다. 하지만 로마 원로원이 자유를 희사하는 의도가 진지했던바 희랍인들은 크게 환호하며 진지하게 받아들였다.[1]

에피담노스를 경계로 그 동쪽의 일뤼리아 지역은 이런 일반적 조처에서 제외되었다. 이 지역은 스코드라의 왕 플레우라토스가 장악했고, 한 세대 전 로마에 굴복했던 노상 및 해상강도 소굴이던 스코드라가(제3권 102쪽) 이제 다시 지역의 군소 패권들 가운데 최강자로 떠올랐다. 서부 테살리아의 일부 지역은 아뮈난드로스가 차지했고 사람들이 이를 용인했다. 그리고 파로스, 스퀴로스와 임브로스 등 세 섬은 아테나이에게 선물로 제공되었는바 이는 아테나이가 감당했던 막대한 수고, 그리고 아테나이의 온갖 칭송과 인사에 대한 대가였다. 로도스인들이 카리아 지방의 영토를, 페르가몬인들이 아이기나를 그대로

---

[1] 플라미니누스의 얼굴과 'T. Quincti(us)'라는 명문이 새겨진 금화가 희랍땅에서 희랍 해방자의 통치하에 만들어졌고, 우리는 이를 가지고 있다. 라티움어가 여기 새겨진 것은 주목할 만한 사건인데, 칭송의 의미로 읽힌다.

유지했음은 물론이다. 그 밖의 동맹국들에는, 새로 해방된 도시국가들을 각 동맹체에 가입시키는 간접적 보상만 했다.

아카이아 동맹은 반(反)필립포스 동맹에 가장 늦게 가담했음에도 가장 큰 혜택을 받았다. 아카이아 동맹이 여느 희랍 동맹체보다 체계적이고 성실한 동맹체라는 합당한 이유 때문이었을 것이다. 펠로폰네소스와 이스트모스, 다시 말해 코린토스에 있던 필립포스의 모든 재산은 아카이아 동맹으로 편입되었다.

반면 아이톨리아인들의 사정은 녹록치 않았다. 그들은 포키스와 로크리스의 도시들을 동맹에 받아들이도록 허용되었다. 동맹을 아카르나니아와 테살리아 지역까지도 확대하려는 시도는 단호하게 거부되거나 먼 훗날로 미루어졌다. 테살리아 도시들은 4개의 작은 독립 동맹체로 나뉘었다. 로도스의 도시 연합체를 위하여 타소스와 렘노스 및 트라키아와 소아시아의 작은 도시들이 해방되었다.

스파르타와의 전쟁

희랍 내부의 규율, 다시 말해 국가 상호관계와 개별국가 내부질서의 조정에는 어려움이 많았다. 가장 시급한 문제는 로마 건국 550년(기원전 204년)부터 지속된 스파르타와 아카이아의 전쟁이었고 중재를 로마가 맡게 되었다. 스파르타의 통치자 나비스가 필립포스에게 양도받은 아카이아 동맹의 도시 아르고스를 양보하게 하려는 시도가 수차례 있었고 플라미니누스에게는 할 수 있는 일이 더는 없었다. 고집스러운 왕권 찬탈자가 아이톨리아인들의 반(反)로마 감정과 안티오코스의 유럽 진출을 고려하여 아르고스의 반환을 완강하게 거부했을 때, 마침내 전체 희랍의 이름으로 코린토스에 모인 대표단은 전쟁을 선포했고, 플라미니누스는 로마 군대와 동맹군을─동맹군에는 필립포스가 파견한 병사들과 스파르타의 합법적 왕권을 가진 아게시폴리스가 이끄는 라케다이몬 망명자들도 포함되어 있었다─함대와 함께 펠로폰네소스반도로 보냈다(로마 건국 559년, 기원전 195년). 상대방을 압도적인 위력으로 즉각 압박하기 위해 5만 명 이상의 병력이 육로로 이동했고 여타 도시들은 내버려둔 채 곧바로 수도를 향해 행군했다. 하지만 소기의 목표는 얻을 수 없었다. 나비스도 1만 5,000명의 대단한 병력을─이들 가운데 용병은 5,000명이었다─전장에 내보냈고, 의심스러운 장교들과 지역 주민들을 무조건 처형하는 완벽한 공포 정치로써 군권을 새롭게 강화했다. 나비스가 로마 육군과 해군의 첫 승전 이후 항복을 결심하고 플라미니누스가 제시하는 매우 약한 조건을 받아들이려고 했을 때조차 '민중'은, 다시 말해 나비스가 스파르타에 정착시킨 찬탈자 무리는 당연히 패전 이후의 추궁이 두려워서 그리고 평화 조건의 성격은 물론 아이톨리아인과 아시아인들의 진군에 대한 거짓말에 속아서 로마 장군이 제안한 평화를 거부했다. 전투가 재개되었다. 성벽 앞에서 전투가 벌어지고 도시는 맹공격을 받았다. 로마 병사들이 성벽을 넘었지만 함락한 거리마다 불길이 일어나자 불길에 로마군은 후퇴할 수밖에 없었다.

스파르타 문제의 해결

하지만 완강한 저항도 결국 끝났다. 스파르타는 독립을 유지했고, 망명자들을 다시 받아들이라는 강압도 없었고, 아카이아 연맹에 강제로 가입되지도 않았다. 심지어 나비스의 독재정도 그대로 유지되었다. 하지만 나비스는 아르고스, 메세네, 크레테의 도시들과 전체 해안 지역 등 국외 재산을 내놓아야 했다. 또 그에게 의무가 부과되었는바, 외국과 동맹도 전쟁도 할 수 없었고, 화물선은 2척 이상 소유할수 없었으며 약탈물을 반환하고 로마에 인질을 보내고 전쟁 배상금을 치러야 했다. 스파르타 망명자들에게는 라코니아 해안의 도시들이 제공되었고, 과거 독재정을 시행한 스파르타와 달리 '자유 라코니아'를 표방한 이 새로운 공동체들은 아카이아 연맹에 가입하라는 권고를 받았다. 스파르타에 있던 이들의 재산은 포기되었는데 새로 제공된 정착지가 보상으로 간주되었기 때문이다. 다만 이들의 아내와 자식들은 스파르타에 억류되어서는 안 된다는 조건이 붙어 있었다.

　이런 조치로 아카이아인들은 아르고스 외에도 자유 라코니아를 확보했으나 만족하지 못했다. 위협적이고 저주스러운 나비스를 제거하고, 스파르타 망명자들을 귀환시키고, 아카이아 동맹을 전체 펠로폰네소스로 확대하고 싶었다. 하지만 불공정하고 부당하긴 서로 마찬가지인 양쪽을 만족시키는 데는 플라미니누스의 이런 조치들이 최대한 공정하고 정당한 것이었다. 스파르타인과 아카이아인들의 오래된 깊은 반목에도 불구하고 스파르타를 아카이아 동맹에 병합했다면 이는 복속이나 다름없었을 것이고 결국 현명하지도 공평하지도 못한 조치였을 것이다. 또한 망명자들의 복귀와, 지난 20년 동안 배제되었던 옛 정부의 부활은 결국 폭정을 다른 폭정으로 대체하는 일이었을 것이다. 따라서 플라미니누스의 선택은 올바른 해결책이었다. 그는 극단적인 양쪽의 어느 편도 들지 않았기 때문이다. 마침내 스파르타의 해상 및 육상 약탈 행위에 대해 근본적인 해결이 이루어졌으며, 과거와 다름없는 스파르타 정부가 할 수 있는 일은 자국민을 괴롭히는 것뿐이었다. 나비스를 알고 있었지만 대중이 나비스를 얼마나 폐위시키고 싶어 하는지는 몰랐던 플라미니누스는 사태를 서둘러 종식시키고 뜻밖의 복잡한 사태로 자신의 명백한 승리를 어지럽히기를 원치 않았기 때문일 수도 있다. 또 플라미니누스가 아카이아 동맹의 견제 세력으로서 펠로폰네소스에 스파르타를 유지하려고 했기 때문일 수도 있다. 전자는 다만 부차적인 문제였으며, 후자와 관련하여 로마가 아카이아를 두려워했다는 것은 개연성이 떨어진다.

희랍 문제의 최종적 해결

이로써 희랍 군소 도시국가들 사이에 적어도 외형적으로는 평화가 찾아왔다. 개별 공동체들의 내부 사정으로 인해 로마가 심판관을 맡아야 했다. 보이오티아인들은 마케도니아가 희랍 땅에서 쫓겨난 뒤에도 여전히 친마케도니아적 입장을 공개적으로 밝혔다. 플라미니누스가 보이오티아인들의 요청에 따라 필립포스의 군대에 참여했던 주민들의 귀향을 허락했을 때, 그들은 친마케도니아 당파 내에서도 가장 강경한 브라퀼라스를 보이오티아의 대표로 선출했으며 그 밖에 다른 일에서도 온갖 방식으로 플라미니누스를 자극했다. 플라미니누스는 전례 없는 인내심으로 이를 묵인했다. 친로마적 성향의 보이오티아인들은 로마의 철수 이후 자신들에게 어떤 운명이 닥칠지 알았기 때문에 브라퀼로스의 살해를 모의했으며, 플라미니누스의 허락을 물을 때 그는 적어도 명시적으로 안 된다고 대답하지는 않았다. 브라퀼로스는 이에 따라 살해되었다. 보이오티아인들은 살해자들을 잡아들이는 데 만족하지 않고 보이오티아 지역을 지나가는 로마 병사들을 공격하여 죽였는데 그 수가 500명에 이르렀다. 결코 묵인할 수 없는 사건이었다. 플라미니누스는 보이오티아인들에게 로마 병사 한 명당 1탈렌툼의 보상금을 부과했다. 이를 지불하지 않았기 때문에 플라미니누스는 근처의 군대를 이끌고 코로네이아를 점령했다(로마 건국 558년, 기원전 196년). 그러자 그들은 엎드려 빌었다. 사실 플라미니누스는 아카이아인과 아테나이인들의 중재 때문에 보이오티아인들에게 매우 합리적 보상만 받아냈을 뿐이다. 친마케도니아 당파는 그 조그만 지역에서 여전히 권력을 유지했으며, 로마는 강자의 인내심을 가지고 그들의 유치한 저항에 아무런 조치를 취하지 않았다.

희랍의 여타 지역에서도 플라미니누스는 폭력 사태가 발생하지 않는 한 새롭게 해방된 공동체들의 내치(內治)에 명목상의 영향력을 행사하는 데 만족했다. 그는 의회와 법정을 부유층이 장악하고 반마케도니아 당파가 권력을 쥐도록 했고, 전시법에 따라 각 공동체가 로마에 내놓아야 할 재산을 해당 도시국가의 공공재산에 포함시킴으로써 도시 공동체를 로마의 이익에 연결시켰다. 로마 건국 560년(기원전

194년) 봄에 이런 작업이 끝났다. 플라미니누스는 다시 한 번 코린토스에 모든 희랍 공동체의 대표들을 불러 모아 그들에게 부여된 자유를 합리적으로 활용하라고 당부했고, 한니발 전쟁 당시 희랍 땅으로 팔려온 이탈리아 포로들을 30일 이내에 로마를 위한 보답으로 보내줄 것을 제시했다. 이어 플라미니누스는 로마군이 장악하고 있던 마지막 요새들을 비워주었다. 데메트리아스, 칼키스와 그에 딸린 에우보이아의 작은 주둔지들, 아크로코린토스 등에서 철수함으로써 로마가 필립포스의 족쇄를 물려받아 희랍을 옥죈다는 아이톨리아인들의 주장이 거짓임을 보여주었다. 플라미니누스는 이탈리아 포로들과 로마 군단 전체를 데리고 고향으로 돌아왔다.

마무리

다만 경멸스러운 부정직함 혹은 약해빠진 감상주의 때문에 오해한다면 몰라도, 로마는 희랍의 해방을 진심으로 바랐다. 대담한 기획에도 불구하고 왜 그렇게 형편없는 건축물이 남게 되었는지, 그 원인은 전적으로 희랍 민족의 도덕적 국가적 해체에서 찾아야 할 것이다. 민족의 발상지로서 정신적 성지로 여기던 땅을 강력한 군대로 순식간에 완벽하게 해방시키고, 각 공동체를 외부 세력의 과세와 점령에서 독립시켜 무제한의 자유를 희사한 일은 대단한 위업이었다. 이런 위업을 단순히 정치적 계산으로 보는 것은 애처로운 일이다. 정치적 계산도 희랍의 해방을 가능하게 했겠지만, 사실 그보다는 로마의, 특히 플라미니누스의 형언할 수 없는 친희랍적 애정 때문이었다. 로마인들을 비난한다면 그것은 로마인 모두가, 특히 원로원의 의구심을 물리친 플라미니누스가 희랍이라는 이름의 마술에 취해 당시 희랍 도시국가 전반에 만연한 처참함을 직시하지 못했다는 점이다. 또 대내외적으로 격앙되는 무기력한 반목을 다루지도 잠재우지도 못하던 희랍 공동체 모두에게 오히려 그들 멋대로 처신할 기회를 제공했다는 점이다. 문제가 발생했을 때는 곧바로 지속적인 위력을 투입해 이런 걱정스럽고 위험한 자유를 단번에 제압하고 박탈해야 했다. 유약한 감상적 정책은 인간애의 발로일지라도 엄격한 통제보다 오히려 더 잔인한 것일 수도 있다. 예를 들어 보이오티아에서 로마는 정치적 살해를 조장한 것은 아니지만 방조하고 말았다. 로마 군대를 희랍에서 철수하기로 결정했고 이로써 지역마다 친로마적 희랍인들이 스스로 일반적인 해결책을 찾도록 방치했기 때문이다. 로마도 이런 어설픈 조치의 피해를 입었다. 희랍의 자유라는 정치적 오류가 없었다면 안티오코스 전쟁은 일어나지 않았을지 모른다. 유럽의 경계에 위치한 주요 요새들로부터 주둔군을 철수시키지 않았다면 안티오코스는 위협이 되지 않았을지 모른다. 역사는 모든 과오에 죗값을 묻는다. 무익한 해방 충동은 물론 어리석은 관용도 마찬가지였다.

제9장
아시아의 안티오코스 전쟁

안티오코스대왕

로마 건국 531년(기원전 223년) 이후 아시아의 셀레우코스왕조는 4대손 안티오코스 3세가 물려받았다. 그도 필립포스와 마찬가지로 19세에 통치를 시작했고 특히 첫 동방원정에서 진취적 기상과 행동을 보였기에 대왕이란 공식 칭호가 터무니없지 않았다. 그의 경쟁자 이집트의 필로파토르가 소임을 다하지 않고 태만했던 것과 달리, 그는 어느 정도 왕정의 재건에 성공했다. 안티오코스는 우선 동(東)태수령인 메디아와 파르티아를, 다음으로 소아시아의 타우로스산맥 이편에 아카이오스가 세운 국가를 재통합하는 데 성공했다. 하지만 애타게 갈망하던 쉬리아해안 지역을 이집트에게서 빼앗으려는 첫 시도는 실패했는데, 트라시메누스호 전투가 있던 바로 그해에 라피아에서 필로파토르에게 패했기 때문이다. 안티오코스는 필로파토르가 비록 태만한 왕이지만 왕좌를 차지하고 있는 동안은 이집트와의 전쟁을 삼갔다.

하지만 필로파토르가 죽자(로마 건국 549년, 기원전 205년) 안티오코스에게 이집트와 결판을 낼 절호의 기회가 온 듯했다. 안티오코스는 이를 위해 필립포스와 연합하여 직접 코일레 쉬리아로 출정했고, 필립포스는 소아시아의 도시들을 공격했다. 로마가 개입하자 로마에 대하는 문제를 안티오코스는 사태의 전개와 동맹 조약에 따라 필립포스와 함께 공동 관심사로 만들었다. 하지만 안티오코스는 로마의 동방 문제 개입을 물리치기에 충분히 긴 안목을 가지지 못했다. 그는 로마가 필립포스를 쉽게 굴복시키자 이 기회를 활용하여 필립포스와 분할 통치하려던 이집트를 독차지하려 했다. 로마 원로원은 알렉산드레이아궁정과 어린 왕과 긴밀한 관계를 맺었음에도 사실 '후견인'이라 불리는 것은 원치 않았다. 로마 원로원은 로마 세력의 범위를 헤라클레스의 기둥과 헬레스폰토스로 제한하여 아시아 대륙은 상관하지 않는다고 단호히 결정했다.

안티오코스가 대왕이 될 수 있었던 것도 이 때문이었다. 이집트 정복이 말하기는 쉬워도 성공하기는 어려웠기에 안티오코스는 이집트의 해외 소유지를 차례차례 굴복시켰고 다음으로 쉬리아와 팔레스타인은 물론 킬리키아를 공략했다. 로마 건국 556년(기원전 198년)에 요르단강의 발원지 부근인 파니온산에서 이집트 장군 스코파스를 상대로 거둔 대승으로 안티오코스는 이집트 국경에 이르는 지역을 완전히 점유하게 되었다. 그뿐 아니라 이집트의 어린 왕을 대신하던 후견인들을 두렵게 만들었고, 결국 후견인들은 안티오코스의 침입을 막기 위해 강화를 결정했으며 안티오코스의 딸 클레오파트라와 어린 왕의 약혼을 통해 이를 확인했다.

이런 목표를 이루고 나서 안티오코스는 이듬해, 그러니까 퀴노스케팔라이 전투가 있던 해에 100척의 갑판선과 100척의 수송선으로 구성된 강력한 해군을 이끌고 소아시아로 향했다. 소아시아 남서부 해안의 옛 이집트 점유지를 정복하고자 했고, 소아시아의 희랍인을 다시 왕국에 통합하고자 했다. 이집트 정부에 속하던 이 지역은 사실상 필립포스가 장악하고 있었는데, 아마도 이집트 정부는 안티오코스와 강화 이후 이 지역을 포기하고 안티오코스에게 모든 해외 점유지를 양도한 것으로 보인다. 동시에 쉬리아 육군은 사르디스에 집결했다.

로마와의 곤란한 관계

이런 일은 간접적으로 로마를 자극했다. 애초 로마는 소아시아에서 주둔군을 철수하고, 로도스와 페르가몬의 영토를 손상시키지 말며 자유도시들의 현존 국가체제를 훼손하지 말라는 조건을 필립포스에게 내걸었다. 이제 로마인들은 필립포스 대신 바로 안티오코스가 똑같은 일을 하는 것을 목도해야만 했다. 아탈로스와 로도스인들은 몇 년 전 필립포스를 상대한 전쟁과 동일한 위협을 이제 안티오코스에게 직접적으로 느끼고 있었다. 이들은 이번 전쟁에서도 당연히 로마를 끌어들이려고 시도했다. 로마 건국 555/56년(기원전 199/98년)에 아탈로스는 로마의 군사적 원조를 원했는데, 아탈로스 군대가 로마가 벌이는 전쟁에 참전하고 있었으니 자신의 영토를 점령한 안티오코스의 격퇴를 도와달라고 했다. 정열적인 로도스인들은 로마 건국 557년(기원전 197년) 초에 안티오코스 전함이 소아시아 해안의 북부로 항해하자, 안티오코스왕에게 (뤼키아 해안의) 켈리도니아섬을 침범하면 선전포고로 간주하겠다고 말했다. 하지만 안티오코스가 배를 돌리지 않자 퀴노스케팔라이 전투에 대한 소식에 용기를 얻은 로도스인들은 곧 전쟁을 시작했다. 이들은 안티오코스왕에 대항하여 사실상 아주 중요한 카리아의 도시들, 그러니까 카우노스, 할리카르나소스, 뮌도스, 사모스섬을 보호했다. 또한 반(半)자유 도시들 대부분이 안티오코스왕에게 점령되었지만 일부 도시, 특히 중요 도시인 스뮈르나, 알렉산드레이아 트로아스, 람프사코스는 필립포스의 제압 소식을 듣고 용기를 얻어 쉬리아에 저항했고 이들의 절실한 소원은 로도스인들의 소원과 하나가 되었다.

전반적으로 결정을 내리고 이를 수행할 힘을 가진 안티오코스가 이미 아시아의 이집트 소유지들을 차지하고 독자적으로 유럽 정복에 나서기로 결심했음은 의심의 여지가 없다. 그것 때문에 당장 로마와의 전쟁을 꾀한 것은 아니지만 곧 그렇게 될 것도 분명했다. 로마는 이런 상황에서 동맹국들의 요구에 응하여 아시아에 직접 개입할 모든 이유가 있었지만 그럴 기미를 전혀 보이지 않았다. 로마는 마케도니아 전쟁을 지속하며, 아탈로스에게 우선 효과가 입증된 외교적 중재민을 제공하면서 망설였다. 또 로마는 마케도니아 전쟁 승리 이후에도, 프톨레마이오스와 필립포스의 손에 있던 도시들을 안티오코스가 점유할 수 없으며, 뮈리나, 아뷔도스, 람프사코스,[1] 키오스*Kios* 등 아시아 도시들의 자유가 로마 문서에 명시되어 있다는 말만 했다. 로마는 이를 관철시키기 위한 최소한의 일도 하지 않았고 심지어 마케도니아 주둔군을 철수시켜 안티오코스 군대가 투입될 수 있는 기회를 제공하기도 했다.

급기야 로마 건국 558년(기원전 196년) 봄, 안티오코스는 유럽에 상륙하고 트라키아의 케르소네소스로 쳐들어갔고 거기서 세스토스와 마뒤토스를 점령하고 오랜 시간 트라키아 야만인들을 응징했다. 그는 파괴된 뤼시마케이아를 재건하고 이곳을 군사요충지이자 트라키아에 새로 건설된 태수령의 수도로 택했다. 사태 수습의 책임을 맡은 플라미니누스는 분명 뤼시마케이아에 있는 안티오코스에게 사절을 보내 이집트의 불가침과 전(全)희랍인의 자유를 거론했지만 소득이 없었다. 안티오코스왕은 재차 명백한 합법적 권리, 선조 셀레우코스가 이룩한 뤼시마코스 고대 왕국의 점령을 언급하면서 영토 정복이 아니라 세습

---

[1] 최근 발견된 람프사코스 법령에 따르면(AM 6, 1891, S. 95), 람프사코스인들은 필립포스의 패배 이후에 로마와 필립포스 사이에 맺어진 조약에 람프사코스도 포함되어야 한다는 청원을 위해 로마 원로원에 사절을 보냈다. 원로원은 적어도 청원자의 생각에 따라 그것을 인정했고 또한 이를 플라미니누스와 10인 사절에게 알렸다. 람프사코스 사절들은 플라미니누스로부터 코린토스에서 그들 국가정체의 보증과 "왕들에게 보내는 편지들"을 확보했다. 플라미니누스도 사절들에게 또한 비슷한 서신을 보냈는데, 법령에 사절이 큰 역할을 했다고 묘사되었다는 것 이상의 편지 내용은 알지 못한다. 원로원과 플라미니누스가 람프사코스인들의 자치와 민주정을 공식적으로 보장했다면, 법령이 원로원의 중재를 요청받은 로마 사령관들이 사절들에게 건넨 의례적 답변에 상세히 다루어지기는 어렵다.

　문서상 주목할 만한 또 다른 점은 아마도 트로이아 전설까지 거슬러 올라가는 람프사코스인과 로마인들의 "형제관계"와 람프사코스인들이 성공시킨 로마 동맹국들과 로마의 친구 마살리아인의 중재다. 마살리아인은 람프사코스인들의 공통 모국 포카이아를 통해 람프사코스인들과 유대를 맺었다.

영토의 수습이라고 주장했다. 그는 자신이 복속시킨 소아시아 도시들과의 분쟁에 로마가 개입하는 것을 거부했다. 그는 이집트와 이미 강화를 맺었고 로마는 개입할 법적 근거가 없다는 것을 정당하게 덧붙였다.[2] 어린 이집트 왕이 죽었다는 잘못된 보고 때문에, 그리고 그것으로 야기된 키프로스나 심지어 알렉산드레이아의 상륙 계획 때문에 안티오코스왕이 갑자기 아시아로 귀환하게 되자 회담은 성과는 고사하고 끝내자는 말도 없이 끝나버렸다.

이듬해인 로마 건국 559년(기원전 195년) 안티오코스는 다시 뤼시마케이아로 강력한 해군과 함께 돌아왔고 아들 셀레우코스에게 맡겼던 태수령의 재건에 전념했다. 안티오코스가 에페소스에 있을 때 카르타고를 떠날 수밖에 없었던 한니발이 그를 찾아왔다. 안티오코스가 한니발을 특별히 영접한 것은 로마에 대한 선전포고와 같은 의미였다. 그럼에도 로마 건국 560년(기원전 194년) 봄에 플라미니누스는 로마 주둔군을 모두 희랍에서 철수시켰다. 안 되는 줄 알면서도 그렇게 한 그의 행위는 범죄행위는 아닐지라도 당시 상황에서는 적어도 어리석은 행동이었다. 플라미니누스는 완전한 전쟁 종식과 희랍 해방의 명예를 온전히 누리며 로마로 복귀하기 위해 반란과 전쟁이라는 불씨를 임시로 덮는 데 만족했다고 여길 수밖에 없다. 로마가 희랍 영토를 직접적으로 통치하려던 모든 시도와 아시아 사태에 개입하는 것 일체를

---

[2] 히에로니무스의 증언, 그러니까 쉬리아의 공주 클레오파트라와 프톨레마이오스 에피파네스가 로마 건국 556년(기원전 198년)에 약혼을 했다는 것, 리비우스(33, 40)와 아피아누스(Syr. 3)의 언급을 보건대 로마 건국 561년(기원전 193년) 실제 결혼이 이루어졌다는 보고에 비추어, 이집트 사태에 대한 로마의 개입은 '법적 자격이 없는 간섭'에 해당한다.

정치적 실수라고 선언한 로마 정치가 플라미니누스가 옳았을지 모른다. 하지만 희랍에서 앙등하던 반감, 안티오코스왕의 병적 자만심, 지중해 서부에서 로마에 대항하여 무기를 들었던 한니발의 쉬리아 군사령부 합류 등 모든 것이 이미 희랍계 지중해 동부에서 군사 행동이 새롭게 일어나고 있음을 분명히 말해주었고, 이런 군사 행동의 목표는 적어도 희랍을 로마의 피후견 국가에서 반(反)로마적 국가로 바꾸어놓자는 것이 틀림없었다. 이것이 달성되기만 하면 더욱더 많은 것으로 확대될 수도 있었다. 로마가 이런 사태가 발생하게 놓아둘 수 없다는 것은 분명했다. 이런 분명한 전쟁 징후 전부를 플라미니누스는 무시하면서 희랍에서 주둔군을 철수하고 동시에 안티오코스왕에게 몇 가지를 요구했지만, 이런 요구를 관철하기 위해 군사를 동원할 의사는 없었다. 그는 말은 너무 많고 행동은 너무 적었다. 로마에 평화를, 양 대륙의 희랍세계에 자유를 주고 싶다는 망상과 허영심 때문에 그는 군사령관의 의무와 시민의 의무를 망각했다.

안티오코스의 전쟁 준비

전쟁을 앞둔 안티오코스에게 뜻밖에도 한숨 돌릴 시간이 생겨 그는 이때를 이용하여 내실도 다지고 이웃나라들과의 관계를 확고히 했다. 그는 전쟁을 결심했는데, 적이 망설이는 것으로 보일수록 그의 결심은 더욱 확고해졌다. 이집트의 어린 왕과 약혼녀, 그러니까 딸 클레오파트라를 결혼시켰다(로마 건국 561년, 기원전 193년). 결혼과 동시에 사위에게 빼앗은 속주들의 반환을 약속했다고 훗날 이집트가 주장했으나 아마도 잘못된 것이고, 그 땅은 사실적으로 쉬리아 왕국에 속해 있었다.[3]

또 그는 로마 건국 557년(기원전 197년)에 아버지 아탈로스로부터 페르가몬의 왕좌를 승계한 에우메네스에게, 만약 로마 동맹에서 이탈한다면 그에게 탈취한 도시들을 반환하고 자신의 딸을 부인으로 주겠다고 제안했다. 바로 그렇게 그는 다른 딸 하나를 카파도키아의 아리아라테스왕에게 시집보냈고 선물로 갈라티아인들을 회유했고, 항상 반란을 꾀하던 피시디아인과 다른 소부족들은 무력으로 제압했다. 뷔잔티온인들에게는 특권을 확대해 주었다. 소아시아 도시들과 관련하여 안티오코스왕은 로도스나 퀴지코스 등 오래된 자유도시들의 독립을 인정하고 나머지 도시들은 자신의 제후권만 인정하면 충분하다고 선언했다. 그는 로도스의 중재판정에 복종할 용의가 있다고까지 했다. 그는 유럽 희랍의 아이톨리아인들을 확실히 신뢰했고 필립포스가 다시 무장하길 희망했다.

실로 한니발의 계획이 왕의 허가를 받기도 했다. 한니발은 안티오코스에게 100척의 함대와 1만 명의 보병부대, 1,000명의 기병부대를 받아 우선 카르타고에서 제3의 카르타고 전쟁을, 그리고 이탈리아에

---

[3] 이 사실을 폴뤼비오스(28,1)는 증언한다. 이후 유다이아 역사가 확증한다. 에우세비오스(chron. p.117 5월)는 필로메토르를 쉬리아의 주인으로 보는데 이는 오류이다. 물론 우리는 로마 건국 567년(기원전 187년) 경에 쉬리아의 납세청부업자들이 징수한 것을 알렉산드레이아에 지급한 것을 알 수 있다(요세푸스, ant. Iud. 12,4,7). 그러나 이는 분명, 클레오파트라의 지참금이 이 도시의 세금에서 나온 것이기에 주권과는 무관하게 일어날 수 있었다. 이 때문에 후에 분쟁이 생긴 것으로 추정된다.

서 제2의 한니발 전쟁을 일으키겠다는 계획을 세웠다. 그리하여 튀로스의 특사가 봉기를 이끌어 내기 위해서 카르타고로 갔다(제3권 294쪽). 마지막으로 한니발은 카르타고를 떠날 무렵 최고조에 이르렀던 히스파니아 반란의 성공도 기대했다(제3권 302쪽).

로마에 대한 아이톨리아의 음모

멀리 엄청난 폭풍이 이렇게 로마를 향해 형성되고 있었다. 하지만 왕의 계획에 가담한 희랍인들은 늘 그랬듯이 가장 중요한 일을 가장 성급하게 처리하는 가장 허약한 존재였다. 오만한 아이톨리아인들은 필립포스를 로마가 아니라 자신들이 제압했다고 점차 믿기 시작했고, 나아가 안티오코스가 희랍으로 들어오는 것을 학수고대했다. 아이톨리아인들의 정책은 그들의 장군이 플라미니누스에게 보낸 답변에서 그 성격이 드러나는데, 로마 장군이 로마에 대한 선전포고 문서를 요구했을 때, 아이톨리아의 장군은 그들이 티베리스강변에서 숙영할 때 직접 플라미니누스에게 선전포고 문서를 교부하겠다고 답변했다. 아이톨리아인들은 희랍에서 쉬리아 왕의 사무집행자 역을 맡았고, 왕에게 모든 희랍인이 팔을 벌려 그를 참된 구원자로 환영한다고 말하면서, 또 자신들에게 귀를 기울이려는 희랍인들에게 왕이 곧 상륙할 것이라고 하면서 양쪽을 모두 속였다.

아이톨리아인들은 완고한 나비스로 하여금 선제공격을 하게 만들었고, 이로써 플라미니누스의 철수 이후 2년이 지난 로마 건국 562년

(기원전 192년) 봄에 다시 한 번 희랍에서 전쟁을 불붙이는 데 사실상 성공했다. 하지만 목표에 이르지는 못했다. 나비스는 최근의 조약을 통해 아카이아 동맹에 가입한 라코니아 자유 도시 중 하나인 귀테이온을 공격했지만, 전쟁경험이 풍부한 장군 아카이아의 필로포이멘은 바르보스테니아산맥에서 나비스를 공격하여 참주는 겨우 그의 병사 1/4만을 살려 귀환할 수 있었고 이어 필로포이멘은 수도의 나비스를 포위했다.

이런 시작이 안티오코스를 유럽으로 불러들이기에 부족했기 때문에 아이톨리아인들은 직접 스파르타, 칼키스, 데메트리아스를 점령하고 중요 도시들을 획득함으로써 왕의 출항을 유도하기로 했다. 우선 아이톨리아의 알렉사메노스는 동맹국을 지원한다는 구실로 1,000명의 병력을 이끌고 도시 스파르타에 이르렀다. 방해되는 나비스를 제거하고 도시를 점령함으로써 스파르타를 아이톨리아의 지배 하에 두려는 목적이었다. 그대로 일이 진행되었고 나비스는 군대의 사열 중에 피살되었다. 하지만 아이톨리아군이 도시를 약탈하기 위해 잠시 흩어졌을 때 스파르타군은 정비할 짬이 있었고 결국 아이톨리아군을 섬멸했다. 도시는 필로포이멘의 뜻에 따라 아카이아 동맹에 가입했다. 성공했다면 아이톨리아에게 아주 좋았을 계획은 이렇게 실패했다. 실패는 자업자득이었고 결국 거의 전 펠로폰네소스가 반대 당파의 수중에서 하나가 되는 정반대의 결과가 초래되었다.

칼키스의 사정도 아이톨리아군에게 별로 좋지 않았다. 아이톨리아인들과 칼키스의 추방자들에 대항하여 칼키스의 로마 당파는 로마에 협조적인 에우보이아의 두 도시 에레트리아와 카뤼스토스의 시민들을 불러들여 적시에 원조를 받았기 때문이다. 반면 데메트리아스의 점령은 성공했다. 마그네시아인들은 로마가 안티오코스와의 전투에서 필립포스가 원조를 제공하는 대가로 데메트리아스를 필립포스에게 주기로 약속했다고 우려했기 때문이다. 소환된 반(反)로마파의 수장 에우뢰로코스를 보호한다는 구실 하에 아이톨리아의 기병대대 몇이 도시로 몰래 잠입할 수 있었던 점도 성공의 이유로 덧붙일 수 있다. 이렇게 마그네시아인들은 자의반 타의반으로 아이톨리아 편에 붙었다. 아이톨리아는 즉각 셀레우코스 왕궁에 이 사실을 알렸다.

안티오코스와 로마의 단교

안티오코스는 결심했다. 사절이라는 외교적 임시방편으로 로마와의 단교를 연기하는 것은 무의미했을뿐더러 결국 더는 피할 수 없었다. 원로원에서 동부 지중해 사안과 관련하여 결정적 발언권을 계속 가지던 플라미니누스는 이미 로마 건국 561년(기원전 193년)에 왕의 사절들인 메닙포스와 헤게시아낙스에게 로마의 최후통첩을 전달했다. 왕은 유럽을 떠나 아시아를 마음대로 하거나 아니면 트라키아를 보유하고 스뮈르나, 람프사코스, 알렉산드레이아 트로아스 등의 로마 후견권을 받아들이거나 둘 중 하나였다. 소아시아 내에서 왕의 주요 근거지이자 사령부였던 에페소스에서 동일한 요구를 로마 건국 562년(기원전 192년)에 다시 한 번 원로원의 사절인 푸블리우스 술피키우스와 푸블리우스 빌리우스가 안티오코스에게 전달했다. 이때 양측은 평화로운 협의가 이제 불가능하다는 확신을 갖고 헤어졌다. 로마에서도 전쟁이 결정되었다.

로마 건국 562년(기원전 192년)에 귀테이온 앞에 아울루스 아틸리우스 세라누스 지휘 아래 30척의 로마 함대가 선상에 3,000명의 병력을 싣고 나타났다. 로마의 등장으로 아카이아인과 스파르타인들의 조약 체결이 신속히 이루어졌다. 시킬리아 동해안과 이탈리아 동해안에는 적의 상륙을 저지하기 위해 대규모 병력이 배치되었다. 가을에는 희랍에 보병부대가 도착할 예정이었다. 플라미니누스는 원로원의 위임을 받아 로마 건국 562년(기원전 192년) 봄부터 희랍의 반(反)로마 당파의 음모를 억누르고, 부적절한 시기에 이루어진 희랍 철수의 부작용을 최소화하기 위해 희랍을 주유했다. 아이톨리아 의회도 로마에 대한 전쟁을 공식적으로 결정하기에 이르렀다. 플라미니누스는 로마를 위해 아카이아군 500명과 페르가몬군 500명을 투입하여 칼키스를 구했다. 그는 더 나아가 데메트리아스를 재탈환하려 했다.

마그네시아인들은 동요했다. 큰 전쟁의 시작 전에 굴복시키리라 생각했던 소아시아 도시 일부가 여전히 버티고 있었지만, 안티오코스는 희랍 상륙을 지체하지 않았다. 왕은 로마군이 희랍에서 철수함으로써 2년 전에 포기했던 모든 이득을 로마군에게 절대 다시 허용하려 하지 않았다. 안티오코스는 수중에 있던 전함과 부대를 통합한 다음—통합 병력은 고작 갑판선 40척, 보병 1만 명, 기병 500명, 코끼리 6마리였다—트라키아의 케르소네소스에서 희랍으로 출정했다. 그는 로마 건국 562년(기원전 192년) 가을 파가사이만의 프텔레온 부근에 상륙하여 즉시 가까운 데메트리아스를 점령했다. 거의 같은 시각에 법무관 마르쿠스 바이비우스의 지휘 하의 약 2만 5,000명의 로마군도 아폴로 니아 부근에 상륙했다. 이렇게 전쟁은 양측 모두에 의해 개시되었다.

군소 세력들의 태도: 카르타고와 한니발

안티오코스를 수장으로 하는 반(反)로마 연합이 얼마나 광범하게 이루 어질지에 모든 것이 달려 있었다. 무엇보다 카르타고와 이탈리아에서 로마의 적들을 선동하는 원대하고 고결한 계획을 세울 때 한니발은 에페소스 궁정에서도 좀스럽고 비열한 사람들을 의식할 수밖에 없는 운명이었다. 하지만 카르타고의 애국당파 인사 몇 명의 목숨이 위태 로워진 것 말고 아무것도 실행된 것은 없었다. 카르타고인들에게 로 마에 대한 무조건적 복종 외에는 선택지가 없었던 것이다. 왕의 측근 들은 한니발을 원치 않았다. 한니발은 궁정 신하가 되기에 지나치게 큰 인물이었다. 왕의 측근들은 로마에서 그 이름만으로 어린이들을 소스라치게 했던 사령관을 로마 사절과 내통했다고 고발하는 등 온갖 어리석은 수단을 시도했다. 측근들은 결국 모든 시시한 군주처럼 독 립을 과시하려 애쓰며 지배당하는 것을 끔찍이 싫어하던 대왕 안티오 코스를 설득하여, 널리 이름을 떨친 한니발에 가리면 안 된다는 '현명 한' 생각을 가지도록 하는 데 성공했다. 이후 카르타고인은 하급 업무 의 자문만을 위해—자문의 구속력은 없다는 조건으로—투입될 것을 최고회의가 정식으로 결정했다. 한니발은 맡겨진 모든 업무를 확실하 게 처리함으로써 그 무뢰한들에게 복수했다.

군소 세력들의 태도: 소아시아의 국가들

아시아에서 카파도키아는 안티오코스왕에게 붙었다. 반면 비튀니아의 프루시아스왕은 언제나처럼 더 강한 편에 붙었다. 페르가몬의 에우메네스왕은 집안의 오랜 정책에 충실했는데 이제야 그 정책이 제대로 된 과실을 맺었다. 그는 안티오코스의 제안을 끈기 있게 거부했을 뿐 아니라, 로마인들이 제국 확대의 기대 하에 전쟁을 이어가도록 계속 종용했다. 마찬가지로 로도스와 뷔잔티온도 그들의 옛 동맹을 편들었다. 이집트도 로마 편에 붙었고—로마군이 받지는 않았지만—보급과 병력에서 원조를 제안했다.

군소 세력들의 태도: 마케도니아

유럽의 사정은 무엇보다 마케도니아의 필립포스가 어떤 태도를 취하느냐에 달려 있었다. 어쩌면 모든 일을 무시하고 안티오코스와 연합하는 것이 필립포스에게 올바른 정책이었을지도 모른다. 하지만 필립포스는 이성보다 감정에 따라 행동했다. 공동의 적 앞에 버려졌던 필립포스는 자신을 배신했던 동맹자에 대한—그 배신자는 필립포스의 전리품까지 챙겼고 트라키아에 남아 필립포스를 사려 깊게 존중한 점령군보다 못한 태도를 취하고 있었다—증오에 훨씬 크게 이끌렸다. 이에 더해, 안티오코스는 마케도니아 왕좌의 어리석은 도전자들을 내세우고 마케도니아 병사들의 유골을 퀴노스케팔라이에 호화스레 장사

지냄으로써 다혈질적인 사내의 마음에 깊은 상처를 입혔다. 결국 필립 포스는 모든 군사력을 성심성의껏 로마에 제공하기에 이르렀다.

군소 세력들의 태도: 희랍의 도시국가들

희랍 제1의 권력과 마찬가지로 희랍 제2의 권력, 다시 말해 아카이아 동맹도 로마를 편들기로 결정했다. 그 밖에도 약소 도시국가들 가운데 테살리아와 아테나이도 로마 편에 가담했다. 아테나이에서 상당수를 차지하던 애국당파는 플라미니누스가 도시 한가운데 배치한 아카이아 주둔군 때문에 이성을 회복했다. 에페이로스는 가능하다면 양측과 공히 좋은 관계를 유지하려고 노력했다.

  아이톨리아와 마그네시아(이웃한 페르라이비아의 일부도 마그네시아에 동조했다)를 제외하고 안티오코스에 가담한 것은 아타마네스의 허약한 왕 아뮈난드로스였다. 그는 마케도니아 왕좌에 대한 어리석은 야망에 눈이 멀어 있었다. 또 보이오티아가 안티오코스에 가담했는데, 반(反)로마파가 여전히 세력을 유지하고 있었다. 펠로폰네소스반도에서 엘리스와 메세네는 아이톨리아를 편들고 늘 아카이아와 대적하던 대로 안티오코스에 가담했다. 이것은 매우 고무적인 출발이었다. 아이톨리아인들이 안티오코스 대왕에게 바친 무제한적 권한의 사령관이라는 칭호는 차라리 모욕적이었다. 흔히 그러하듯 양쪽은 서로를 속였다. 아시아의 무수한 병사들 대신 안티오코스는 집정관 휘하 정규 로마군단의 절반도 안 되는 병력을 대동했다. 로마의 압제에서 풀어줄 해방자를 희랍 전체가 두 팔 벌려 맞이하기는커녕 겨우 몇몇 산적패와 방탕한 시민들만이 안티오코스의 전우로 나섰다.

희랍에서 안티오코스의 활동

물론 잠깐 동안 안티오코스는 희랍본토에서 로마를 대비했다. 로마의 희랍 동맹자들은 칼키스를 지키며 첫 번째 항복 제안을 거절했다. 하지만 안티오코스가 병력을 총동원하여 압박했을 때 그들은 농성을 풀었다. 로마군 일개 대대는 칼키스를 지키기 위해 뒤늦게 도착했고 안티오코스는 이들을 델리온에서 섬멸했다. 그리하여 로마는 에우보이아를 잃었다. 겨울에도 계속 안티오코스는 아이톨리아, 아타마네스와 연합하여 테살리아 정복을 시도했다. 테르모퓔라이는 함락되었고 페라이 등 몇몇 도시들도 마찬가지였다. 하지만 아피우스 클라우디우스는 2,000명의 병력을 이끌고 아폴로니아에서 출발하여 라리사를 수복하고 여기에 주둔했다. 안티오코스는 겨울 출정에 지쳐 주둔지인 칼키스로 길을 돌렸으며 그곳에서 즐거운 시간을 보냈다. 대왕은 전쟁 중임에도 불구하고 50세의 나이에 아름다운 칼키스인 신부를 맞아 결혼식을 올리기도 했다. 그렇게 로마 건국 562/563년(기원전 192/191년)의 겨울이 지나갔다. 안티오코스는 희랍 곳곳에 편지를 보내는 것 이외에 대단히 한 일도 없었다. 로마 장교의 말을 빌리자면, 안티오코스는 필묵으로 전쟁을 수행하고 있었다.

로마 군단의 상륙

로마 건국 563년(기원전 191년) 이른 봄 로마 군단이 아폴로니아에 도착했다. 사령관은 마니우스 아킬리우스 글라브리오였다. 그는 한미한 집안 출신이었으나 유능한 장군이었고, 자신의 병사들은 물론 적들도 두려움에 떨게 하는 존재였다. 그리고 제독 가이우스 리비우스가 함께였고, 군사대장들에는 히스파니아의 정복자 마르쿠스 포르키우스 카토와 루키우스 발레리우스 플라쿠스가 있었다. 전직 집정관들이었지만 이들은 옛 로마 관행에 따라 다시 일개 군사대장으로 로마 군단에 복무하는 데 조금도 주저함이 없었다. 로마 군단은 전함과 병력을 보강하여 도착했는데, 누미디아 기병과 리뷔아 코끼리 부대를 마시니사왕에게 지원받았다. 또한 이탈리아 외부의 동맹국들에서 보조병을 5,000명까지 차출해도 된다는 허가를 원로원으로부터 받았다. 이로써 로마가 동원한 병력은 대략 4만 명에 이르렀다.

안티오코스는 초봄 일찍이 아이톨리아로 이동하여 그곳에서부터 아카르나니아로 무의미한 원정을 감행하다가, 글라브리오가 도착했다는 소식을 듣자마자 주둔지로 돌아왔다. 왕은 이제 본격적으로 전쟁을 시작하려고 했다. 하지만 그의 태만한 아시아 섭정 때문에 일체의 병력 증원은 이루어지지 않았고, 애초에도 열약했던 병력은 방탕한 겨울 숙영지의 질병과 탈영으로 지난해 가을 프텔레온에 상륙할 때보다 크게 줄어 있었다. 엄청난 수의 병력을 전장에 세우겠다고 공언했던 아이톨리아도 중요한 순간에 겨우 4,000명 미만의 병력을 동원했다. 로마 군단은 이미 테살리아에서 작전을 시작했다. 로마 선발대는 마케도니아군과 연합하여 안티오코스의 점령지들을 공략하고 점령군들을 테살리아 밖으로 몰아냈고 아타마네스 지역을 장악했다. 집정관은 본대를 이끌고 뒤따랐으며 로마의 전 병력은 라리사에 집결했다.

테르모필라이 전투

안티오코스는 모든 면에서 월등한 적 앞에서 전장을 비우고 아시아로 돌아가지 않았다. 대신 그는 그가 점령한 테르모필라이에 보루를 쌓고 아시아에서 대규모 병력이 도착하기를 기다리기로 결정했다. 안티오코스는 좁은 해안도로에 직접 나와 진두지휘했으며 아이톨리아인들에게 산악도로를—지난날 크세르크세스는 이 산악도로를 이용하여 스파르타 병사들을 포위하는 데 성공했다—방어하도록 명령했다. 하지만 아이톨리아 지원군의 절반만이 최고사령관의 명령을 따랐을 뿐이다. 나머지 2,000명은 근처의 도시 헤라클레이아로 몸을 피했고 참전하는 대신 전투가 벌어지는 동안 로마 야영지를 급습하려고 시도했을 뿐이다. 산악도로에 배치된 아이톨리아인들도 마지못해 임무를 맡아 그나마도 태만히 수행했다. 칼리드로모스산 꼭대기에 있던 아이톨리아 초소를 카토기 기습 점령했다. 그사이 해안도로에서 집정관의 정면 공격을 막던 아시아의 밀집방진은 측면에서 산을 넘어 공격하는 로마 병사들에 의해 뿔뿔이 흩어졌다. 그때 안티오코스의 군대는 아무런 대비가 없었을뿐더러 후퇴는 생각도 못했기 때문에 일부는 전장에서, 일부는 도망치다 목숨을 잃었다. 소규모 패잔병들이 데메트리아스로 돌아왔고, 왕은 500명의 병력을 이끌고 칼키스로 도주했다. 왕은 서둘러 배에 올라 에페소스로 항해했다. 안티오코스는 트라키아의 소유재산을 포함하여 유럽 땅을 잃었고 요새를 더는 방어할 수 없었다.

희랍을 차지한 로마

칼키스는 로마에, 데메트리아스는 필립포스에게 항복했다. 집정관은 집정관의 명령으로 함락 직전의 도시국가 라미아(아카이아 프티오티스 지방) 정복을 포기한 필립포스에게 그 보상으로, 안티오코스에게 전향했던 테살리아 본토의 공동체들과 아이톨리아 국경의 공동체들, 돌로피아와 아페란티아를 통치할 권한이 주어졌다. 안티오코스를 지지했던 희랍 공동체들은 강화를 서둘렀다. 에페이로스는 자신들의 이중적 태도를 굴욕적으로 사과했다. 보이오티아는 무조건 항복했고, 엘리스와 메세네도—후자의 경우 약간의 소동이 있었지만—아카이아에 굴복했다. 이로써 한니발이 안티오코스왕에게 예언했던 것들이 실현되었는바, 승자에게 굴복하기 일쑤인 희랍인들은 진정 어떤 것도 결정할 권리가 없었다. 아이톨리아인들조차 헤라클레이아에 봉쇄된 자신들의 군대가 완강히 저항하다가 결국 항복한 이후 로마와 강화를 맺으려 했다. 집정관의 가혹한 요구 조건과 안티오코스가 제때 지원한 군자금 덕분에 용기를 얻은 그들은 강화 협상을 다시 중단하고 2달

동안 나우팍토스에서 농성하며 버텼다. 하지만 이내 극단적 상황에 몰렸고 함락이든 항복이든 결판이 멀지 않았을 때, 희랍 공동체를 그들의 어리석음과 이웃 공동체들의 가혹함에서 비롯한 처참한 결과에서 구하고자 그동안 꾸준히 노력한 플라미니누스의 중재로 일단 휴전이 이루어졌다. 이로써 잠정적이긴 하지만 희랍 땅 전체에서 전투가 멈췄다.

로마가 아시아로 진출을 준비하다

아시아에는 전쟁이 임박했고 상황은 심각했다. 적 자체보다는 먼 거리와 불확실한 연락망 때문에 전쟁이 매우 회의적으로 보였지만, 안티오코스의 단견과 고집 탓에 적의 영토를 직접 공격해야만 끝날 수 있었다. 우선 제해권 확보가 중요했다. 로마 해군은 왕의 희랍 원정 중에 희랍과 소아시아 간 연락망을 끊었고, 또 테르모퓔라이 전투 중에 강력한 아시아 수송선을 안드로스 부근에서 나포하는 데 성공했다. 로마 해군은 이듬해의 아시아 원정을 준비하면서 우선 적 함대를 에게해에서 몰아내는 데 전념했다. 적 함대는 키오스Chios를 향해 돌출된 이오니아 해안의 남쪽 키소스 항구에 정박해 있었다. 로마 전함 75척, 페르가몬 전함 23척, 카르타고 전함 6척으로 구성된 로마 갑판선 함대는 가이우스 리비우스의 지휘 하에 출정했다.

로도스 이민자였던 쉬리아의 제독 폴뤼크세니다스는 겨우 70척의 갑판선으로 맞섰다. 로마 해군이 로도스 전함의 도착을 기다리고 있을 때, 폴뤼크세니다스는 튀로스 전함과 시돈 전함의 장점을 활용해 즉시 전투에 돌입했다. 초반에 아시아 함대는 카르타고 전함 한 척을 침몰시키는 데 성공했다. 하지만 종반에 이르러 로마의 용맹이 승리를 거두었다. 아시아 함대는 노와 돛의 신속함 덕분에 23척을 잃는 것으로 피해를 줄일 수 있었다. 이들을 추격하는 동안 로도스 전함 25척이 추격전에 합류했고 이제 에게해에서 로마 함대의 위력은 두 배나 압도적이었다. 이후 적 함대는 조용히 에페소스 항에 은신했고 다시 한 번 적들을 전장으로 끌어내는 데 실패한 로마 연합 함대는 겨울숙영을 위해 흩어졌다. 로마 전함들은 페르가몬 근방에 있는 카네 항으로 갔다.

양측 함대는 겨울 동안 이듬해 원정을 준비하느라 고심했다. 로마는 소아시아의 희랍을 로마 편에 두고자 했다. 스뮈르나는 양팔을 벌려 로마를 반겼는데 스뮈르나를 장악하려는 안티오코스왕의 온갖 시도를 완강하게 막아내고 있었다. 또한 친(親)로마파는 사모스, 키오스 *Chios*, 에뤼트라이, 클라조메나이, 포카이아, 퀴메를 비롯한 여러 도시에서 권력을 장악했다. 안티오코스왕은 로마가 바다 건너 아시아로 오는 것을 가능한 한 저지하기로 결정하고서 열심히 해전을 준비했다. 안티오코스는 한편으로 에페소스에서 폴뤼크세니다스를 통해 전함을 건조하여 전력을 증강했고, 다른 한편으로 뤼키아, 쉬리아, 페니키아에서 한니발을 통해 전함을 준비케 했다. 그 밖에 그는 강력한 육군을 소아시아의 광대한 제국에서 모집했다.

이듬해(로마 건국 564년, 기원전 190년) 로마 해군은 일찍부터 작전을 재개했다. 가이우스 리비우스는 이번에는 때를 맞춰 나타난 로도스 전함 36척에게 에페소스 앞바다에서 적을 지켜보는 임무를 주었다.

그는 로마 전함과 페르가몬 전함 상당수를 데리고 헬레스폰토스로 이동하여 그의 임무대로 요새들을 점령하고 육군 이동로를 확보했다. 세스토스는 이미 점령되었고 아뷔도스는 궁지에 몰렸다. 그때 리비우스는 로도스 함대가 패배했다는 소식을 듣고 배를 돌렸다. 로도스 제독인 파우시스트라토스는 안티오코스를 배신하겠다는 고향사람의 말에 속아 결국 사모스항에서 적의 기습을 허용했다. 파우시스트라토스는 전사했고 5척의 로도스 전함과 2척의 코스 범선을 제외한 로도스 함대는 모두 파괴되었다. 사모스, 포카이아, 퀴메는 이 소식을 듣고, 그동안 이 지역들에서 아버지를 대신해 최고명령권을 가진다고 주장하던 셀레우코스에게 투항했다.

하지만 로마 해군의 일부는 카네에서, 일부는 헬레스폰토스에서 당도하고, 얼마 후에는 새로운 로도스 함선 20척이 사모스에서 합류하자, 폴뤼크세니다스는 다시 에페소스항구에 묶이게 되었다. 거기서 그는 해전을 피했고 로마가 소수의 병력으로 상륙 공격은 하지 않을 것으로 생각했다. 로마 해군도 별 수 없이 사모스섬에 머무를 수밖에 없었다. 그사이 로마 함대의 일부는 뤼키아 해안의 파타라로 출정했다. 한편으로 파타라의 공격으로 큰 위협을 받는 로도스인들을 구하기 위해서였고, 다른 한편으로 주요 임무는 한니발이 인솔해올 적 함대의 에게해 진출을 막기 위해서였다. 파견된 로마 함대가 파타라를 상대로 어떤 성과도 거두지 못했기 때문에, 로마에서 전함 20척을 이끌고 도착하여 사모스에서 가이우스 리비우스와 임무를 교대한 신임 제독 루키우스 아이밀리우스 레길루스는 격노하여 전 함대를 이끌고 그곳으로 진격했다.

레길루스의 부관들은 이동하면서 주요 임무가 파타라 정복이 아니라 에게해의 제해권 확보라는 것을 겨우 설득했고, 결국 레길루스는 사모스로 회항했다. 그사이 소아시아 본토에서 셀레우코스는 페르가몬을 포위하기 시작했고, 안티오코스의 주력부대는 페르가몬 주변 지역과 뮈틸레네의 소아시아 재산을 침탈했다. 안티오코스는 증오하던 아탈로스왕국을 로마 원조 전에 처리하려고 했다. 로마 해군은 동맹국을 지원하고자 엘라이아와 아드라뮈티온항으로 갔다. 하지만 그때 제독은 병력 부족으로 뜻을 이룰 수 없었다. 페르가몬을 잃는 것처럼 보였다. 하지만 태만하고 게으른 봉쇄는 에우메네스에게 디오파네스 휘하의 아카이아 지원군을 도시로 투입할 기회를 제공했다. 아카이아 지원군의 용감하고 성공적인 투입으로 안티오코스에게 고용되어 도시를 봉쇄하던 갈리아 용병들은 도시 봉쇄를 풀지 않을 수 없었다.

아스펜도스 해전

남쪽 바다에서도 안티오코스는 패배했다. 한니발이 발판을 놓아 직접 인솔한 함대가 계속된 서풍에 장기간 지체하다가 마침내 에게해로 들어설 찰나였다. 하지만 한니발 함대는 팜필리아의 도시 아스펜도스 근처 에우뤼메돈강 하구에서 에우다모스가 이끄는 로도스 함대와 마주쳤다. 두 함대가 충돌한 아스펜도스 해전에서 로도스 함대는 전함과 해군장교들의 우수성에 힘입어 한니발의 전략과 수적 우위를 극복했고 승리를 거두었다. 이것은 위대한 카르타고 장군이 치른 첫 번째 해전이자 로마에 대항한 마지막 전투였다. 승리한 로도스 해군은 파타라에 정박했고 거기서 두 아시아 함대의 연합을 막았다. 에게해에서 로마-로도스 함대는 사모스에 주둔하면서 페르가몬 전함들을 헬레스폰토스에 상륙하는 육군을 지원할 목적으로 그곳에 파견했다. 이로 인해 전력이 줄었을 때 사모스에 주둔한 로마-로도스 함대는 9척을 더 거느린 폴뤽세니다스의 공격을 받았다.

뮈온네소스 해전

로마 건국 564년(기원전 190년), 바뀌지 않은 역법에 따르면 11월 23일, 바뀐 역법에 따르면 8월 말 즈음에 테오스와 콜로폰 사이 뮈온네소스 곳에서 전투가 있었다. 로마 함대는 적의 대열을 돌파하고 이어 적의 좌익을 완전히 포위하고 적 함대 가운데 42척을 나포하거나 침몰시켰다. 뮈온네소스 승전기념으로 마르스 연병장에 세운 해양신 신전의 비문은 이후 수백 년 동안 사투르니아 운율로, 안티오코스왕과 그의 육군이 지켜보는 가운데 아시아 해군이 어떻게 파괴되었는지, 어떻게 로마인이 그토록 심각한 도전을 물리치고 왕을 굴복시켰는지를 로마인들에게 들려주었다. 이후로 적 함대는 더는 감히 먼바다에 모습을 드러내지 않았고, 로마 육군의 아시아 원정을 방해할 엄두도 내지 못했다.

아시아 원정

아시아 전쟁을 지휘하도록 로마는 자마 전투의 승자를 선택했다. 그는 명목상의 최고사령관, 그러니까 지략이 뛰어나지도 못하고 군사적으로도 무능한 루키우스 스키피오를 대신해서 실질적 지휘권을 행사했다. 이제까지 이탈리아 남부에 있던 예비 병력은 희랍에 배치되었고, 글라브리오 휘하의 부대는 아시아로 배치되었다. 로마 군단의 사령관이 누구인지 알려지자 한니발 전쟁에 참전했던 노병 5,000명이 자발적으로 입대하여 자신들의 지휘관과 다시 한 번 전쟁을 치르고자 했다. 로마력 7월, 정확한 달력으로 3월에 스키피오 형제는 아시아 원정을 시작하기 위해 군단과 합류했다. 하지만 사람들은 사력을 다해 싸우는 아이톨리아인들과의 전투를 먼저 치러야 한다는 사실에 놀라 불안에 떨었다. 플라미니누스가 희랍인들에게 무한정 인정을 베풀었다는 것을 안 원로원은 아이톨리아인들에게 엄청난 전쟁배상금 혹은 무조건 항복 중 하나를 택하도록 했다. 이는 오히려 아이톨리아인들을 무장을 갖추도록 자극했다. 여기서 산악 전투와 공성전이 언제 끝날지 아무도 예측할 수 없었다. 스피키오는 6개월의 휴전에 합의함으로써 불편한 장애물을 제거하고, 아시아로 행군했다.

　적 함대 하나는 에게해 통행이 저지되어 있었을 뿐이고, 남쪽 바다에서 올라오던 다른 적 함대 하나는 이들의 북상을 막는 방어 함대가 있었지만 하루 만에 올라 올 수도 있었기 때문에, 로마 군단에게 마케도니아와 트라키아를 통한 육상 통로를 취하여 헬레스폰토스로 가는 것이 최선책으로 보였다. 이 여정은 심각한 장애물이 없어 보였다. 마케도니아의 왕 필립포스는 깊이 신뢰할 만했고, 비튀니아의 왕 프루시아스는 로마와 동맹을 맺었기 때문에 로마 해군은 해협을 손쉽게 확보할 수 있었다. 마케도니아와 트라키아 해안을 따라 길고 고통스러운 행군이 어떤 손실도 없이 마무리되었다. 필립포스는 한편으로 군수품을, 다른 한편으로 트라키아 야만인이 로마 군단을 친절히 맞이하도록 직접 신경써주었다. 하지만 아이톨리아 때문에, 다른 한편으로 도보 행군 때문에 시간이 많이 지체되었다. 그래서 군대는 뮈온네소스 해전이 벌어지고 있을 때 트라키아 케르소네소스에 겨우 도착했다. 하지만 놀랍게도 스키피오가 가는 도중에 과거 히스파니아와 아프리카에서처럼 아시아에서도 모든 장애물이 사라졌다.

로마의 헬레스폰토스 통과

뮈온네소스 소식에 판단력을 완전히 잃은 안티오코스는 보급이 잘되는 난공불락의 요새, 유럽 쪽의 뤼시마케이아에서 수비 병력을 철수시켰을 뿐만 아니라, 도시 재건을 위해 헌신했던 주민들까지 모두 소개시켰다. 그러면서도 그는 아이노스와 마로네이아의 병력 철수는 잊어버렸고 가득한 식량 창고는 그대로 방치해버렸다. 또한 그는 아시아 쪽 해안에서 로마의 상륙을 막을 어떤 조치도 취하지 않았고, 로마의 아시아 상륙 작전이 진행되는 동안 사르디스에서 운명을 원망하며 시간을 보내고 있었다. 만약 그가 여름 막바지까지라도 뤼시마케이아를 방어했다면, 그의 대군을 헬레스폰토스로 전진시켰다면, 스키피오는 분명 유럽 쪽 해안, 그러니까 군사적으로나 정치적으로나 전혀 안전하지 않은 곳에서 겨울 숙영을 할 수밖에 없었을 것이다.

　로마군이 아시아 해안에 상륙하여 힘을 보충하는 한편, 종교적 의무를 수행하느라 뒤처진 지휘관을 기다리기 위해 며칠 머무르는 동안, 대왕의 사절이 강화협정 체결을 위해 로마군 진영에 도착했다. 안티오코스는 전쟁비용의 절반과 유럽 땅에 소유한 재산과, 로마로 넘어간 모든 소아시아 희랍 도시를 양도하겠다는 뜻을 밝혔다. 그러나 스키피오는 전쟁비용 전액과 전 소아시아의 포기를 요구했다. 또 그는 로마군이 아직 뤼시마케이아나 헬레스폰토스의 유럽 쪽에만 머물러 있었더라도, 안티오코스의 조건을 받아들였을 것이나, 지금은 말에 고삐를 잡아맸고, 아니 이미 기수가 올라탔기에 그 조건들로는 부족하다고 덧붙였다. 오리엔트 방식으로 로마 적장에게 돈을 주고 평화를 매수하려는 대왕의 시도는—그는 1년 수입의 절반을 제시했다—당연히 실패했다. 자부심 높은 로마 시민은 포로가 된 아들을 대가 없이 돌려준 보답으로 대왕에게 어떠한 조건에든 꼭 평화 협정을 체결하라고 친구로서 조언했다. 사정이 실은 꼭 스키피오가 말한 대로는 아니었다. 왕이 전쟁을 장기화해 아시아 내부로 후퇴함으로써 적을 끌어들이기로 결심만 했다면, 유리한 결과가 불가능한 것은 결코 아니었다. 그러나 안티오코스는 상대의 오만에 자극받을 뿐 지속적인 전쟁수행에는 너무나 무기력했다. 규모는 막대하지만 균질적이지 못하고 기율이 부족한 대군으로 너무나도 성급하게 로마 군단을 향해 돌진했다.

마그네시아 전투

스뮈르나에서 멀지 않은 스퓔로스산 아래, 마그네시아 부근 헤르모스 강 계곡에서 로마 건국 564년(기원전 190년) 늦은 가을 로마군은 적과 맞닥뜨렸다. 적군은 약 8만 명, 그중 1만 2,000명이 기병이었다. 아카이아, 페르가몬, 마케도니아의 자원병 5,000명을 포함해도 로마군은 적군의 절반에 미치지 못했다. 그러나 로마군은 승리를 과신했던바 와병으로 엘라이아에 뒤처진 사령관의 회복을 기다리지 않고, 그를 대신하는 그나이우스 도미티우스의 지휘를 따랐다. 대규모 병력을 전투 대열로 배치할 수 있도록 안티오코스는 부대를 둘로 나누었다. 전방 부대에는 경장보병, 경방패보병, 궁수, 투석병, 뮈시아 기마 궁병, 다하이군, 엘뤼마이스군, 단봉낙타 아랍군, 낫 장착 전차 등이 포진했고, 후방 부대에는 양 날개에 중갑기병(Kataphrakten, 근대 흉갑기병과 유사)이 배치되었고, 그 안쪽으로 갈리아와 카파도키아의 보병이, 중앙에 1만 6,000명의 마케도니아 식 밀집방진 부대가 있었다. 밀집방진은 전군의 핵심부였지만 공간이 협소하여 기동할 여유가 별로 없었기에 2열종대로 32명이 배치되어야 했다. 전후방 두 부대 사이에는 코끼리 54마리가 밀집방진 부대와 중갑기병 부대에 나뉘어 배치되었다.

　로마군 중 일부 대대만 헤르모스강의 엄호를 받는 왼쪽 날개에 섰다. 기병대 상당수와 경무장보병 전체는 에우메네스가 지휘하는 오른쪽 날개에 섰다. 로마 군단은 중앙에 자리 잡았다. 에우메네스는 궁병과 투석병을 낫을 장착한 적 전차 쪽으로 보내 말들을 쏘라고 명령함으로써 전투를 개시했다. 삽시간에 전차대 전열이 무너졌을 뿐만 아니라 바로 옆의 낙타 기병대들도 함께 휩쓸려 무너졌다. 그 뒤에 있던 중갑기병대의 왼쪽 날개마저 급속히 혼란에 빠져들었다. 이제 에우메네스는 로마 기병대 3,000명과 함께 후방 부대 중 밀집방진 부대와 중갑기병의 왼쪽 날개 사이에 있던 용병 보병대로 돌진했다. 그들이 도망하자 이미 혼돈에 빠진 중갑기병대마저 도주했다. 방금 경장 부대를 지나쳐 나와 로마 군단과 싸울 태세였던 밀집방진 부대는 로마 기병대의 측면 공격을 받고 저지되어 양쪽에서 전선을 형성하게 되었다. 그들의 긴 종대는 이런 전선 형성에 도움이 되었다. 아시아 중갑기병이 남았다면 전열이 복구되었을 수도 있으나, 왼쪽 날개가 궤멸되면서 안티오코스가 친히 이끌던 오른쪽 날개는 대치 중이던 소규모 로마 기병대를 몰아내면서 로마 진영에까지 도달했다. 로마 진영은 안티오코스의 공격을 간신히 막아냈다. 그런데 결정적인 이 순간 전장에 기병대가 없었다. 로마군은 밀집방진 부대를 군단병으로 공격하는 우를 범하지 않고, 대신 궁병과 투석병 부대를 보냈다. 좁은 공간에 밀집해 있었기 때문에 밀집방진에 대한 그들의 공격은 빗맞는 법이 없었다. 그럼에도 밀집방진 부대는 서서히 질서 있게 후퇴했다. 다만 중간 지역에 있던 코끼리들이 겁을 먹어 대오를 흩뜨려 버렸다. 그 바람에 전군은 완전히 붕괴되어 뿔뿔이 도망했다. 진영을 다시 회복하려 했으나 실패했고 전사자와 포로의 수만 늘렸다.

안티오코스가 패전으로 5만 명의 병력을 잃었다는 계산은 극한의 혼란 상황을 고려할 때 믿을 수 있는 수치다. 로마 군단은 전투를 치르지도 않고 세 번째 대륙을 손에 넣은 이 승리에서 기병 24명과 보병 300명을 잃었을 뿐이다. 제독이 함대를 급히 철수시켜야 했던 에페소스와 왕궁도시 사르디스까지 포함하여 전 소아시아는 로마에 정복되었다.

강화조약 체결과 소아시아 켈트족 원정

왕은 평화를 간청했고 로마의 조건을 받아들였다. 조건은 통상 그러하듯 전투 이전과 달라진 것이 없고 이전처럼 소아시아의 양도를 포함했다. 조건을 승낙할 때까지 로마군은 왕의 비용으로 소아시아에 머물렀다. 비용은 적어도 3,000탈란톤(5백만 탈러)에 이르렀다. 안티오코스는 얼마 안 있어 왕국의 절반을 잃은 고통을 이겨냈다. 너무나도 큰 왕국을 통치하는 노고를 덜어준 로마에 감사한다는 선언이 적절한 일이었을지도 모른다. 마그네시아 전투가 치러졌던 날 이후 아시아는 대국 목록에서 삭제되었다. 안티오코스 대왕 치하의 셀레우코스 왕국처럼 대국이 이렇게 빨리, 완전히, 치욕스럽게 망한 적은 없었다. 얼마 지나지 않아(로마 건국 567년, 기원전 187년) 대왕도 자신의 빈 금고를 채울 요량으로 페르시아만 상부의 엘뤼마이스에서 바알 신전을 약탈하다가, 분노한 주민들에게 피살되었다.

승전 이후 로마 정부는 소아시아와 희랍 문제를 처리해야 했다. 그곳에 로마의 통치가 확고한 기반 위에 세워져야 할 것이었다면, 안티오코스가 근동의 최고통치권을 포기한 것만으로 충분하지 않았을 것이다. 그곳의 정치 상황은 위에서 언급한 바 있다. 이오니아 해안과 아이올리아 해안의 희랍 자유도시들 그리고 그 도시들과 동질적이었던 페르가몬왕국은 새로운 로마 통치권을 받쳐 주는 자연스러운 기둥들이었다. 로마는 여기서 기본적으로 희랍 이주민들의 보호자로 등장했다. 그런데 소아시아 내륙과 흑해 북쪽 연안의 군주들은 이미 오랫동안 아시아의 왕들에게 진지하게 복종한 적이 없었고, 로마도 안티오코스와의 조약만으로는 내륙에 대한 통치권을 가질 수 없었다. 그리하여 일정 지역에서 로마의 강한 영향력이 앞으로도 계속 존속되려면, 불가피하게 확고한 경계가 그어져야 했다.

이때 무엇보다 아시아의 희랍 이주민들과, 한 세기 전부터 그곳에서 거주해 오던 켈트족 간의 관계가 특히 중요했다. 켈트족은 소아시아 지역을 공식적으로 자기네끼리 나누어 가졌다. 나뉜 세 관구 각각은 징수대상토지에서 확정된 공물을 징수했다. 점차 세습적 군주가 변한 영도자들의 강력한 지휘 하에 있던 페르가몬의 시민들은 켈트족의 부당한 굴레로부터 벗어났다. 이런 희랍 시민들의 민족 감정에 기초한 최후의 전쟁들 때문에 최근 새로이 발굴된 바 있는 희랍 예술의 아름다운 부흥도 가능했다. 그러나 그것은 강력한 반격이었을 뿐, 결정적 성공은 아니었다. 계속해서 페르가몬은 동쪽 산악에서 내려오는 거친 종족들의 침략에 맞서 무력으로 도시의 평화를 수호해야 했다. 그리고 대다수의 나머지 희랍 도시들은 아마도 옛 종속관계에 머물러 있었을 것이다.[4] 희랍인들에 대한 로마인들의 보호가 아시아에서도 명목

---

[4] 앞서 제4권 63쪽 주석에서 언급된 람프사코스의 포고령에서 람프사코스인들이 로마에서의 중재를 마살리아인들뿐만 아니라 톨리스토아기이(다른 출처에서는 톨리스토보기이라 불린 켈트족이 이 문서와 그 명칭이 언급된 가장 오랜 기념물인 페르가몬의 금석문(CIG 3536)에서는 이렇게 불렸다.)인들에게도 간청하여 얻어냈다는 사실이 확실히 드러난다. 그에 따르면 람프사코스인들이 필립포스 전쟁 시기에도 이 켈트족 관구(Gau)에 조공을 바쳤다(리비우스, 38, 16 참조).

적인 것 이상이었다면, 로마의 새로운 피호민들이 부담했던 위의 공물 납부 의무를 철폐해야 했다. 그리고 로마의 정책이 당시 사적 소유, 특히 이와 관련된 토지 점유를 희랍−마케도니아반도보다 아시아에서 훨씬 더 심하게 금지했기 때문에, 로마는 로마의 세력권이라고 획정되는 지역의 경계까지 무력을 사용하여 소아시아 전체, 특히 켈트족 지구에서 새로운 최고통치권을 실효적으로 확보하지 않을 수 없었다.

이것이 바로 소아시아에서 루키우스 스키피오의 후임인 새로운 로마 최고사령관 그나이우스 만리우스 볼소가 한 일이다. 이 일로 그에게 엄중한 비난이 이어졌다. 정책 전환을 반대하던 원로원 의원들은 전쟁의 목적과 이유를 이해하지 못했다. 그러나 이 전쟁에 대한 비난이 꼭 정당한 것은 아니었다. 즉 로마가 희랍권의 상황에 개입하게 된 이후, 전역(戰役)은 개입 정책의 필연적 귀결이었던 것이다. 희랍 민족 전체를 피호국으로 만드는 것이 로마에게 옳은 일인지가 의문시되었을 수 있다. 그러나 플라미니누스와 그가 이끄는 다수가 취한 관점에서 보면, 갈라티아의 복속은 명예로울 뿐만 아니라 실로 현명한 의무 이행이었다. 당시 갈라티아인을 상대로 하는 전쟁에 정당한 이유가 없었다는 비난이 더 옳았다. 왜냐하면 엄밀하게 말해서 그들은 안티오코스와 동맹한 것이 아니라, 단지 관행에 따라 자신들 영토에서 안티오코스가 용병을 모집하도록 허용한 것뿐이었다. 그러나 결정적으로 로마 병력을 아시아로 파견하는 것은 로마에 아주 예외적 상황 하에서만 요청될 수 있는데, 그러한 원정이 필요한 경우라면 곧바로 아시아에 주둔하던 상승(常勝)의 로마군이 실행하는 것이 좋다는 점이 확실히 결정되었다.

그리하여, 의심의 여지없이 플라미니누스와 원로원 내 동지들의 영향 하에, 로마 건국 565년(기원전 189년) 봄에 소아시아 내륙 원정이 감행되었다. 집정관은 에페소스에서 출정하여, 마이안드로스 상류와 팜퓔리아의 도시들과 군주들을 무제한으로 약탈했고, 곧이어 켈트족을 상대하러 북쪽으로 향했다. 켈트족의 서쪽 관구 톨리스토아기이 *Tolistoagii*는 올륌포스산 속으로, 중앙 관구 텍토사게스*Tectosages*는 전 재산을 챙긴 채 마가바산 속으로 들어가 겨울에 적군이 어쩔 수 없이 후퇴할 때까지 그곳을 수비할 수 있기를 희망했다. 그러나 로마 투석병의 투석과 궁병대의 화살이, 이런 무기를 몰랐던 켈트족에게 번번이 결정적 역할을 했던바, 마치 현대에 포대가 야만 종족을 상대하듯 고지를 점령했다. 그리고 켈트족은, 파두스강과 세콰나강(오늘날의 센강) 주변에서 종종 패하던 그들의 동족들처럼 패했다. 이는 이 북방 부족 전체가 희랍과 프뤼기아 민족과 싸울 때는 전례가 없던 일이었다. 전사자와 포로 수가 두 전장에서 모두 엄청났다. 살아남은 자들은 할뤼스강 넘어 켈트족의 제3관구 트로크미*Trocmi*로 도망했고 집정관이 여기까지는 공격하지 않았다. 이 강은 당시 로마 정치 지도자들이 멈추기로 결정한 경계선이었다. 프뤼기아, 비튀니아, 파플라고니아는 로마에 종속될 운명이었다. 더 동쪽에 있던 지역들은 지역민들에게 그대로 남겨졌다.

소아시아의 기율은 한편 안티오코스와의 강화(로마 건국 565년, 기원전 189년)로, 다른 한편 집정관 볼소가 이끄는 로마 사절단의 결정에 따라 정해졌다. 안티오코스와 이름이 같은 (첫째는 아닌) 아들 하나를 포함하여 인질들을 보내는 것, 아시아의 재물 크기에 비례하여 책정된 1만 5,000 에우보이아 탈란톤(현재의 2천5백5십만 탈러에 해당)의 전쟁배상금을—그중 1/5은 즉시, 나머지는 12년에 걸쳐—지불하는 것 외에, 유럽 쪽 소유 토지 전체와 소아시아에서 소유한 타우로스산맥 북쪽과 팜필리아의 아스펜도스와 페르가 사이에 있는 케스트로스강 어귀 서쪽의 모든 재산과 권리를 양도할 것이 안티오코스에게 의무로 부과되었다. 그리하여 소아시아 서부에서는 팜필리아 동쪽 지역과 킬리키아만 그의 소유로 남게 되었다. 그가 소아시아 서부의 왕국과 제후국들에 행사했던 보호령 통치권도 소멸했다.

아시아 또는—셀레우코스왕국이 이미 당시부터 적절하게 통칭되었듯이—쉬리아는 서쪽 나라들에 대해 침략전쟁을 할 권리, 그리고 방어전쟁의 경우라면 강화조약으로 그 나라들에서 땅을 획득할 권리를 상실했다. 또 사절, 인질, 또는 조공을 운반하는 용도 외에 킬리키아의 칼뤼카드노스 어귀 서해안에 전함들을 다니게 할 권리, 방어전쟁을 치를 때를 제외하고 갑판선을 열 척 이상 보유할 권리, 전투용 코끼리를 키울 권리, 마지막으로 서쪽 나라들에서 병력을 징집하거나 그 나라들에서 온 정치적 망명자와 탈출자들을 받아들일 권리 등을 상실했다. 규정된 수 이상의 전함, 코끼리, 정치적 망명자들은 다시 로마에 반환되었다. 그 보상으로 대왕은 '로마의 친구'라는 칭호를 받았다. 이로써 쉬리아는 서부에서 완전히 그리고 영원히 축출되었다. 힘도 없고 결속도 할 수 없었던 셀레우고스왕국은, 로마에게 정복된 모든 대국 중 유일하게, 최초 정복 이후 무력을 통한 새로운 결단을 다시는 원치 않았다.

아르메니아

그때까지 적어도 명목상 아시아의 태수관구였던 두 아르메니아는 로마의 강화조약에 직접적으로 따르지는 않았지만 로마의 영향 하에 독립 왕국들로 변했고, 통치자였던 아르탁시아스와 자리아드리스는 각각 새로운 왕조의 시조가 되었다.

카파도키아

카파도키아의 아리아라테스왕은 자신의 땅이 로마가 정한 보호국들의 경계 밖에 있었기 때문에 600탈란톤(1백만 탈러에 해당)의 금전배상으로 책임을 모면했으며 사위 에우메네스의 간청으로 배상액이 다시금 절반으로 감액되었다.

비튀니아

비튀니아의 프루시아스왕은 그의 영역을 그대로 보유했고, 켈트족도 그러했다. 그러나 켈트족은 이제 무장한 무리를 경계 너머로 보내지 말아야만 했고, 소아시아 도시들에게 치욕적이던 공물을 더는 받을 수 없었다. 아시아의 희랍인들은 이런 관대함을 포괄적이고 지속적인 것으로 느끼며 이에 대해 황금 화환과 높은 칭송으로 갚았다.

자유 희랍도시들

소아시아 서부의 영토 규율은 쉽지 않았다. 특히 이곳 에우메네스의 왕국 정책이 희랍 연맹의 정책과 충돌했기에 더욱 어려웠다. 결국 다음의 방식으로 상호 양해에 이르렀다. 마그네시아 전투에서 로마 편을 든 자유 희랍도시 모두에게 자유가 재차 확인되었고, 그때까지 에우메네스에게 지대를 바치던 자들은 예외로 하고, 왕들에 대한 향후 공물 납부 의무가 희랍도시 전체에서 폐지되었다. 특히 아이네아스 시기부터 로마의 동족 도시인 다르다노스와 일리온이 자유를 얻었고, 또한 퀴메, 스뮈르나, 클라조메나이, 에뤼트라이, 키오스*Chios*, 콜로폰, 밀레토스, 기타 오랜 저명한 도시들이 자유롭게 되었다. 포카이아는 조약에서 규정된 범주는 아니었지만 항복하고서도 로마 함대 수병들에게 약탈당한 데 대한 보상으로, 다른 도시들처럼 독자적 영토와 자유를 받았다. 나아가 희랍-아시아 연맹의 도시 대부분은 영토의 확장 및 기타 이득까지 받았다. 물론 로도스는 최고로 고려되어, 텔미소스와 마이안드로스강 남쪽의 카리아 대부분을 제외한 뤼키아를 얻었다. 그 밖에 안티오코스는 왕국 내 로도스인들에게 재산과 권리 및 그때까지 그들이 누리던 면세특권을 보장해 주었다.

페르가몬왕국의 확대

나머지 모두, 즉 전리품 대부분은 아탈로스왕조에게 돌아갔다. 오랜

신의와, 이 전쟁에서 에우메네스가 견뎌낸 고난, 결정적 전투에서 이룬 공적에 대해 로마는 어떤 동맹에게보다 후한 보상을 그에게 주었다. 에우메네스는 유럽에서 뤼시마케이아와 함께 케르소네소스를 받았다. 아시아에서는 그가 이미 점령하고 있던 뮈시아 외에 헬레스폰토스의 프뤼기아, 에페소스와 사르디스를 포함하는 뤼디아, 트랄레이스와 마그네시아를 포함하는 마이안드로스강에 이르는 카리아의 북쪽 지역, 킬리키아 일부와 함께 대(大)프뤼기아와 뤼카오니아, 프뤼기아와 뤼키아 사이의 밀리아스 지역, 또 남쪽 바다 항구로 뤼키아의 도시 텔미소스를 받았다. 후에 팜퓔리아를 두고 그 지역이 정해진 경계의 이쪽 또는 저쪽에 얼마만큼 걸쳐 있는지, 그리하여 둘 중 누구에게 속하는지 에우메네스와 안티오코스 간에 다툼이 있었다. 그 외에도 그는 제한적으로만 자유를 획득한 희랍도시들에 대해 보호통치권과 공물징수권을 갖게 되었다. 그러나 이 경우에도 도시들은 자유 부여장을 보유하고 징수액은 증액되지 않는다고 규정되었다. 게다가 안티오코스는 자진하여 에우메네스에게 에우메네스의 부친 아탈로스에게 빚지고 있는 350탈란톤(6십만 탈러)을 지급해야 했다. 또한 곡물공급을 지체한 데 대해 127탈란톤(21만 8,000탈러)을 보상해야 했다. 마지막으로 에우메네스는 왕의 삼림과 안티오코스가 넘겨준 코끼리들을 획득했으나, 전함들은 불타버렸기 때문에 획득하지 못했다. 로마인들은 해상 세력을 옆에 두려 하지 않았다. 이를 통해 유럽 동부와 아시아의 아탈로스왕국은 아프리카의 누미디아와 같은 지위를 가졌다. 로마에 종속된 절대정 체제의 강력한 나라로서, 예외적 상황만 아니라면, 로마의 지원 없이 마케도니아와 쉬리아를 막아낼 운명이자 그럴 능력이 있는 나라의 지위였다.

　로마의 정책이 만들어낸 이런 창조와, 공화적·민족적 동정과 허영이 명한 아시아 희랍인들의 해방이 최대한 밀접하게 결합되었다. 로마는 타우로스강과 할뤼스강 너머 더 먼 동쪽의 사안들에 관해 이제 신경쓰지 않기로 마음먹었다. 그 점은 안티오코스와 맺은 강화조약의 조건들이 아주 확실히 보여준바, 킬리키아의 도시 솔로이에 로도스가 요청한 자유를 부여하는 데 대한 원로원의 확고한 거부도 이를 더욱 명확히 확인시켜준다. 또한 로마는 직접 해외 영토를 취득하지 않는다는 원칙에 충실했다. 로마 함대가 다시 한 번 크레테를 향해 원정을 떠나고 노예로 팔렸던 로마인들이 석방되면서, 함대와 육군은 로마 건국 566년(기원전 188년) 여름에 아시아를 떠났다. 그때 다시 한 번 트라키아를 가로질러 행군하던 육군은 사령관의 부주의로 야만인들의 기습을 받아 큰 손실을 입었다. 동방에서 귀향한 로마군은 명예와 황금을 챙겨 고향으로 돌아갔다. 두 가지는 당시의 감사장이라 할 수 있는, 황금 화환의 실용적 형태를 갖추곤 했다.

희랍문제 처리 중 아이톨리아와의 분쟁

아시아 전쟁으로 유럽 쪽 희랍도 큰 충격을 받아서 새로운 질서가 필요했다. 자신의 미미함을 여전히 받아들이지 못한 아이톨리아인들은 로마 건국 564년(기원전 190년) 봄에 스키피오와 휴전을 체결한 후, 케팔레니아 해적들로 이탈리아와 희랍 간의 소통을 어렵고 불확실하게 만들었을 뿐만 아니라, 휴전 중에도 아시아 사태에 관한 거짓 소식에 속아 아뮈난드로스를 다시 아타마네스 왕좌에 올리고 필립포스가 점령하고 있던 아이톨리아와 테살리아의 경계지역에서 필립포스를 상대로 종잡을 수 없이 여기저기 싸움을 거는 어리석은 짓을 범했다. 필립포스왕도 이때는 수차례 패배했다. 이후 로마는 평화를 위한 간청에 집정관 마르쿠스 풀비우스 노빌리오르를 상륙시키는 것으로 응답했다.

그는 로마 건국 565년(기원전 189년) 봄에 군단과 합류했고, 15일간 포위한 후 주둔군이 명예롭게 항복하도록 함으로써 암브라키아를 함락시켰다. 이와 동시에 마케도니아, 일뤼리아, 에페이로스, 아카르나니아, 아카이아는 아이톨리아로 쳐들어갔다. 엄밀한 의미의 저항이 있지 않았다. 아이톨리아가 계속해서 강화를 요구하자 결국 로마도 전쟁 생각을 그치게 되었고 그런 가련하고 사악한 적에게 마땅한 조건을 허여했다. 아이톨리아는 적들의 수중에 있는 모든 도시와 지역, 특히 로마에서 후에 마르쿠스 풀비우스를 상대로 꾸민 음모에 의해 자유 독립을 획득한 암브라키아를 상실했다. 또한 오이니아를 상실했는 바, 이 도시는 아카르나니아에 주어졌다. 케팔레니아도 양도했다. 전쟁 수행과 강화 체결의 권리를 상실했고, 이런 점에서 로마의 외교 관계에 종속되었다. 마지막으로 그들은 막대한 금액의 배상금을 지불했다. 케팔레니아는 독자적으로 이 조약에 반대했으나 마르쿠스 풀비우스가 그 섬에 상륙하자 곧 항복했다. 로마의 식민지 건설 때문에 자신들의 도시로부터 축출될 것을 두려워한 사메의 주민들은 처음 항복 후에 반란을 일으켰으며 4개월간의 포위 공격을 버텨냈다. 그 후 도시는 결국 함락되었고 주민은 모두 노예로 팔렸다.

마케도니아

로마는 여기에서도 원칙적으로 이탈리아와 이탈리아의 섬들 밖으로 진출하려 하지 않았다. 아드리아해에서도 코르퀴라섬과 다른 해상기지들의 점령을 이상적으로 보강해주는 두 섬 케팔레니아와 자퀸토스 외에는 전리품에서 아무것도 취하지 않았다. 나머지 영토는 로마의 동맹세력에게 돌아갔다.

그러나 가장 중요한 두 당사자, 즉 필립포스와 아카이아는 전리품 중 자신들에게 부여된 지분에 결코 만족하지 못했다. 필립포스는 자존심에 상처 받았고 그럴 만했다. 마지막 전쟁에서 진정한 어려움은 적군보다 소통의 거리와 불확실성이었고 이는 그의 충성스러운 원조로 극복될 수 있었다. 원로원은 체불 중인 배상금을 탕감하고 인질들을 반환함으로써 그의 원조를 인정했다. 그러나 그가 희망했던 토지만은 더 얻지 못했다. 그는 마그네시아 지역과, 그가 아이톨리아로부터 탈취한 데메트리아스를 획득했다. 그 밖에 사실상 돌로피아와 아타마네스 지역, 그리고 그가 아이톨리아인들을 축출한 적 있는 테살리아 일부가 그의 수중에 남았다. 트라키아의 내륙은 마케도니아의 속령으로 남았지만, 사실상 필립포스 수중의 해안 도시와 섬들인 타소스와 렘노스에 관해서는 아무것도 정해진 바 없었다. 케르소네소스는 심지어 명시적으로 에우메네스에게 주어졌다. 그리고 에우메네스가 긴급 상황에서 아시아뿐만 아니라 마케도니아까지 통제하려고 유럽의 소유지도 받았음은 분명했다. 자부심 강하고 기백 있던 왕이 분노할 만했다.

그러나 로마를 이끈 것은 악의가 아니라 불가피한 정치적 필요였다.

마케도니아는 한때 1급 세력이었고 동등한 조건에서 로마를 상대로 전쟁을 수행했다는 점 때문에 손해를 본 것이다. 마케도니아에서 과거 세력이 부활하는 것을 경계할 이유를 카르타고 때보다 훨씬 더 많이 가지고 있었다.

아카이아

아카이아는 상황이 달랐다. 아카이아는 안티오코스를 상대로 하는 전쟁이 진행되면서 펠로폰네소스 전체를 아카이아 연맹으로 만드는 오랜 소망을 이루었다. 처음에는 스파르타, 그 다음에는—희랍에서 아시아인들의 축출 이후에—엘리스와 메세네가 다소 강제적으로 가입했던 것이다. 로마는 이런 사태를 그냥 두었고 로마를 의도적으로 무시하는 것까지 참아냈다. 메세네가 로마에 항복하고 연맹에 가입하지 않겠다고 선언하자 이에 대해 연맹이 무력을 사용했을 때, 플라미니누스는 아카이아인들에게 전리품에 대한 그들의 독자적 처리가 그 자체로 부당하며 아카이아와 로마의 관계상 아주 부적절하다는 점을 상기시켰으나, 희랍인들에 대한 그의 매우 비정치적인 호의로 말미암아 결국 아카이아인들의 말을 들어주었다. 그런데 사태는 이것으로 끝나지 않았다. 아카이아는, 왜소한 세력에도 지위확대 욕구는 매우 컸는데, 전쟁 중에 점령했던 아이톨리아 도시 플레우론에 대한 통제의 끈을 놓지 않고, 오히려 억지로 자기 동맹의 구성원으로 만들었다. 아카이아인들은 자퀸토스를 그곳 마지막 통치자의 꼭두각시였던 아뮈난드로스에게서 매수했고, 아이기나까지 갖기를 원했을 것이다. 그 섬을 마지못해 로마에 반환했고, 펠로폰네소스에 만족하라는 플라미니누스의 선한 충고를 불쾌한 마음으로 따랐다.

아카이아 애국당

아카이아인들은 독립성이 취약하므로 더더욱 자기 나라의 독립을 드러내야 할 책임이 있다고 믿었다. 그들은 전쟁권을 언급했고, 로마의 전쟁 시 아카이아의 충실했던 지원을 언급했다. 또 그들 민회에서 아카이아는, 그들은 카푸아에 대해 전혀 묻지 않는데 왜 로마는 메세네를 신경쓰는지 로마 사절들에게 물었다. 그렇게 말한 용감한 애국자는 박수갈채를 받았고 선거에서 충분한 표를 받으리라 확신했다. 이 모든 것이 가소롭지만 않았더라도 아주 옳고 대단한 일일 수 있었다. 로마가 희랍인들을 위해 자유의 기반을 닦고 희랍인들의 감사를 얻기 위해 그렇게나 노력했음에도 무정부 상태와 배은망덕만을 로마가 보았던 사실에서 깊은 정의감과 더 깊은 비탄이 느껴진다. 보호국에 대한 희랍인들의 반감에는 확실히 매우 고상한 감정이 깔려 있었다. 그리고 애국운동의 주요 인사들의 개인적 용감함은 의심의 여지가 없다. 그러나 아카이아 애국운동은 우둔하며 참으로 역사적인 추행이었다. 모든 이런 명예욕과 민족적 민감성에도 불구하고, 민족 전체를 극히 근본적인 무력감이 휩쓸었다. 자유인이든 노예든 모든 이는 항상 로마의 말을 들었다. 무서운 포고령이 발령되지 않기라도 하면 하늘에 감사했다. 강요받아 하지 않으려면 자발적으로 따르는 것이 옳다고 원로원이 설명하면 그들은 투덜거렸다. 그들이 해야만 하는 것을 할 때에는 로마인들에게 불쾌감을 주는 방식으로 했다. "체면을 잃지 않기 위해." 그들은 보고하고, 설명하고, 연기하고, 회피하다가 더는 결국 안 통하겠다 싶으면 애국자연하는 한숨을 내쉬면서 그대로 복종했다. 지휘관들이 전투를 결심하고 굴종보다는 전 민족의 파멸을 원했더라면 이런 행동을 찬동까지는 아닐지라도 너그럽게 봐줄 수도 있었다. 그러나 필로포이멘도 뤼코르타스도 그러한 정치적 자살을 생각지 않았다. 자유를 원했을 수도 있지만, 무엇보다 살기를 원했을 것이다. 이 모든 것에 더해, 두려움을 자아냈던 로마의 개입을 희랍의 내부 사안으로 끌어들인 건 결코 로마인들이 아니라, 언제나 희랍인들 자신이었다. 로마인들이 열심히 희랍 내부에 불화를 일으키려 했다는, 헬레니즘 시기와 헬레니즘 이후 시기의 학식 있는 무리가 역겨울 정도로 일삼았던 비난은 정치를 다루는 문헌학자들이 꾸며낸 최악의 몰취미한 작품이다. 로마인들이 희랍으로 반목을 들여 온 것이—이는 부엉이를 아테나이로 가져가는 꼴일 것이다—아니라, 희랍인들이 자신들의 불화를 로마로 가져간 것이다.

아카이아와 스파르타 간의 분쟁

특히 플라미니누스가 아이톨리아를 지지하는 도시들을 동맹에 편입시키지 않은 것이 자신들에게 얼마나 좋은지 전혀 몰랐던 아카이아인들은 영토를 완전하게 만들려는 열망에 사로잡혀 라케다이몬과 메세네에서 내분이라는 참된 휘드라를 얻었다. 이 공동체 구성원들은 끊임없이 로마를 찾아와 이런 혐오스러운 결합에서 해방시켜 달라고 탄원했다. 그들 중에는 특이하게도 아카이아 덕에 고향으로 귀환한 자들이 있었다. 아카이아 연맹에 의해 스파르타와 메세네에서 재건과 부활이 진행되었고, 분노한 귀환자들이 인민집회의 조치를 규정했다. 스파르타가 명목상으로 연맹에 가입한 지 4년 만에 전쟁이 벌어졌고 광기라고 할 만큼의 전면적 재건이 이루어졌다. 이때 나비스에 의해 시민권을 부여받은 노예 전부가 다시 노예로 팔렸고, 그 돈으로 아카이아의 도시 메갈로폴리스에 주랑이 세워졌다. 게다가 스파르타의 옛 재산상태가 재확립되었고, 뤼쿠르고스 법이 아카이아 법으로 대체되었으며, 성벽은 철거되었다(로마 건국 566년, 기원전 188년).

　마지막으로 모든 관련 조치의 판결을 로마 원로원에게 요청했다. 이 귀찮은 일은 원로원이 추구한 정책에 따른 정당한 벌이었다. 이 사안에 너무 깊숙이 관여하지 않고 원로원은 담대한 아카이아의 침해에 대해 모범적인 평정심으로 대처했을 뿐 아니라, 무책임한 무관심으로 최악의 사태가 일어나도록 방치했다. 그 재건 후에 로마로부터, 원로원이 그것을 비난하긴 했지만 파기하진 않았다는 소식이 전해졌을 때, 아카이아는 진심으로 기뻐했다. 대략 60~80명의 스파르타인들에 대해 아카이아가 행한 사법살인으로 분노한 원로원이 이가이아 민회로부터 스파르타인들에 대한 형사사법권을 박탈한 것—이것은 한 독립국가의 내정에 대한 파렴치한 간섭이었다—말고, 라케다이몬에는 로마가 아무런 일도 하지 않았다. 원로원의 피상적이고, 모순되고, 불명확한 결정에 대해 빗발치는 불평들이 가장 잘 증명하듯, 로마 정치인들은 이 찻잔 속 폭풍에는 가능한 한 신경쓰지 않았다. 물론 스파르타의 네 당사자가 원로원에 나와 일제히 서로를 비난하고 있는데, 원로원이라고 어찌 명확하게 답할 수 있었겠는가! 게다가 이 펠로폰네소스 정치인 대부분에 대해 로마가 가졌던 인상도 있었다. 그들 중 하나가 하루는 춤을 추다가, 다음날에는 나랏일로 걱정하는 모습을 보여주었을 때, 플라미니누스도 고개를 저을 수밖에 없었다. 결국 인내심이 완전히 소진되어 원로원이 앞으로 펠로폰네소스인들의 말을 더는 듣지 않을 테니 하고 싶은 대로 해도 좋다고 통고할 정도까지 사태가 진행되었다(로마 건국 572년, 기원전 182년). 이 통고는 이해할 만은 했으나, 옳지는 않았다. 로마인들이 한때 그랬듯이, 펠로폰네소스인들은 이때 진지하고 일관되게 괜찮은 상황을 만들어 낼 윤리적·정치적 의무가 있었다. 로마 건국 575년(기원전 179년)에 펠로폰네소스의 상황을 설명하고, 일관되고 신중한 로마의 개입을 요청하기 위해 원로원에 출석한 —위에서 언급된—아카이아인 칼리크라테스는, 애국당파 정책을 기초한 동료 필로포이멘보다 덜 중요한 인물이었지만, 생각은 옳았다.

한니발의 죽음

이제 지중해의 동부 끝에서 서부 끝에 이르는 모든 나라가 로마의 속국이 되었다. 로마가 두려워할 나라는 어디에도 없었다. 그러나 로마가 드물게도 '고향 없는 카르타고인'이라는 명예를 기꺼이 부여하는 사람이 아직 생존해 있었다. 우선 지중해 서부 전체, 이어 지중해 동부 전체가 로마에 대항해 무기를 들게 했지만, 서부에선 불명예스러운 귀족정치 때문에, 동부에선 멍청한 궁중정치 때문에 끝내 성공하지 못했다. 안티오코스는 강화조약에 의해 한니발을 넘겨야만 했다. 그러나 한니발은 먼저 크레테로, 다음엔 비튀니아로 도망했고,[5] 당시에는 프루시아스왕궁에서 살고 있었는데 에우메네스와의 전쟁에서 왕을 도왔는바 언제나 그렇듯 해상과 육상에서 승승장구 중이었다. 한니발이 로마를 상대로 반란을 일으키도록 프루시아스왕도 사주하려 했다는 견해가 주장된다. 그러나 그런 어리석음은 별로 그럴싸하지 않다. 로마 원로원이 그 노인을 마지막 망명지에서까지 추격한다는 것이 자신의 품격에 미치지 못하는 일로 보았다는 사실은 확실하다. 왜냐하면 원로원을 비난하는 전승은 믿을 만하지 않기 때문이다.

그러나 끊임없는 허영에서 위대한 업적을 위해 새로운 목표를 좇는 플라미니누스는, 희랍인들을 족쇄에서 해방시켰듯, 나름대로 한니발로부터의 로마 해방에 착수했고 시대의 최고 위인을 상대로—전혀 외교적이지 못하게—칼을 휘두를 것은 아니지만, 칼을 들이대려고는 했다. 아시아의 군주 중 가장 가련한 군주인 프루시아스는, 모호한 방식으로 요청하는 로마 사절에게 작은 호의를 베풀게 된 것을 기쁘게 생각했다. 그리고 한니발은 집이 자객들에게 둘러싸인 것을 알고 독약을 마셨다. 한 로마인이 덧붙이길, 한니발은 로마인들을, 또 앙들의

---

[5] 그가 아르메니아에도 왔고 아르탁시아스 왕의 청으로 아락세스강변에 도시 아르탁사타를 건설했다는 보고(Strabon 11 p.528; Plutarchus Luc. 31)는 허구이다. 그러나 한니발의 이야기가 알렉산드로스처럼 동방의 우화들과 얽히고설켜 있는 것은 전형적이다.

말을 알고 있었기 때문에, 오랫동안 각오하고 있었다고 한다. 그의 사망연도는 확실치 않다. 추측컨대 그는 로마 건국 571년(기원전 183년) 후반기에 67세의 나이로 죽었을 것이다. 로마가 성공적으로 시킬리아를 점령할까 하는 회의에 사로잡혔던 때 그가 태어났으므로, 지중해 서부가 완전히 로마에 복속상태가 된 것을 볼 만큼, 심지어 로마 것이 되어 버린 자기 고향도시의 전함들을 상대로 로마와의 최후 전투를 수행할 만큼, 또 폭풍이 선장 없는 배를 압도하듯 로마가 지중해 동부를 정복하는 것을 지켜보아야 할 만큼, 그리고 자신만이 홀로 이에 맞선다고 느낄 만큼 오래 살았던 것이다. 실망을 안겨줄 희망조차 남지 않았을 때 그는 죽었다. 그러나 그는 50년에 걸친 전쟁에서 소년의 맹세를 진정으로 지켜냈다.

스키피오의 죽음

같은 시기에 또 한 사내가 사망했다. 바로 로마인들이 한니발을 제압한 자라고 부르던 푸블리우스 스키피오다. 행운의 여신은 적에게는 부여치 않은 성공을 그에게는 아낌없이 주었다. 성공 중에는 그에게 속한 것도 있고 속하지 않은 것도 있다. 그는 히스파니아, 아프리카, 아시아를 제국의 일부로 만들었다. 이탈리아 최고의 나라였을 뿐인 로마는, 그가 죽을 때 문명 세계의 주인이었다. 그는 스스로 전승에 따른 수많은 별칭을 가졌는데, 그중 어떤 것들은 그의 동생이나 사촌에게 넘어갔다.[6] 그러나 지독한 분개로 말년에 그는 야위어 갔고, 자발적 추방 상태에서 50세가 되자마자 죽었다. 그리고 조상들도 누워 있는 땅, 평생을 바친 바로 그 로마에 자신을 매장하지 말라고 가족에게 명했다. 그토록 로마를 벗어나려 한 이유가 무엇인지는 명확히 알려져 있지 않다. 그와 동생 루키우스에게 제시된 뇌물과 횡령의 죄목들은 그의 분노를 설명하는 데 불충분하다. 회계장부로 자신의 책임을 다하는 대신 그것을 인민과 고발자 면전에서 찢어버리고 유피테르 신전으로 함께 가서 자마 전승일을 기념할 것을 로마인들에게 촉구한 것이 그의 성격상 특징이었다. 사람들은 고발자를 남겨두고, 카피톨리움 언덕을 향해 스키피오를 따라갔다. 그리고 이것이 위인의 마지막 좋은 날이었다. 자부심 넘치는 정신, 남들과 다르고 더 나은 사람이 되려는 의지, 특히 동생 루키우스를 한 영웅의 꼴사나운 허수아비로 키운 매우 결정적인 문벌정치 등은 많은 이에게 모욕적이었고 충분히 그럴 만했다. 진정한 자부심은 영혼을 지켜주지만, 오만은 모든 공격과 조롱을 맛보게 만들고 원래의 고귀한 정신을 갉아먹는 법이다. 스키피오가 그러했듯, 순금과 모조금이 희한하게 섞인 이런 성격은 청년기의 행운과 매력을 통해 마력을 발휘하지만 마력이 시들기 시작하면 본인이 가장 고통스럽게 깨어 있게 된다.

---

[6] 아프리카누스, 아시아게누스, 히스팔루스.

제10장
제3차 마케도니아 전쟁

로마에 대한 필립포스의 불만

마케도니아의 필립포스는 안티오코스와의 강화조약 후 로마의 대우에 크게 분격했다. 그 후 사태도 그의 원망을 잠재우기에 부적합하게 진행됐다. 희랍과 트라키아의 이웃들은 대체로 마케도니아라는 이름 앞에 지금의 로마 앞에 못지않게 떨었던 공동체들인데, 정당한 일이긴 하지만 필립포스 2세 이래 마케도니아에게 받은 침해를 이제 몰락한 대국에게 되갚기 일쑤였다. 이 시기 희랍인들의 헛된 오만과 반(反)마케도니아 애국주의는 다양한 동맹체 민회에서, 또 로마 원로원에 제출된 끊임없는 불평불만에서 분출되었다. 필립포스는 자신이 아이톨리아에서 취한 것을 보유하도록 허락받았다. 그러나 테살리아에서 마그네시아 동맹만이 공식적으로 아이톨리아에 귀속된 반면, 필립포스가 좁은 의미의 테살리아 동맹과 페르라이비아 동맹이라는 서로 다른 테살리아 동맹체들에서 아이톨리아로부터 탈취한 도시들은, 필립포스가 이 도시들을 해방했을 뿐이지 정복한 것은 아니라는 이유로 두 동맹은 반환을 요구했다. 아타마네스인들도 자유를 소망할 수 있을 거라 믿었다. 안티오코스와의 강화조약에서 명시적으로는 트라키아의 케르소네소스만이 약속되었음에도 불구하고, 에우메네스도 안티오코스가 트라키아 본토에서 점령했던 해양 도시들, 특히 아이노스와 마로네이아를 요구했다. 이런 모든 불평불만과 에우메네스에 대항하는 프루시아스왕에 대한 지지, 무역 경쟁, 계약 위반 및 가축의 강탈 등에 관한 이웃 국가 전체의 무수히 많은 사소한 소원들이 로마로 쏟아져 들어왔다.

로마 원로원 앞에서 마케도니아의 왕은 주권자의 탈을 쓴 무뢰한들에게 고발당했고 정의건 부정의건 내려지는 대로 감수해야 했다. 그는 판결이 항상 자신에게 불리하게 내려지는 걸 지켜봐야 했다. 이를 악물고 트라키아의 해안에서, 테살리아와 페르라이비아의 도시들에서 점령군을 철군시켜야 했고, 모든 것이 규정대로 실행되는지 살피러 온 로마의 감독관들을 예로써 영접해야 했다. 로마는 필립포스에 대해 카르타고처럼 크게 분개하지 않았다. 아니, 많은 관점에서 마케도니아의 맹주에게 호의를 가지기까지 했다. 이곳에서 절차들이 리뷔아에서처럼 무참히 침해된 것은 아니지만, 마케도니아의 상황은 본질적으로 카르타고와 다르지 않았다. 필립포스는 페니키아인의 인내심으로 고통을 참고 있을 사람이 결코 아니었다. 열정적이었기에, 자신의 패배 이후 명예를 지켜주는 적들보다 신의를 저버린 동맹자들에게 분노했고, 이미 오래 전부터 마케도니아 왕이 아닌 사인으로서의 정책을 실시하는 데 익숙해져 있었고, 안티오코스와의 전쟁에서는 과거 자신을 무참히 유기하고 배신한 연합군에게 즉시 복수할 기회만을 노렸다. 이 목표는 달성할 수 있었다. 그러나 이 마케도니아인에게 영향을 주는 것이 로마에 대한 우의가 아니라 안티오코스에 대한 적의라는 사실을 아주 잘 파악하고, 더 나아가 정책을 결코 감정에 따라 조율하지 않던 로마는 본질적으로 필립포스에게 이익을 돌리지 않으면서 오히려 아탈로스왕가에 호의를 베풀었다.

아탈로스왕가는 최초의 등장으로부터 마케도니아와 격심한 불화 상태에 있었고 필립포스왕으로부터 정치적으로 개인적으로 극도의 혐오를 받았다. 바로 이들이 모든 지중해 동부 세력 중에서 마케도니아와 쉬리아를 박살내고 로마의 보호령을 동쪽으로 확장하는 데 가장 크게 기여했다. 필립포스가 자기의 존속을 위해 로마와 결합해야 했기에 자의로 충성을 바친 최근의 전쟁에서, 바로 이 아탈로스왕가를 로마인들은 본질적으로 뤼시마코스 제국—뤼시마코스 제국의 멸망은 알렉산드로스 이후 마케도니아 통치자들의 가장 중요한 성취였다—을 다시 재건하는 데 이용했고, 결국 마케도니아는 동등한 권력을 가진 로마의 피보호국과 병존하게 되었다. 사태가 그러할 때 자국민을 위해 헌신하는 현명한 통치자라면 로마를 상대로 불합리한 전쟁을 재개하지 않기로 결심할 수도 있었다. 그러나 가장 고귀한 동기인 명예심과 가장 천한 동기인 복수심이 강한 성격의 필립포스는 비겁함이나 체념의 목소리를 듣지 못했다. 그리하여 다시금 주사위를 던지기로 결심했다. 테살리아 민회에서 늘 이루어지는 마케도니아에 대한 비난이 다시 한 번 그에게 밀고되자, 그는 '마지막 태양은 아직 지지 않았다'는 테오크리토스의 글 한 줄로 답했다.[1]

필립포스의 말년과 최후

필립포스는 자기 결심을 준비하고 숨기는 데 있어, 더 나은 시기였다면 세계의 운명을 다른 방향으로 끌어갔을 법한 침착함, 진지함, 일관됨을 보여주었다. 특히 불가결의 기간을 확보하기 위해 그가 보여준 로마에 대한 복종은 단단하고 강력한 사내에게 지난한 시험이었다. 이를 그는 용감하게 버텨냈지만, 신하들과 불운한 마로네이아 같은 불화의 무고한 희생자들은 그가 분노를 억누를 때마다 심각한 피해를 입었다. 이미 로마 건국 571년(기원전 183년) 전쟁이 발발해야만 했다. 그러나 필립포스의 명령으로 둘째 아들 데메트리오스는 수년 동안 볼모로 로마에서 지내면서 사랑을 받고 있었고 로마와 아버지를 중재했다. 원로원은, 특히 희랍 문제를 지휘했던 플라미니누스는 마케도니아에 필립포스의 의도를 좌절시킬 로마 당을 세우려 했고 그 당수로는, 아니 아마도 미래의 마케도니아 왕으로는, 열정적으로 로마에 애착을 가지는 어린 왕자를 택했다. 원로원이 아들 때문에 아버지를 용서한다고 의도적으로 명확하게 통고했다. 그 결과 자연스럽게도 왕궁에서조차 불화가 발생하고 특히 동등한 혼인 소산은 아니지만 아버지

---

[1] ἤδη γὰρ φράσδη πάνθ ἅλιον ἄμμι δεδύκειν (1, 102).

로부터 후계자로 정해진 왕의 큰아들 페르세우스가 장래의 적수인 동생을 망치려 들었다. 데메트리오스가 로마의 음모에 가담한 것 같지는 않다. 억울한 범죄 혐의 때문에 그는 범죄자가 될 수밖에 없었다. 그때에도 그의 의도는 로마로 도망하는 것뿐이었다. 그러나 페르세우스는 아버지가 동생의 의도를 파악하지 못하도록 신중을 기했다. 플라미니누스가 데메트리오스에게 보내는 편지가 발각되었고, 편지는 결국 아버지로 하여금 아들의 처형을 명령하게 만들었다. 필립포스는 페르세우스가 꾸민 이 계략을 너무 늦게 알아챘고, 형제살해자를 처벌하고 왕좌로부터 배제하려는 의지보다 먼저 죽음이 그에게 찾아왔다. 그는 로마 건국 575년(기원전 179년) 데메트리아스에서 59세의 나이로 죽었다. 그의 제국은 산산이 흩어졌고 왕가도 몰락했으며 온갖 고생과 악행도 헛수고로 끝나버렸다.

페르세우스왕

그의 아들 페르세우스는 마케도니아에서나 로마 원로원에서나 반대 없이 통치자로 취임했다. 그는 기골이 장대했고, 육체 단련의 경험이 많았고, 병영에서 성장하여 군령 또한 익숙했다. 아버지를 닮아 전제적이었고 수단을 가리지 않았다. 필립포스의 판단을 흐리던 술과 여자는 페르세우스를 자극하지 못했다. 아버지는 경솔하고 충동적이었고, 아들은 꾸준하고 완고했다. 필립포스는 소년 시절부터 왕이었고 통치 초반 20년 내내 행운이 따랐는데, 그런 운명에 못쓰게 되고 아예 망가진 것이다. 페르세우스는 31세에 왕좌에 올랐는데, 부친 때문에 소년 시절부터 불행한 로마와의 전쟁으로 함께 끌려들어갔고 굴욕적 압박을 맛보았고 그러면서 나라의 부활을 희망했다. 그는 이렇게 아버지로부터 제국과 함께 고난, 분노, 희망까지 물려받았다. 사실상 그는 아버지 과업을 단호히 계승했고, 이전보다 더 열정적으로 로마와의 전쟁을 준비했다. 그러나 그가 마케도니아 왕관을 쓰게 된 것이 로마의 책임만은 아니었다. 자부심 높은 마케도니아 국민은 자랑스럽게 청년 부대의 선봉에 서서 싸우던 왕자의 모습을 자주 보았다. 동족과 수많은 희랍 부족은 다가오는 해방전쟁에 적합한 사령관을 찾았다고 생각했다.

그러나 그는 보기와는 다른 사람이었다. 필립포스의 천재성과 활력이 그에게는 없었다. 이것들은 행운에 가려졌던 필립포스의 참된 기질로서, 역경을 이겨내는 힘으로써 명예를 다시금 회복했다. 필립포스는 자기가 하고 싶은 대로 했고 상황도 바꾸려 들지 않았다. 그러나 필요하기만 하면 언제라도 신속하게 추진력을 발휘했다. 페르세우스는 멀리 보고 면밀히 계획을 짜서 꾸준히 추구했다. 그러나 준비한 계획을 실행할 때가 막상 다가오면, 자기 자신의 작품에 경악하곤 했다. 재능이 부족한 자가 그렇듯, 그에게는 수단이 곧 목적이었다. 그는 로마와의 전쟁을 위해 보물을 거듭 긁어모았지만 로마군이 그 땅에 이르렀을 때에, 그는 자신의 금괴들을 버릴 수 없었다. 패배 후에 아버지는 자신에게 해가 될 만한 문서부터 파기하려 든 데 반해, 아들은 자신의 보물 상자들을 가져다 배에 실었다는 사실에서 성격이 확실히 드러난다. 평상시라면 그는 평범한 왕직을 다른 많은 이들만큼 또는 더 훌륭히 수행할 수 있었을 것이다. 그러나—누군가 비범한 사람이 나타나 생기를 불어넣지 않는 한―처음부터 희망이 없는 기획을 실현시킬 사람은 못 되었다.

마케도니아의 자원

마케도니아의 힘은 결코 작지 않았다. 안티고노스 왕가에 대한 지역 전체의 복종은 꺾이지 않았고, 민족감정이 정치 도당들의 불화만으로 마비되지는 않았다. 왕권교체로 옛 앙심과 불화를 없애고 색다른 인물들과 신선한 희망의 새 시대를 연다는 전제정 국제의 큰 장점을 왕이 현명하게 잘 이용했으며 자신의 통치를 일반 사면으로, 도주 중인 파산자들에 대한 복귀처분으로, 미납 세금의 탕감으로 시작했다. 아버지의 가증스러웠던 가혹함이 아들에게 이익만이 아니라 애정까지 초래했다.

　26년의 평화 시기에 한편으로 마케도니아의 인구 결손이 저절로 보충되기도 했고, 다른 한편으로 정부는 그러한 보충을 위해 영토 중 심각하게 훼손된 구역들에 대해 진지한 재건조치를 취할 수 있었다. 필립포스는 마케도니아인들에게 혼인과 출산을 장려했다. 그는 해안 도시들을 점령하여 그곳 주민들을 내륙으로 이주시켰다. 믿을 만한 용맹과 충성심을 갖춘 트라키아 식민주민들과 함께, 다르다니족의 황폐화 침략을 영구히 막기 위해, 그는 야만인들 지역에까지 이르는 국경 너머의 중간지역을 황무지로 만들고 북쪽 속주들에 새로운 도시들을 건설함으로써, 북쪽을 향해 일종의 장벽을 만들었다. 요컨대 그는 마케도니아를 위해, 아우구스투스가 로마 제국을 재창건할 때와 똑같은 일을 하나하나 해나갔던 것이다. 병력은 커서 파견부대와 용병을 빼고도 3만에 이르렀고, 젊은 부대는 국경에서 계속된 트라키아 야만인들과의 전쟁으로 단련되어 있었다. 필립포스가 한니발처럼 자기 군대를 로마식으로 편성하려 하지 않은 것은 이상한 일이다. 그러나 빈번히 제압되기도 했지만 무적이라고 믿어졌던 밀집방진이 마케도니아인들에게 무슨 의미였는지를 생각해보면 이해되는 일이다. 필립포스가 광산, 관세, 십일조 등으로 획득한 새로운 재정수입의 원천과 꽃피는 농업과 상업으로 금고, 곡물창고, 무기고를 채울 수 있었다. 전쟁이 시작되었을 때, 마케도니아 국고에는 당시 기존 군대와 1만의 용병에게 10년 동안 급료를 줄 수 있는 돈이 충분히 있었다. 게다가 공공 창고들에는 거의 같은 기간 동안 버틸 수 있는 곡물재고(천 8백만 메딤나 또는 프로이센 셰펠)가 있었고, 기존 군대보다 세 배 큰 군대를 무장시킬 무기가 있었다. 사실상 마케도니아는 로마와의 제2차 전쟁이 발발했던 혼비백산의 그때와는 완전히 다른 나라가 되어 있었다. 제국의 세력은 모든 면에서 적어도 2배가 되었다. 한니발은 모든 점에서 그보다는 훨씬 못한 능력으로도 로마를 그 근저에서 흔들 수 있었다.

반(反)로마 연합의 시도

외부 사정은 그리 호의적이지 못했다. 자연히 마케도니아는 이제 한니발과 안티오코스의 계획을 다시금 세우고 로마의 지배에 반대하는 모든 피지배 세력의 연합을 선두에서 이끌어야만 했다. 물론 퓌드나 궁정이 지은 계략의 실타래는 모든 방향으로 풀렸다. 그러나 성공은 보잘것없었다. 이탈리아인들의 신의가 흔들렸다는 사실이 주장되었다. 그러나 우군과 적군 모두 우선 삼니움 전쟁의 즉각적 재개가 전혀 그럴싸하지 않다는 점을 간파했다. 완전히 꾸며진 이야기는 아니고 충분히 그럴 만한 이야기인데, 마시니사가 로마에 고발한바, 마케도니아 대표단과 카르타고 장로회 사이에 야간회의들이 열렸다고 하는데, 진지하고 통찰력 있는 사람들을 놀라게 하지는 못했다. 마케도니아 궁정은 정략혼인을 통해 쉬리아와 비튀니아의 왕들을 마케도니아 편으로 끌어들이려 노력했다. 그러나 혼인으로 정복하려는 외교의 순진함은 한 번 더 몸을 파는 꼴로 귀결되었을 뿐이다. 동맹으로 삼으려 한다는 것 자체가 웃음거리인 에우메네스를 페르세우스의 자객들은 쉽게 제거했을 것이다. 에우메네스는 반(反)마케도니아 활동을 하고 로마로부터 돌아오는 길에 델포이에서 살해될 운명이었지만, '깔끔한 계획'은 미수에 그쳤다.

바스타르나이족과 겐티오스

북쪽 야만인들과 희랍인들을 로마에게 반란하도록 부추긴 노력은 상당히 중요했다. 필립포스의 계획은 이러했는바, 마케도니아의 숙적인 오늘날 세르비아의 다르다니인들을 도나우강 좌안의 더 거친 게르마니아계 바스타르나이족을 불러들여 쳐부수고, 이어 이들은 물론 그 밖에 동원된 모든 종족을 데리고 육로를 통해 이탈리아로 진군하여 롬바르디아를—사전에 그리로 향하는 알프스 협곡은 미리 정탐하도록 시켰는데—침략하려 했다. 이것은 실로 엄청난 계획이자, 한니발 급의 계획인데 한니발의 계획이 물론 알프스를 넘도록 자극시킨 것이다. 이런 계획 때문에 필립포스 치세 말(로마 건국 573년, 기원전 181년)에 건설되었을 가능성이 높은 로마 요새 아퀼레이아는 이탈리아 내에 건설된 다른 로마 요새들과 체계가 달랐다. 그러나 그 계획은 다르다니인들과 인근의 관련된 종족들의 필사적인 저항에 부딪혀 좌초되었다. 바스타르나이인들은 다시 후퇴해야 했고, 귀환 길에 도나우강의 얼음이 깨지면서 모두 익사했다. 왕은 이제 오늘날 달마티아와 북쪽 알바니아에 해당하는 일뤼리아 땅의 족장들 중 자신의 예속자를 확대하려 했다. 페르세우스가 미리 알고 있는 상태에서, 로마에 충성을 다한 자들 중 아르테타우로스가 암살자의 손에 목숨을 잃었다. 모든 이들 중에서 가장 중요한 사람인, 플레우라토스의 아들이자 상속자 겐티오스는 명목상으로는 아버지와 마찬가지로 로마와 동맹관계에 있었지만, 달마티아섬들 중 한 곳에 있는 희랍 도시 이사*Issa*의 사자들은, 페르세우스 왕이 젊고 약하고 음주벽이 있는 군주와 비밀 협정을 체결했고 겐티오스의 사절이 로마에서 페르세우스의 밀정으로 일한다고 원로원에 보고했다.

코튀스

도나우 하류의 마케도니아 동부 지역에 트라키아족장 중 가장 강력한 자, 즉 오드뤼사이국의 군주이자 헤브로스강(오늘날의 마리차강)의 마케도니아 국경에서 희랍 도시들이 밀집해 있는 연안까지 동부 트라키아 전체의 통치자인 영리하고 용감한 코튀스가 페르세우스와 가장 밀접한 동맹관계에 있었다. 로마 편을 든 여타 작은 족장들 중 한 사람 사가이이족의 제후 아브루폴리스는 스트뤼몬강 유역의 암피폴리스에 대한 약탈로 페르세우스의 공격을 받고 축출되었다. 필립포스는 과거 이곳으로부터의 이주민들을 다수 받아들였으며, 용병들은 언제라도 얼마든지 얻을 수 있었다.

희랍 민족 당파

한편으론 민족주의당, 다른 한편으론—이 표현이 허용된다면—공산주의당을 마케도니아 편으로 끌어들임으로써, 필립포스와 페르세우스는 로마에 대한 선전포고에 앞서 불행한 희랍 민족 사이에서 활발한 2중의 선전전을 수행했다. 아시아 쪽 희랍인들과 유럽 쪽 희랍인들 중 모든 민족주의 성향의 사람들이 마음속으로는 당시 마케도니아 편이었다는 사실은 명백하다. 해방자 로마가 범한 개별 부정행위들 때문이 아니라, 이민족에 의해 희랍 민족이 재건된다는 것 자체가 어불성설이었기 때문이고, 그리고 이제 물론 너무 늦었지만, 아주 혐오스러운 마케도니아 정부가 희랍을 위해서는, 명예로운 이민족의 아주 고귀한 의도에서 비롯된 자유정치체제보다 덜 해롭다는 것을 모두가 이해하게 되었기 때문이다.

전 희랍에서 가장 유능하고 성실한 사람들이 적대적인 반(反)로마당파를 지었다는 사실은 지극히 정상적인 것이다. 부패한 귀족정만이 로마를 지지했고, 여기저기 명예로운 개인들이 예외적으로 사태와 민족의 미래를 정확히 알고 있었다. 희랍인들 중에서 이국적인 자유의 담지자인 페르가몬의 에우메네스는 이를 가장 고통스러워했다. 복속한 도시들을 극진한 배려로 대우해주었고 듣기 좋은 말들과 더 좋은 황금으로 공동체와 민회의 호의를 구했지만 모두가 쓸데없는 일이었다. 그는 사람들이 그의 하사품을 거부했다는, 아니, 페르세우스의 이름이 인구에 회자되던 시기(로마 건국 584년, 기원전 170년) 어느 날 동시에 펠로폰네소스 전체에서 민회 결의에 따라, 그를 위해 세운 모든 입상을 파괴하고 명예 동판을 모조리 녹인 사실을 알아야 했다.

이전의 아카이아처럼 가장 단호한 반(反)마케도니아적 성향의 나라들마저 마케도니아 제재 법률의 폐기를 논의했다. 페르가몬 제국 내부에 있던 뷔잔티온은 에우메네스가 아니라 페르세우스에게 트라키아에 맞선 보호와 주둔을 청해 받았는데, 마찬가지로 헬레스폰토스의 람프사코스도 마케도니아 편을 들었다. 강력하고 신중한 로도스인들은, 쉬리아의 전함이 에게해에서 금지되었기 때문에, 페르세우스왕에게 그의 쉬리아 신부를 전투함대와 함께 안티오케이아로부터 호송했고, 큰 명예와 함께 특히 선박건조용 목재 등 풍성한 예물을 받고 다시 귀환했다. 아시아 도시들의 감독관들, 즉 에우메네스 신하들은 사모트라케에서 마케도니아의 대표단과 비밀 회합을 가졌다. 로도스 전함의 파견은 적어도 과시로 보였다. 그리고 페르세우스왕이 예배라는 구실로 델포이에서 희랍인들에게 자신과 전 군대를 드러낸 것은 틀림없는 과시였다. 왕이 전쟁에 임박해서 이런 민족적 선전에 의거하려 했다는 점은 자연스러운 일이다.

그러나 그가 재산과 채무의 혁명을 바라는 모든 이를 마케도니아 편으로 끌어들이기 위해 희랍의 가공할 경제적 파탄을 이용했던 것은 나빴다. 이런 점에서 약간 더 질서 잡힌 펠로폰네소스는 예외로 하고, 유럽 쪽 희랍에서 공동체와 개인들의 유례없는 과다채무를 이해하기는 그리 쉽지 않다. 예컨대 아테나이가 오로포스를 그러했듯, 단지 돈을 얻기 위해 한 도시가 다른 도시를 습격하고 약탈하는 일이 일어났고, 아이톨리아인, 페르라이비아인, 테살리아인 사이에서 가진 자들과 못 가진 자들이 정식으로 전투를 벌였다. 그러한 상황에서 가장 극악한 잔학행위는 당연했다. 즉 아이톨리아인들은 일반 사면을 선포했고 새로운 공공의 평화를 수립했다. 하지만 이는 오로지 상당수 이주자들을 함정으로 유인하여 살해하려는 목적이었다. 로마는 중재하려 했다. 그러나 로마 사절은 사안을 끝내지 못한 채 돌아왔고, 두 당파 모두가 저열하고 분노는 가라앉힐 수 없는 정도라고 보고했다. 이 경우 사실 군대와 사형집행인 이외의 다른 방법은 없었다. 감상적 희랍주의는 처음부터 가소로웠듯이 바로 그렇게 무시무시해졌다.

그러나 페르세우스왕은 이 당파가 이름값을 한다면 그 당파를, 즉 아무것도 갖지 못한, 잃을 것이라고는 명예로운 이름뿐인 사람들을 제 것으로 삼았고, 마케도니아 파산자만을 위한 처분이 아니라, 여타 정치적 범죄 또는 채무로 인해 도주 중에 있는 모든 희랍인에게 마케도니아로 와서 이전 명예와 재산에 대한 완전한 보상을 요구하라는 방을 라리사, 델포이, 델로스에 붙이도록 했다. 그들이 왔다는 사실을 쉬이 상정할 수 있다. 북희랍 전역에서 이글거리는 사회 혁명이 이제 화염으로 터져 나와 그곳 민족적-사회적 당파가 지원을 청하러 페르세우스에게 사절을 보낸 사실도 마찬가지이다. 희랍 민족성이란 것이 그러한 방법 이외에는 구제할 길이 없다면, 소포클레스와 페이디아스에 대한 존경에도 불구하고 그들의 구제가 그럴 만한 가치가 있는지 묻지 않을 수 없었다.

페르세우스와 로마의 균열

원로원은 이미 너무 오랫동안 지체했고, 지금이 이 사태에 종지부를 찍을 적기라는 것을 파악했다. 로마와 동맹관계에 있던 트라키아족장 아브루폴리스의 축출과 마케도니아가 뷔잔티온, 아이톨리아, 보이오티아 일부 도시들과 맺은 동맹은 모두 로마 건국 557년(기원전 197년) 강화조약의 위반이자 정식의 선전포고로 부족하지 않았다. 전쟁의 참된 원인은 마케도니아가 형식적 주권을 실질적인 것으로 바꾸고, 로마를 희랍인들에 대한 보호자 지위에서 축출하려 했다는 것이다. 이미 로마 건국 581년(기원전 173년) 로마 사절은 아카이아 민회에서 상당히 노골적으로 페르세우스와의 동맹 체결은 로마와의 동맹 탈퇴를 의미한다고 표명했다. 로마 건국 582년(기원전 172년) 에우메네스왕은 친히 불만사항의 긴 목록을 가지고 로마로 와서 원로원에서 사태의 전모를 밝혔다. 이에 원로원은 예상과 달리 비밀회의에서 즉시 전쟁 개시를 결의했고 에페이로스의 상륙 장소로 주둔군을 보냈다.

형식상 또 한 번의 사절이 마케도니아로 갔다. 그러나 사절의 전갈은 물러설 수 없음을 깨달은 페르세우스로 하여금 로마와 정확히 동일한 조건의 새로운 동맹을 체결할 준비가 되어 있고 로마 건국 557년(기원전 197년)의 조약은 폐기된 것으로 본다고 답하게 만들었다. 그리고 그는 사절에게 3일 내에 제국을 떠나도록 지시했다. 이로써 전쟁은 사실상 선포되었다. 때는 로마 건국 582년(기원전 172년)이었다.

페르세우스가 원했다면, 전 희랍을 점령하고 마케도니아 당파가 도처에서 통치하도록 만들 수 있었다. 아니, 아마도 아폴로니아에서 그나이우스 시키니우스 휘하 5,000명의 로마 군단을 박살내고 로마군의 상륙을 저지할 수도 있었다. 그런데 사태가 심각하게 발전하기 전부터 이미 두려워 떨기 시작한 왕은 자기 손님인 전직 집정관 퀸투스 마르키우스 필립푸스와 로마 선전포고의 경박성에 관한 의제로 협상에 들어가, 그 협상으로 자신이 공격을 연기하고 다시 한 번 강화조약을 로마가 시도하도록 만들었다. 충분히 이해되듯이, 그런 시도에 대해 원로원은 이탈리아에서 모든 마케도니아인을 퇴거하고 로마 군단들을 승선시키는 것으로 답을 대신했다. 보수적 원로원 의원들이 마르키우스 필립푸스의 "새로운 지혜"와 비로마적 간계를 책망했으나, 목적은 달성되었고, 페르세우스가 행동에 나서지 않고 겨울은 그냥 지나갔다.

더욱 열정적으로 로마 외교사절은 희랍에서 페르세우스의 근거지를 완전히 없애기 위해 틈새시간을 이용했다. 아카이아는 확실했다. 사회적 흐름에 찬동하지도 않고 현명한 중립에 대한 동경 이상으로 나아가지도 않았던 아카이아 애국당파들은 페르세우스의 수중으로 들어간다는 것은 결코 생각지 않았다. 게다가 지금 그곳에는 로마의 영향으로 무조건적으로 로마를 지지하는 반대당파가 키를 잡는 데 이르렀다. 아이톨리아 동맹은 내적 분란 중에 페르세우스의 원조를 받았다. 그러나 로마 사절들이 선발한 새로운 장군 뤼키스코스는 로마인들보다 더 로마적 정신의 소유자였다. 테살리아인들에서도 로마 당파는 우위를 점했다. 심지어 오래 전부터 마케도니아 편이었고 경제적으로 심각하게 파탄난 보이오티아인들도 전체적으로서 페르세우스 편이라고 공언하지는 않았다. 그러나 도시들 중 적어도 셋, 즉 티스바이, 할리아르토스, 코로네이아는 독자적으로 페르세우스 편을 들었다. 로마 사절의 불만에 보이오티아 동맹 정부는 로마 사절에게 사태를 보고했고, 로마 사절은 각 도시가 개별적으로 입장을 표명한다면 어느 도시가 로마 편을 들고 어느 도시가 그러지 않을 것인지 가장 잘 드러날 것이라고 선언했다. 그러자 보이오티아 동맹은 곧바로 분열되었다. 에파미논다스의 거대 건축물이 로마에 의해서 파괴되었다는 것은 사실이 아니다. 건축물은 로마가 손대기 전에 이미 붕괴했다. 그리하여 여타의 더욱 공고했던 희랍 도시간 동맹의 해체 전조가 되었다.[2] 로마 사절 푸블리우스 렌툴루스는 로마 함대가 에게해에 나타나기 진

---

[2] 보이오티아 동맹의 법적 해체는 이때가 아니라 코린토스 파괴 이후일 것이다(Pausanias 7, 14, 4; 16, 6).

에 이미 로마를 지지하는 보이오티아 도시들 병력과 함께 할리아르토스를 포위했다.

전쟁 준비

칼키스는 아카이아의 부대가, 오레스티스 지역은 에페이로스 부대가, 마케도니아의 서부 경계의 다사레타이족과 일뤼리아의 요새들은 그 나이우스 시키니우스의 부대가 점령했다. 그리고 항행이 재개되자마자 라리사는 2,000명의 주둔 병력을 얻었다. 페르세우스는 이 모든 것을 수수방관했고, 로마 군단들이 봄, 즉 공식 달력에 따르자면 로마 건국 583년(기원전 171년) 6월에 마케도니아 서부 해안에 상륙했을 때, 자기 영토 밖으로 한 발짝도 나오지 못했다. 페르세우스가 태만해 보이면서도 그만큼의 강한 활력을 보여주었지만, 거명할 만한 동맹세력을 얻었는지는 의심스럽다. 이런 상황에서 그는 완벽하게 홀로였고, 광범한 선전전은 적어도 당시에는 아무런 결과를 낳지 못했다. 카르타고, 일뤼리아의 겐티오스, 로도스, 소아시아의 자유 도시들에다가 이제까지 페르세우스와 아주 밀접한 우호관계였던 뷔잔티온까지 모두 로마군에 전함을 제공했다. 그러나 로마군은 거절했다. 에우메네스는 자신의 육군과 해군을 동원했다. 카파도키아의 아리아라테스왕은 자진하여 인질들을 로마로 보냈다. 페르세우스의 동서 비튀니아의 프루시아스 2세는 중립을 지켰다. 전 희랍에서 아무도 꿈쩍하지 않았다. 궁정의 방식으로 "신이자 빛나는 승리자"라는 칭호를 얻어 "대왕"

이라는 칭호의 부왕과 자신을 차별화시킨 바 있는 쉬리아의 안티오코스 4세는 행동에 나섰으나, 그것은 다만 이 전쟁을 기회로 삼아, 완전히 무력한 이집트에게서 쉬리아 해안을 빼앗기 위함이었다.

전쟁의 시작

페르세우스는 혼자였지만 무시할 만한 적은 결코 아니었다. 병력은 4만 3,000명에 달했는데, 그중 밀집방진 부대가 2만 1,000명, 마케도니아와 트라키아의 기병이 4,000명이었고 나머지 대부분은 용병이었다. 희랍 내 로마군은 이탈리아에서 소집된 병력이 3만 명에서 4만 명에 달했고, 그 밖에 누미디아, 리구리아, 희랍, 크레테, 특히 페르가몬의 파견부대가 1만 명 이상이었다. 그 밖에 적 함대가 존재하지 않아 —로마와의 조약으로 전함 건조를 금지당한 페르세우스는 이제야 조선소를 테살로니케에 만들었다—로마 함대는 갑판선이 40척에 불과했다. 함대는 주로 포위 공격시 지원용이었기 때문에 1만 명의 병력만을 수송할 수 있었다. 함대는 가이우스 루크레티우스가, 육군은 집정관 푸블리우스 리키니우스 크라수스가 지휘했다.

로마군의 테살리아 침공

크라수스는 마케도니아 서부에서 마케도니아를 괴롭히기 위해 군대 일부를 일뤼리아에 남겨두었다. 그는 주력 부대를 이끌고 아폴로니아에서 테살리아로 출정했다. 페르세우스는 이런 로마군의 분투적 행군을 저지할 생각은 없었고, 다만 페르라이비아로 진군하여 근접한 요새들을 점령하는 것으로 만족했다. 그는 오사*Ossa*에서 적을 기다렸고, 라리사에서 멀지 않은 곳에서 양측의 기병들과 경장부대들 간에 첫 전투가 벌어졌다. 로마군이 결정적 패배를 당했다. 코튀스는 트라키아 기병부대와 함께 이탈리아 기병대를, 페르세우스는 마케도니아 기병대와 함께 희랍 기병대를 패퇴시켰을 뿐 아니라 괴멸시켰다. 로마군은 보병 2,000명과 기병 2,000명이 전사하고 600명이 포로로 잡혀, 그나마 페네이오스강을 건널 수 있었던 것만으로도 행운이라 생각해야 했다. 페르세우스는 필립포스가 받아냈던 동일한 조건으로 평화조약 체결을 요구하는 데 이 승리를 이용했다. 그는 심지어 동일한 액수를 배상할 용의도 있었다. 로마인들은 이 요구를 거절했다. 그들은 통상 패전 후에 결코 평화조약을 체결하지 않았을 뿐 아니라, 평화조약 체결이 결과적으로 희랍 전체의 상실을 초래할 것이 확실했기 때문이었다.

해이했던 전쟁 수행의 실패

기가 죽은 로마 사령관은 공격할 방도조차 몰랐다. 로마군은 어떠한 의미 있는 일도 하지 못하면서 테살리아 내에서 갈팡질팡했다. 페르세우스는 공세를 취할 수 있었다. 그는 로마군이 지휘가 잘 되지 않는 채 미적거리고 있음을 간파했다. 희랍군이 첫 교전에서 빛나는 승리를 거두었다는 소식이 들불 번지듯 희랍 전역에 전파되었다. 두 번째 승리가 있었다면 애국당파 전체의 반란을 야기할 수 있었을 것이고, 게릴라전을 시작함으로써 예측할 수 없는 결과를 초래했을 것이었다. 그러나 페르세우스는 훌륭한 병사였지만 아버지와 같은 장군은 못 되었다. 그는 방어전 태세를 갖추었다가 사정이 다르게 진행되자 마치 마비된 듯했다. 재능이 부족하고 고집 센 사람들이 그러하듯, 그는 로마군이 팔란나의 두 번째 기병전에서 거둔 별로 중요치 않은 승전을, 처음 계획으로 돌아가 테살리아를 비우기 위한 구실로 삼았다. 그러나 그것은 희랍 반란이라는 계획을 포기하는 것이나 다름없었다. 그럼에도 에페이로스가 지지하던 편을 바꾼 사실을 보면 그 밖에 성취할 법했던 것이 무엇인지 알 수 있다.

그때부터 양측에 의미 있는 일이라곤 더는 일어나지 않았다. 페르세우스는 겐티오스왕을 제압했고 다르다니인들을 제재했으며 코튀스를 통해 로마 편을 든 트라키아인들과 페르가몬 부대들을 트라키아로부터 추방했다. 그에 반해 로마 군대는 일부 일뤼리아 도시를 점령했고, 집정관은 테살리아에서 마케도니아 주둔군을 소탕하고 불안한 아이톨리아와 아카르나니아를 암브라키아의 점령을 통해 안정시키려 힘썼다. 페르세우스 편을 들었던 불행한 보이오티아 도시들이 로마의 영웅정신 발휘를 가장 혹독하게 겪었다. 로마 제독 가이우스 루크레티우스가 도시 앞에 모습을 드러내자 저항 없이 항복했던 티스바이의 주민들과, 그에 대항하여 성문을 걸어 잠갔다가 기습적으로 점령된 할리아르토스의 주민들을 그는 노예로 팔았고, 코로네이아는 심지어 항복했음에도 집정관 크라수스가 마찬가지로 처리했다. 로마군은 이런 사령관들 휘하에서 그 어느 때보다 취약한 군기를 보였다. 사령관들은 군대를 아주 파탄나게 하여 로마 건국 584년(기원전 170년)의 다음 원정에서도, 특히나 새로운 제독 루키우스 호르텐시우스가 자기 전임자만큼 무능하고 양심 없는 자들은 없을 것이라고 판단했던바, 신임 집정관 아울루스 호스틸리우스가 계획을 진지하게 세울 수 없을 정도였다. 함대는 트라키아 해안지역까지 진출했지만 성과는 없었다. 아피우스 클라우디우스 휘하의 서부 부대는 사령부가 다사레타이 지역의 뤼크니도스에 있었는데 연전연패했다. 마케도니아 내부를 향한 원정이 완전히 실패로 돌아간 후, 겨울이 시작될 즈음 왕은 남쪽 국경에 강설로 모든 고개가 막히자 그쪽에서 불필요하게 된 군대와 함께 아피우스를 공격하여 수많은 지역을 빼앗고 다수의 포로를 잡았다. 그리고 겐티오스왕과 결탁했다. 아니, 그는 아이톨리아에 침입을 시도할 수도 있었다. 반면 아피우스는 에페이로스에서 그가 포위공격은 했으나 함락시키지 못했던 요새의 주둔군에게 한 번 더 패배했다. 로마의 주력 부대는 두어 차례 마케도니아에 침입하려 했다. 처음에는 캄부니아 산악지역을 넘어, 다음에는 테살리아의 애로를 통해 행했던 시도들은 둘 다 주도면밀치 못했고, 결국 페르세우스에 의해 격퇴되었다.

군기 문란

집정관은 주로 군대의 재편에 열중했다. 이는 무엇보다 필요했던 바,

그에게 그보다 더 엄격한 사내와 더 권위 있는 장교가 필요했다. 퇴역과 휴가가 매수의 대상이 되었다. 그래서 부대 정원이 다 찬 적이 없었다. 병력이 여름에는 민가에서 숙영 생활을 했는데, 장교들이 대규모로 도적질한 것처럼 졸병들도 대규모로 약탈했다. 우방들에게 대해 수치스러운 혐의를 씌웠다. 그리하여 라리사에서의 치욕적인 패배가 아이톨리아 기병대의 배반 탓이라고 책임이 전가되었고, 범죄수사를 받게 하려고 아이톨리아 장교들을 로마로 압송하는 전대미문의 일이 발생했다. 또 에페이로스의 몰로시아인들은 심지어 거짓 혐의에 의해 실제 반란으로까지 나아갔다. 동맹 도시들에게 마치 점령된 것처럼 전쟁배상금이 부과되었다. 그리고 그 도시들이 로마 원로원에 항의할 경우 시민들은 처형되거나 노예로 팔렸다. 압데라에서 그랬고, 칼키스에서도 비슷했다.

이때 원로원이 아주 엄정하게 개입했다.[3] 즉 불행한 코로네이아인과 압데라인의 해방을 명했고, 로마 정무관들에게 원로원의 허락 없이 동맹국에게 급부를 요구하는 것을 금했다. 가이우스 루크레티우스는 민회에서 만장일치로 유죄판결을 받았다. 그러나 그것으로 첫 두 원정의 결과가 군사적으로 전무하고 로마인들에게 정치적으로 오점이었다는 사실이 바뀔 수는 없었다. 특히 지중해 동부에서 이룬 로마인들의 탁월한 성공이 희랍인들의 타락과 비교되는 로마인들의 윤리적 순수와 유능에 기인했기에 더욱 그러했다. 페르세우스 대신 필립

---

[3] 티스바이와의 법적 관계를 규율한 최근 발견된 로마 건국 584년(기원전 170년) 10월 9일의 원로원결의(Eph. epigr. 1872, S. 278f.; AM 4, 1889, S. 235f.)를 보면 이 사정을 잘 알 수 있다.

포스가 지휘했다면 이 전쟁은 아마 로마군의 괴멸과 대다수 희랍인들의 이반으로 시작되었을 것이다. 그러나 로마는 항상 적들이 로마보다 더 많은 실책을 범하는 큰 행운을 누렸다. 페르세우스는 남쪽과 서쪽 방향으로 참된 산중요새 역할을 하는 마케도니아로—마치 포위당한 도시의 참호로—들어가는 것으로 만족했다.

마르키우스가 템페 고개를 통해 마케도니아에 진입

로마가 로마 건국 585년(기원전 169년) 마케도니아로 파견한 세 번째 최고사령관인 퀸투스 마르키우스 필립푸스도 자신의 품격에 결코 쉽지 않은 과제를 전혀 대비하지 못하고 있었다. 그는 야심 차고 과감했으나, 장교로서는 훌륭하지 못했다. 고개 주둔군에 대비하여 부대 하나를 남겨놓고 주력부대와 비탈에 길을 내며 헤라클레이온으로 전진해 템페강 서쪽 험준한 라파토스고개를 통해 올림포스를 넘는다는 모험이 성공했다는 사실로써 용서되지 않는다. 그가 택한 길은 후퇴는 생각조차 할 수 없는 길이어서 결의에 찬 몇 사람만으로도 가로막을 수 있었을 텐데, 건너간 다음에도 앞의 마케도니아 주력부대와 뒤의 강력히 요새화된 템페성채와 라파토스성채 사이에 물가의 좁은 평지에 끼어 보급도 없고 약탈의 기회도 없이, 자신의 첫 집정관직 임기 중 리구리아의—이 사건 이후 그의 별칭이 된—애로에서 포위되었을 때보다 더 절망적인 상태였다.

   그러나 그때 우연이 그를 구원했듯이, 이때도 페르세우스의 무능이 그를 구했다. 그는 로마군을 상대로 애로를 막아 방어하는 것만을 생각했는데, 진기하게도 마케도니아 쪽에서 나타난 로마군을 보자마자 패배를 자인했고, 퓌드나 쪽으로 줄행랑을 쳤으며 자신의 배들을 불태우고 보물들을 가라앉히라고 명했다. 그러나 마케도니아군의 이런 자발적인 철군조차 집정관을 곤경에서 구하지 못했다. 그는 방해받지 않고 전진했지만, 4일간의 행군 후에 생필품의 부족으로 다시금 후퇴해야 했다. 그리고 왕도 정신을 차리게 되었고 전에 버린 진지를 다시 차지하기 위해 신속히 귀환했기 때문에, 적시에 난공불락이었던 템페가 항복하여 풍부한 물자를 로마에게 넘겨주지 않았더라면 로마군은 큰 위험에 빠졌을 것이다.

그 사건으로 이제 로마군이 남쪽과의 연계를 확보할 수 있었으나, 페르세우스도 작은 강 엘피오스의 둑에 있는 좋은 위치의 이전 진지에서 철저한 방어벽 속으로 들어가 그곳에서부터 로마군의 전진을 막았다. 그렇게 로마군은 나머지 여름과 겨울을 테살리아의 외곽지역에서 포위된 채 보냈다. 애로의 통과가 이 전쟁 최초의 중요한 성공이었다면, 그 성공은 로마군이 강해서라기보다 적군 사령관의 혼동 때문이었을 따름이다.

로마 함대는 데메트리아스를 점령하려 했으나 무위에 그쳤고 이루어낸 것이 전혀 없었다. 페르세우스의 경장선들은 대담하게 퀴클라데스군도 사이를 누볐고, 마케도니아로 향하는 곡물선은 보호하고 적의 수송선은 공격했다. 서부 부대는 더 좋지 않았다. 아피우스 클라우디우스는 자신의 약화된 부대와 함께 아무 일도 할 수 없었고, 그가 바랐던 아카이아로부터의 보급은 집정관의 시샘에 의해 그에게 도달하지 못했다. 게다가 젠티오스는 페르세우스로부터 거액의 약속을 받고 로마와 관계를 끊도록 매수되어 로마 사절을 감옥에 가두었다. 그런데 그 후 평소 돈을 아끼던 왕은 젠티오스가 이제 어찌됐든 로마에 대해 그때까지의 모호한 태도를 버리고 확고한 적대적 입장을 갖게 되었고 입장을 바꾸기 힘들 테니까 약속한 금액의 지불은 불필요하다고 생각했다. 그리하여 이미 3년이나 지속된 큰 전쟁과 동시에 소규모 전쟁도 한 차례 발발하게 되었다.

페르세우스가 정녕 자신의 황금에서 떨어질 수 있었더라면, 로마군에게 더 위험한 적을 일으킬 수 있었을 것이다. 클론디쿠스 휘하의 켈트족 무리는, 기병 1,000명과 같은 수의 보병이 있었는데, 다름 아닌 마케도니아에서 왕의 옆에서 복무하겠다고 자청했다. 그러나 복무의 급료에 대해서 합의가 이루어지지 않았다. 뿐만 아니라 희랍에서도 격앙된 상태였기 때문에, 약간의 영리함과 감당할 재정만이 뒷받침된다면 게릴라 전쟁이 금방이라도 불붙을 상황이었다. 그러나 페르세우스는 돈을 줄 생각이 없었고 희랍인들도 원체 공짜로는 아무 일도 하지 않았기 때문에, 희랍 땅은 평온함을 유지했다.

파울루스

마침내 로마는 희랍으로 적임자를 파견하기로 했다. 그는 칸나이에서 전사한 집정관과 이름이 같은 아들인 루키우스 아이밀리우스 파울루스였다. 오랜 귀족 가문의 사람이지만 재산은 별로 없었고 그래서 투표장에서는, 특출난 업적을 보였던 히스파니아와 특히 리구리아의 전장에서만큼 행운이 따르지 않았다. 인민은 그의 업적을 기려 로마 건국 586년(기원전 168년)에 두 번째 집정관으로 선출했는데, 당시로서는 아주 특별한 예외였다. 그는 모든 관점에서 적임자였다. 자기 자신과 부하들에게 엄격했고 60세의 나이에도 불구하고 여전히 생생하고 활력에 찬, 전통을 견지하는 탁월한 사령관이자 청렴한 관리였다. 동시대인도 다음과 같이 보고한다. "그는 당시 사람들이 금품을 제공할 수 없었던 극소수의 로마인 중 하나였다." 그리고 희랍적 교양을 갖춘 사람이어서, 심지어 최고사령관일 때 예술품을 보러 희랍 땅을 여행할 기회를 위해 지휘권을 활용했다.

퓌드나 전투: 페르세우스가 포로로 잡힘

새로운 사령관은 헤라클레이온의 진영에 도착하자마자, 엘피오스강의 여울목에서 벌어졌던 전초부대들 간의 전투로 마케도니아가 정신없던 틈에 감시가 소홀했던 퓌티온의 애로를 푸블리우스 나시카로 하여금 기습하도록 시켰다. 적은 그에게 쫓겨 퓌드나로 후퇴해야 했다. 여기에서 로마 건국 586년(기원전 168년), 로마력으로 9월 4일 또는 율리우스력으로 6월 22일—사리에 밝은 한 로마 장교가 병사들이 나쁜 징조로 생각지 않도록 예언한 월식이 정확한 시간계산을 가능케 해 준다—정오가 지나 전초부대들이 말에게 물을 먹이다가 우연히 교전에 돌입했는데, 양측 모두 원래 다음날로 예정되어 있던 전투를 즉각 수행하게 되었다. 투구나 갑옷도 없이 노령의 로마 사령관은 대오를 몸소 통과함으로써 부대를 정렬시켰다. 병사들이 자리를 잡자마자 무서운 밀집방진 부대가 돌격해왔다. 격심한 전투를 목격했던 사령관 자신도 두려움에 떨었다고 후에 고백했다. 로마의 전위부대는 깨져 흩어졌다. 파일리그니인들의 대대가 유린되어 거의 궤멸되었다. 군단은 재빨리 피해 언덕 위의 로마군 진지까지 도달했다. 여기에서 행운은 반전된다. 평탄치 못한 지형과 조급한 추적 때문에 밀집방진 부대의 대오가 흐트러진 것이다. 로마군이 적군 각 대대의 틈이 생긴 곳으로 밀고 들어가 옆과 뒤에서 공격했다. 그리고 유일하게 원조해 줄 수 있었던 마케도니아 기병대가—또 그 누구보다 왕이—그대로 지켜보다가 곧바로 무리 지어 그곳에서 도주했기 때문에, 한 시간도 채 되지 않는 동안에 마케도니아의 운명이 결정되었다. 3,000명의 정예 밀집부대원들은 최후의 1인까지 쓰러져갔다. 밀집방진 부대가 퓌드나에서 그들 최후의 위대한 전투를 벌이면서 스스로 멸망의 길을 가려는 듯했다. 패배는 끔찍했다. 2만 명의 마케도니아 병사들이 전장에서 쓰러졌으며, 1만 1,000명이 포로가 되었다.

파울루스가 최고사령관이 되고 나서 열 닷새째 전쟁은 끝이 났다. 이틀 만에 전(全) 마케도니아가 굴복했다. 왕은 자신의—그는 여전히 6,000탈란톤(1,000만 탈러)이 넘는 재산을 가지고 있었다—황금을 챙겨 소수의 측근만을 동반한 채 사모트라케로 도주했다. 그러나 에우메네스에 대한 살해 미수 교사 혐의를 해명하도록 소환된 측근 중 한 명인 크레테의 에우안드로스마저 왕이 살해하자, 시동(侍童)들과 최후까지 남았던 심복들마저도 왕을 떠나갔다. 그는 망명의 권리가 자신을 지켜줄 것을 잠시 희망했다. 그러나 약한 지푸라기를 잡고 있다는 점을 그도 알고 있었다. 코뛰스에게 몸을 의탁하려는 시도는 실패했다. 그리하여 그는 집정관에게 서한을 보냈다. 그러나 서한에서 자신을 왕이라고 칭했기 때문에 그 서한은 접수되지 않았다. 그는 자신의 운명을 알고 있었기에 자신과 자식들과 재물을 로마인들의 처분에 완전히 내맡겼다. 겁에 질려 읍소하는 꼴이 승리자들에게조차 역겨웠다. 집정관은 현재의 승전보다 운명의 무상함을 생각하면서, 로마의 장군이 이제껏 로마로 잡아가게 될 포로 중 가장 특별한 이 포로를 진정으로 기뻐하면서 접수했다. 페르세우스는 몇 년 후 로마의 국가포로로 푸키누스호수 옆 알바에서 죽었다.[4] 그 후 그의 아들은 바로 그 지역에서 서기로 살았다. 이리하여 동방을 정복하여 희랍화했던 알렉산드로스 대왕의 제국은 사후 144년에 이르러 멸망한다.

겐티오스의 패배

비극에는 희극이 이어지게 마련인바, 일뤼리아의 겐티오스 "왕"을 상대로 하는 전쟁도 법무관 루키우스 아니키우스가 30일 내로 개시하고 종료했다. 해적 무리는 나포되었고, 수도 스코드라는 함락되었으며, 각각 알렉산드로스와 플레우라토스의 후계자들인 두 왕은 나란히 포

---

[4] 그에게 목숨을 빼앗지는 않겠다는 약속도 지키면서 복수도 해야 했기에 로마인들이 잠을 못 자게 해서 그를 죽였다는 보고는 허구임에 틀림없다.

로의 모습으로 로마에 끌려왔다.

로마에 의한 마케도니아 해체

원로원은 플라미니누스의 부적절한 온정이 로마에 초래한 위험이 로마에 다시 발생하면 안 된다고 결정했다. 마케도니아는 파괴되었다. 스트뤼몬강변의 암피폴리스에서 열린 회의에서 로마의 감독위원회는 견고하며 철저한 전제정적 단일국가를 희랍의 동맹체의 도식에 따른 공화정적 – 연방제적 네 동맹체들, 즉 동부의 암피폴리스 동맹, 칼키디케반도의 테살로니카 동맹, 테살리아 변경의 펠라 동맹, 내륙의 펠라고니아 동맹으로 해체하는 것으로 처리했다.

상이한 동맹체 구성원 간의 통혼(通婚)은 무효가 되고 둘 이상 동맹체의 거주민이 될 수 없게 정했다. 지키지 않으면 사형의 처벌이 따른다는 위협을 받으며, 모든 왕국 관리들과 그들의 성년 자녀들은 희랍 땅을 떠나 이탈리아로 가야 했다. 로마는 여전히 옛 충성심의 맥동(脈動)을 두려워했던 것인데 잘못은 아니었다. 그 밖에 당해 지역의 법과 기존의 국가체제는 존속했다. 관리들은 각 공동체의 선거에 의해 다시 한 번 임명되었고, 동맹체 내에서처럼 개별 공동체 내에서 권력은 지배자들의 손에 들어갔다. 왕령 토지들과 왕가 특권은 동맹체로 양여되지 않았고, 특히 국가의 주된 부의 원천인 금광과 은광에 대한 동맹체의 운영이 금지되었다. 그러나 로마 건국 596년(기원전 158년)에 적어도 은광의 채굴이 다시금 허용되었다.[5] 소금의 수입, 선박건조용 목재의 수출은 금지되었다. 그때까지 왕에게 납부하던 토지세는 폐지되었고, 동맹체와 개별 공동체는 자체적으로 징세할 수 있었다. 그런데 동맹체와 공동체는 기존 토지세의 절반을 영원히 확정된 율에 따라 매년 도합 100탈란톤(17만 탈러)을 로마에 납부해야 했다.[6]

희랍 땅 전체가 영원히 비무장화되었고, 데메트리아스 요새는 철저히 파괴되었다. 다만 북쪽 경계에서는 연결된 초소들이 야만인들의 침입에 대비해 남게 되었다. 제출된 무기들 중 동으로 된 방패는 로마로 보내졌고 나머지는 소각되었다. 로마는 목표를 달성했다. 그후 마케도니아는 옛 통치자 가문 군주들의 호소에 응해 두 차례 더 무기를 들었다. 그뿐이고 그때로부터 오늘날까지 유서 없는 지방으로 남아 있다.

[5] 로마 건국 596년(기원전 158년)에 마케도니아의 광산이 다시 열렸다는 카시오도로스의 말은 주화들을 살펴보면 상세히 증명된다. 네 마케도니아의 금화는 존재하지 않는다. 그러므로 금광은 폐쇄되었거나 채굴된 금이 괴로 만들어졌을 것이다. 그에 반해 첫 번째 마케도니아(암피폴리스)의 은화는 존재한다. 그 구역의 은광은 증명된다. 은광이 운영되었을 것이 확실한 짧은 기간 동안(로마 건국 596~608년, 기원전 158~146년), 은광이 수는 현저히 많았으며 아주 활발한 광신운영 및 대규모 옛 왕국 화폐의 주조에 의해 증명된다.

[6] 마케도니아 공동체가 로마에 의해 "통치됨에 따른 부담이나 공조로부터 해방되었다면"(Polybios 37, 4), 반드시 후에 통치세가 면제되었다고 상정할 필요는 없을 것이다. 즉 폴뤼비오스의 언명은 기존의 통치세가 공동체세가 된 것으로 설명하면 그만이다. 파울루스가 속주 마케도니아에 부여한 헌정제도가 최소 아우구스투스 시기까지 존속했다는 사실(Livius, 45, 32; Iust. 33, 2)은 물론 세금이 면제되었다는 가정에 더 부합한다.

일뤼리아 붕괴

일뤼리아도 유사하게 처리되었다. 겐티오스왕국은 세 개의 작은 자유국으로 분할되었다. 여기에서도 거주민이 기존 토지세의 절반을 새로운 주인에게 납부했다. 로마 편을 들어서—마케도니아는 그 예외를 누릴 여지가 전혀 없었던—토지세 면제를 받은 도시들은 예외였다. 일뤼리아의 해적선들은 몰수되어 평판이 좋은 그 해안의 다른 희랍 공동체들에게 선사되었다. 일뤼리아인들이 이웃에게 특히 해적질을 통해 끼쳤던 영원한 고통은 이로써 장기적으로 종언을 고한다.

코튀스

접근하기 힘들고 때로 에우메네스를 상대할 때 필요했던 트라키아의 코튀스는 잡혀 있던 자기 아들을 돌려받았다. 북쪽 상황은 그렇게 정리되었고 마케도니아도 결국 전제정의 굴레에서 벗어났다. 사실상 희랍은 이제 그 어느 때보다 자유로웠고 어디에도 왕은 존재하지 않았다.

희랍인들의 굴욕, 페르가몬의 처리

그러나 로마는 마케도니아의 힘줄과 신경을 끊는 것에 임무를 한정하지 않았다. 원로원에서 우적을 가리지 않고 희랍 국가 전부를 무력하게 만들고 모두를 동일한 굴욕적인 속국의 지위로 떨어뜨리는 것으로 결정되었다. 내용 자체는 정당화될 수도 있다. 그러나 특히 희랍 속국 중 비교적 강력한 속국들에 대한 실행의 방식은 대국에게는 적절치 못했으며 파비우스가와 스키피오가의 시대가 끝났다는 것을 보여준다. 이 지위 변경이 로마가 세우고 마케도니아를 견제하기 위해 키운 나라에 가장 큰 영향을 미쳤다. 아탈로스왕국은 로마에게 마케도니아 멸망 후 이제 더 이상 필요치 않았다. 영리하고 사려 깊은 에우메네스를 상대로 그를 우월한 지위에서 몰아내 냉대 받게 할 그럴듯한 구실을 찾아내기가 쉽지 않았다. 갑자기 로마군이 헤라클레이온의 진영에 있을 때 그에 관한 이상한 소문이 돌았다. 그가 페르세우스와 함께 비밀리에 통모를 한다는 것이었다. 또 갑자기 그의 함대가 사라졌다는 것이다. 전투에 참여치 않아 그에게 500탈란톤이, 평화 협정의 주선을 해서 1,500탈란톤이 제공되었고, 두 사람 간의 계약이 깨진 것은 단지 페르세우스의 욕심 때문이었다는 것이다.

페르가몬 함대와 관련해서는, 왕이 집정관을 예방한 후 로마 함대가 동계 숙영지로 들어간 그때 마찬가지로 그 함대와 귀환했다. 뇌물 이야기는 오늘날 흔해빠진 어느 신문의 허위기사처럼 확실히 동화에 불과하다. 왜냐하면 부유하고 영리하고 일관된 아탈로스의 후계자가, 로마 건국 582년(기원전 172년) 자신의 여행으로 로마와 마케도니아의 불화를 가장 먼저 초래했던 그가, 그리하여 거의 페르세우스의 도당에 의해 살해될 뻔했던 그가, 전쟁의 본질적 어려움이 극복된 바로 그 순간에, 전쟁의 최종적 종료를 결코 한 번도 의심하지 않았다는 그가 전리품에서의 자기 지분을 자기의 살해자에게 몇 탈란톤에 팔아넘기고 다년간의 작업을 그러한 연민으로 위태롭게 했다는 것은 단순한 허위라기보다는 바보 같은 거짓말이기 때문이다. 페르세우스의 서류에도 여타 어디에도 증거가 없었다는 사실은 너무나 확실하다. 로마인들도 그 혐의의 노골적 공표를 감행하지 않았기 때문이다.

그러나 그들은 목적을 달성했다. 그들이 원했던 것은 에우메네스의 아우, 희랍에서 페르가몬의 지원부대를 지휘한 아탈로스에 대한 로마 유력인사들의 행동에서 알 수 있다. 로마는 용감하고 신의 있는 동지를 쌍수를 들어 환영했으며 그의 형이 아닌 그 자신이 원하는 것을 말하라고 촉구했다. 원로원은 기꺼이 그에게 왕국을 허여하려 했다. 아탈로스는 아이노스와 마로네이아만을 요구했다. 원로원은 이것이 다만 잠정적 요구일 뿐이라고 생각해 깍듯이 예의를 갖추어 요구에 응했다. 그러나 그가 더 이상의 요구 없이 떠나버렸을 때, 그리고 페르가몬의 통치자 가문 구성원들이 통상의 왕가 구성원들과 다르게 살고 있다는 것을 원로원이 확인하게 되었을 때, 아이노스와 마로네이아가 자유도시로 선포되었다. 페르가몬은 마케도니아라는 전리품에서 한 치의 땅도 얻지 못했다. 로마는 안티오코스를 제압하고 나서 필립포스에게는 형식을 그대로 존중했다면, 이제는 해치고 모욕을 주길 원했다. 이때쯤 원로원이 그 소유를 두고 이제껏 에우메네스와 안티오코스가 다투었던 팜필리아를 독립국으로 선언한 것으로 보인다. 더 중요했던 것은, 이제껏 본질적으로 에우메네스의 권력 아래 있었던 갈라티아인들이, 에우메네스가 폰토스의 왕을 무력으로 갈라티아에서 쫓아내고 그에게 갈라티아 군주들과 앞으로 더 이상 연계하지 않는다는 약속을 평화조약에서 강요한 이래, 이제 의심의 여지없이 에우메네스와 로마 간에 시작된 긴장을 고려하여 로마에 의해 직접 사주 받지 않더라도 에우메네스를 상대로 들고 일어나 그의 왕국을 휩쓸고 그를 큰 위험에 빠뜨렸다는 사실이다.

에우메네스는 로마의 중재를 요청했다. 로마 사절은 그럴 용의가 있었지만, 야만인들을 자극하지 않기 위해 페르가몬군을 지휘하는 아탈로스가 같이 가지 않는 것이 더 낫다고 했다. 그리고 기이하게도 그는 아무 일도 이루지 못한다. 아니, 그는 돌아와서 자신의 중재가 야만인들을 더욱 더 분노하게 만들었다고 알렸다. 오래 걸리지 않아 갈라티아인들의 독립이 원로원에 의해 명시적으로 승인되고 보장되었다. 에우메네스는 개인적으로 로마로 가서 원로원에서 자신의 주장을 펼치기로 결심했다. 그때 원로원은 양심의 가책을 받은 듯 급작스레 왕들이 이제는 로마로 올 수 없다고 결정하고, 에우메네스에게는 브룬디시움으로 이 원로원 결의를 알려주기 위해, 그가 원하는 것이 무엇인지 질의하기 위해, 또 그가 떠나기를 로마인들이 바란다는 것을 암시하기 위해 재무관 한 명을 보냈다. 왕은 오래 침묵했다. 그는 마침내 더 원하는 것은 없다고 말하고 다시 배에 올랐다. 그는 어중간한 자유 동맹의 시대는 끝나고, 무력한 복종의 시대가 시작됐음을 깨달았다.

로도스의 굴욕

로도스인들에게도 상황은 유사하게 전개되었다. 그들의 지위는 아주 특권적이었다. 그들은 로마와 전투동맹관계가 아니었고 우호관계에 있었다. 그 관계는 그들이 여하한 종류의 동맹을 체결하는 데 장애가 되지 않았고, 로마의 요구에 따라 파견대를 보내도록 강요받지도 않았다. 바로 이 점 때문에 그들이 누리던 로마와의 양해 관계가 애매해 졌을 것이다. 로마와의 최초 불화는 안티오코스 제압 후 그들에게 할양된 뤼키아인들이 배신한 신민들을 인정사정없이 노예로 삼아버렸던(로마 건국 576년, 기원전 178년) 압제자들을 상대로 봉기를 일으켰기 때문에 발생했다. 그러나 이들은 자신들이 로도스의 신민이 아니라 동맹이라고 주장했고, 로마 원로원이 평화조약 문서의 모호한 의미를 확정해달라고 요청받았을 때, 원로원에서 주장을 관철시켰다. 그러나 여기에 가혹한 탄압을 받은 사람들에 대한 정당한 연민이 가장 큰 역할을 했다. 적어도 로마에서는 더 이상 일이 발생하지 않았다. 로마인들은 다른 희랍의 불화들과 마찬가지로 이 불화도 막지 않았다. 페르세우스와의 전쟁이 발발했을 때, 로도스인들은 다른 모든 이성적인 희랍인들과 마찬가지로 그 전쟁을 탐탁지 않게 여겼고, 특히 에우메네스는 그 전쟁의 사주자로 악명 높았기에, 심지어 그의 축제사절은 로도스의 헬리오스 축제에 참석이 거부되었다. 그러나 로도스인들은 확고히 로마의 편을 들었고, 도처에서 그러했듯 로도스에서도 존재했던 마케도니아 당파가 판세를 좌지우지하지 못하게 저지했다.

로마 건국 585년(기원전 169년)에 로도스인들에게 부여된 곡물 수출 허가는 로마와의 좋은 양해 관계가 지속되고 있음을 증명해 준다. 퓌드나 전투 직전에 갑작스레 로도스 사절들이 로마 사령부와 로마 원로원에 나타나, 로도스인들이 마케도니아와의 무역과 항구세 수입에 지장을 주는 이 전쟁을 오래 참지 않을 것이며, 또 그들이 평화조약 체결을 거부하는 당파에 직접 선전포고할 생각이고 이를 위해 이미 크레테와 아시아 도시들과 동맹을 체결했다고 선언했다. 직접적 집회를 갖는 공화국에서는 많은 것이 가능하다. 그러나 템페 함락을 알았을 때에야 비로소 확고한 결정을 내릴 수 있는 이 무역도시의 정신 나간 개입은 상세한 설명이 필요하다.

"신식 외교"의 달인 집정관 퀸투스 마르키우스가 헤라클레이온의 진영에서, 즉 템페고개 점령 후에, 로도스의 사절 아게폴리스를 예를 다해 맞으면서 은밀히 평화조약 주선을 요청했다는 소식이 중요한 열쇠이다. 공화정적 도착(倒着)과 허영이 나머지 사태 진행을 맡았다. 로도스는 로마가 포기했고 자신들이 네 강대국 사이에서 동시적으로 주선자 역할을 한다고 생각했다. 하지만 페르세우스와의 연락이 있었던 것이다. 마케도니아에 호의를 가진 로도스의 사절들은 말해야할 것보다 더 많은 말을 했다. 그리하여 체포되었다. 음모에 관해 분명 아무것도 몰랐던 원로원은 놀라운 소식에 당연히 분노했으며, 오만한 상업 도시를 굴종시킬 좋은 기회에 기뻐했다. 전쟁을 좋아하는 한 법무관은 인민에게 로도스에 대한 선전포고를 제안하는 데까지 나아갔다.

로도스 사절들은 원로원에서 무릎을 꿇고 한 번의 위반이 아니라 140년 동안의 우의관계를 생각해 달라고 계속해서 간청했으나 헛일이었다. 또 로도스인들은 마케도니아 당파의 지도자들을 처형장이나 로마로 보냈으나 그 역시 헛일이었다. 선전포고하지 않은 데 대해 감사하기 위해 육중한 황금 화환을 보내기도 했으나 이것도 소용없었다. 올곧은 성품의 카토는 로도스인들이 원래 전혀 위반한 것이 없으며 소망과 생각까지 처벌하기 시작할 것인지, 또 타민족들에게 로마인들은 두려운 상대가 아무도 없으면 무슨 일이든 다 하려 한다는 걱정까지 견책할 것인지 여부를 물었다. 그의 발언과 경고는 헛되었다.

원로원은 로도스인들에게서 매년 120탈란톤(20만 탈러)의 수익을 산출하는 본토 토지를 빼앗았다. 로도스의 무역에 더욱 심각한 타격이 가해졌다. 이미 마케도니아의 소금 수입 금지와 선박건조 목재 수출은 로도스를 겨냥한 것이었다. 델로스 자유항구의 설치는 더 직접적으로 로도스 무역에 영향을 주었다. 그때까지 매년 100만 드라크마(28만 6,000탈러)의 수익을 냈던 로도스의 항구 관세는 곧바로 15만 드라크마(4만 3,000탈러)로 줄어들었다. 그러나 전반적으로 로도스인들은 자유를 누리는 가운데 자유롭고 대담한 무역 정책을 추구할 능력을 상실했고, 국가는 약화되기 시작했다. 동맹 요청조차 처음엔 거절되었고, 로마 건국 590년(기원전 164년)이 되어서야 반복적인 요청 후에 간신히 갱신되었다. 마찬가지로 책임은 있지만 무기력한 크레테인들은 지독한 비난을 받았을 뿐 책임을 면했다.

쉬리아 – 이집트 전쟁 개입

로마는 쉬리아 및 이집트를 좀 더 간단히 처리할 수 있었다. 다시 한 번 코일레쉬리아와 팔라이스티나를 두고 둘 사이에 전쟁이 발발했다. 이집트의 주장에 따르면, 이 지역들은 쉬리아의 클레오파트라와 혼인함으로써 이집트에 양도되었다. 그러나 사실상의 소유자 바빌론 궁정이 이의를 제기했다. 십중팔구 지참금을 코일레쉬리아 도시들의 세금에 부과한 것이 불화의 계기라고 본 쉬리아 측이 옳았다. 전쟁 발발은 로마 건국 581년(기원전 173년) 클레오파트라의 죽음이 계기가 되었다. 아무리 늦게 잡아도 그녀의 죽음과 함께 정기납부는 중지되었다. 전쟁은 이집트가 시작한 것으로 보인다. 그러나 안티오코스 에페파네스도 셀레우코스 왕조의 정책, 즉 이집트 획득이라는 전통적 목표를, 로마군이 마케도니아에서 힘쓰는 동안, 추구할 또 한 번의 기회를—이것이 마지막 기회였다—기꺼이 잡았다. 행운은 그에게 있는 것 같았다. 클레오파트라의 아들인 당시 이집트 왕 프톨레마이오스 6세 필로메토르는 소년티를 벗지 못했으며 자문인들도 좋지 못했다. 쉬리아-이집트 국경에서의 큰 승전 후 안티오코스는 희랍에 로마 군단들이 상륙한 해(로마 건국 583년, 기원전 171년)에 조카의 영토로 들어갔고 곧 조카는 그의 권력 하에 놓이게 되었다. 외관상 안티오코스가 필로메토르의 이름 아래 전 이집트를 자기의 지배하에 놓으려는 것으로 보였다.

그리하여 알렉산드레이아는 그에 대해 문을 걸어 잠그고 필로메토르를 퇴위시키고 대신에 에우에르게테스 2세 또는 뚱보라 불린 그의 동생을 왕으로 지명했다. 소요사태가 쉬리아의 왕을 이집트에서 쉬리아로 소환했다. 그가 이집트로 다시 돌아왔을 때, 그가 없는 동안 서로 대립하던 형제가 화해했음을 알았고, 이들을 상대로 전쟁을 속계했다. 퓌드나 전투(로마 건국 586년, 기원전 168년) 후 그리 오래 지나지 않아 그가 알렉산드레이아 성벽 앞에 진을 친 바로 그때, 강경하고 무례한 로마 사절 가이우스 포필리우스를 만났다. 점령한 모든 것을 반환하고 일정 기한 내에 이집트를 비우라는 원로원의 명령을 가지고 사절은 왕을 은근히 협박했다. 왕은 생각할 시간을 달라고 요청했다. 그러나 전직 집정관은 지휘봉으로 그의 주위에 원을 하나 그리고 원을 나가기 전에 의사를 표하라고 명령을 내렸다. 안티오코스가 따르겠다고 답하고, 전에도 그러했듯 "신, 빛나는 승리자"로서 이집트의 정복을 로마의 관행에 따라 자축하고, 파울루스의 개선을 모방하기 위해, 그의 거주지로 물러갔다.

희랍에서 있었던 공안 조치

이집트는 자발적으로 로마의 속국이 되었다. 이와 함께 바빌론의 왕들도 로마에게 독립을 주장하려는 마지막 시도를 단념했다. 페르세우스 전쟁 중의 마케도니아처럼, 셀레우코스 왕조는 코일레쉬리아 전쟁에서 이전 권력을 회복하려는 마지막 시도를 감행했다. 그러나 거기에선 군단들이, 여기에선 외교관의 강한 언사가 결정적이었다는 점이 두 왕국의 주목할 만한 차이다.

보이오티아 도시들이 이미 충분한 것 이상으로 배상한 후, 희랍 자체에서 페르세우스의 동맹자로서 몰로시아만이 처벌 대상으로 남았다. 원로원의 비밀 명령으로 파울루스는 어느 날 에페이로스의 70개 지역을 약탈했으며 15만에 달하는 주민들을 노예로 팔았다. 모호한 입장을 취했기 때문에, 아이톨리아는 암피폴리스를, 아카르나니아는 레우카스를 잃었다. 반면 아리스토파네스의 구걸하는 시인 역할을 계속한 아테나이인들은 델로스와 렘노스를 증여받았을 뿐만 아니라 심지어 염치없이 할리아르토스의 황폐한 도시들을 요구했고 결국 할당받았다.

이것은 무사 여신들을 위한 것이었고, 정의의 여신을 위해서는 무언가 더 해야 했다. 마케도니아당파는 모든 도시에 있었고 그리하여 희랍 전역에 걸쳐 반역 재판이 시작되었다. 페르세우스의 무리에서 복무한 자는 즉시 처형되었다. 왕의 문서 또는 밀고로, 넘쳐흐르는 정적들의 진술로 고발된 자들은 로마로 압송되었다. 아카이아인 칼리크라테스와 아이톨리아인 뤼키스코스가 밀고자로서 두드러진 활약을 펼쳤다. 이렇게 테살리아, 아이톨리아, 아카르나니아, 레스보스 등의 꽤 유명한 애국주의자들이 고향에서 축출되었다. 특히 1,000명 이상의 아카이아인들이 축출되었다. 그때 축출된 자들을 소추하려는 것이라기보다는 희랍인들의 유치한 반대를 잠재우려는 목적이 추구된 것이었다. 언제나처럼 자기들이 기대하는 답을 얻을 때까지는 불만에 휩싸여 있는 아카이아인들에게, 조사 개시를 요구하는 계속되는 청원으로 지친 원로원은 마침내 노골적으로 당분간 피고발인들이 이탈리아에 머물 것이라고 선포했다. 그들은 이탈리아의 지방 도시들에 연금되어 그럭저럭 대우를 받았으나, 도주 시도는 사형에 처했다. 마케도니아에서 추방된 이전 관리들의 사정도 마찬가지였을 것이다.

상황이 한때 그랬듯, 이 출구는 아주 폭력적이었지만 가장 실효적 출구였고 로마를 지지하는 분노한 희랍인들은 참수가 더 많지 않음에 만족할 수 없었다. 그리하여 뤼키스코스는, 평의회에서 일단 아이톨리아 애국당파의 지도자 500인이 처형되는 것이 사리에 맞다고 생각했다. 그가 필요했던 로마 감독관단은 그대로 방치했고 이런 희랍의 지역관습을 로마 군인들로 하여금 집행한 사실만은 비판했다. 그러나 그들이 부분적으로는 그러한 잔혹함을 막기 위해 이탈리아의 구금제 도를 만들었다고 믿을 수 있을 것이다. 희랍 본토에서는 로도스나 페르가몬과 같은 권력도 버티지 못했기 때문에, 능욕이 더는 필요치 않았다. 다만 사람들이 한 일은—물론 로마적 의미에서—정의를 구현하고 최악의 당쟁을 배제하기 위한 것이었을 뿐이다.

로마와 그 속국들

이로써 희랍 국가들은 전부 로마 속국이 되었고, 알렉산드로스대왕의 왕국은, 마치 로마가 그 상속인들의 상속인이 된 듯, 로마 시민공동체로 편입되었다. 왕과 사절들이 축하하려고 모든 방향에서 로마로 왔다. 왕들이 대기실에서 대기하는 것보다 더 심한 아첨은 확실히 없었다. 명시적인 명령에 따라서 직접 오지 않은 마시니사왕은 자신은 용익자일 뿐이고 로마가 자기 왕국의 참된 소유자라고 생각하며 항상 로마가 남겨 주는 것에 만족할 뿐이라고 아들이 선언하게 했다. 적어도 그러한 언명에 진실이 있었다.

중립을 지킨 데 대해 대가를 치러야 했던 비튀니아 왕 프루시아스는 이런 아첨 경쟁에서 최고였다. 원로원으로 입장했을 때 얼굴을 바닥에 대고 "구원의 신들에게" 경의를 표했다. 그가 그 정도로 경멸당할 만했기 때문에, 폴뤼비오스가 전하길, 원로원 의원들은 그에게 궁정적 답변을 주고 페르세우스의 함대를 선사했다.

적어도 그러한 경의 행위를 위해서는 아주 잘 선택된 순간이었다. 퓌드나 전투에서 폴뤼비오스는 로마의 세계지배가 완성되는 것을 보았다. 사실상 그 전투가, 문명화된 나라가 전장에서 로마와 동등한 강국의 지위에서 로마에 대립했던 마지막 전투였다. 그 후의 모든 투쟁은 반란이거나 로마-희랍 문명권 밖에 있던 이민족, 이른바 야만인을 상대로 한 전쟁이었다. 문명 세계 전체는 계속해서 로마 원로원을 최고법원으로 인정했으며, 로마의 감독위원회가 왕이나 민족들 간 분쟁의 최종 심급에서 결정을 내렸고, 로마의 언어와 관습을 익히려고 외국의 군주들과 귀족 자제들이 로마에 체류했다. 이런 지배를 배제하려는 명확하고도 진지한 시도가 실제로 딱 한 번 폰토스의 미트리다테스대왕에 의해 감행되었다.

퓌드나 전투는 또한 동시에 원로원이 아마 이탈리아 바다 너머에서 소유지나 점령군을 갖지 않고 그 무수히 많은 속국을 단순한 정치적 우위로써 통제한다는 국가 원리를 견지하는 최후의 계기를 이루었다. 즉 희랍에서 발생했던 바처럼 속국들이 완전한 무기력 상태나 무정부 상태에 빠져서도 안 되었고, 마케도니아가 의미 있게 시도했던 것처럼, 반자유의 지위에서 완전한 독립으로 나아가서도 안 되었다. 어느 나라도 완전히 망해서도 안 되고, 자력으로 존립해도 안 되었다. 그리하여 정복된 적은 로마 외교관에게 진정한 동맹국과 동일한, 종종 더 나은 지위를 가졌다. 그리고 패한 자는 재기시켜 주었지만, 스스로 재기한 자는 굴욕을 맛봐야 했다. 이것은 아이톨리아, 아시아 전쟁 후 마케도니아, 로도스, 페르가몬이 다 겪은 바다.

그러나 이 보호자 역할은 곧 종뿐만 아니라 주인에게도 참을 수 없는 것이 되었고, 로마 보호령 제도가 항상 처음부터 다시 시작하는 보람 없는 시쉬포스의 노고일 뿐 내적으로 지탱할 수 없는 것으로 증명되었다. 체제 변경이 개시된 것과 가까스로 독립을 유지하는 군소 국가들조차 옆에 두는 데 대한 로마의 거부감이 시작된 것은 퓌드나 전투 후 마케도니아 전제정의 말살 시에 이미 명백해졌다. 실정과 정치적·사회적 무정부상태로 말미암아 점점 더 빈번해지고 점점 더 불가피해지는 희랍 속국들의 내정에 대한 개입, 북쪽 국경에 불가피하게 초소들만이 아니라 군대가 필요한 상황에서 마케도니아의 무장해제, 마지막으로, 로마에 대한 마케도니아와 일뤼리아의 토지세납부 개시 등은 모두 속국이 일제히 로마 신하국으로 변하는 과정의 시작이었다.

로마의 이탈리아 내부 정책과 외부 정책

마지막으로 이탈리아 통일에서 마케도니아 황폐화까지 이어지는 로마가 겪은 사건 진행에 시선을 돌려보면, 로마의 세계지배는 결코 채워지지 않는 영토에 대한 욕망에 기해 기획되고 실행된 거대계획이 아니라, 로마 정부의 의지 없이, 아니 오히려 의지에 반해 강요된 결과인 것으로 보인다. 물론 그런 시각도 있다. 정당하게도 살루스티우스는 부족들, 지방시들, 왕들과 치른 로마의 전쟁은 충족될 수 없는 지배와 부에 대한 욕망이라는 아주 오래된 하나의 똑같은 원인에 기한 것이라고 미트리다테스가 말하게 했지만, 편향과 결과에 기해 내려진 그의 판단을 역사적 사실로 유통시키는 것은 잘못이다. 피상적이지 않은 관찰자에게 로마 정부는 이 기간 동안 이탈리아 지배 외에는 아무것도 소원하거나 욕구하지 않았고, 정부는 다만 너무 강력한 이웃을 갖지 않기를 기원했으며, 또 정부가 피정복자에 대한 인도주의에서가 아니라 패권의 핵심부가 주변부에 의해 압살되면 안 된다는 매우 균형 잡힌 감각에 기해—사정이 매번 영역의 확대를 강제하거나 최소한 불가항력으로 강요하기까지는—처음에 아프리카, 그 다음에 희랍, 마지막으로 아시아를 로마의 속국으로 편입하는데 대해 강력하게 반대했다는 사실은 명백하다.

로마인들은 항상 자신들이 정복 정책을 추구한 적이 없으며 언제나 자신들이 공격받았다고 주장했다. 이것은 상투적인 언명이 아니었다. 시킬리아와의 전쟁은 예외로, 모든 위대한 전쟁들, 즉 한니발이나 안티오코스와의 전쟁, 또 중요성에서 덜 하지 않은 필립포스와 페르세우스와의 전쟁 속으로 로마는 사실상—직접적 공격 또는 기존 정치상황에 대한 전대미문의 교란에 의해—끌려 들어가지 않을 수 없었으며 그리하여 통상 기습적인 전쟁 발발에 경악했다. 로마가 승전 후 무엇보다도 이탈리아의 자기 이익을 위한 절제를 지키지 못했다는 사실, 예컨대 히스파니아의 보유, 아프리카에 대한 후견 책임의 인수, 특히 전체 희랍인에게 자유를 부여한다는 이상적인 계획 모두가 이탈리아 정책에 반하는 심각한 오류였다는 사실은 명백하기 그지없다. 그러나 원인은 한편으로는 카르타고에 대한 맹목적인 공포였고, 다른 한편으로는 훨씬 더 맹목적인 희랍의 자유를 향한 열정이었다.

로마는 이 시기에 특히 정복욕을 입증해 주지 않고 오히려 매우 합리적인 정복혐오를 보여준다. 어디라도 로마의 정책은 엄청난 유일한 두뇌에 의해 계획되어 전통에 따라 후속 세대에 계승된 것이라기보다는, 카이사르나 나폴레옹적 의미의 계획을 세우기에는 결속력이 너무 없었고, 자기 공동체의 유지를 위한 본능은 정당하긴 하지만 너무 강한, 아주 효과적이기는 하지만 편협하기도 한 평의회의 정책이었다. 로마의 세계지배는 고대의 일반적 국가 발전에 최종적 근거를 가진다. 즉 구세계는 민족들 간의 균형을 알지 못했고 그리하여 내부로 통일된 모든 민족은 희랍 민족들처럼 이웃 민족들을 곧바로 복속시키려 했거나, 또는 로마처럼—물론 결국 복속으로 귀결되곤 했지만—위험하지 않게 무력화만 시키려 했다. 이집트는 아마도 체제의 균형을 진지하게 추구했던 고대 유일의 대국이었다. 대립된 체제에서 셀레우코스와 안티고노스가, 한니발과 스키피오가 충돌했다. 다른 모든 재능 있고 고도로 발전한 고대 민족들이 그들 중 한 세력만을 이득 보게 하려고 다 사라질 수밖에 없었다는 사실, 모두가 결국 이탈리아 위대성의 수립을 위해—동일한 것이지만—또 그 쇠멸을 위해 생겨난 듯하다는 사실은 우리를 슬프게 한다. 하지만 역사적 정의는 여기에서 밀집방진에 대한 로마 군단의 군사적 우월함이 아니라 고대 민족들 간의 필연적인 사태 발전이 좌지우지했고, 그리하여 순전한 우연에 의해서 결정된 것이 아니라, 불변의 운명이 실현된 것이었음을 인정해야만 한다.

제11장
통치자와 피통치자

새로운 당파들의 형성

토지귀족들이 몰락했다고 해서 로마 공동체에 귀족적 성격이 없어진
것은 아니었다. 평민당파가 구귀족과 마찬가지로, 아니 어떤 의미에서
는 그들보다 더욱 확고하게 그 자체 귀족적 성격을 가졌다는 점은 이미
앞에서(제2권 92쪽) 지적된 바 있다. 왜냐하면 옛 시민체 내부에서는 무
제한의 평등이 지배했다면, 새로운 국가체제는 처음부터 시민의 권리,
시민이 가진 사용·수익권에서 특혜를 누리는 원로원 가문들과 여타 시
민 대중과의 구별에서 출발했기 때문이다. 토지귀족의 폐지와 시민 평
등의 형식적 확정으로 새로운 귀족이 형성되었고 그에 상응하는 반대
당파도 형성되었다. 그리고 어떻게 그 귀족이 몰락한 토지귀족에 접목
되었는지, 그리하여 어떻게 새로운 진보당파의 최초 운동이 옛 신분 대

립의 최후 운동과 혼합되었는지는 이미 기술했다(제2권 93쪽). 새로운 진보당파 형성은 로마 건국 5세기에 시작되고, 그것의 일정한 특성은 로마 건국 6세기에 비로소 형성된다. 그러나 이 내적 발전은 말하자면 큰 전쟁들과 전승에서 무기의 소음 때문에 들리지 않았고, 그 형성 과정은 로마 역사 중 다른 어떤 과정보다 눈에 띄지 않았다. 새로운 로마 귀족정은 빙판이 부지불식간에 유수 위에 형성되고 또한 부지불식간에 유수를 점점 더 좁히듯이 생겨났다. 또한 바로 그런 방식으로 새로운 진보당파가 마치 바닥에 숨어 있다가 차차 다시금 넓어지는 유수처럼 그에 대립하게 된다. 이 분열과 대립의 운동이 남긴—그 역사적 결과가 아직 어떤 진정한 재난에서 실제 등장한 바 없는—희미한 개별 자취들을 일반적 역사관을 가지고 종합하는 것은 매우 어렵다. 그러나 이제까지 공동체가 가졌던 자유의 몰락과 장래 혁명의 정초는 이 시대의 일이다. 빙판의 강함과 그 밑 유수의 증가를 명확히 보여주지 못하고, 끔찍한 신음과 파열음으로 다가오는 파괴의 폭력을 감지하지 못하는 경우, 이런 혁명 및 일반적 로마 발전의 묘사는 완전치 못할 것이다.

구귀족에 있던 신귀족의 맹아

로마 귀족은 형식적으로도 문벌 시기에 속하는 구제도들을 고수했다. 공동체에서 기존의 정규 최고 관리들은, 자명하지만, 이전부터 사실상 더 높은 명예를 누렸을 뿐만 아니라, 일찍부터 확실한 명예의 특권이 관직에 부착되어 있었다. 그러한 명예특권 중 가장 오래된 것은 최고 관리들의 후손들에게 가계도가 그려져 있던 가족 거실 벽면에 저명한 선조들의 밀랍 두상을 그들 사후에 세우고 이 초상들을 가족 구성원들의 사망 시 장례행렬에 전시하는 것이 허가되었던 사실이다. 이 때 초상의 경배는 이탈리아-희랍적 관점에서 비공화정적인 것이고, 그리하여 로마의 국가행정이 살아 있는 자들의 초상 전시는 참지 않았고 죽은 자들의 초상 전시는 엄격하게 감독했다는 사실을 기억해야 한다. 최고 관리와 그 후손들에게 법률과 관습을 통해 보유된 다수의 외적 표식들이 이런 특권과 결합되었다. 즉 남자들의 황금 반지, 젊은이들의 은이 감입되어 있는 말 장식, 토가의 자색 가장자리, 소년들의 황금 부적통 등이 그것이다.[1] 이것들은 사소한 것들이지만, 시민의 평등이 바깥 출입시에도 아주 엄격하게 견지되고, 한니발 전쟁 중에도 한 시민이 장미 화관을 쓴 채 허가되지 않은 방식으로 공식석상에 나타났기 때문에 체포되어 수년간 구금되었던 공동체에서는 중요한 것이었다.[2]

---

[1] 이 모든 표식들은 등장한 이래 우선 원래적인 가벌 귀족, 즉 고등 정무관의 종족 후손에게만 허용되었을 것이다. 그러나 시간이 지나면서 장식 종류별로 더 큰 인적 범위로 확대되었다. 금반지는 확실하다. 즉 5세기에는 가벌 귀족만(Plinius nat 33, 1, 18), 6세기에는 이미 모든 원로원 의원과 그 아들들이, 7세기에는 기사 계급이, 제정 시기에는 모든 자유인이 꼈다. 그리고 말의 은 장식은 한니발 전쟁 시기에 가벌 귀족만 가질 수 있었다(Livius 26, 37). 소년 토가의 자색 가장자리는 처음에는 고등 정무관의 자제들만 붙일 수 있다가, 후에는 기사 자제들도, 결국엔 모든 자유인이 붙였다. 그런데 이미 한니발 전쟁 시기에 해방노예들의 자제도 그 장식이 허여되었다(Macrobius Sat. 1, 6). 황금 부적통(bulla)이 한니발 전쟁 시기에는 원로원 의원 사세의 표식이었다(Macrobius Sat. 1, 6; Livius 26, 36). 키케로 시기에는 기사의 자제들(Cicero Verres 1, 58, 152)이 가졌다. 그에 반해 하류층은 가죽 부적(lorum)을 지녔다.

투니카의 자색 가장자리(clavus)는 원로원 계급과 기사 계급의 표식이었다(1, 91). 그리하여 적어도 후대라면 원로원 계급은 넓은, 기사 계급은 좁은 가장자리 장식을 착용했다. 가벌 귀족에게 가장자리 장식이 본질적 의미를 갖는 것이 아니었다.

[2] Plinius nat. 21, 3, 6. 공개적으로 화관을 쓸 수 있는 권리는 전쟁에서의 공적으로 취득되었다

문벌 – 평민 귀족

이런 표지들은 부분적으로 이미 문벌통치 시기에 존속했고, 문벌 계층 내에서도 우월한 가문과 한미한 가문이 나뉘어 있었던 한, 우월 가문에게 외부 휘장으로 기능했을 것이다. 이런 표지들이 정치적 중요성을 가지게 된 것은 확실히 집정관직에 오른 평민 가문이 아마 이미 모두, 조상의 초상을 행렬에서 전시하던 문벌 가문과 동등한 자격을 갖추게 된 로마 건국 387년(기원전 367년)의 국가체제의 변경에 의해서였다. 게다가 이제 하위직이나 비상직이나 호민관직은, 세습적 명예권이 결합된 공동체 관리에 속하지 않고, 집정관직, 이 직과 동등한 법무관직 (제2권 81쪽), 일반적 사법권, 즉 공동체의 주권 행사에 참여하는 고등 안찰관직만이 그에 속한다는 점이 확정되었다.[3] 용어의 엄격한 의미에서 평민 귀족이 고등 정무관직이 평민에게 개방된 이래 비로소 형성되었다 하더라도, 평민 귀족은—처음부터는 아니지만—짧은 시간 내에 일정한 폐쇄성 안으로 들어갔다. 물론 그것은 의심의 여지없이 오래 전부터 옛 원로원 평민 가문들에서 그런 귀족성이 미리 형성되어 있었기 때문이었다. 그리하여 리키니우스 법의 귀결은 사실상 거의 '상원의원 대폭 증원'이라고 부를 만한 것이었다. 고급관리였던 조상

(Polybios 6, 39, 9; Livius 10, 41). 무단으로 화관을 쓰는 것은 오늘날 누군가가 자격 없이 무공훈장을 달고 다니는 것과 유사한 것이다.

[3] 집정관 권한을 갖는 군사대장(1, 302), 대리집정관, 재무관, 호민관과 기타 정무관직은 제외되었다. 호구감찰관은 고등 정무관의 의자에는 앉았지만(Livius 40, 45; 27, 8 참조), 호구감찰관은 고등 정무관으로 인정되지 않았다. 그러나 대리집정관만이 감찰관이 될 수 있었던 후대에는 이것이 실제적 의미를 갖지 못했다. 평민 안찰관은 원래 고등 정무관으로 인정되지 않았으나(Livius 23, 23), 후대에는 고등 정무관의 범위로 들어오게 되었을 것이다.

에 의해 귀족이 된 평민 가문들이 문벌 귀족들과 한 집단으로 결합되어 특수한 지위와 탁월한 권력을 공동체에서 획득했듯이, 로마는 다시처음 출발했던 곳으로 돌아왔다. 사실상 결코 소멸한 적이 없었던 통치하는 귀족, 세습하는 귀족만이 있는 것이 아니라, 통치하고 동시에 세습하는 귀족이 있었다. 또 지배권을 차지한 가문들과 이 가문들에 항거하는 평민들 사이의 불화는 다시금 시작될 것이었다. 그렇게 곧 사태가 진척되었다. 신귀족은 없어도 좋을 그들의 명예권으로는 만족하지 못했고, 정치적 특별권력, 단독권력을 위해 투쟁했고, 국가의 가장 중요한 제도들인 원로원과 기사 계급을 공동체의 기관에서 신구귀족의 기관으로 변화시키려 했다.

원로원을 차지한 신귀족

공화정 로마의 원로원, 특히 더 커진 구귀족-평민 원로원의 정무관에 대한 법적 종속성이 신속하게 느슨하게, 그러니까 독립의 방향으로 변화되었다. 로마 건국 244년(기원전 510년)의 혁명에 의해 도입된 공동체 관직들의 공동체 평의회(원로원)로의 복속, 원로원 의원 임면권의 집정관에서 호구감찰관으로 이전, 마지막으로 무엇보다도 전직고등 관리들의 등원과 투표권의 법률적 확정 등이, 관리에 의해 소집되고 여러 관점에서 관리에 종속된 일개 평의회에서 사실상 독립적이고 어떤 의미에서 자체적으로 충원하는 통치단체로 원로원을 변화시켰다. 왜냐하면 원로원에 들어갈 수 있는 두 가지 방도, 고등 관리로의 선출과 호구감찰관의 소환은 사실상 모두 이 통치기관이 맡았기 때문이다. 이 시기에 일반 시민은 비귀족을 원로원으로부터 완전히 배제하도록 하기에는 아직 독립적이었고, 귀족도 아직 합리적이었기에 이것을 바라지 않았다. 그러나 원로원 자체의 엄격하게 귀족적인 구조 때문에, 그리고 집정관, 법무관, 안찰관이라는 세 계층의 전직 고등 관리들을 엄격히 구별했기 때문에, 특히 고등 관직 역임을 통해 원로원에 입성한 것이 아니라서 토론에서 배제된 원로원 의원들을 차별했기 때문에, 귀족 아닌 자들은 원로원의 상당한 좌석을 점하고 있었지만 원로원 내에서 하찮고 영향력 없는 지위로 전락했다. 원로원은 기본적으로 귀족 단체였을 따름이다.

기사 백인대를 점령한 신귀족

기사 계급이 신귀족의 두 번째, 덜 중요했지만 중요하지 않은 것은 결코 아니었던 기관으로 발전했다. 새로운 세습귀족이 홀로 민회를 장악할 힘은 없었지만, 적어도 공동체 대표 내에서 특수 지위를 갖는 것이 너무나 필요했다. 동민회에서는 전혀 영향력을 가질 수 없었다. 그에 반해 세르비우스 체제의 기사 백인대들은 이 목적을 위해서 안성맞춤이었다. 공동체가 제공한 1,800마리의 말이[4] 마찬가지로 호구감찰관

---

[4] 여섯 개의 귀족 백인대가 1,200기, 전체 기병대가 3,600기에 달했다는 통상적으로 인정되는 가정은 받아들일 수 없다. 연대기 작가들이 기입했던 바에 따라 기사의 수를 두 배로 부풀려 정하는 것은 방법론적 오류이다. 오히려 이 진술들이 다른 증거가 없으며 자체만으로 설명되어야 한

에 의해 헌법에 따라 처리되었다. 호구감찰관들은 기사들을 군사적 고려에서 선발하며, 징집 시에 연령 등 기타 사유로 무능력하거나 쓸모없는 모든 기사들에게 공마를 반납할 것을 강력히 요구했다. 그러나 기사의 말들이 우선적으로 유산계층에 부여된 사실은 제도의 본질 그 자체였다. 그리하여 도처에서 능력보다는 탁월한 출생을 더 고려하는 것을, 말들을 기존에 한 번 허용 받았던 사람들, 특히 원로원 의원들에게 과도하게 장기로 제공하는 것을 호구감찰관이 못하도록 막을 수는

다. 그러나 이 견해 주장자들조차 잘못 쓰인 것이라고 인정하는 키케로의 글(Cicero, de rep. 2, 20)에서만 발견되는 첫 번째 숫자에 대한 증거도 없으며, 두 번째 숫자도 고대 저자들에게서 전혀 등장하지 않는다. 반대로, 증언이 아니라 제도 자체가 가리키는 수를 보면 텍스트에서 개진된 가정이 타당하다. 왜냐하면 백인대는 100명이고 기사 백인대가 원래 세 개 있다가 여섯 개로 되고, 결국 세르비우스 개혁 후에 18개가 된 것이 확실하기 때문이다. 이 견해와 다른 증언들은 다만 겉보기로만 그러하다. W. A. 베커가 발전시킨(Handbuch Bd. 2, 1, S. 243) 오래되고 일관된 전통은 1,800기를 18개의 문벌귀족-평민의 백인대가 아니라, 6개의 문벌귀족 백인대에 배정한다. 이 견해는 리비우스 1, 36(유일하게 필사본으로 증명되고 리비우스의 특수 산정법에 따라 수정되지 말아야 할 독법에 따라)와 키케로 de rep. 2, 20(문법적으로 허용 가능한 유일한 독법에 따라, MDCCC; Becker, Bd. 2, 1, S. 244를 보라)와 합치한다. 그러나 키케로는 동시에, 그 진술은 당시 존재하던 기사의 수가 일반적으로 기술된 것이라는 점을 명시적으로 지적한다. 그러므로 전체의 수는 예상법prolepsis에 의해 가장 훌륭한 집단으로 이전되었으며, 그러한 방법은 아주 열심히 세심하게 따지지는 않았던 옛 연대기 작가들에게 통상적인 것이었다. 바로 그렇게 티티에스족과 루케레스족의 파견대를 예상하여 100인이 아닌 300인의 기사가 종족 공동체에 배당되기도 했다(Becker, Bd. 2. 1, S. 238). 마지막으로 기사의 말 수를 2,200마리로 올려야 한다는 카토의 주장(p. 66, Jordan)은 위에서 제안된 견해의 명시적 확인이자 반대 견해의 거부이다. 폐쇄된 기사의 수는 아마도 술라 시기까지 계속해서 존속했을 것이다. 술라 시기에는 호구감찰의 사실상 폐지로 기사의 기초가 탈락했고 모든 정황상 호구감찰관에 의한 기사를 위한 말의 분배 대신 세습을 통해 취득되었다. 그때부터 원로원의 자제는 나면서 기사eques였다. 그러나 이 폐쇄된 기사 계급, 즉 공마(公馬)에 의한 기사들equites equo publico 외에 공화성 조기부터 자신의 말로 기마 군역을 제공해야 하는 시민들이 있었다. 그들은 다름 아니라 호구조사에서 가장 최상의 계급이었다. 그들은 기사 백인대에서 투표하지 않았지만 다른 영역에서는 기사로 인정되었고, 마찬가지로 기사 계급의 명예 특권을 요구했다. 아우구스투스 체제에서는 원로원 가문이 세습적인 기사 자격을 보유했다. 그러나 그 밖에 호구감찰관에 의한 기사 말의 분배가 일정 기한에 의한 제한이 없는 황제의 특권으로 바뀌었다. 그와 함께 호구조사에서 제1계급을 기사로 칭하는 것은 중단되었다.

없었다. 심지어 원로원 의원이 원하는 만큼 언제까지라도 말을 보유할 수 있다고 법률로 정해져 있었을 것이다. 그리하여 적어도 원로원 의원들이 18개의 기사 백인대들 회의에서 투표를 하고, 그 회의의 나머지 자리를 신귀족의 젊은이들이 차지하는 것이 사실상 규칙이 되었다.

그럼으로써 군사제도는 희생당했다. 그 희생은 군단 기병대 상당한 부분의 전투 무능력 때문이라기보다는, 점점 더 많은 귀족 자제들이 보병대 병역 수행에서 이탈함에 따라 초래된 군사적 평등의 파괴 때문이었다. 본래 기사 계급의 닫힌 귀족 집단은, 출신과 재산에 의해 높은 지위를 차지한 시민들 중에서 모은 군단 기병대 전체를 주도했다. 우리는 대체로 왜 기사들이 이미 시킬리아 전쟁 중에 군단병들과 보루를 쌓으라는 집정관 가이우스 아우렐리우스 코타의 명령에 불복종했는지(로마 건국 502년, 기원전 252년), 그리고 왜 카토가 히스파니아 군대의 사령관으로서 휘하 기병대에게 엄중한 견책 연설을 해야겠다고 생각했었는지 이해할 수 있을 것이다. 그러나 시민 기병대로부터 귀족 근위병대로의 이런 변화가, 18개의 기사 백인대에서 영향력이 센 독자적 투표권을 획득한 신귀족에게 이익이 된 것보다는 국가에 막대하고 결정적인 손해를 끼쳤다.

극장에서의 계급 분리

공중이 공공 축전을 관람하기 위해 앉는 좌석과 원로원 신분 좌석을 공식적으로 분리한 것도 같은 의미였다. 로마 건국 560년(기원전 194년)

자신의 두 번째 집정관 임기 중에 이런 변화를 도입한 것은 위대한 스키피오였다. 공공 축전도 투표를 위해 백인대들이 소집된 민회처럼 일종의 민회라 할 수 있다. 그리고 축전에서는 아무것도 결정하지 않았다는 사실은 지배자와 피지배자가 분리된다는 공식적 표명을 더욱 더 의미심장한 것으로 만든다. 이리하여 혁신은, 불쾌하기만 할 뿐 쓸모가 없고, 배타적 통치권을 시민 평등으로 감추려는 귀족체제의 노력에 명백히 반한다는 다양한 비난이 지배층에서도 터져나왔다.

신귀족의 버팀목이 된 호구감찰관직

이로써 왜 호구감찰관직이 이후 공화정 국제의 주춧돌이 되었는지, 원래 최고지위일 수 없던 이 관직이 왜 점차 외적 명예와 고유한 귀족 정적 – 공화정적 광영을 갖추면서 공직 경력의 정점이자 완성으로 인정받게 되었는지, 왜 정부가 자기편 사람들을 호구감찰관직에 앉히려 했는지, 또는 호구감찰관을 직무수행 중 또는 그 후에 국민 앞에 직무수행의 책임을 물리려는 반대파의 시도를 수호신에 대한 공격으로 보고 합심하여 대응했는지 등의 모든 질문이 자명하게 풀린다. 이런 관련성 하에서 카토의 호구감찰관직 출마가 초래했던 폭풍, 인기 없었던 로마 건국 550년(기원전 204년)의 두 호구감찰관에 대한 법정 탄압을 특히나 저돌적으로 막아냈던 원로원의 이례적인 조치들을 상기하는 것만으로도 족할 것이다. 그때 극히 중요하고도 위험한 도구에 대한 정부 특유의 불신이 감찰관직의 명예가 높아지는 데 한몫했다. 배제권이 소집권과 크게 다르지 않고 배제권도, 이 시기의 무리 없는 통치가 조심스레 피했던바, 반대파의 유능한 인사를 원로원에서 축출하기 위해서라기보다 귀족체제 하에 곧바로 반대파의 먹이가 되지 않으려면 꼭 필요했던 윤리적 후광을 유지시키기 위해 불가결할 수 있었기 때문에, 원로원과 기사들에 대한 절대적 통제권을 호구감찰관들에게 부여해야만 했다. 축출권은 유지되었다. 하지만 필요했던 것은 사실 무기의 광채였을 뿐, 그들은 두려운 칼날을 무디게 만들었다. 귀족 집단의 구성원 명부가 겨우 5년마다 재심사를 받을 때만 호구감찰관 직 자체가 존재했던 것 외에, 그리고 동료의 개입권과 후임자의 파기권 외에, 호구감찰관이 피부로 느낄 수 있는 제한은 또 있었는바, 법률과 같은 효력을 갖는 고시에 의해 원로원 의원과 기사 그 누구도 결정이유의 서면 제시 없이 또 일반적으로 법정 절차에 준하는 절차 없이 제명하지 않을 의무가 그들에게 주어졌다.

신귀족의 의사에 따른 국제의 재편, 부족한 정무관 수

주로 원로원, 기사, 호구감찰관에 의해 지지되는 이런 정치체제에서 신귀족은 통치권을 차지했을 뿐 아니라, 국제를 마음대로 바꾸었다. 공동체 관리들의 높은 평가를 유지하기 위해 관리들의 수를 가능한 한 적게 유지하면서, 국경이 확장되면서 국가 업무로 인해 필요하게 된 만큼 늘리지 않은 것도 마찬가지로 이해할 수 있다. 아주 긴박한 필요 때문에, 로마 건국 511년(기원전 243년)에 이제까지 1인의 법무관에 의해 관장되던 사법업무를 어쩔 수 없이 2인의 법무관에게 분배하는 조치가 취해졌다. 그중 1인은 로마 시민 간의 법률문제를, 다른 1인은 비시민 간 또는 시민과 비시민 간의 법률문제를 담당했다. 그리고 네 곳, 즉 시킬리아(로마 건국 527년, 기원전 227년), 사르디니아와 코르시카(로마 건국 527년, 기원전 227년), 이쪽히스파니아와 저쪽히스파니아(로마 건국 557년, 기원전 197년)의 해외 관구를 위한 4인의 부집정관 임명의 조치가 이루어졌다. 너무 간략했던 로마 소송개시의 방식과 증대되는 정무관의 영향력은 아마 주로 로마 정무관직이 사실상 부족했기 때문일 것이다.

민회에서의 정무관 선거

거의 언제나 문언은 건드리지 않고 기존 국제의 실행만이 바뀌었기 때문에 혁신이 아니라고는 결코 할 수 없는, 정부에 의한 혁신 중에, 문무관직의 수행이 오로지 공적과 능력만이 아니라 점점 더 출생과 연공에 의존케 되었던 조치들이 극히 뚜렷하게 두드러진다. 참모 장교의 임명도 형식적으로가 아니라 실질적으로 이루어졌다. 이미 전 시기에 임명권이 대체로 사령관에서 시민으로 넘어왔다. 이 시기에는 더 나아가 매년 징모되는 정규의 참모 장교들 전원(4개의 정규 군단에 복무할 24명의 군사대장)이 구민회에서 임명되었다. 정확하고도 용감한 임무수행으로 자신의 지위를 사령관으로부터 부여 받았던 사병들과, 출마하여 시민단의 투표를 통해 우월적 지위를 획득한 장교들의 경계는 점점 더 벌어졌다. 이 경우 최악의 남용을 통제하기 위해, 또 이 중요한 직책에 풋내기들을 쓰지 않기 위해, 참모 장교직을 부여하는 데 일정 기간의 복무가 전제되어야 했다. 그럼에도 불구하고 로마군의 진정한 지주인 군사대장직이 젊은 귀족들에게 정치적 경력을 위한 첫 디딤돌로서 놓인 이래, 불가피하게 병역의무는 매우 빈번히 회피되었고 장교 선출은 민주정적 관직구걸과 귀족정적 배타성의 모든 해악에 의존하게 되었다. 심각한 전쟁에서는 이런 민주정적 장교 선출을 정지하고 참모의 임명을 다시 사령관에게 맡기는 것이 필요하다고 여겨졌다는 사실은 새로운 제도에 대한 신랄한 비판인 것이다.

집정관과 호구감찰관 선거에 대한 제한

정무관직에서는 우선 무엇보다도 최고 관직들에 대한 재임 선거가 제한되었다. 1년 임기의 왕직이 공허한 이름이 되지 않으려면 물론 이것이 필요했다. 그리고 이미 이전 시기에 두 번째 선거는 10년이 지나서야 허용되었고 호구감찰관 재임 선거는 전면 금지되었다. 이 시기에는 법률이 더 제정되지 않았다. 10년의 간격을 정하는 법률이 로마 건국 537년(기원전 217년)에 이탈리아에서 전쟁이 지속되던 중 중단되었다가 나중에는 줄곧 불가결의 것이 되었는데, 실로 이 시기 말에는 재임 선출이 극히 드물게 이루어졌다고 체감될 정도의 엄격성 강화가 있었다. 게다가 이 시기 말엽(로마 건국 574년, 기원전 180년)에 민회의 결정이 하나 내려졌다. 그에 따르면 정무관직의 출마자는 확정된 순서를 따르고 관직과 관직 사이의 일정한 간격과 연령제한 규정을 준수해야 했다. 관습으로는 물론 그 두 가지가 이미 오래전부터 규정되어 있었다. 관습적 자격이 법적 자격이 되고 예외적인 상황에서 법적 요건들을 극복할 수 있는 권리가 유권자에게서 박탈된 것은 선거 자유의 심각한 제한이었다. 통치자 가문의 구성원에게는 능력이 있든 없든 원로원 진입권이 열려 있었다. 반면, 빈한하고 힘없는 계층에게는 통치 관직 진입권이 완전히 닫혀 있었을 뿐 아니라, 통치 세습귀족 계급에 속하지 못한 모든 로마 시민은—원로원에서 완전히 배제된 것은 아니었지만—두 최고 관직인 집정관직과 호구감찰관직에서 사실상 배제되어 있었다.

마니우스 쿠리우스와 가이우스 파브리키우스 이후 귀족 가문 출신이 아닌 집정관이 있었음이 증명되지 않는데, 아마도 전혀 없었던 것 같다. 한니발 전쟁에서 페르세우스 전쟁 종료 시까지의 반세기 중 집정관 명부와 호구감찰관 명부에 처음 등장한 가문의 숫자도 극히 적었다. 예컨대 플라미니누스가, 테렌티우스가, 포르키우스가, 아킬리우스가, 라일리우스가와 같은 가문들 중 거의 대부분은 반대당파에 의한 선출이었거나 특별한 귀족과의 관계 때문이었다. 예컨대 로마 건국 564년(기원전 190년)에 있었던 가이우스 라일리우스의 선출은 명백히 스키피오가에 의해 이루어졌다. 빈자들을 통치로부터 배제한 것은 상황에 따른 것이기는 하다. 로마가 더 이상 이탈리아반도에만 국한된 나라가 아니며, 희랍적 교양을 받아들인 이래 농부에게 쟁기를 놓고 공동체 최고직에 출마하도록 하는 것이 더는 불가능하게 되었다. 그러나 선출이 거의 예외 없이 귀족 가문들의 좁은 범위 내에서

이루어지고 "신인"이 일종의 찬탈을 통해서만 진입할 수 있는 상황은
필요한 것도 이로운 것도 아니었다.[5]

---

[5] 로마귀족의 안정성은 집정관과 안찰관의 책력fasti으로써 특히 문벌귀족 가문들에서 확실하게
추적할 수 있다. 주지하다시피 로마 건국 388~581년(기원전 366~173년)(단, 두 집정관 모두 문벌
귀족이었던 399, 400, 401, 403, 405, 409, 411은 예외)에 집정관 중 1인은 문벌귀족, 1인은 평민
이었다. 게다가 바로에 따른 계산법의 홀수 해에 고등 안찰관단은 적어도 로마 건국 6세기 말
까지 오로지 문벌귀족 가문에서 선출되었으며, 541, 545, 547, 549, 551, 553, 555, 557, 561,
565, 567, 575, 585, 589, 591, 593년의 16년 동안 그 상황이 알려져 있다. 이 문벌귀족 집정관
들과 안찰관들은 다음과 같이 가문별로 분포되어 있다.

	집정관, 로마 건국 388~500년 (기원전 366~254년)	집정관, 로마 건국 501~581년 (기원전 253~173년)	문벌귀족 출신의 16개 고등 안찰관단의 성원들
코르넬리우스가	15	15	14
발레리우스가	10	8	4
클라우디우스가	4	8	2
아이밀리우스가	9	6	2
파비우스가	6	6	1
만리우스가	4	6	1
포스투미우스가	2	6	2
세르빌리우스가	3	4	2
퀸크티우스가	2	3	1
푸리우스가	2	3	–
술피키우스가	6	2	2
베투리우스가	–	2	–
파피리우스가	3	1	–
나우티우스가	2	–	–
율리우스가	1	–	1
포슬리우스가	1	–	–
	70	70	32

이렇게 리키니우스 법 당시 공동체에서 막강했던 15~16개의 최고 귀족가문이 규모의 본질적
변화 없이—물론 부분적으로는 입양에 의해 유지되었지만—그 후 두 세기를, 즉 공화정 말까지
석권했다. 평민 귀족의 범위에 때로 새로운 가문이 진입했으나, 책력을 보면 리키니우스, 풀비
우스, 아틸리우스, 도미티우스, 마르키우스, 유니우스가 등 오래된 평민 가문들도 결정적인 방
식으로 3세기를 지배했다.

원로원 제도 자체가 원래 각 가문의 대표에 의거하는바 원로원 제도의 본질에만 세습성이 있었던 것이 아니라, 정치가적 지혜와 경험은 유능한 아버지로부터 유능한 아들에게로 계승되는 것이고 고귀한 조상이 갖는 정신의 숨결이 후손의 가슴 속 고결한 불씨를 더 빠르고 더 크게 불꽃으로 발화시킨다는 귀족제 일반의 본질에서도 확실히 세습성을 찾을 수 있다.

이런 의미에서 로마 귀족은 전 시기에 걸쳐 세습되었으며, 원로원 의원이 아들들을 원로원 회의에 데려가고 공동체 관리가 최고 관직의 명예 표식, 즉 집정관직 토가의 자주색 가장자리와 개선장군의 황금색 장신구 통 등을 가지고 마치 장래를 위해서인 것처럼 아들들을 장식했던 옛 관습을 보면 로마 귀족은 자신들의 세습 원칙을 실로 숨김없이 보여주었다. 그러나 옛 시기에 외적 존엄의 세습성이 일정 정도까지 내적 권위의 세습을 통해 제한되었고, 원로원 귀족이 나라를 우선적으로 세습에 의해 통치한 것이 아니고 모든 대표권 중 최고의 대표권, 즉 일반인이 아닌 탁월한 자의 권리로써 통치했던 반면, 이 시기에는 원로원 귀족이 견해와 행동으로 공동체 내에서 증명된 자들이라는 기존의 높은 지위로부터, 구성원이 세습으로 보충되고 자기들만의 미숙한 통치를 보여주는 영주 계급으로—특히 한니발 전쟁 후 대단히 급속히—강등되었다.

문벌정치

아니, 그보다 이미 이 시대에 과두정의 나쁜 악으로부터, 그보다 더 나쁜 폭력적 찬탈이라는 악이 개별 가문들에 의해 발전하기에 이르렀다. '자마의 승자'가 실행했던 혐오스러운 족벌정치와—유감스럽게도 성공적이었던—자기 월계관으로 형제의 무능과 가련함을 무마하려는 노력은 이미 언급되었다. 게다가 플라미니누스가의 정실인사는 아마도 스키피오가의 그것보다 훨씬 더 후안무치했고 불쾌한 것이었다. 무제한의 선거 자유는 사실상 선거인단보다는 플라미니누스 무리에 훨씬 더 이익이 되었다. 마르쿠스 발레리우스 코르부스가 23세에 집정관이 된 사실은 의심의 여지없이 공동체에게 최선이었다. 그러나 이제 스키피오가 23세에 안찰관이, 30세에 집정관이 되자, 플라미니누스는 아직 30세가 되지 않았음에도 불구하고 재무관에서 집정관으로 도약했고, 그것은 공화정에 심각한 위험이었다. 사람들은 이미 가문 지배와 그것이 초래할 결과를 유일하게 저지할 수 있는 장벽을 엄격한 과두정적 통치에서 찾을 수밖에 없는 지경에 이르렀다. 그리고 이것이 예전에는 과두정에 반대했던 당파마저 선거 자유의 제한에 찬동한 이유였다.

귀족 정부와 내치

정부는 이렇게 점차 변해가는 통치 정신의 징후를 보여주었다. 이 시기에 외교 사안 처리에서 로마의 이탈리아 지배에 토대가 되었던 일관성과 열정이 압도했다. 시킬리아를 두고 벌였던 엄중했던 기율의 전쟁 시기에 로마 귀족은 점점 새로운 지위의 정점으로 올라섰다. 즉 법률상 당연히 정무관과 민회만이 행사하던 통치권을 국제에 반하여 공동체평의회(원로원)를 위해 찬탈함으로써 귀족은 한니발이라는 폭풍과 그 후유증의 시기에 천재적이자 명확하고 확실한 국가 운영을 통해 이를 합법화했다. 그리고 이탈리아-희랍 국가들로 구성된 대권역을 유일하게 로마 원로원만이 지배할 수 있고 여러 관점에서 그런 지배만이 정당함을 세상에 증명했다. 하지만 지배자 로마 원로원이 외적을 맞아 보여준—극히 위대한 성공으로 최고의 상찬을 받은—태도는 인정해야겠지만, 눈에 띄지 않으면서도 훨씬 더 중요하고 어렵고 불명확한 내치에서 기존 질서나 새로운 제도의 운용 과정에서 보여준 원로원의 태도는 전혀 다른, 더 정확하게 말하자면, 완전히 정반대의 모습을 이 시기에 이미 현저하게 보여주었다는 사실을 간과할 수 없다.

행정의 쇠퇴

무엇보다도 개별 시민에게 통치는 예전과 같지 않았다. 정무관은 아주 남다른 사람이었다. 공동체의 하인이었고 바로 그 때문에 모든 시민의 주인이었다. 그러나 이런 엄격한 태도는 이제 눈에 띄게 약화되었다. 무리 짓기와 관직 구걸이 전성기를 구가했던 당시 로마에서, 사람들은 엄격하고 무자비한 관직 수행으로 같은 계층의 지지와 일반대중의 호의를 잃으려 하지 않았다. 정무관이 한때 진정성과 엄정함으로 일했던 곳에서, 코타(로마 건국 502년, 기원전 252년)나 카토처럼 기존의 통치자 계급 출신이 아닌 새로운 사람들이 등장했다. 페르세우스를 상대로 파울루스가 총사령관으로 임명되었을 때, 시민들이 선호하는 방식으로 감사하는 대신, 자신을 군사에 아주 능한 자로 여겨서 사령관으로 선출했으니만큼 자신의 말에 묵묵히 복종하라고 시민들에게 요청한 것은 이미 좀 특별한 사건이었다.

군대의 기율과 사법제도의 운영

지중해 지역에서 로마의 우위와 패권은 전쟁 기율과 사법 운영의 엄격함에 의존했다. 당시 로마가, 거의 예외 없이 심히 파탄 난 희랍, 페니키아, 동방의 나라들보다 이 점에서 비교되지 않을 정도로 우월했음은 의심할 수 없다. 하지만 이미 로마에서도 나쁜 일들이 발생했다. 가이우스 플라미니누스와 가이우스 바로처럼 반대당파들이 선출한 선동가들뿐만 아니라 귀족주의적 인사들까지 총사령관의 가련한 상태가 어떻게 이미 제3차 마케도니아 전쟁에서 국가 안전을 위험에 빠뜨렸는지는 앞에서 설명했다(제4권 127쪽). 그리고 사법이 당시 어떠한 방식으로 운영되었는지는 플라켄티아의 루키우스 큉크티우스 플라미니누스 군영에서 벌어진 사건(로마 건국 562년, 기원전 192년)이 보여준다. 자신을 시중 들다가 검투사 경기에 가지 못한 총아에게 보상을 주기 위해, 고관이었던 주인은 로마 진영으로 망명한 탁월한 보이이족 장교한 명을 불러들여 그를 직접 술잔치 중에 죽였던 것이다. 유사한 예가 많은 이 사건 자체보다 더 나쁜 것은 범인을 법정에 세우지 않았을 뿐 아니라, 호구감찰관 카토가 그를 원로원에서 제명했는데도 동료들이 그를 극장 원로원 좌석에 앉도록 초대했던 것이다. 그는 원로원에서 가장 유력한 도당 지도자이자 희랍 해방자의 형제였다.

재정의 운영

이 시기에 로마 공동체의 재정 제도도 발전했다기보다 퇴보했다. 수입액은 현저히 증가했다. 예컨대 로마 건국 555년, 575년(기원전 199년, 179년)에 새로운 세관을 캄파니아와 브루티움 연안의 푸테올리, 카스트라(현재 스퀼라체Squillace) 및 기타 지역에 설치해야 했을 정도로, 로마의 영토 확장으로 인해 간접세가—로마에 직접세는 없었다—늘었다. 같은 이유에서 전 이탈리아의 로마 시민들에게 소금을 이제 더는 같은 값에 제공하지 못하게 되자, 로마 건국 550년(기원전 204년) 체제를 개정해 이탈리아의 소금 가격을 지역에 따라 단계별로 달리 정했다. 그렇지만 로마 정부가 시민들에게 소금을 생산가 또는 그 이하로 공급했기 때문에, 이 재정 처분은 국가에 전혀 이익이 되지 못했다. 개인 소유지의 수익 증가는 더욱 현저했다. 그러나 점유가 허가된 이탈리아 사소유지에서 법으로 국고에 납부되어야 했던 세금은 대체로 청구되지도 납부되지도 않았다. 그에 반해 사용료는 유지되었는데, 한니발 전쟁으로 새로이 획득된 소유지들, 특히 카푸아와 레온티니 지역 대부분도 사소유지로 제공되지 않고 구획되어 영세 소작농들에게 대여되었다. 그리고 이 땅에서도 시도된 사소유는 정부에 의해 여느 때보다 더욱 강력히 저지되었다. 이로써 국가에 상당한 수입원이 확실히 생겼다. 국가 광산, 특히 중요했던 히스파니아 광산도 대여물로 이용되었다. 마지막으로 해외 신민들의 세금이 수입이 되었다. 또한 이 시기에 매우 큰 액수, 특히 안티오코스 전쟁에서 획득한 약탈금 2억 세스테르티우스(천 450만 탈러), 페르세우스 전쟁에서 획득한 2억 천만 세스테르티우스(천 5백만 탈러)—후자는 로마 국고로 한 번에 들어온 현금 중 최고액이었다—가 예외적으로 국고에 들어왔다.

그러나 이렇게 수입이 증가한 만큼 지출도 증가해 대부분 상쇄되었다. 시킬리아는 예외였지만, 속주들은 수입에 상응하는 지출을 했다. 도로와 기타 건물을 위한 건축비가 영토 확장에 따라 증가했다. 고난의 전쟁 시기에 토지 소유 시민들로부터 징수했던 선부담금 (tributa)의 환급도 그 후 다년간 로마의 국고에 부담이 되었다. 게다가 고위 정무관들의 부정과 방만한 운영으로 초래된 손실도 아주 컸다. 속주에서 정무관들의 행태, 국고에 손을 대는 거침없는 지출, 특히나 전리품 가로채기, 뇌물과 공갈의 체제에 관해서는 아래에서 더 다루겠다. 수익 창출과 물자공급계약과 건축계약에 있어서 나라가 어떻게 해나갔는지는, 광산의 임차인들이 신민들을 약탈하거나 국고를 훔치려 해서 로마에 귀속된 마케도니아 광산의 운영 포기를 로마 건국 587년(기원전 167년) 원로원이 결의한 사실을 보면 알 수 있다. 당연히 감독관청이 자신의 무능을 고스란히 드러낸 셈이다.

이미 기술했지만, 점유지의 납부금이 묵시적으로 정지되었을 뿐만 아니라, 수도와 여타 지역에서 사유 시설이 공유지를 침범했고 공공 수도가 사적으로 유용되었다. 그리하여 호구감찰관이 무단 침해자들에게 공공재의 무단 사용을 중지하든지 법정 사용료를 납부하도록 엄중히 강제했을 때, 불만이 극에 다다랐다. 극히 엄격한 로마인들의 경제적 양심이 공동체에 관한 다른 경우에선 놀라울 정도로 너그러웠다. "일개 시민에게서 절도하는 자는 삶을 족쇄와 사슬로 끝내고, 공동체에게서 절도하는 자는 황금과 자색을 휘두르게 된다"고 카토가 말했다. 로마 공동체의 공공재를 관리나 투기꾼들이 처벌받지 않고 거리낌 없이 약탈했음에도 불구하고, 폴뤼비오스는 희랍에서는 거의 모든 관리가 국고에 손대는 데 반하여 로마에서는 횡령이 얼마나 드물었는지를, 또 희랍에서는 아주 적은 금액 때문에 증서 10장이 봉인되고 증인 20인이 소환됨에도 모두 다 속이는 데 반하여 로마의 감독관과 관리는 그저 명예의 약속에 기하여 막대한 금액을 얼마나 잘 관리했는지를 강조했다. 이로써 희랍의 사회적, 경제적 도덕이 로마보다 훨씬 더 악화되어 있었음과, 특히 로마에서는 희랍만큼 직접적이고 공공연한 국고침탈이 아직 횡행하지는 않았음을 알 수 있다.

재정 상황은 대체로 공공 건축물들의 상태나 국고의 액수에서 명백히 드러난다. 공공 건축을 위해 평시에는 수입의 1/5, 전시에는 1/10이 지출되었는데 당시 상황에 비추어 그리 충분했던 것 같지는 않다. 이 액수로 또 국고로 직접 들어오지 않는 벌금 중 상당 액수가 수도 안팎의 도로 포장, 이탈리아의 간선도로 건설,[6] 공공건물의 건

---

[6] 그러나 간선도로 건설비는 인근 주민이 대부분 부담했다. 부역을 부과하는 옛 체제는 폐지되지

축에 쓰였다. 이 시기 유명했던 수도(首都)의 건축공사 중 가장 중요한 것은 아마도 로마 건국 570년(기원전 184년)에 계약된 수도 하수도의 대규모 수리 및 확장 공사였다. 이 공사를 위해 한 번에 1백 7십만 탈러(2천 4백만 세르테르티우스)가 배정되었고 오늘날까지 남아 있는 하수도 시설은 그 일부로 추정된다. 공공 건축 면에서 이 시기는—전시가 엄중했음을 차치하여도—전대 후기보다 뒤진다. 로마 건국 482년과 607년(기원전 272년과 147년) 사이에 로마에서 수도교(水道橋)가 새로이 놓이지 않았다.

물론 국고는 증가했다. 사람들이 국고를 사용해야겠다고 생각한 시점인 로마 건국 545년(기원전 209년)에 마지막 보유액이 겨우 1백 14만 4,000탈러(4,000파운드의 금)였다. 반면 이 시기가 끝난 직후(로마 건국 597년, 기원전 157년)에는 거의 6백만 탈러에 달하는 귀금속이 저장되어 있었다. 그러나 한니발 전쟁 후 세대에 로마 국고로 들어온 특별 수입의 액수가 크지 않고 작아서 놀라울 뿐이다. 감히 말하건대, 로마의 재정 상태는 필시 지출에 비하여 수입 초과였다. 다만 그렇다고 종합적으로 찬란한 결과는 아니었다.

않았다. 그러니 토지 소유자에게서 노예들을 징발해 도시 건설에 쓰는 일이 드물지 않았을 것이다(Cato, *De agricultura* 2).

이탈리아 신민, 수동 시민

이탈리아 내외부에 거주하는 로마의 신민들에 대한 취급에 있어서 확실히 변화된 통치 정신이 대두했다. 전에는 이탈리아에 일반 공동체, 라티움 동맹 공동체, 수동적 로마 시민 공동체, 완전한 로마 시민 공동체가 있었다. 앞서 라티움과 사비눔의 수동 시민 공동체에 있었던 일이 이제 과거 볼스키인들의 지역에 거주하는 수동 시민에게도 적용됨으로써, 로마 시민 네 계급 중 세 번째 계급인 수동 시민이 점차 이 시기에 사라졌고 로마 건국 566년(기원전 188년)에 아르피눔, 푼디, 포르미아이가 마지막으로 완전한 시민권을 취득했다. 캄파니아에서는 한니발 전쟁 중 로마에 대한 배반으로 카푸아가 이웃한 다수의 소규모 공동체들과 분리되었다. 볼스키지역의 벨리트라이, 캄파니아지역의 테아눔, 쿠마이 등 소규모 공동체 일부는 이전의 법적 상태에 머물렀지만, 수동적 로마 시민권은 대체로 제거된 것으로 볼 수 있다.

항복 외인

한편 공동체 형성의 자유나 무장권이 박탈되어 부분적으로는 로마 공동체의 노예처럼 취급된 계급(항복 외인peregrini dediticii)이 하층에 새로이 추가되었다. 특히 이전에 한니발과 동맹을 맺었던 캄파니아와 피케눔 남부 지역, 브루티움지역 등이 이 계급에 속했다. 알프스 이쪽의 거주를 허락 받았던 켈트족도 여기에 속하는데, 이탈리아 동맹체에 대한 그들의 지위가 알려진 바는 거의 없지만, 로마와 체결한 조약 중 이들 공동체 출신은 결코 로마 시민권을 취득할 수 없다는 규정을 보면 열등한 대우를 받았음을 충분히 알 수 있다.

동맹

이미 전에 언급되었지만(제3권 286쪽), 라티움 동맹이 아닌 동맹세력들의 지위는 한니발 전쟁으로 지위가 악화되었다. 네아폴리스, 놀라, 레기온, 헤라클레아 등 소수의 공동체만이 전황 변화 중에서도 꿋꿋이 로마의 편에 남았으며 그리하여 이제까지의 동맹의 지위를 변함없이 보유했다. 그러나 훨씬 더 큰 부분은 배반으로 인해 기존 조약의 불리한 수정을 감수해야만 했다. 이런 공동체에서 라티움 공동체로의 이민이 비(非)라티움 공동체의 열등한 지위 때문임이 증명된다. 예컨대 로마 건국 577년(기원전 177년)에 삼니움인과 파일리그니인들이 원로원에 파병 부담을 줄여달라고 청원했을 때, 바로 직전에 4,000명의 삼니움과 파일리그니 가족들이 라티움 식민시인 프레겔라이로 이주한 사실이 동기가 되었다.

라티움인

티부르나 프라이네스테 같이 옛 라티움 지역의, 여전히 로마 시민단체

외곽에 있는 몇 안 되는 도시들, 이들과 법적으로 동등한 헤르니키 등의 동맹도시들, 그리고 전 이탈리아에 걸쳐 있던 라티움 식민시들의 지위가 더욱 낮다는 사실은 이미 이름에 함축되어 있다. 그러나 그들도 그들 나름으로 악화되기는 마찬가지였다. 그들에게 부과된 의무는 부당하게 가중되었고 군역은 그들과 그 밖의 이탈리아 동맹세력들에게 점점 더 전가되었다. 예컨대 로마 건국 536년(기원전 218년)에 시민보다 거의 두 배로 동맹세력에서 징병되었다. 그리하여 한니발 전쟁 종료 후 시민들은 모두 퇴역했으나, 동맹세력 군인들은 그러지 못했다. 동맹군은 특히 점령 임무나 시민들이 기피했던 히스파니아의 임무에 이용되었다. 로마 건국 577년(기원전 177년)의 개선 선물은 동맹세력에게 시민의 절반만큼만 주어졌다. 그리하여 불리한 대우를 받은 부대들은 침묵하며 승전의 전차를 따랐다. 게다가 북이탈리아의 토지 분배에서도 시민은 10유게라, 비시민은 3유게라의 농지를 받았다. 무제한 거주이전의 자유가 라티움 공동체에게 이미 전에(로마 건국 486년, 기원전 268년) 박탈되었고, 로마로의 이주는 친자식과 재산의 일부를 고향 공동체에 남겨두는 경우에만 허가되었다(제2권 275쪽). 하지만 이런 부담스러운 규정들은 여러 가지 방식으로 회피되거나 위반되었다. 그리고 라티움 지역 공동체들의 시민들이 로마로 집단 이주함으로써 점점 더 주민이 감소하고, 이런 상황에서는 확실하게 파병할 수 없다는 등의 지역 공동체들의 고충이 제기되었고, 이에 로마 정부는 치안을 이유로 수도로부터 퇴거 명령을 대규모로 내리기도 했다(로마 건국 567년, 577년, 기원전 187년, 177년).

조치들은 아마도 불가피했지만, 사람들은 적잖이 불만을 느꼈다.

곧 로마가 이탈리아 내륙에 만든 도시들은 이 시기 말에 라티움 시민권 대신 완전한 시민권을 갖기 시작했다. 이것은 그때까지 해상식민시에서만 있었던 것이고 당시까지 새로 가입한 공동체들에 의해 규칙적으로 이루어지던 라티움 시민권의 확대가 이렇게 종결되었다. 도시 수립이 로마 건국 571년(기원전 183년)에 시작된 아퀼레이아는 이탈리아의 로마 식민시 중 라티움 시민권을 부여받은 마지막 사례였다. 거의 동시에 건설된 식민시들인 포텐티아, 피사우룸, 무티나, 파르마, 루나(로마 건국 570~577년, 기원전 184~177년) 등은 이미 완전한 시민권을 받았다. 그 원인은 로마 시민권에 비하여 라티움 시민권의 가치가 떨어졌기 때문일 것이다. 새로운 식민시에 이주한 식민시 주민들은 예전부터 그리고 특히 지금 로마 시민들 중에서 선발되었다. 그리고 로마 시민 중 빈곤층에서도—실질적 이익을 크게 얻는다 하더라도—자기 시민권을 라티움 시민권과 기꺼이 바꿀 사람들은 없었던 것이다.

로마 시민권 취득이 더 어려워짐

끝으로—공동체든 개인이든—비시민에게는 로마 시민권 가입이 거의 완전히 막혀 버렸다. 복속된 공동체들이 로마 공동체에 편입되는 옛 절차는, 로마 시민권의 과도한 확대로 인하여 로마 시민권이 너무나 분산되지 않도록, 로마 건국 400년(기원전 350년)경에 소멸했고, 때문에 불완전 시민공동체가 설치되었다(제2권 278쪽). 이제 불완전 시민권 공동체가 완전 시민권을 취득하고 멀리 떨어진 다수의 시민 식민시들이 공동체로 가입함으로써, 시민권 분산을 막던 공동체의 중앙집중화는 포기되었다. 하지만 동맹 공동체들과 관련해서 옛 편입체제로 돌아가지는 않았다. 이탈리아 정복을 완수한 후 어떤 이탈리아 공동체 하나라도 동맹세력 시민권을 로마 시민권과 바꾸었다는 것은 증명할 수 없다. 아마도 그 이래 어떤 공동체도 실제로 로마 시민권을 더 이상 취득하지 못했을 것이다. 이탈리아인 개인의 로마 시민권 취득은 오직 라티움 공동체의 관리들에게만 허락되었고, 시민 식민시 건설시에 받아들여진 비시민 개인에게 특별 시혜로 허락되었다.[7]

이탈리아 신민들의 이런 사실적이고 법적인 상황 변화에 적어도 내적 관련성과 일관성이 부정될 수는 없다. 신민들의 계급 상태는 이제까지의 단계구분과 비교할 때 철저히 악화된 것이고, 정부가 통상 대립을 완화하고 조정으로 화해시키려 노력했던 반면, 이제는 도처에서 중간 고리가 제거되고 연결 다리가 파괴되었다. 로마 시민 내에서 통치자 계급은 민중에게서 자신을 분리하여 공적 부담은 철저히 면탈하고 명예나 이익만큼은 철저히 자기가 취했듯이, 시민들은 이탈리아 서약공동체들에 대립했고 이 공동체들을 공동의 지배에서 점점 더 배제했고, 반면 공통의 부담은 그들에게 두 배, 세 배로 넘겼다. 귀족들

---

[7] 잘 알려져 있듯, 루디아이의 엔니우스에게 시민 식민시 포텐티아와 피사우룸 건설을 담당한 3인 위원회의 한 사람인 퀸투스 풀비우스 노빌리오르는 시민권을 부여했다(Cicero, Brutus 20, 79). 그 결과 엔니우스는 관행에 따라 노빌리오르의 개인명을 취했다. 적어도 이 시기에 법적으로는 시민 식민시에 함께 이주한 비시민이—자주 무단으로 취하기는 했지만—그렇게 시민권을 결코 취득하지 못했다(Livius, 34, 42). 그러나 식민시 건설의 임무를 띤 관리는, 특별한 경우에 제정된 민회에서 결의된 법조항에 의해, 제한된 수의 사람들에게 시민권을 부여할 자격이 있었다(Cicero, pro Balbo 21, 48).

이 평민을 상대로 귀족제의 폐쇄성으로 들어가듯, 시민은 비시민을 상대로 그렇게 했다. 제도의 관대함으로 크게 성장한 평민이 이제 귀족의 경직된 규율로 스스로를 구속하게 된 것이다.

수동적 로마 시민권의 철폐 그 자체는 비난할 것이 못 될뿐더러 동기 면에서도, 나중에 언급할 다른 사항과 연관된 것으로 보인다. 그렇지만 이 때문에 중간의 매개 고리가 사라져버렸다. 하지만 라티움 공동체들과 여타 이탈리아 공동체들 간 격차 소멸은 훨씬 더 우려스러웠다. 로마 권력의 토대는 이탈리아 내에서 라티움 민족의 차별적 우위였다. 라티움 도시들이 친족 공동체인 강력한 로마의 우월한 지배에 참여하지 못하고 이제 본질적으로 로마의 신민으로 생각되기 시작하면서, 그리고 모든 이탈리아인이 이런 상태를 더는 참지 못하게 되면서, 로마 권력의 토대는 무너졌다.

브루티움 및 같은 처지의 사람들은 이미 완전히 노예 대접을 받았다. 동시에 예컨대 노 젓는 노예로 복무하던 함대로부터 가능하면 도망쳐서 로마에 대적하는 복무도 기꺼이 받아들이는 등 완전히 노예처럼 행동한 사실, 켈트족 신민들과 무엇보다 해외 신민들은 더욱 열등한—로마 정부가 계산된 의도에 따라 이탈리아인들의 멸시와 학대에 내맡겨버린—계급으로서 이탈리아인 밑이었다는 사실은 신민들 간에도 차별이 있었음을 알려준다. 그러나 친족관계의 이탈리아 신민들과 그렇지 않은 신민들 사이의 대립이 결코 대안일 수 없었다. 심각한 불만이 이탈리아 동맹 전체에 퍼졌고, 두려움만이 큰소리치는 것을 막고 있었다. 칸나이 전투 후 각 라티움 공동체의 남자 두 명에게 로마 시민권과 원로원 의석을 부여한다는 원로원의 제안은 부적절한 시점이었기에 당연히 거부되었다. 그러나 그 제안은 지배 공동체가 이미 당시에 라티움과 로마 사이의 관계를 어떤 우려를 가지고 바라보았는지 알게 해준다. 제2의 한니발이 이탈리아를 상대로 전쟁을 벌였다면, 그가 다시 이민족 지배에 대해 단단히 저항하는 라티움이라는 바위에 부딪혀 실패했을지 의심스럽다.

속주들

이 시기에 로마 공동체에 도입된 가장 중요한 제도, 동시에 아주 결정적이고도 파괴적으로 이제껏 지켜온 궤도로부터 이탈한 제도는 새로운 속주통치 체제였다. 로마의 옛 국법은 조공을 바치는 신민을 알지 못했다. 정복된 시민들은 노예로 팔리거나 로마 공동체로 편입되거나 지방자치적 자주성과 조세 면제가 확보된 동맹을 맺게 되었다. 그러나 시킬리아, 사르디니아, 히스파니아 및 히에론의 왕국에 있는 카르타고의 소유지는 이전 소유주들에게 조공과 조세를 바쳤다. 로마가 이 소유지들을 보유하려 했다면, 새로운 지역들을 이제까지의 규범에 따라서만 관리하는 것이 근시안인 자들의 판단에 따르면 분명 가장 사려 깊고 손쉬웠을 것이다. 그리하여 카르타고-히에론적 속주 국제가 유지되었고 그 국제에 따라—이쪽 히스파니아처럼—야만인들로부터 빼앗은 지역들도 조직했다. 하지만 적으로부터 앗은 것은 네소스의 웃옷이었다. 로마 정부의 애초 의도는 신민들의 납부로 부유해지려던 것이 아니라, 행정과 국방의 비용을 뽑는 것이었다. 그러나 그곳의 행정이나 국경 수비를 인수하지도 않고 마케도니아와 일뤼리아에게 조공 바치는 의무를 부과한 것도 마찬가지의 이탈이었다. 통치를 이권으로 바꾼 것을 감안하면, 부담을 부과할 때 여전히 절도를 지켰다는 것은 그다지 중요하지 않다. 사과 한 알만 취하건 나무를 통째로 빼앗건 마찬가지 범죄였다.

속주 총독의 지위

처벌은 불의의 발자국을 뒤쫓는다. 새로운 속주 통치는 총독의 임명을 필요하게 만들었다. 그의 지위는 속주의 복리뿐만이 아니라 로마 국제와도 전혀 조화되지 않았다. 로마 공동체가 속주들에서 옛 영주들을 대신했듯이, 속주 총독은 그곳에서 왕을 대신한 것이다. 예컨대 시킬리아의 총독(praetor)은 쉬라쿠사이의 히에론 궁전에 거주했다. 그럼에도 법적으로는 총독이 공화정적 청렴과 절약으로 자신의 직무를 다해야 했다는 것은 사실이다. 카토는 사르디니아의 총독으로서 외투와 제사용 접시를 든 시종 한 명만 데리고, 복속한 도시들을 걸어서 방문했다. 히스파니아 총독직에서 돌아올 때, 그는 그의 전투마부터 처분했다. 그 말의 운송비용을 국가에 청구할 자격이 자신에게 없다고 여겼기 때문이다. 소수는 카토처럼 비웃음을 살 정도로 인색하고 성실했으나, 로마 총독 중 상당수가 옛 조상의 경건함, 식사 시간의 조용함, 직무와 사법 수행의 강직함, 특히 로마 조세징수인과 은행가들의 가렴주구에 대한 엄격함, 대체로 엄중한 권위를 통해 신민들에게—경솔한 희랍인들에게 특히—강력한 인상을 주었다는 점은 명백하다. 속주민들도 그들의 통치를 비교적 견딜 만하다고 생각했다. 속주민들은 과거 카르타고의 총독들과 쉬라쿠사이의 영주들에게 좋은 대접을 받지 못했지만, 미래의 채찍보다는 차라리 현재의 회초리를 고맙게 여겼어야 했다. 로마 건국의 여섯 번째 세기가 속주 통치의 황금 시기였음이 후에 명백히 드러난다.

공화주의자와 왕이 장기간 동시에 있는 것은 불가능했다. 총독직이 로마 통치 계급의 기율을 무서운 속도로 문란케 했다. 속주민에 대한 거드름과 오만은 당연히 그들의 역할 내에 포함되어 총독 개인을 전혀 비난할 수 없을 정도였다. 그러나 총독이 아주 깨끗한 손으로 속주에서 돌아오는 경우는—공동체 관리에게 급여가 없다는 옛 원칙을 정부가 엄격하게 고수하는 것은 더욱 드물었지만—이미 드물었다. 퓌드나 전투의 승자 파울루스가 재산을 전혀 취하지 않았다는 사실은 이미 아주 특별한 일로 인식되었다. 관리에게 "명예의 포도주"와 기타 "자발적" 진상품을 주는 나쁜 관행이 속주 체제 자체만큼이나 오래된 듯하고 카르타고의 유산일 가능성도 있다. 카토도 로마 건국 556년(기원전 198년) 사르디니아를 관리할 때 그런 진상품을 통제하고 줄이는 데 만족해야만 했다. 관리의 권리, 특히 무상의 숙박과 운송이라는 공무 여행 중 관리의 일반적 권리는 오래전부터 갈취의 구실로 이용되었다. 자신과 자기 사람들의 부양을 위해(in cellam), 또 전시에 군대의 식량, 또는 기타 상황에서는 싼 값으로 곡물수송을 징발할 수 있는 더 중요한 관리의 권리는 이미 무지막지하게 남용되고 있었기에, 히스파니아 속주민들의 소청에 원로원은 로마 건국 583년(기원전 171년)에 두 종류 사안에서 곡물감정가 평가권을 관리들로부터 박탈할 필요가 있다고 판단했다. 로마 인민 축제를 위해서도 이미 속주 신민들의 징발이 시작되었다. 안찰관 티베리우스 셈프로니우스 그락쿠스가 그가 개최할 축제를 위해 이탈리아뿐만 아니라 이탈리아 밖 공동체들에게까지 초래했던 무제한의 환란을 막고자 원로원은 공식적으로 개입하지 않을 수 없었다(로마 건국 572년, 기원전 182년). 이 시기의 말에 로마 관리가 불행한 속주민들뿐만 아니라 예속된 공화국 및 왕국들에게서 취한 것은, 그나이우스의 소아시아 약탈과 특히 페르세우스 전쟁 중 희랍에서 있었던 극악 행위와 견줄 만하다(제4권 129쪽 이하).

속주와 총독에 대한 원로원의 감시와 감독

정부는 이런 자의적 군사 통치의 과도함에 대한 엄격한 제한을 전혀 마련치 못하고 있었기 때문에 이 상황에 경악할 권리는 없었다. 사법적 통제가 없지는 않았다. 총사령관에게 임기 중에는 고충이 제출되어서는 안 된다는 아주 우려스러운 원칙에 따라, 임기 이후 로마 총독은 악행을 범한 경우 회계감사 책임을 지고 형사 및 민사적 추궁도 받았다. 형사적으로 추궁하고자 할 때 호민관이 자신에게 속하는 판관의 권한으로 사건을 맡아 사건을 인민 법정에 가져왔다. 민사재판은 해당 법무관직을 담당하던 원로원 의원이 당시의 법원 체제에 따라 원로원 의원으로 구성된 심판단에게 위탁했다. 민사와 형사 모두 통치 계급이 통제권을 장악하고 있었다. 통치 계급 자체도 충분히 적

법한 제도였고 그 계급 사람들도 명예로웠기 때문에 소청을 무조건 무시하지는 않았으며, 또 원로원이 여러 번이나 피해 입은 자들의 상소에 민사재판의 개시를 마지못해 용인해 주었다 할지라도, 권력 있는 통치귀족 계급을 향한 하류층과 외인들의 소청은 피고인과 신분이 같고 사건과 무관한 판관과 배심원들 앞에서 애초 불의가 명명백백한 경우에만 승소를 기대할 수 있었다. 소청하여 패소한다면 파멸이 확실했다.

피해자들은 세습된 보호관계에서 확실한 지지 세력을 갖고 있었다. 이 보호관계로 신민의 도시와 지방이 정복자 및 정복자와 가까운 자들과 연결되었다. 히스파니아의 총독은 카토의 피호민을 공식적 처벌 없이 학대하기란 불가능함을 알고 있었다. 그리고 파울루스에게 정복된 세 민족, 즉 히스파니아, 리구리아, 마케도니아의 대표자들이 화장터까지 상여 나르는 일을 빼앗기려 하지 않았다는 사실은 이 고귀한 남자를 둘러싼 가장 아름다운 장송곡이었다. 그러나 이 특별한 보호는 주인 앞에서 한없이 비굴해질 수 있는 희랍인들이 모든 재능을 로마에서 펼치고 자발적인 노예근성으로 주인들마저 타락시킬 기회를 주었을 뿐 아니라—쉬라쿠사이를 파괴하고 약탈한 마르켈루스의 탄핵에 실패하자, 그의 명예를 기리겠다는 쉬라쿠사이의 결의는 그렇지 않아도 불명예스럽던 쉬라쿠사이 연대기에서 가장 수치스러운 일이었다—이미 위험한 문벌정치에서 이런 가문 보호제도는 정치적으로 우려스러운 측면을 가지기도 했다.

이 방식으로 로마 관리들은 신들과 원로원을 항상 어느 정도 두려워했고 도둑질에서 대체로 절도를 지켰다. 그러나 그럼에도 도둑질은 계속되었고 절도만 지켰다면 처벌은 없었다. 로마 관리에게 작은 규모의 갈취와 적절한 폭력은 어느 정도 권한 내에 있고 처벌되지 않으며 그리하여 피해자는 침묵해야 한다는 해로운 규칙이 확고해졌다. 그 후속 시기는 파멸적인 결과를 면치 못했다. 느슨하다는 평판이 아주 강했지만, 법원이 묻는 책임이 가장 악한 상태만은 제어할 수 있었다. 그러나 좋은 행정의 참된 보증은 최고 관청들의 엄격하고 일관된 감독에 달려 있는 것이다. 이에 원로원은 전혀 감독하지 않고 있었다. 여기에서 최초로 집단 통치의 느슨함과 무력함이 명확히 드러났다. 법적으로 총독들은 이탈리아 자치시의 행정보다 훨씬 더 엄격하고 특별한 감독을 받아야 했고, 큰 해외 영토를 포괄하게 된 현 정부는 전체를 감독할 수 있는 체제를 확대해야 했다.

두 가지 측면에서 정반대의 사태가 발생했다. 총독은 독재자처럼 지배했고, 가장 중요한 제도인 제국 인구조사는 아직도 시킬리아에서 끝나지 않았고, 후에 획득된 속주들에서는 실시되지도 않았다. 최고 행정관리들의 중앙권력으로부터의 이탈은 매우 우려스러운 것이었다. 로마 총독은 로마의 군대 수장으로서 상당한 재정 수단을 장악하고 있으며 게다가 아주 느슨한 사법적 통제를 받고 있었고 상급 관청으로부터 사실상 독립적이었다. 결국 필연적으로 총독 본인과 자기 부하들의 이익을 공동체 이익과 분리시켰고, 대립시켰고, 삼니움 전쟁 시 로마 원로원의 수임인보다 페르시아의 태수에 훨씬 더 닮아 있었다. 그리고 외국에서 법률에 의한 군사독재를 수행한 사람은 다시 —명령자와 복종자는 알고 있었을지언정 주인과 노예는 몰랐던—시민 공동체로 돌아가는 길을 거의 찾을 수 없었다. 정부도 여기에서

'귀족 내의 평등'과 '관리 권력은 원로원의 하위'라는 두 가지 기본 원칙을 속주 총독들이 망각하고 있다는 것을 감지했다. 새로운 속주 획득과 전체 속주제도에 대한 정부의 반감에서, 적어도 총독의 재정 권력을 박탈할 목적으로 속주 재무관직의 창설에서, 그 자체로 아주 합당한 긴 임기의 총독제의 폐지에서 심모원려의 로마 위정자들이 뿌려진 씨앗 앞에 가졌던 우려가 아주 명백히 드러났다. 그러나 진단은 치료가 아니다. 귀족정부의 내치는 정해진 방향으로 더 나아갔고, 행정과 재정의 몰락, 장래 혁명과 찬탈의 준비는—부지불식간의 것이 아니라면—제어되지 않고 계속 진행되었다.

반대당파

새로운 귀족이 옛 혈통귀족보다 덜 뚜렷하게 규정되었고 혈통귀족은 법률적으로, 신귀족은 사실적으로 나머지 시민들의 정치권력 분유를 저지했을 때 바로 그렇기 때문에 후자의 저지는 전자의 저지보다 견디기 어려웠고 깨기도 힘들었다. 이를 깨기 위한 시도가 전혀 없었던 것은 아니었다. 귀족이 원로원에 의존했듯이 반대파는 민회에 의존했다. 반대파를 이해하기 위해서는 우선 당시 로마 시민체를 공동체 안에서의 정신과 지위에 따라 기술하여야 한다.

로마 시민체의 성격

로마 민회와 같은 시민집회에게, 즉 주된 동륜(動輪)이 아니라 전체의 확고한 토대에게 요구되는 바는, 공동선에 대한 확고한 시선, 옳은 지도자에 대한 통찰 있는 복종, 좋은 날이건 나쁜 날이건 항상 같은 마음, 특히 전체를 위한 희생 능력, 미래의 복리를 위한 현재의 안락을 희생하는 능력이었다. 이 모든 것들을 로마 공동체는 아주 높은 수준으로 이룩하여 시선이 향하는 어디에서든 어떤 견책도 놀라울 정도의 경외로 침묵했다. 이 시기에도 이런 현명한 감각이 여전히 공동체를 완전하게 주도하고 있었다. 시민체의 전체 행위는 정부나 반대당파에 대해 아주 명백하게, 한니발의 천재성도 그 앞에 무릎을 꿇어야 했던 강력한 시민들이 여전히 로마 민회를 주도하고 있다는 사실을 증명한다. 시민들은 아주 빈번히 오류에 빠지기도 했지만, 중우로서 오류를 범한 것이 아니라 시민적이고 농민적인 한계 때문에 범한 것이다. 그러나 물론 시민들이 공공 사안의 진행에 개입하는 방식은 점점 더 도움이 되지 않았고, 사태는 그들의 위대한 행위 때문에 그들 머리로는 완전히 걷잡을 수 없을 정도로 발전했다.

　이 시기가 지남에 따라 대부분의 종래 수동 시민 공동체들뿐만 아니라 상당수의 새로 건설된 식민 도시들이 완전한 로마 시민권을 취득한 사실은 이미 기술했다. 이 시기의 끝에 로마 시민들은 꽤 밀집된 무리로 넓은 의미의 라티움, 사비눔, 캄파니아의 일부 지역 등을 채워, 그들의 범위가 서해안에서 북쪽으로는 카이레까지, 남쪽으로는 쿠마이까지 이르렀다. 티부르, 프라이네스테, 시그니아, 노르바, 페렌티눔

등 적은 수의 도시만이 그 범위 밖에 있었다. 이에 일관되게 완전 로마 시민권을 갖는 이탈리아 해안의 해양 식민시들, 시민권이 부여되어야 했던 피케눔과 아펜니누스산맥 너머의 최근 식민시들, 원래 별도의 공동체를 형성하지 않고 이탈리아 전역에서 '시장촌과 주거촌*fora et conciliabula*'에 흩어져 살고 있던 상당수의 로마 시민이 추가된다.

사법[8]과 행정의 운영을 위해 이런 도시 공동체의 미비함을 앞서 언급한 대리 판관(제2권 278쪽)이 어느 정도 임시로 처리하게 했다. 특히 해양 식민시들이나 새로운 피케눔과 아펜니누스 너머의 식민시들은 거대한 로마 도시 공동체의 기본구조에 따라 소규모 도시 공동체의 미래 행정조직을 정비했다. 하지만 모든 정치적 문제를 다룰 정당한 권한은 오직 로마 광장의 본원 시민 집회만이 가졌다. 그리고 투표권자 전체가 투표권을 아침에 농장에서 나와 그날 저녁에 다시 돌아갈 때의 방식과는 전혀 다르게, 민회가 작동한다는 점은 한눈에도 명백하다. 게다가 정부가—판단력이 없어서인지, 태만해서인지, 악의적으로 그러했는지 모르지만—로마 건국 513년(기원전 241년) 후에 시민연합에 들어오는 공동체들을 예전과 달리 새롭게 세워진 선거구가 아니라 옛 선거구로 편입시켰기에, 점차 모든 선거구가 전 로마 영역에 산재한 다양한 지역들로 구성되었다.

도시는 더 많고 지방은 더 적었지만, 평균적으로 8,000명의 투표권

---

[8] 주지하다시피 베나프룸지역에서의 농사와 관련된 카토의 교훈서에서, 발생하고 있던 분쟁들에 대한 법적 처리에서 특정한 한 사례만 로마로 이송되었다. 즉 농장소유자가 겨울 초장을 양떼 소유자에게 임대하는 경우였고, 그것은 대개 그 지역에 거처가 없는 임차인과 문제가 될 때였다 (*De agricultura* 149). 이로부터 그 지역 거주자와 계약한 통상적인 경우의 분쟁들은 카토의 시기에 이미 로마가 아닌 지방의 심판인에 의해 결정되었다고 추론할 수 있다.

자로 구성되는 선거구는 이제 지역적 관련성도 없고 내적 일치도 없었는데 이미 특정한 지도나 충분한 사전협의를 허용하지 않았다. 이것은 투표 전에 자유 토론이 전혀 행해지지 않았을 때, 더더욱 부족했다. 나아가 시민들이 공동체의 이익을 인지할 수 있는 완벽한 능력을 가졌어도, 지배 세력이 풀어야 하는 지난한 최우선 문제에서, 선량하지만 우연히 뭉친 이탈리아 농민 무리에게 결정권한을 부여하고, 최종 심급의 결정 이유나 결과를 이해하지 못하는 사람들에게 사령관 임명과 국가 간 조약에 관해 판단하도록 하는 것은 무의미하고 우스울 뿐이다. 공동체 고유의 사안이 아닌 것들에서 로마 민회는 미숙하고 어리석기까지 했다. 일반적으로 사람들은 모든 일에 '예'라고 답할 뿐이다. 그리고—로마 건국 554년(기원전 200년) 마케도니아에 대한 선전포고처럼—예외적으로 사람들이 자발적으로 '아니오'를 말했을 때, 근시안적 판단이 국가 정책에, 가련하고도 가련한 결과에 이르는 반대를 표한 것이다.

도시 폭민의 흥기

독립적 시민계층과 더불어 피호민 폭도가 존재했고, 이들은 형식적으로 동등한 권리를 갖는 한편 이미 종종 사실상 우위를 점했다. 폭민이 발생한 제도들은 아주 오래된 것이었다. 태고적부터 상류의 로마인들은 자기에게서 해방된 자들과 이주민들에 대해 일종의 통치권을 행사했고, 모든 피호민의 중요한 사안에서 자문 의뢰에 응했다. 예컨대 피호민은 보호인의 동의를 얻지 않고는 자식을 혼인시킬 수 없었고 아주 빈번히 보호인 자신이 혼인을 직접 주선하기도 했다. 그러나 귀족이 수중에 권력뿐만 아니라 부까지 결합시킨 특수한 통치 계급이 되었듯, 피호민은 식객과 걸인이 되었다. 부자들의 새로운 추종자들은 시민계층을 형해만 남겼다. 귀족은 이 피호민들을 참았을 뿐만 아니라, 재정적·정치적으로 이용했다. 예컨대 주로 종교적인 목적에서 고위층 인사를 매장할 때만 있었던 모금이 이제는 상류층 권력자에 의해—최초로는 루키우스 스키피오가 로마 건국 568년(기원전 186년)에 주최한 공공 체전에서—예외적인 기회에 대중으로부터 부가세를 거두는 데 이용되었다. 특히 원로원 의원들이 증여라는 명목 하에 피호민으로부터 정기적으로 납부금을 거두기 시작했기 때문에 법률로 제한되었다(로마 건국 550년, 기원전 204년). 그러나 무엇보다도 추종자들은 민회를 장악하는 것으로 주인에게 봉사했다. 그리고 선거의 결과는 종속적 폭민이 이미 이 시기에 독립적 중산층을 상대로 어떠한 강력한 경쟁을 펼쳤는지 명확하게 보여준다.

특히 수도에서, 여기서 전제된 폭민의 급작스러운 증가가 증명된다. 증가하는 피해방자의 수와 의미는 이미 지난 세기부터 현 세기까지 계속되는 그들의 투표권에 관한 논의에서 증명된다. 그리고 한니발 전쟁 중 원로원이 실행한, 명예로운 여자 해방노예가 공적 모금의 배분에 참가할 수 있고 자유인의 자식들에게만 인정되던 명예의 표식을 해방노예의 적자들에게도 허용한다는 희한한 결의에서도 증명된다. 법적 노예 지위가 동방에서 고착되어 있었고, 민족적 노예상태가 희랍인들에게 고착되어 있었는데, 이들 가운데 로마로 이주한 대다수의 형편은 해방노예들보다 별로 낫지 않았을 것이다.

다중의 체계적 부패와 곡물의 배분

수도 폭민들의 등장에 이런 자연적 원인들이 함께 작용했고, 귀족이나 선동은 체계적으로 폭민을 키웠고, 인민에 대한 아첨 등 더 나쁜 일들을 통해—그들에게 책임 있는 한에서—옛 시민정신을 훼손했다는 비난을 면할 수 없다. 투표인단은 여전히 너무나 명예로워, 대규모의 직접적 투표부정을 인정하기는 어려웠다. 그러나 간접적으로는 이미 결코 상찬 받지 못할 방식으로 투표권자들의 호의가 얻어졌다. 싼값에 곡물을 공급하고 체전을 감독하는 관리, 특히 안찰관의 옛 의무는 결국 수도 폭민의 끔찍한 "빵은 공짜로, 체전은 영원히"라는 구호가 발생하게 된 사태로 변질되기 시작되었다. 속주 총독이 로마 시장 담당 관리(안찰관)에게 위임하거나 속주들 자체가 개별 관리들의 호의를 얻기 위해 대규모의 곡물을 로마에 무상으로 제공했기 때문에, 로마 건국 6세기 중반부터 안찰관이 수도 주민들에게 곡물을 헐값에 제공할 수 있었다. 카토는, 시민들이 좋은 충고에 더는 귀 기울이지 않는 건 전혀 놀라운 일이 아니니, 배에는 귀가 달려 있지 않다고 말했다.

축제

민중의 유흥거리는 놀라울 정도로 증가했다. 500년 동안 로마 공동체는 국민 축제를 1년에 한 번 경기장에서 벌였다. 로마의 공공연한 첫 선동가인 가이우스 플라미니누스는 두 번째 축제와 두 번째 경기장을 추가했고(로마 건국 534년, 기원전 220년),[9] 새로운 축제의 이름인 "평민 축제"에서 이미 그 경향을 충분히 간취할 수 있는 이런 축제들로써 트라시메네스호의 전투 허가를 매수했다. 통로가 일단 열리니 진도가 빨랐다. 평민의 보호신 케레스를 기리는 축제는 평민 축제보다—설령 후대라 해도—아주 먼 후대 일은 아니다. 시뷜라와 마르키우스 예언의 지침에 따라, 이미 로마 건국 542년(기원전 212년)에는 아폴로를 기리는 네 번째 국민 축제가, 로마 건국 550년(기원전 204년)에는 새로이 프뤼기아에서 로마로 들어온 대모신을 기리는 다섯 번째 축제가 추가되었다. 이때는 한니발 전쟁 중의 고난의 시절이었다. 아폴로 체전의 첫 축제에서 시민들은 축제 중에 징집 명령을 받았다. 이탈리아의 특유한 미신적 공포는 병적 흥분상태에 빠졌고, 시뷜라 신탁과 예언을 유통시키고 그 내용으로 대중을 모으려고 그런 공포를 이용한 것이었다. 그리하여 시민들에게 엄청난 희생을 기대해야 했던 정부가 의도했다는 것을 비난할 수는 없다.

---

[9] 경기장의 시설은 증명된다. 평민 경기의 발생에 관해서는 오래된 전승이 없다. 위(僞) 아스코니우스가 말하는 것(p. 143 Orelli)은 전승이 아니기 때문이다. 그러나 그 평민 경기들이 플라미니누스 경기장에서 개최되었고(Valerius Maximus 1, 7, 4) 최초로 로마 건국 538년(기원전 216년)에 확실히, 즉 그 건설 4년 후에 등장했으므로(Livius 23, 30), 위에서 기술된 바는 충분히 증명되었다.

한 번 양보한 것은 계속 그렇게 된다. 심지어 고요했던 평시에도(로마 건국 581년, 기원전 173년) 더 적은 규모의 국민축제, 즉 플로라 여신을 기리는 체전이 추가되었다. 이런 새로운 축제들의 비용은 개별 축제 개최의 위탁을 받은 관리들이 자비로 해결했다. 그리하여 옛 국민 축제를 담당하던 고등 안찰관은 대모신 축제와 플로라 여신 축제를, 평민 안찰관은 평민 축제와 케레스 축제를, 도시 법무관은 아폴로 축제를 관장했다. 새로운 축제들이 공동금고에 부담이 되지는 않았다는 사실로 그들은 면책됐다고 생각했을 수 있다. 상당한 수량의 불필요한 지출로써 공동체 예산에 부담지우는 것이, 국민 유흥의 개최가 실로 공동체 고위 관직 담당의 자격요건으로 허용되는 것보다 사실 결코 더 큰 불이익은 아니었을 것이다. 장래에 집정관 후보가 될 자들은 곧 이 경기들의 비용을 놓고 경쟁했다. 이로써 경기 지출은 믿을 수 없을 만큼 뛰어올랐다. 그리고 쉽게 이해할 수 있지만, 집정관 희망자가, 말하자면 이런 법적 급부 외에 자발적인 '급부munus'로 검투경기를 자신의 비용으로 대중을 위해 개최하는 것도 별 문제는 없었다. 경기들의 위용은 점차 선거인단이 집정관 후보의 유능함을 재는 척도가 되었다. 귀족은 물론 더 많이 지출해야 했다. 꽤 괜찮은 검투 경기는 75만 세스테르티우스(5만 탈러)가 소요되었다. 그러나 이렇게 함으로써 무산 계급의 정치 경력을 막을 수 있었기 때문에, 귀족은 자진하여 지출했다.

전리품의 낭비

부패는 시정에만 국한되지 않았고, 이미 병영에까지 미쳤다. 예전의 시민군은 병역 보상금을 받았고 운이 좋은 경우에는 적지만 전승 선물을 집에 가지고 돌아올 수 있었기에 스스로 행복하다고 여겼다. 스키피오 아프리카누스를 정점으로 하는 새로운 사령관들은 로마의 재산과 약탈 재산을 모두 자신들끼리 나누어 가졌다. 카토가 아프리카에 있는 한니발과의 마지막 전역 중에 스키피오와 다툰 것이 바로 이와 관련된 것이다. 두 번째 마케도니아 전쟁과 소아시아 전쟁의 퇴역병들이 완전히 부유한 자들이 되어 귀향했다. 그 사령관은 상류 계층에게도 상찬받기 시작했다. 속주민들의 진상품과 전쟁의 수익을 그와 직속부하들만 취하지 않았고, 병영의 많은 자가 금은을 챙겨 고향으로 돌아갔던 것이다. 동산 전리품도 국가 소유라는 것이 점차 망각됐다. 루키우스 파울루스가 전리품을 다시 옛 방식으로 처리하려고 했을 때, 병사들, 특히 쏠쏠한 약탈에 대한 기대로 참전한 수많은 자원자가 민회의 결의로 퓌드나의 승자에게—리구리아의 마을 세 개를 정복한 모두에게도 부여했던—개선의 명예를 거부할 뻔했다.

전사 정신의 몰락

전쟁술에서 약탈술로의 전환을 맞아 시민들의 군대 기율과 전투 정신이 얼마나 손상되었는지는 페르세우스 전쟁에서 탐색할 수 있다. 그리고 이스트리아 전쟁(로마 건국 576년, 기원전 178년)에서는 우스꽝스럽게도 비겁함이 만연했다. 그때 사실상 별 것 아니었는데도 풍문으로 걷잡을 수 없이 부풀려진 충돌로부터 로마의 육군과 해군, 게다가 이탈리아인들도 고향으로 도망했고, 카토는 동포의 비겁함을 특별히 견책하는 연설을 할 필요를 느꼈다. 여기서도 상류층 자제들이 앞장섰다. 이미 한니발 전쟁 중(로마 건국 545년, 기원전 200년) 호구감찰관들은 기사 계급의 병역 태만을 중형으로 다스릴 필요를 느꼈다. 이 시기 말에(로마 건국 574년?, 기원전 180년?) 민회는 귀족 자제들을 군대로 강제하기 위해 10년의 군복무 증명을 모든 관직의 자격으로 확정하는 데 결의했다.

엽관

겉으로는 다양한 듯하지만 모든 신분과 계급에서 본질적으로는 동일하게 상하층을 막론하고 벌어진 표식과 관직의 사냥만큼 자부심과 명예의 몰락을 명확하게 드러내 주는 것은 없다. 개선식의 명예가 과도하게 추구되어, 공개된 전투에서 공동체의 권력을 증대시킨 정규의 고위 관리들에게만 개선식을 허가한 옛 규칙은 거의 유지되지 못했고, 아주 중요한 전승의 주인공들조차 바로 개선의 명예를 받지 못하곤 했다. 원로원이나 민회로부터 개선을 얻어내려 시도했으나 성공치 못하거나 또는 그런 가망이 전혀 없는 사령관들이 스스로 적어도 알바산까지 개선 행진하는 것을 사람들은 묵과해야 했다(로마 건국 523

년, 기원전 231년에 최초로). 리구리아 또는 코르시카 무리와의 전투도 개선식을 요청하기에 너무 하잘것없는 정도는 아니었다. 결국 로마 건국 570년(기원전 184년)의 집정관들처럼 전쟁 없는 개선장군들의 행태를 끝장내기 위해, 최소한 5,000명의 적을 죽인 야전을 증명해야만 개선식을 할 수 있게 했다. 그러나 이 증명도 종종 허위 보고에 의해 잠탈되었다. 이미 귀족 가문들에는 결코 전장에서 왔을 리 없는 많은 적군 무구들이 찬란히 빛나고 있었다.

예전에는 1년 임기의 최고사령관이 다음해 자기 후임자의 참모로 들어가는 것을 명예로 생각했다면, 이제 전직 집정관 카토가 티베리우스 셈프로니우스 롱구스(로마 건국 560년, 기원전 194년)와 마니우스 글라브리오(로마 건국 563년, 기원전 191년) 휘하에서 군사대장으로 복무한 것은 신식 거만함에 대한 저항이었다. 예전에는 공적 공헌에 대한 공동체의 감사는 오로지 한 번으로 족했으나, 이제는 모든 업적이 지속적인 영전을 요구했다. 뮐라이 전투(로마 건국 494년, 기원전 260년)의 승자 가이우스 두일리우스는 자신이 저녁에 수도의 대로상을 행차할 때는 언제나 횃불 드는 1인과 피리 부는 1인이 앞에서 수행하도록 했다. 자비로 세운 입상과 기념물들은 흔해빠져서, 그런 것을 갖지 않는 것이 오히려 영전이라고 조롱조로 말해질 정도였다.

그러나 그런 일신의 명예에 의한 만족은 오래가지 못했다. 그리하여 승전이 있으면 승자와 그 후손에게 지속적인 별칭을 만들어 주게 되었다. 이 관행은 특히 자마 전투의 승자가 자신을 '아프리카의 사나이'로, 동생은 '아시아의 사나이'로, 사촌은 '히스파니아의 사나이'로

칭하게 하면서 시작됐다.[10] 상류층의 예를 하류층도 좇았다. 통치 계급이 계급에 따른 장례식의 차별을 확정하고 전직 호구감찰관에게 자색 수의를 허용하자, 피해방자들도 아들만큼은 선망의 대상인 자색 가장자리로 장식할 수 있게 해달라고 요구했을 때, 피해방자를 비난할 수는 없었다. 겉옷, 반지, 장신구함으로 시민이 외인과 노예로부터 구별되었을 뿐 아니라, 피해방 노예로부터 생래 자유인이, 피해방 부모의 아들로부터 생래 자유인의 아들이, 평민 시민으로부터 기사 계급과 원로원 계급 아들이, 평민 원로원 의원으로부터 귀족 집안의 자제가 구별되었다. 모든 좋고 위대한 것이 시민 평등의 결과였던 바로 이 공동체에서 이러했다!

공동체의 불화는 반대당파 내에서도 반복되었다. 농업에 토대를 둔 애국당파는 큰소리로 개혁을 요구했다. 수도의 군중에 토대를 둔 선동가들도 나서기 시작했다. 두 방향은 완전히 분리될 수 없고 빈번히 함께 갔지만, 관찰에서는 둘을 나눠야 할 것이다.

개혁당파와 카토

개혁당파는 우리에게 마르키우스 포르키우스 카토(로마 건국 520~605

---

[10] 제4권 103쪽. 그러한 별칭의 최초의 확실한 실례는, 메사나의 승리자로서 메살라라는 이름을 취한(제3권 47쪽) 로마 건국 491(기원전 263년)의 집정관 마니우스 발레리우스 막시무스다. 로마 건국 419년(기원전 335년)의 집정관이 유사하게 칼레누스라고 불렸다는 것은 틀리다. 발레리우스 가문(제2권 42쪽)과 파비우스가문(제2권 96쪽)의 별칭 막시무스는 완전히 같은 것은 아니다.

년, 기원전 234~149년)라는 화신으로 다가온다. 여전히 이탈리아에 제한되어 세계통치를 거부하는 구체제의 마지막 유명 정치가 카토는 후대에까지 성실 강직한 참된 옛 로마인의 모범으로 여겨졌다. 새로운 희랍적·세계시민적 귀족에 대항하는 로마 중산층 반대당파의 대표자로 보는 것이 더 맞을 것이다. 그는 쟁기 옆에서 자라나, 시대의 추세에 냉담했던 몇 안 되는 귀족 중 한 사람이었던 이웃 토지주인 루키우스 발레리우스 플라쿠스를 통해 정치에 입문했다. 그 거친 사비눔 농민은 이 건실한 귀족에게 시대의 흐름에 저항하기에 최적의 사람으로 보였다. 그리고 과연 그는 실망스럽지 않았다. 플라쿠스의 지원 하에 또 좋은 옛 관행에 따라 전심전력으로 동료시민들과 공동체에 복무하면서 그는 분투하여 결국 집정관직과 개선식에 이르렀고, 게다가 호구감찰관직까지 올랐다. 17세의 나이로 시민군에 입대하여 트라시메네스호의 전투에서부터 자마 전투까지 한니발 전쟁의 전 과정에 참가했고, 마르켈루스와 파비우스의 휘하에서, 또 네로와 스키피오의 휘하에서 복무했고, 타렌툼과 세나, 아프리카, 사르디니아, 히스파니아, 마케도니아 등지에서 병사로, 참모장교로, 사령관으로 언제나 유능함을 증명했다.

그는 연단에서도 전장에서처럼 섰다. 그의 거침없는 언사, 촌철살인의 농민적 재치, 로마법 지식과 로마 사정에 관한 인식, 믿을 수 없을 정도의 활동력과 강철 같은 체력 등이 처음에는 이웃 도시들에서 인정받았다. 결국 수도 로마의 포룸과 원로원 의사당이라는 더 큰 무대에 올라 그는 당대 가장 영향력 있는 대변인이자 정치 연설가가 되었다. 그는 우선 로마 정치가 중 자신의 이상형이었던 마니우스 쿠리우스가 주창했던 기조를 취했다. 그는 만연하던 몰락에 자신이 원했던 바대로 평생에 걸쳐 전심전력으로 대항하는 것을 유일한 임무로 삼았다. 그리고 85세 때에도 로마광장에서 새로운 시대정신과 전투를 벌였다.

그는 아름다운 용모와는 거리가 멀었다. 눈은 초록색이고 머리카락은 빨간색이었다고 정적들이 주장한다. 위대한 사람은 아니었고 멀리 내다볼 줄 아는 정치가는 더더욱 못되었다. 정치적으로 또 윤리적으로 철저히 편협했으며 항상 좋은 옛 시절의 이상을 눈앞에 그리고 줄기차게 언급하면서 모든 새로운 것을 고집스럽게 멸시했다. 자신에게도 엄격했기에, 모든 사항과 모든 이에 대해 가차 없이 엄정하고 가혹하게 굴어도 된다고 생각했고, 올곧고 명예로웠으되 경찰 질서와 상인의 정직 이상은 결코 넘어갈 줄 몰랐으며, 모든 패악과 비열함 그리고 우아함과 친절함의 적이자 무엇보다도 자기 적들의 적이었다. 그리하여 그는 결코 악의 근원을 절멸시키려 하지 않고, 다만 일생 동안 병증들, 특히 사람들을 상대로 투쟁했다. 지배 계급은 상스럽게 짖어대는 그를 고상한 태도로 멸시했고, 그를―이유가 전혀 없었던 것도 아니지만―완전히 무시해도 된다고 생각했다.

그러나 거만한 공화주의자의 자세를 취하는 이 늙은 기율감독관(즉 호구감찰관), 흉터 가득한 한니발 전쟁의 퇴역군인, 제일 영향력 있는 원로원 의원이자 로마 농민 계층의 우상 앞에서 원로원 안팎의 부패한 자들은 두려워 떨었다. 그의 귀족 동료들에게 차례차례 공개적으로―증거를 엄밀하게 제시하지 않으면서, 또 개인적으로 자기를 화나게 했다거나 도발한 자들에 대해서는 즐기면서―죄악 목록을 들이 댔다. 마찬가지로 시민들의 새로운 불의나 비행은 무엇이든 다 거리낌 없이 공개적으로 견책했다. 그의 격렬한 공격은 무수한 적을 양산했고, 당시 최강의 귀족 집단이었던 스키피오가와 플라미니누스가와는 공공연한 앙숙지간으로 지냈다. 그리하여 그는 44회나 공개적으로 고발되었다.

그러나 농민층은 인정사정없는 이 개혁 투사를 투표에서 한 번도 실패하게 놔둔 적이 없다. 이 사실은 칸나이 전투를 견디어 낸 그 정신이 여전히 당시 로마 중산층에서 얼마나 강력했는지를 아주 잘 보여준다. 실제로 로마 건국 570년(기원전 184년)에 카토가 귀족 동료 루키우스 플라쿠스와 함께 호구감찰관직에 출마하면서 임기 중에 지위 고하를 막론하고 시민 전체를 철저히 정화하겠다고 선포했을 때 두려움의 대상이었지만, 귀족들의 갖은 노력에도 불구하고 시민들에 의해 선출되었다. 그리고 큰 규모의 숙청이 실제로 일어나고 아프리카누스의 형제가 기사 계급 명부에서, 희랍 해방자의 형제가 원로원 계급 명부에서 삭제되는 것을 귀족은 감수해야만 했다.

경찰 개혁

사람들을 상대로 한 이 전쟁과, 사법과 경찰로 시대의 정신을 금압하려는 여러 번의 시도는, 그 취지가 아주 훌륭했음에도 불구하고, 기껏해야 부패의 흐름을 단기간만 막을 수 있었다. 그리고 카토가 그런 흐름에도 불구하고 아니면 그 흐름에 의해 정치적 역할을 담당할 수 있었다는 사실이 주목할 만한 것이라면, 그가 반대당파의 대표자들을 —이들도 그를 제거하지 못했지만—제거하는 데 별로 성공하지 못했다는 점도 주목할 만하다. 그리고 그 자신과 동지에 의해 도입된 민회 앞에서의 회계감사 절차들도 정치적으로 중요한 사안들에서—카토를 상대로 하는 고발도 그랬지만—철저한 성공을 거두진 못했다. 사치를 제한하고, 검약하고 질서 있는 가계를 도입하려 당시 엄청나게 제정된 경찰 법률이 위의 고발보다 더 이루어낸 것도 별로 없다. 그 법률의 일부는 아래 국민경제의 기술에서 더 다룰 것이다.

토지 분배

압도하던 몰락을 간접적으로 제어하려는 시도들이 훨씬 더 실용적이고 유용했다. 그 시도들 중 국가 공유지에서의 새로운 농장 분배가 의심의 여지없이 1위를 차지할 것이다. 분배는 제1차 카르타고 전쟁과 제2차 카르타고 전쟁 사이의 기간과 또 제2차 카르타고 전쟁 종료로부터 이 시기가 끝나는 무렵까지 상당한 범위에 걸쳐 무수히 이루어졌다. 그중 가장 중요한 것은 로마 건국 522년(기원전 232년)에 있었던 가이우스 플라니미우스에 의한 피케눔 공유지의 배분, 로마 건국 560년(기원전 194년)에 있었던 여덟 개의 새로운 해안 식민시 건설, 그리고 무엇보다 로마 건국 536년(기원전 218년)과 로마 건국 565~577년(기원전 189~177년) 사이의 플라켄티아, 크레모나, 보노니아, 아퀼레이아, 포텐티아, 피사우룸, 무티나, 파르마, 루나 등 라티움 식민시들의 건설에 의한 아펜니누스와 파두스강 사이 지역의 전체적 식민화였다. 이 복된 식민시 기초 건설의 대부분은 대체로 개혁당파가 이룬 것이라 할 수 있다. 한편으로 한니발 전쟁, 가공할 만한 대농장, 더 나아가 일반적으로 이탈리아 자유민의 소멸에 의한 이탈리아의 황폐화를 지적하면서, 다른 한편으로 자신들의 소유지 옆, 또는 마찬가지로 알프스 이쪽 갈리아, 삼니움, 아풀리아와 브루티움 지역에 있던 광범위한 귀족의 점유지를 지적하면서, 카토는 귀족에게 식민시 건설을 요구했다. 이런 요구에 로마 정부가 마땅한 방식으로는 따르지 않았을지라도, 사려 깊은 이 남자의 경고에 귀를 아예 닫고 있지는 않았다.

병역 관련 개혁

400명의 새로운 기마부대 창설로써 시민 기마대의 몰락을 막자는, 원로원에 제출한 카토의 제안도 이와 관련되어 있다. 그것을 위한 재원이 국고에 부족할 리 없었다. 그러나 기병일 뿐 기사가 아닌 자들을 시민 기마대에서 배제하려는 귀족의 배타적 노력 때문에 그의 제안은 실패한 듯하다. 그에 반하여, 로마 정부로 하여금 군대를 동방의 방식에 따라 심지어 노예시장에서 징모하려는—운 좋게 실패한—시도를 하게 한 긴급한 전쟁 상황 때문에, 그때까지 시민군으로 복무하는 데 필요했던, 자유인이자 재산으로 1만 1,000아스(300탈러)를 가져야 한다는 자격이 완화될 수밖에 없었다. 4,000아스(115탈러)에서 1,500아스(43탈러) 사이로 산정되던 자유인들과 전체 피해방자가 함대 복무에 동원된 점을 제외한다면, 군단병을 위한 최소한의 재산 자격 기준은 4,000아스(115탈러)로 감축되었고, 긴급시에는 함대복무 의무자들뿐만 아니라, 심지어 1,500아스(43탈러)에서 375아스(11탈러) 사이로 산정되는 자유인들도 시민보병대에 입대했다. 이전 시기 말 또는 현 시기 초에 속하는 이런 개혁은 세르비우스 군대 개혁과 마찬가지로 당파 싸움에서 야기된 것이다. 그러나 우선 시민의 요구가, 이어 시민의 권리가 필연적으로 시민의 부담과 균형을 이루게 되면서, 이 개혁은 민주 당파에게 중요한 추동력을 제공했다. 빈민과 피해방자들은 공동체에 복무하면서 공동체에 의미 있는 존재가 되기 시작했다. 이것은 이 시기 가장 중요한 국제 변화 중 하나인 백인대민회 개편의 주된 원인이었다. 이 개혁은 시킬리아 전쟁이 종료된 해(로마 건국 513년, 기원전 241년)에 이루어진 것이 거의 확실하다.

백인대 개혁

백인대민회에서 더 이상—아피우스 클라우디우스 개혁까지 그러했듯—자영농민들만 투표한 것은 아니지만, 이제까지의 투표규정에 따르면 유산자가 주도했다. 우선 귀족-평민귀족 기사들이, 그 다음에 적어도 십만 아스(2,900탈러)의 재산을 호구감찰관에게 증명한 최고 재산 등급자가 투표했다.[11] 이 두 구간이 힘을 합치는 경우, 이들이 모

---

[11] 원래의 로마 호구 기준에 관해 확정적으로 말하기 어렵다. 주지하다시피 후에는 제1등급의 최

든 투표결과를 결정했다. 하위 네 계급 납세의무자들의 투표권은 중요성이 미미했다. 즉 산정의 최하단계 기준인 1만 1,000아스(300탈러) 아래에 머무른 자들의 투표권은 본질적으로 환상이었다. 새로운 규정에 따르면 기사 계급은 별도의 단위를 부여받는 대신 우선투표권을 박탈당했고, 기사 계급의 우선투표권은 제1계급 중에서 추첨에 의해 선택된 투표 단위로 이전되었다. 귀족이 갖게 된 우선투표권의 가치는 실로 대단했다.

사실상 전 시민에 대한 귀족의 영향력이 지속적으로 상승하던 이 시기에는 더욱 그러했다. 이 시기에는 강력한 문벌 귀족마저 등장하여, 법률로 귀족뿐만 아니라 평민에게도 열려 있던 집정관직 하나(이 시기 말 로마 건국 582년, 기원전 172년까지)와 호구감찰관직 하나(로마 건국 623년, 기원전 131년까지로 호구감찰관직 독점은 집정관직 독점보다 한 세대 넘게 지속되었다)마저 자기네들이 독점했다. 칸나이 전투 후 로

소 기준은 십만 아스였다. 이에 나머지 네 계급은 그 액수의 약 3/4, 1/2, 1/4, 1/9이었다. 그런데 이 비율을 폴뤼비오스와 후대의 모든 저자는 가벼운 아스(1/10 데나리우스)로 이해했다. 보코니우스 법과 관련해서는 같은 액수가 무거운 아스(1/4 데나리우스)로 계산되었지만, 가벼운 아스로 보는 견해가 일반적이다(*Geschichte des Römischen Munzwesens*, S. 302). 그런데 로마 건국 442년(기원전 312년) 최초로 토지가 아닌 금전으로 그 기준을 표명한(제2권 96쪽) 아피우스 클라우디우스는 가벼운 아스를 사용할 수 없었다. 가벼운 아스는 로마 건국 485년(기원전 269년)에야 등장하기 때문이다(제2권 315쪽). 그러므로 그가 동일한 액수를 무거운 아스로 표명하고 화폐의 가치감축 시에 가벼운 아스로 바꾼 것이거나, 아니면 그가 이후의 액수를 제시했고 그 액수가 화폐 가치감축에도 불구하고 그대로 유지된 것이다. 물론 후자의 경우에는 호구의 계급 기준이 절반에도 못 미치는 것이다. 두 가정 모두 석연치 않다. 다만, 첫 번째 가정이 더 믿을 만하다. 민주정의 발전에 있어서 그렇게 상궤를 이탈하는 진보는 5세기 말이라는 시기를 보더라도, 단순한 행정처분의 부수적 결과로서도 그럴듯하지 않기 때문이다. 게다가 전승으로부터 완전히 없어졌을 것 같지도 않기 때문이다. 그 밖에 십만의 가벼운 아스 또는 4만 세스테르티우스는 아마 20유게라였을(제1권 134쪽) 로마의 원래 완전한 농장과 동일한 가치로 인정되는 것이 합당하다. 그 생각에 따르면 재산 기준 일반이 표현만 바뀐 것이지 실질적 가치는 바뀌지 않은 것이다.

마 공화정이 겪은 긴박한 위기에, 귀족 파울루스의 죽음으로 공석이 된 집정관직에 모든 면에서 가장 유능했던 평민 마르켈루스가 완전히 적법하게 선출되었음에도 단지 그가 평민이라는 이유만으로 선출이 취소되었을 정도였다. 물론 우선투표권이 최고 재산 계급이 아닌 귀족에게서만 박탈되었던 사실, 기사 백인대로부터 박탈한 우선투표권이 추첨에 의해 전 시민 중에서 선출된 단위가 아니라 오로지 제1계급에게만 이전한 사실도 이 개혁의 본질을 잘 보여준다.

이 점 말고 투표 계급의 다섯 단계는 종전과 같이 유지되었다. 다만 군단 복무와 백인대 투표를 위한 최저 재산평가 기준이 1만 1,000아스에서 4,000아스로 최저 기준의 하향 이동이 있었을 것이다. 그 외에도 이전 액수가 형식적으로 고수되어 재산수준의 일반적 향상으로 일정 정도 민주적 투표권의 확대가 이루어졌다. 단위들의 총수는 변하지 않고 유지되었다. 그러나 이미 언급했지만, 그때까지 18개의 기사 백인대와 193개 투표 백인대 중 제1계급의 80개만으로 과반수를 채웠으나, 개정된 체제에서는 제1계급의 투표가 70으로 감소되었고 그럼으로써 어쨌든 적어도 제2계급도 투표할 수 있게 되었다.

좀 더 중요하고 본래적인 개혁 중점은 새로운 투표단위들을 분구(tribus) 체제에 따라 조합한 것이다. 예전부터 분구에 속한 자는 호구감찰관에 의해 하나의 백인대에 등재되어야 했기에, 백인대는 분구에 따라 구성되어 있었다. 토지가 없는 시민들이 분구에 등재된 이래 그들도 백인대에 들어갔지만, 분구 집회에서 네 개의 도시 분구에만 한정되었다. 그럼에도 백인대 집회에서 형식적으로 토지가 없는 시민들은 토지 소유 시민들과 동등한 권리를 가졌다. 물론 호구감찰관의 의

지가 백인대 구성에 개입하여 농촌 분구에 등재된 시민들에게 우위를 부여했다. 이런 우위는 개정된 체제에서, 제1계급의 70개 백인대 중 2개 백인대가 각 분구에 배정되면서 법적으로 확정되었다. 반면 개정된 체제에서 토지 없는 시민들은 전체 백인대 가운데 8개 백인대만을 가졌다. 하위 네 계급에서도 토지보유 시민에게 우위가 부여되어야 했다. 동일한 취지로 이 시기 투표권에서 자유인에 대한 피해방자의 종래의 동등함이 배제되고 토지를 보유하는 피해방자도 네 개의 도시 분구로 배정되었다. 이 일은 로마 건국 534년(기원전 220년)에 개혁당파의 저명한 자들 중 1인, 즉 호구감찰관 가이우스 플라미니누스에 의해 이루어졌고, 그 다음에 로마 혁명을 일으킨 두 장본인의 아버지 호구감찰관 티베리우스 셈프로니우스 그락쿠스에 의해 50년 후(로마 건국 585년, 기원전 169년) 반복되고 강화되었다.

플라미니누스에 의해 시작된 이 백인대 개혁은 귀족의 새로운 반대 당파가 이룩한 최초의 중요한 국제 변경이자 민주주의 본령을 성취한 최초의 승리였다. 민주주의의 핵심은 부분적으로 호구감찰관의 자의적 통치의 제한에 있었고, 부분적으로 귀족과 토지 없는 시민 및 피해방자가 갖는 영향력의 제한, 다시 말해 이미 구민회를 지배하던 원칙에 따른 백인대민회의 개조에 있었다. 선거, 법률제안, 형사고발, 여타 일반적으로 시민의 협력을 요구하는 모든 사안이 철저히 구민회에 제출되었고, 둔중한 백인대들이 호구감찰관, 집정관, 법무관을 선출하거나 공격 전쟁을 결의하는 데 국헌으로 필요하거나 통상적인 경우가 아니면 쉽게 소집될 수 없다는 사실로부터 백인대민회의 개조는 진작 필요했다. 따라서 본 개혁을 통해 새로운 원리가 국헌에 도입된 것이 아니라, 오랫동안 사실상 더 빈번하고 더 중요한 시민체 집회의 범주가 일반적으로 적용되도록 했던 것뿐이었다. 실제로 혁명적인 개혁 당파의 고유한 지지 세력인 무산 계급 및 피해방자 계급에 대한 입장 표명에서 대체로 민주적이었을 뿐 결코 선동적이지는 않았던 개혁의 경향이 명백히 드러났다. 그리하여 본원 시민 집회(민회)에 적용되는 투표규칙의 이런 변경의 실제적 의미도 과도하게 고평가되어선 안 된다. 새로운 선거법은 정치적으로 특권적인 신분 계급의 창설까지 막지 않았고, 결코 어렵게 하지도 않았다. 빈번히 논의된 이 개혁이 정치적 사태에 미친 사실상의 영향을 증명하기 힘든 것이 흠 있는 전승 탓만은 아니다. 더 나아가 이 개혁과 앞서 언급된 투표권이 없는 로마 시민공동체의 폐지와 그 공동체들의 완전시민 공동체로의 점차적인 합병 또한 밀접하게 관련 있다. 시민과 비시민 간의 격차는 더 넓고 깊어진 반면, 중산층 내부의 대립은 제거하는 것이 진보당파의 평등 정신에 속해 있었다.

개혁 노력의 결과

이 시기 개혁당파가 원한 것과 성취한 것을 정리해보면, 그들은 농민 지위의 압도적 몰락, 특히 소멸을, 엄격하고 검박했던 옛 풍속의 악화를, 게다가 새로운 귀족의 우월한 정치적 영향을 애국적이고 열정적으로 저지하려 노력했고 어느 정도까지는 실제로 저지했다. 그러나 그들은 더 높은 정치적 목표를 놓쳤다. 대중의 불만, 선량한 상류계층의 윤리적 분노는 확실히 이 반대당파에게 적절하고 강력하게 표현되었다. 그러나 악의 근원에 대한 확실한 통찰도 일관되게 개선하려는 확고한 계획도 볼 수 없다. 분명한 사려 없음이—안 그랬으면 아주 명예로웠을—이 모든 노력에 퍼져 있었고, 그저 방어적이기만 한 태도는 성공을 위해 좋은 징조가 못 되었다. 질병이 도대체 인간 기술로 치유될 수 있는지는 답이 없었다. 그런데 이 시기 로마의 개혁자들은 대체로 좋은 정치가라기보다는 좋은 시민이었고, 새로운 세계시민주의에 대한 옛 시민정신의 큰 투쟁을 약간은 서툴고 속물적인 방식으로 수행했을 따름이다.

선동

그러나 이 시기에 시민과 함께 우민이 흥기했듯이, 덕망 있고 유익한 반대당파 외에 이미 민중에 아첨하는 선동가들도 등장했다. 이미 카토는 다른 이들이 술 마시거나 잠자는 것에 그러하듯이 병적으로 연설욕에 안달 나 있던 사람들의 꼼수를 잘 알았다. 즉 선동가들은 연설에 아무도 오지 않을 때에는 관중을 샀고, 사람들도 광장 포고자를 듣듯이—도움이 필요할 때 일을 부탁한다든지 하기는커녕—귀 기울여 듣지 않는 그런 자들이었다. 노인 카토는 희랍 아고라의 잡담가들의 예에 따라 모인 자들을 자신만의 거친 방식으로 기술했다. 즉 이들은 재치 있게 농담하고, 노래하고 춤추며 언제나 준비되어 있는 멋쟁이들이었다. 또 그는 이런 작자들은 행렬 사이에 어릿광대로 나타나거나 대중과 말이나 주고받는 것 빼고는 아무 쓸모가 없다고 기술했다. 또 빵 한 조각에 말이나 침묵 모두 팔 사람들이라고 했다. 사실상 이 선동가들은 개혁에 최악의 적들이었다. 개혁가들이 무엇보다 또 모든 측면에서 윤리적 개선에 몰두했듯이, 선동가들은 오히려 정부 권한의 제한과 시민 권한의 확장에 집중했다.

독재관직의 폐지

개혁의 관점에서 가장 중요한 혁신은 독재관직의 사실상 폐지였다. 로마 건국 537년(기원전 217년)에 퀸투스 파비우스와 그의 민중파 정 적들이 야기한 위기(제3권 108쪽)는 원래부터 인기 없었던 이 제도에 치명타를 가했다. 정부가 후에 한 번(로마 건국 538년, 기원전 216년) 칸 나이 전투의 직접적 인상이 아직 남아 있을 때 군 통수권을 갖는 독재 관을 임명했지만, 평온해진 시기에는 또 다시 임명을 감행할 수 없었 다. 그리고 한두 번 더(최후는 로마 건국 552년, 기원전 202년)—때로는 임명할 사람을 민회가 사전에 지정해놓고—독재관이 도시 업무를 위 해 임명되고 나서는, 이 관직이 공식적으로 폐지되지는 않았지만 사 실상 사용되지 않게 되었다. 이로써 인위적으로 끼워 맞춰진 로마의 국헌 체제에서, 로마 고유의 관직 동료제에 대한 아주 바람직한 교정 수단(제2권 15쪽)이 하나 없어졌다. 즉 독재관직 개시와 집정관직 정 지, 임명될 독재관 후보의 지정 등을 언제나 통상 좌지우지할 수 있었 던 정부는 가장 중요한 도구 하나를 상실했다. 독재관직은 불완전하게나마, 비상 상황에서, 특히 갑작스럽게 발발하는 소요나 전쟁의 경우, 재량에 기하여 공공복리를 위해 조치를 취하고 그와 함께 오늘날 계엄법과 유사한 조치를 취하는 원로원 권한—독재관직 소멸 이래 원로원이 주장했던 권한—으로 대체되었다.

공동체에 의한 사제 선출

그 밖에도 관직 임명과 관련된 인민의 공식 권한은 정부, 행정, 재정 문제 등에서처럼 우려스러울 정도로 확대되었다. 사제, 특히 정치적으로 가장 중요한 전문가 동료단체들은 옛 전통에 따라 충원되었고 수장이 있다면 그 직도 단체 스스로 뽑았다. 그런데 호선(互選)이야말로 세대를 통하여 신성한 일에 대한 지식의 전수를 위해 만들어진 제도들의 정신에 부합하는 유일한 선출형태였다. 따라서 이 시기에(로마 건국 542년, 기원전 212년 이전) 동료단체들 구성원 자체의 선거는 아직 아니었지만, 고위급 참사회원curiones과 신관들의 선임이 동료 단체들에서 공동체(민회)로 이전되었다는 사실은 강한 정치적 위력은 없었지만, 공화정 질서의 해체가 시작되었다는 의미를 가졌다. 이때 더 나아가, 진정으로 로마적인 형식적 외경에 따라, 실수를 피하기 위해, "인민"이 아닌 각 구역의 과반수 미만이 선거행위를 완성했다.

전쟁과 행정에 대한 민회의 개입

군대 행정과 외교 영역에서 인적·물적 문제들에 대한 시민의 개입이 증대된 것은 의미가 상당히 크다. 이미 언급한 바지만, 사령관이 갖고 있던 정규 참모장교의 임명권이 시민에게 이전된 것이 이에 속한다. 반대당파 지도자들을 한니발에 대적할 최고사령관으로 선출한 일도 이에 속한다. 군통수권을, 인기 없던 총사령관과 병영에서건 고향에서건 그에게 반대하던 인기 좋은 부하 장교 사이에 분할한, 국헌과 이성에 어긋나는 로마 건국 537년(기원전 217년)의 민회 결의도 이에 속한다. 마르켈루스와 같은 장교를, 사려 깊지 못하고 불성실한 전쟁수행(로마 건국 545년, 기원전 209년)을 이유로 민회 앞에서 호민관이 고발한 것도 이에 속한다. 이 고발에 의해 장군은 병영에서 수도(首都)로 달려와, 수도의 대중 앞에서 자신의 군사적 능력을 증명해야만 했다. 민회의 결의로 퓌드나의 승자에게 개선식을 박탈하려던 더욱 수치스러운 시도들도 이에 속한다. 확실히 원로원이 그렇게 만든 바지만, 일개 사인이 비상의 집정관 권한을 갖는 관직에 임명된 사실(로마 건국 544년, 기원전 210년)도 이에 속한다. 원로원이 거부하면 아프리카 전쟁 지휘권을 민회가 비준하도록 하겠다는 스키피오의 우려스러운 위협(로마 건국 549년, 기원전 205년)도 이에 속한다. 정부의 반대에도 불구하고, 모든 관점에서 부당한 로도스에 대한 선전포고를 민회에서 거의 강탈해내려던 명예욕으로 거의 미친 자의 시도(로마 건국 587년, 기원전 167년)도 이에 속한다. 모든 조약은 민회의 비준을 얻어야만 완전한 효력을 갖는다는 새로운 헌법적 공리도 이에 속한다.

재정에 대한 민회의 관여

민회의 이런 공동 통치와 공동 사령도 매우 우려스러웠으나, 공동체 재정에 대한 개입은 훨씬 더 우려스러웠다. 정부의 가장 오래되고 가장 중요한 권리, 즉 공동체 재산에 대한 배타적 관리권에 대한 모든 공격을 통해 원로원의 권력이 침해되기 때문이라기보다, 이 영역에 속하는 업무 중 가장 중요한 업무, 즉 공동체 공유지의 분배를 본원 시민 집회(민회)에 맡기는 것이 공화정의 무덤을 파는 일이었기 때문이다. 본원 시민 집회가 무제한으로 공동체 재산으로부터 자기 금고로 옮기는 결의를 할 수 있도록 하는 것은 잘못됐을 뿐만 아니라, 종언의 시작이었다. 아주 건전한 시민들의 사기를 꺾어놓고, 토지 분배 청원자에게는 자유 공동체(공화정)라면 허용되기 힘든 권력을 주는 것이었다. 공동체 토지의 분배는 건전했지만, 한편 점령 토지의 자발적 분배라는 선동 수단 중 가장 위험한 수단을 제거하지 않고 놔두었다는 것 때문에 원로원은 갑절로 욕을 먹어야 했다. 하지만 가이우스 플라미니누스가 피케눔 공유지의 분배 신청 건으로 로마 건국 522년(기원전 232년) 민회에 갔을 때, 그는 그 목적으로 공동체에 이익을 주었다기보다 그 수단으로 공동체에 해악을 끼쳤음에 틀림없다. 250년 전에 스푸리우스 카시우스가 동일한 것을 신청했고, 둘의 조치는 글자 그대로 동일한 조치였다. 그러나 카시우스는 공동체의 문제를 스스로를 제어하는 생동하는 공동체에 가져왔지만(제2권 55쪽), 플라미니누스는 국가의 문제를 거대한 국가의 본원 시민 집회에 가져왔다는 점에서 두 사람의 조치는 완전히 달랐다.

민회의 무력화

아주 정당하게도 집권당파뿐만 아니라, 개혁당파도 군사적, 행정적, 재정적 통치를 원로원의 적법한 영역이라고 보아, 내적으로 무너질 찰나에 있던 본원 시민 집회의 공식적 권력을, 확대는커녕, 제대로 이용하는 것마저 자제했다. 가장 제한된 군주정의 가장 제한된 주권을 가진 군주보다 못한 존재가 로마 인민이라는 주권자였다. 여러 관점에서 아쉬웠겠지만, 민회의 당시 운영 상태를 고려컨대, 개혁 찬동자들도 이것이 필연적이라고 여겼다. 그리하여 카토와 그의 동지들은, 민회가 본질적으로 통치에 개입할 문제를 민회에 가져오지 않았다. 예컨대 카르타고에 대한 선전포고나 토지 분배 등 그들이 원한 정치적·재정적 조치들은 결코 직간접적으로 민회 결의가 원로원을 압박하여 얻어낸 것이 아니었다. 원로원의 통치가 타락할 수 있다. 하지만 인민 집회들은 통치능력 자체가 아예 없다. 본원 시민 집회를 사악한 다수가 지배해서가 아니다. 오히려 민회에서는 통상 저명인사의 언사가, 명예의 큰 외침이, 곤궁함의 더 큰 외침이 청허되었고 심각한 중상과 명예훼손이 회피되었다. 마르켈루스가 고발당했지만 민회는 고발자를 불명예스럽게 각하하고 오히려 피고발자를 다음해의 집정관으로 선출했다. 필립포스를 상대로 하는 전쟁의 필요성에 관해서도 민회는 설득되었다. 파울루스의 선출에 의해 페르세우스 전쟁을 끝냈고 파울루스에게 마땅한 개선식을 허여했다. 그러나 그러한 선출과 결정에 특별한 자극이 필요했다. 즉 일반적으로 대중은 자신의 의지 없이 가장 가까운 충동에 따르기에 경솔과 우연이 결정했던 것이다.

정부의 해체

모든 유기체에서와 같이 국가에서도 제 기능을 잃은 기관은 위해하다. 주권적 민회의 무력화는 적지 않은 위험을 내포했다. 원로원 내의 소수는 다수를 상대로 국헌에 따라 민회에 상소할 수 있었다. 미성숙한 귀에 설교를 하고 돈을 뿌리는 손쉬운 기술을 가졌던 모든 개인에게 지위를 얻어낼, 또는 관리와 정부가 복종해야 하는 공적 결의를 이끌어 낼 길이 열려 있었다. 그리하여 술집의 탁자 위에 전투상황도를 그리는, 타고난 전략적 천재성으로 보통의 복무는 무시하는 데 익숙했던 시민장군들이 등장했다. 그리하여 지휘권을 수도에서 관직구걸로 얻은, 정작 위기에는 당장 떼를 지어 휴가를 쓴 참모장교들이 등장했다. 그리하여 트라시메네스호 전투 및 칸나이 전투와 페르세우스를 상대로 한 불명예스러운 전쟁수행이 발생했다. 모든 조치에서 정부는 예측 불가능한 민회의 결의들을 통해 저지되어 헤맸다. 그리고 충분히 예상할 수 있듯, 정부가 명백히 옳았던 경우에 가장 그러했다.

그러나 정부와 공동체 자체의 약화는 선동이 야기한 위험 중 비교적 약한 위험이었다. 민회의 합헌적 권리에 기하여 개별 야심가들의 당파적 폭력이 더 직접적으로 대두되었다. 형식적으로 국가 최고 권위의 의지로 선포되었지만, 흔히 청원자의 개인적 선호에 지나지 않을 경우가 많았다. 전쟁과 평화, 사령관과 장교들의 임명과 해임, 공동의 금고가 대중의 변덕과 그들의 우연적 지도자에 달려 있는 공동체가 대체 어떻게 되겠는가? 악천후는 아직 시작되지 않았다. 그러나 구름은 점점 더 **빽빽**하게 몰려들었고 천둥소리가 이따금씩 이미 후덥

지근한 대기에 울리고 있었다. 그때 명백히 대립하는 지향들이 이중으로 우려스러운 방식으로, 즉 목적의 측면과 수단의 측면에서 가장 첨예한 곳에서 충돌했다. 우중 보호와 예찬에서 문벌정치와 민중선동이 엇비슷하게 위험한 경쟁을 했다. 가이우스 플라미니우스는 후속 세대 정치인들에게 그락쿠스 개혁과—추가하자면—더 나아가 민주정적‐군주정적 혁명의 길을 연 사람으로 여겨졌다.

푸블리우스 스키피오도 오만, 관직사냥, 피호민 만들기 등에서 선구적이었으며, 우중에 의존하여 원로원에 대립하는 개인적이자 왕조적인 정책을 주장했다. 그는 자신의 개인적 성격만으로 우중을 매혹시킨 것이 아니라 곡물 배급으로 매수한 것이다. 정당하든 부당하든 수단을 가리지 않고 호의를 얻어낸 군단들에게, 무엇보다도—지위가 높든 낮든—그를 개인적으로 추종하는 피호민들에게 그러했다. 대단한 이 사내의 매력과 약점이 모두 의거하는 꿈결 같은 몽롱함 때문에 그는 다만 자신이 아무것도 아니고 오직 로마의 제1시민이고자 한다는 생각에서 아예 깨지 않았거나 다만 덜 깨어났다. 개혁 가능성을 주장하는 것은 부정하는 것만큼이나 무모한 일일 것이다.

다만 머리에서 발끝에 이르는 나라의 전반적 개선은 긴급히 필요했다는 사실, 어떤 측에서도 진지한 시도가 이루어지지 않았다는 사실만은 확실하다. 개별적으로는 원로원이나 민중적 반대당파로부터 몇 가지 시도가 있었다. 양쪽 모두에서 다수는 선의였고, 공동으로 최악을 제거하기 위해 당파 간의 깊은 틈을 가로질러 손을 잡곤 했다. 그러나 근원을 틀어막지 않았기에, 선량한 사람들이 홍수의 범람 소리에 걱정하며 둑과 댐을 만들었지만, 별 효과가 없었다. 그들도 증상완화제에 만족했고 이것조차, 특히 바로 가장 중요한 증상완화제인, 사법의 개선과 공유지의 분배를 적시에 포괄적으로 쓰지 못하면서, 후대에 나쁜 미래를 물려주는 데 일조했다. 경작의 적기를 놓치면서 잡초들도 성숙했다. 혁명의 폭풍을 체험한 이후 세대들에게, 한니발 전쟁 이후는 로마의 황금시대로, 카토는 로마 정치가의 전범으로 등장했다. 오히려 폭풍 전의 무풍상태였고 정치적 중도의 시기였다. 말하자면 영국의 월폴 통치 시기와 같았다. 그러나 로마에는 민족의 막힌 핏줄을 다시금 약동하게 할 채텀Chatham 백작이 없었다. 어디를 살펴보든 옛 건물에는 균열이 있다. 일꾼들은 때로는 그것들을 메우느라, 때로는 그것들을 벌리느라 바쁘다. 완전한 개축 또는 신축의 자취는 없다. 그럴 경우, 건물이 무너지느냐 마느냐보다 언제 무너지는지만 문제가 된다. 로마는 어떠한 시기도 외적으로, 시킬리아 전쟁에서 제3차 마케도니아 전쟁과 그 후 한 세대에 이를 때처럼 안정적이지는 못했다. 그러나 국헌의 안정은 다른 곳처럼 여기에서도 국가가 건전하다는 신호는 아니고, 시작하는 질병의 신호이자 혁명의 전조였다.

제12장
토지경제와 화폐경제

로마의 경제

로마 건국 6세기에 이르러 일부 실용적 내용의 역사가 드디어 서술 가능하게 되었는바, 이 시기에 처음으로 경제 상황도 더 명확해진다. 동시에 농업과 금융에서 처음으로 향후의 대규모 경제 방식과 그 확대가 분명해진다. 그중 무엇이 옛 전통에 의한 것인지, 무엇이 이전부터 문명화된 민족들, 특히 페니키아인들의 토지 및 화폐 경제의 모방에 의한 것인지, 무엇이 증가하는 자본의 양과 증대되는 민족의 지력에 의한 것인지 분명히 구별되지는 않는다. 이런 경제 상황을 여기에서 요약하여 기술하는 것이 로마의 내적 역사를 올바르게 통찰하는 데 도움이 될 것이다.

토지 경제는[1] 농장이나 목초지 또는 소규모경작 경제였다. 농장 경제는 카토가 기술한 덕분에 우리가 상당히 명확하게 알고 있다.

농장 경제의 규모

로마의 농장은 대규모 토지 소유로 보기엔 모두 옹색한 규모였다. 카토가 기술한 농장은 240모르겐의 면적이었다. 아주 통상적 단위는 이른바 '켄투리아centuria'로 200모르겐을 의미했다. 힘든 포도 재배가 이루어지는 곳에서는 경작 단위가 더욱 작았다. 카토가 이 경우에는 100모르겐의 면적을 전제했다. 더 큰 자본을 농장에 투자하려는 자는

---

[1] 그 밖에 옛 이탈리아의 올바른 상을 얻기 위해, 여기에서도 어떠한 큰 변화들이 근대적 문명에 의해 발생했는지 기억하는 것이 필요하다. 고대에 곡식 종류 중 호밀은 경작되지 않았고, 제정기 로마인들은 잡초로 알고 있던 귀리로 독일인들이 죽을 쑤자 놀라워했다. 쌀은 이탈리아에서 최초로 15세기 말에, 옥수수는 그곳에서 최초로 17세기 초에 경작되었다. 감자와 토마토는 아메리카에서 전래되었다. 아티초크는 로마인들에게 알려져 있던 카르둔이 경작된 변종에 불과한데, 그 특성을 보면 기원이 더 후대인 것 같다. 반면 "희랍의 견과"라 불린 아몬드, "페르시아 견과" 또는 "연한 견과"(nux mollusca)라 불린 복숭아 등은 원래 이탈리아에 낯선 것이었으나 이미 기원전 150년에는 만났다. 대추야자는 동방에서 희랍으로, 희랍에서 이탈리아로 왔으며, 상고시기 서방과 동방 간 상업적·종교적 교류의 생생한 증인인데, 이탈리아에서 기원전 300년에는 재배되었는바(Livius 10, 47; Pallad. 5, 5, 2; 11. 12, 1), 그 열매를 위해서가 아니라(Plinius, Historia naturalis 13, 4, 26), 오늘날처럼 관상용이었으며 공공의 축제 행사에서 그 잎을 이용하기 위해서였다. 야생의 것은 이탈리아 토종은 있었지만 흑해 변의 과실수인 벚나무는 키케로 시기에야 이탈리아에서 최초로 재배되었다. "아르메니아 자두"로 불린 살구는 더 후대의 것이다. 시트론 나무는 제정기 후기에야 최초로 이탈리아에서 재배되었다. 오렌지는 무어인들에 의해 12 또는 13세기에야 최초로 전래되었고, 알로에(Agave americana)는 16세기에 최초로 아메리카에서 왔다. 면화는 아라비아인들에 의해 유럽에서 처음 재배되었다. 버펄로와 비단벌레도 근대의 이탈리아만 알았고 고대의 이탈리아는 몰랐다. 주지하다시피, 우리에게 실로 "이탈리아"산 상품으로 알려진 대부분이 원래 없던 것이다. 그런데 오늘날의 독일이, 카이사르가 들어갔던 그 땅과 비교할 때, 남쪽 땅이라고 불릴 수 있다면, 이탈리아도 그때 이래 "더 남쪽"이 된 것이다.

자신의 농장을 확장하기보다 여러 농장을 매입했다. 최대의 점유 면적 500모르겐은 농장 두세 개가 합쳐진 것으로 여겨졌다.

농장 관리의 대상

상속되는 영구대여는 이탈리아의 사적 경제나 로마의 공유지 관리에 알려져 있지 않았고, 종속 공동체들에만 존재했다. 단기의 기한부 임대차는 확정 금액을 약정하든지 임차인이 모든 운영비용을 부담하고 이로써 일정 지분을, 즉 통상 수익의 절반을 취득한다고[2] 약정하는 것으로 알려져 있기는 했으나, 예외이자 임시방책이었을 뿐이다. 본래적 임차인이라는 지위는 이탈리아에서 형성되지 않았다.[3] 그리하여 일반적으로 소유자는 자기 농장을 스스로 운영했다. 그러나 개인적으로 직접 관리한 것이 아니라 관리 계획을 세우고 실행을 감독하고 하인들의 삶을 정산하러 때때로 농장에 나타났을 뿐이다. 여러 농장에

---

[2] 카토에 따르면(*De agricultura*, 137, 16 참조), 농지의 부분 임대차에 있어서, 쟁기 끄는 가축의 사료 값을 공제한 후, 농지의 총 수확이 임대인과 임차인(colonus partiarius) 사이에서 상호 약정한 지분으로 분배되었다. 프랑스의 가축부 임대차(bail à cheptel)와 이탈리아의 반반 임대차 등을 유추하고 다른 비율로 분배되었다는 증거가 없는 것으로 보건대, 지분이 통상 동등했다고 추정할 수 있다. politor(밭일을 끝마무리하는 자)가 수확 곡물의 1/5을, 탈곡 전에 분배된다면 이삭이 붙은 채로 1/6에서 1/9까지 받는다는 사실(Cato, *agr*. 136, 5 참조)을 여기에 원용하는 것은 잘못이다. 그는 부분 임차인이 아니라, 수확기에 고용된 일꾼일 따름이고 일용 노임을 조합계약에 따라 받는 것이다(2, 362).

[3] 로마 자본가들이 해외 소유지를 대규모로 취득하기 시작했을 때, 처음으로 임대차의 독자적인 의미가 생겼다. 그곳에서 기한부 임대차가 몇 세대에 걸쳐 계속되는 경우 그들은 그것을 중시할 줄 알았다.

서 동시에 수익하면서, 상황에 따라 국사에도 종사할 수 있었다.

스펠트 밀, 밀, 보리, 기장 등의 곡식이 재배되었다. 순무, 무, 마늘, 양귀비가 재배되고 루피너스 콩, 콩, 완두, 살갈퀴콩, 기타 야채는 사료용으로 재배되었다. 통상 가을에, 예외적으로만 봄에 파종되었다. 사람들은 도랑에 덮개를 이용한 배수시설은 일찍부터 사용하는 등 관개와 배수를 특히 신경 썼다. 건초를 얻기 위한 목초지도 있었고 이미 카토 시대에 목초지에 인공적 물대기가 이루어졌다. 곡식 및 채소와 경제적으로 동등한 중요성을 가진 것이 올리브와 포도였다. 올리브나무는 밭 중간에, 포도나무는 독립 포도원에 식재되었다.[4] 무화과, 사과, 배, 기타 과실수들이 재배되었고 느릅나무, 포플라 나무, 기타 활엽수, 관목도 벌목용 또는 짚과 가축사료로 재배되었다. 그에 반하여 언제나 채소를—고기는 예외적으로, 그것도 주로 돼지고기와 양고기만—식탁에 올렸던 이탈리아인들에게는 현대 경제에서처럼 가축사육이 큰 역할을 하지는 않았다. 사람들이 농업과 목축의 경제적 관련성을, 특히 거름 생산의 중요성을 모르지 않았지만, 농업과 목축업의 현대적 결합은 고대에 알려져 있지 않았다.

큰 가축은 경작용으로 필요한 경우에만 길렀고, 목초지가 아니라 외양간에서 먹였다. 반면 그루터기 목장에서는 양을 놓아길렀다. 카토는 양 100마리에 목장 면적 240모르겐을 생각했다. 그러나 종종 토

---

[4] 포도나무들 사이에 곡식이 재배될 수는 없었고 기껏해야 그늘에서 자라는 여물용 풀들만이 자랄 수 있었다고 카토가 알려준다(*agr.* 33, 137 참조). 따라서 콜루멜라(3, 3)도 포도원에서 부수적 수익은 고려치 않고 팔린 어린 포도 가지의 수익만을 생각했다. 그에 반하여 버팀목 포도원(arbustum)은 다른 곡물의 밭처럼 파종되었다(Colum. 2, 9, 6). 포도 가지가 살아있는 나무에 접붙여지는 경우에만 그 사이에 다른 곡식이 재배되었다.

지주인은 큰 규모의 가축소유자에게 겨울 목장을 임대하거나, 치즈와 우유를 대신 받는다는 약정으로 자신의 양떼를 부분임차인에게 맡기기를 선호했다. 카토는 우리 열 개로 상정한 대규모 농장 마당에서 돼지, 닭, 비둘기 등을 키웠고 필요에 따라 비육되었다. 사정에 따라 작은 토기장과 양어장이 설치되었다. 후대의 막대한 규모로 확장된 사냥용 짐승 및 어류의 관리와 양식의 소박한 시작이었다.

농업과 목축

경작은 쟁기질에 맞는 소를, 특히 거름 운반이나 물레방아 돌리기에 걸맞은 당나귀를 가지고 이루어졌다. 주인이 사용할 말도 길렀다. 이 가축들은 농장에서 키우지 않고 그냥 샀다. 소와 말은 대체로 거세되었다. 카토는 100모르겐의 농장에는 소 한 쌍을, 240모르겐 농장에는 소 세 쌍을 배정했다. 젊은 농장주 사세르나는 200모르겐에 두 쌍을 배정했다. 카토의 계산에 따르면, 당나귀는 소규모 토지에 세 마리가, 큰 농장에 네 마리가 필요했다.

노예

인간 노동은 통상 노예로 이루어졌다. 농장 노예단(familia rustica)의 정점에 관리인(vilicus: villa에서 파생)이 있었다. 그는 수입과 지출을 실행했고, 매입하고 매각했고, 주인의 지시사항을 받아 부재 주인을 대신하여 명령하고 처벌했다. 관리인 아래의 여자 관리인(vilica)은 가계, 부엌, 식량창고, 닭 마당, 비둘기장을 돌보았다. 여러 명의 쟁기꾼(bubulci)과 일반 노예들, 당나귀몰이꾼, 돼지치기, 양 떼가 있는 경우 양치기 등이 있었다. 물론 그 수는 관리방식에 따라 왔다 갔다 했다. 나무의 식재 없는 200모르겐의 경작지에는 두 명의 쟁기꾼과 여섯 명의 노예가, 나무가 식재되어 있는 같은 면적의 경작지에는 두 명의 쟁기꾼과 아홉 명의 노예가, 올리브가 식재되고 양떼가 있는 240모르겐의 농장에는 세 명의 쟁기꾼, 다섯 명의 노예, 세 명의 양치기가 필요한 것으로 산정되었다. 포도원에는 노동력이 더 많이 필요했고, 100모르겐의 농장에는 한 명의 쟁기꾼, 열한 명의 노예, 두 명의 양치기가 필요했다.

관리인은 노예들보다 자유로웠다. 마고의 저서는 관리인에게 혼인, 자식생산, 독립 재정을 허여하라는 조언을 하며, 카토는 관리인과 여자 관리인을 혼인시키라고 한다. 관리인만은 행실이 좋은 경우 주인에 의해 자유를 얻을 수도 있었을 것이다. 그 밖에 모든 이가 공동의 가계를 형성했다. 큰 가축처럼 노예들도 농장에서 사육되지 않았고 노동이 가능한 나이의 노예가 노예시장에서 매입되었다. 나이나 건강의 문제로 노동력을 상실하는 경우 다른 물건들과 함께 헐값으로 다시금 시장에 보내졌다.[5] 관리 건물(villa rustica)은 가축의 우리도 되었

---

[5] 마고 또는 그의 번역자(Varro, rust. 1, 17, 3)는 노예를 키우지 말고 22살 이하의 노예를 구입하라고 권한다. 농장의 모범적 일꾼들이 보여주듯, 명시적으로 말하지는 않았지만, 카토도 유사한 방법을 생각했음에 틀림없다. 카토는 늙고 병든 노예를 팔라고 분명하게 권했다(agr. 2). 콜루멜

고 과실의 창고도 되었고 관리인과 노예들의 거주지도 되었다. 반면 농장에 분리된 별장 건물(villa urbana)은 주인을 위해 세워졌다. 관리인도 포함하여 모든 노예는, 생존에 필요한 전부를 주인의 계산으로 일정한 기간에 확정된 율에 따라 받았다. 이것만으로 생활해야 했다. 그런 식으로 시장에서 구매한 옷과 신발을 받았으며, 수선은 스스로 해야 했다. 매월 일정량의 밀을 받아 각자 빻아야 했다. 게다가 소금, 반찬 올리브와 절인 생선, 포도주, 기름 등을 받았다. 그 양은 노동량에 달려 있었다. 때문에 노예보다 노동량이 적었던 관리인은 그만큼 덜 받았다. 모든 요리는 여자 관리인이 돌보았고, 모든 이가 공동으로 같은 음식을 먹었다. 노예에 사슬을 채우는 규정은 없었다. 다만, 처벌을 받거나 도주할 우려가 있는 자는 묶여서 노동에 투입되었고, 밤에는 노예감옥에 갇혔다.[6]

라가 기술한(1, 8) 노예사육 방식은 아들 셋을 난 여자노예를 노역에서 면제했고, 네 아들의 엄마는 해방시키기까지 했다. 이는 독자적인 투자였을 뿐, 카토가 노예를 사서 훈련시켜 되판 것과 유사한 통상적인 운영 방식은 아니었다(Plutarchos, *Cato maior*, 21). 같은 곳에 언급된 특별 과세는 아마 고유한 의미에서의 가노단(familia urbana)과 관련된 것이다.

[6] 이런 한정된 형태로 노예, 심지어 가자(家子)에 대한 사슬 채우기(Dionysios, 2, 26)는 태고 적부터 있었다. 따라서 카토의 글에서도 예외적이지만 사슬에 매인 밭 노동자들이 등장한다. 그들은 스스로 곡식을 갈 수가 없었기 때문에 곡식 대신 빵이 제공되어야 했다(56). 심지어 제정기에도 노예에 대한 사슬 채우기는 주인에 의해서는 말할 것도 없고 때로는 관리인에 의해서도 행해지던 처벌 방식이었다(Colum. 1, 8; Gai institutiones, 1, 13; Ulpiani regulae. 1, 11). 그럼에도 불구하고 사슬에 묶인 노예에 의한 농지의 경작은 후대에 독자적인 관리 방식이 되었다. 일꾼들의 감옥(ergastulum)이 지하 깊숙이 위치하여 손에 닿지 않는 좁은 창문이 많았는데(Colum. 1, 6), 농장 노예가 다른 노예들 상태보다 나쁠 수밖에 없던 것은 잘못을 범했거나 그러한 혐의가 있는 노예들을 그곳에 가두었기 때문이다. 그 밖에도 가혹한 주인이라면 특별한 일이 없어도 사슬을 채웠다는 점을 부정할 수는 없고, 그러한 사실로부터 법서들이 범죄를 저지른 노예들에게 가할 불이익을 사슬에 매인 자들에게 부과하지 않고 반쯤 사슬에 묶인 자들에 대한 형벌을 정하고 있었다는 점에서도 분명히 알 수 있다. 낙인도 마찬가지였다. 낙인도 원래 형벌이어야 하는데, 전 노예가 낙인 표식을 받았을 것이다 (Diodor. 35, 5; Bernays, *Über das Phokylideische Gedicht*, Berlin 1856, S.

다른 일꾼들

보통 때는 이런 농장노예들로 충분했다. 자명한 일이겠지만, 급할 때에는 이웃들이 일당을 받고 노예와 함께 도왔다. 외부 일꾼들은 사용되지 않았는데, 예외적으로 농장 노예보다 임차한 사람들이 유익해 보이거나 기존 노동력이 불충분한 지역들에서 수확기에 그리했다. 곡물과 건초의 수확 시에는 계약 추수꾼들을 추가적으로 사용했다. 그들은 수확물 중 1/6~1/9 단 또는, 탈곡까지 맡았다면 1/5 알곡을 보수로 받았다. 그렇게 매년 많은 움브리아 일꾼이 수확을 돕기 위해 리에티계곡으로 갔다. 포도와 올리브 수확은 통상 전문가에게 맡겨졌다. 전문가는 계약된 자유인이나 외부 노예 또는 자기 노예를 데리고, 농장주가 고용한 사람들의 감시 하에 추수하고 압착하여 산출물을 농장주에게 넘겼다.[7] 매우 자주 농장주는 수확물을 나무나 덩굴에 달린 채로 매도하여 수확을 인수하게 하곤 했다.

경제 정신

전체 경제는 자본력의 완전한 무자비가 지배했다. 노예와 가축은 같

---

[7] XXXI).
이 점을 포도수확과 관련하여 카토는 명시적으로 말하지는 않았지만, 바로는 했다(*rust.* 1, 17). 아주 당연한 사정이었다. 수확 노동의 정도에 맞추어 노예의 수를 조정하는 것은 경제적으로 오류였을 것이다. 그랬다면, 사람들은 줄기에 달린 채로 포도를 팔지 않았을 것이다. 그것은 흔한 일이었다(Cato, *De agr.*, 147).

은 처지였다. 즉 로마의 어떤 농업서 저자는 훌륭한 감시견은 "동료" 노예에게 너무 친절할 필요가 없다고 적을 정도였다. 노예나 황소나 일을 하는 동안에는 주인이 제대로 먹였다. 굶겨 죽이는 것이 비경제적이기 때문이다. 그러나 노동력을 잃으면 날이 무뎌진 쟁기처럼 팔았다. 그 상태로 오래 갖고 있는 것도 비경제적이기 때문이다. 옛 시기에는 종교적 고려가 이 영역에서도 완화책을 가지고 개입했는데, 축제일이나 휴일에 노예와 쟁기 끄는 짐승을 일에서 해방시켰다.[8] 하지만 명목상으로 휴일을 엄수하여 쉬게 했지만, 실은 이때에도 명시적으로 금지되지 않은 다른 일들로 노예들을 쉴 새 없이 부리도록 조언하는 글은 카토와 그 동지들의 정신적 특징을 너무나 잘 보여준다.

원칙적으로 노예에게 어떠한 자유로운 행동도 허락되지 않았다. 카토의 규칙 중 하나에 의하면 노예는 일하든지 자든지 해야 했다. 노예와 주인 간의 인간관계는 결코 이루어지지 않았다. 적나라하고 섬뜩한 법률의 문언이 지배했고 그 효과에 사람들은 환상을 갖지 않았다. "노예가 있는 만큼 적도 있다"는 로마 속담은 노예들의 내부 분열을 억누르기보다는 조장해야 한다는 경제 원칙이었다. 같은 의미에서 플라톤과 아리스토텔레스, 더 나아가 농업전문가들이 신탁으로 여긴 카르타고의 농업서 저자 마고는 동포 간의 연합 또는 음모를 초래하지 않도

---

[8] 콜루멜라(2, 12, 9)는 연간 45일을 비 오는 날과 휴일로 계산했다. 테르툴리아누스(*De idol.* 14)에 따르면 이교도의 축제일 수가 기독교 부활절에서 오순절까지의 축제 기간인 50일에 미치지 못한다고 하는데 이와 일치한다. 그 다음에는 가을파종을 마친 후 한겨울 휴식기가 추가된다. 이 휴식기를 콜루멜라는 30일로 산정했다. 변동하는 "파종축제"(*feriae sementivae*; 1권, 210 참조, 그리고 Ovid. *Fast.* 1, 661)가 통상 이 시기였다. 이 한 달의 휴식기와 추수하고(Plin. *Ep.* 8, 21, 2와 그 밖의 개소들) 포도 따는 때의 법정 휴정기와 혼동하면 안 된다.

록 같은 민족 노예들을 함께 두지 말라고 경고한다. 이미 언급했지만 "로마 국민 농장"인 속주에서 로마 공동체가 신민을 지배했듯, 농장주가 노예를 지배했다. 세상 사람들은 지배국 로마가 속주에 대한 새로운 지배체제를 노예보유 체계에 따라 발전시켰다는 사실을 알았다.

게다가 경제에서 투하된 자본만이 중요하다는 별로 부럽지 않은 사고에 이르렀지만, 농장경영의 일관성, 적극성, 정확성, 검약성, 건전성 등은 상찬하지 않을 수 없다. 카토의 기술을 보면 농장 관리 노예는 박력 있고 실천력 있는 농부로 그려져 있는바, 그는 농장에서 가장 일찍 일어나고 가장 늦게 침대에 들어야 하고, 자기 자신과 자기 사람들에 대해서는 엄격해야 하고, 무엇보다 관리하는 여자노예를 존중할 줄 알아야 하고, 또 일꾼들과 가축, 특히 쟁기 끄는 황소를 잘 보살펴야 할 사람이었다. 그는 온갖 일에 동참하지만, 결코 노예처럼 지치도록 일하지는 않는다. 항상 집에 머물며, 돈은 빌리지도 빌려주지도 않으며, 유흥거리를 베풀지 않는다. 집과 밭의 신에 대한 예배 외에 다른 예배를 하지 않고, 올바른 노예로서 신들과 사람들과의 소통에서 주인을 따랐다. 마지막으로, 주인을 만날 때 겸손해야 하고 주인의 지시에 너무 적은 생각을 하지도 너무 많은 생각을 하지도 않고 충실하고 단순하게 따른다.

다른 저서에서 기술되기로, 자기 농장에서 생산할 수 있는 것을 매입하는 자는 나쁜 농부이다. 날씨가 나쁘지 않은데, 낮에 얻을 수 있는 것을 등불 아래에서 얻으려 일하는 자는 나쁜 가부(家父)다. 휴일에 시킬 수 있는 것을 평일에 시키는 자는 더 나쁜 가부다. 가장 나쁜 가부는 좋은 날씨에 바깥이 아니라 집에서 일하게 하는 자다. 비료 경작에 대한 특별한 열광도 있었다. 농부에게 토지는 긁고 쓸기 위한 것이 아니라 씨 뿌리고 거두기 위한 것이라는 것, 우선 포도와 올리브를 재배하다가 이후 너무 이른 청년기가 아닐 때 별장을 지어야 한다는 것 등은 반드시 지켜야 할 황금 규칙이었다. 경제에 일정한 농업적 성격이 물론 있었고, 언제나 원인과 결과에 대한 합리적 조사 대신 널리 퍼진 농민적 경험칙이 등장했다. 이미 카토의 과실수 품종의 목록에 희랍, 아프리카, 히스파니아 수종들이 보이듯, 로마인들은 확실히 타인의 경험과 외국의 산물을 자기 것으로 만들려고 노력했다.

소농 경작

소농 경작은 작은 규모로 행해진 것 말고는 농장 경작과 같았다. 소농 경작에서 소유자 자신과 그의 자식들은 노예와 함께 또는 노예를 대신하여 일했다. 가축 규모는 작았다. 더 이상 쟁기와 가축들의 비용을 댈 수 없게 되자, 그 대신 농민의 괭이가 등장했다. 올리브와 포도 재배는 감축되거나 완전히 사라졌다. 로마나 기타 대규모 소비중심지 인근에 세심하게 물을 댄, 말하자면 지금 나폴리에서 보는 것과 같은 꽃밭과 채소밭이 존재했다. 그 수익은 대단했다.

목축

목축이 농업보다 훨씬 더 대규모로 이루어졌다. 목초지(saltus)는 어쨌든 경작지보다 상당히 큰 면적이 있어야 했다. 적어도 800모르겐이 필요했다. 사업이 거의 무한하게 확장될 수 있었다. 이탈리아의 기후 조건에 따르면 산악의 여름 목초지와 평지의 겨울 목초지가 상호 보충적이었다. 바로 지금처럼 이미 그 때에도 봄에 가축 떼를 아풀리아에서 삼니움까지, 가을에는 다시 반대로 그곳에서 아풀리아로 대체로 동일한 길로 몰고 갔다. 그러나 겨울 목축은, 이미 언급했듯이, 언제나 고유한 목초지에서 이루어진 것이 아니라, 일부는 그루터기 목초지에서 이루어졌다. 말, 소, 당나귀, 노새 등이 길러졌다. 주로 농장주, 운송업자, 군인 등에게 필요한 가축을 제공하기 위함이었다. 또한 돼지 떼, 염소 떼도 빠지지 않았다. 일반 대중이 양모제품을 착용했기 때문에 양의 사육 형태가 훨씬 독자적으로 발전됐다. 관리는 노예가 맡았고, 농장 경영과 유사하게 목축 관리 노예(magister pecoris)가 농장 관리 노예처럼 일했다. 여름 내내 양치기 노예들은 거의 실내로 들어오지 않았고, 인간 거주지에서 멀리 떨어진 헛간이나 양 우리에서 살았다. 그래서 이런 상황에서 일을 시키려면 아주 힘센 남자들을 선발하여 말과 무기를 주고 농장에서보다 훨씬 더 자유롭게 활동할 여지를 허용해야 했다.

해외 곡물의 경쟁

이런 농목축업의 경제적 결과를 어느 정도 평가하기 위해, 이 시기의 물가, 특히 곡물가를 알아야 한다. 평균적으로 곡물가는 충격적일 정도로 낮았다. 이것은 이 중요한 문제에 대한 근시안적 조치 때문이라기보다, 상당한 부분 이탈리아 농민의 희생을 기초로 수도 무산 계급에게—용서할 수 없는—시혜를 베푸는 실책을 범한 로마 정부의 책임 때문이었다. 특히 해외 곡물과 이탈리아 곡물 간의 경쟁이 문제였다. 속주민이 때로는 무상으로 때로는 약간만의 대가를 받고 제공한 곡물을 로마 정부는, 일부는 현지에서 로마 관리 인력과 로마 군인들의 식량으로 사용했고, 일부는 금전을 지급 받거나 일정량의 곡물을 기타 필요한 지역으로 제공한다는 조건 하에 소위 '십분의 일(decumae) 임차인'들에게 넘겼다. 제2차 마케도니아 전쟁 이래 로마군은 대체로 해외 곡물로 살았다. 이는 로마 국고에 이익이 되었지만, 이탈리아 농민은 중요한 수입원 하나가 막혔다.

하지만 이것은 아주 사소한 잘못이었다. 오래전부터 곡물가를 감시하고 결핍될 우려가 있으면 바로 개입하여 해외에서 적시에 매입하던 정부였기에,—신민들의 곡물공급으로 매년 막대한 양이, 아마도 평시에 필요했을 것보다 더 많은 양이 제공되고, 더 나아가 해외 곡물을 거의 무제한으로 염가에 구할 수 있는 기회가 생긴 이래—그런 곡물을 수도 시장에 과잉으로, 자체적으로도 쌌을 뿐만 아니라 이탈리아 반도의 다른 곳과 비교해서도 헐값이라 할 수밖에 없는 가격에 처분하는 것은 충분히 있을 법한 일이었다. 이미 명백히 로마 건국

551~554년(기원전 203~200년)에, 우선 스키피오의 제안으로, 로마에서 히스파니아 밀과 아프리카 밀 1프로이센 셰펠(6모디우스, 약 54리터)이 24아스, 아니 심지어 12아스(17~8그로셴)에 공개 시장에서 시민들에게 판매되었다. 몇 년 후(로마 건국 558년, 기원전 196년) 16만 셰펠 이상의 시킬리아 곡물이 또 다시 거의 무상이라 할 수 있는 12아스의 가격으로 수도에서 처분되었다.

카토는 이런 근시안적 정책에 극구 반대했으나 먹혀들지 않았다. 당시 막 시작된 선동이 개입된 상태에서, 정부 또는 개별 관리가 정한 시장가격보다 싼 이런 예외적이지만 아마도 매우 빈번했던 곡물 분배가 이후 곡물법들의 맹아가 되었다. 그러나 해외 곡물은 이런 예외적 통로로 소비자에게 도달하지 않았더라도 어차피 이탈리아 농업을 해쳤다. 국가가 1/10 임차인에게 처분한 곡물이 통상 아주 싼 값에 팔려 재매각시에 생산가 아래로 처분된 것만이 아니라, 그 외에 아마 속주, 특히 시킬리아에서 비옥한 토양 상태 때문에, 또는 카르타고 방식에 따른 확장된 대규모경제와 노예경제 때문에 생산가가 대체로 이탈리아보다 훨씬 낮았고, 시킬리아와 사르디니아 곡물의 운송비는 적어도 에트루리아, 캄파니아, 북이탈리아 등으로부터의 운송비보다 크지 않았다. 그리하여 해외 곡물이 이탈리아반도로 흘러들어 반도 생산물의 가격을 낮춘 것은 이미 자연스러운 사태였다.

통탄할 만한 노예경제가 야기한 이런 자연스럽지 못한 장애 상황에서 이탈리아 곡물을 위해 해외 곡물에 보호관세를 부과하는 것이 정당했을 수 있다. 그러나 오히려 정반대의 결과가 추구되어 이탈리아의 해외곡물 수입에 유리하도록 속주들에 수출 금지가 부과된 것으로 보인다. 시킬리아로부터 상당량의 곡물 수출이 로도스에게 특별한 혜택으로 허락된 것 말고는, 통상 속주의 곡물 수출은 이탈리아로만 자유로웠고 그리하여 해외 곡물은 모국 로마의 독점 상태에 있었다.

이탈리아 곡물의 가격

이런 경제의 결과는 명백했다. 수도에서 6모디우스의 스펠트 밀을 사기 위해 3/5 데나리우스(4그로센) 이상 지불하지 않았고, 동일한 가격에 180파운드(22프로이센 로트)의 마른 무화과 열매, 60파운드의 기름, 72파운드의 고기, 6콩기우스(19.5리터)의 포도주가 판매되었던 로마 건국 504년(기원전 250년)과 같은 예외적인 풍작의 해는 물론 그 예외성 때문에 제외한다 하더라도, 다른 사실들을 보면 결과는 분명하다. 이미 카토 시대에 시킬리아는 로마의 곡창이었다. 풍년에는 이탈리아 항구들에서 시킬리아와 사르디니아의 곡물이 선적상태에서 처분되었다. 반도의 가장 풍요로운 곡창 지대들, 즉 오늘날의 로마냐와 롬바르디아에서 폴뤼비오스 시대에 여관의 음식과 숙박으로 하루에 평균 1/2아스(1/3그로센)를 지불했다. 6모디우스의 보리는 1/2데나리우스(3 1/2그로센)의 값이었다. 그곳의 평균 가격 1/2 데나리우스는 기타 지역 통상 가격의 약 1/12이었다.[9] 이로써 이탈리아 곡물 생산의 이익

---

[9] 수도의 평균 곡물가격으로 로마의 7세기와 8세기에는 로마의 1모디우스에 1데나리우스이었다. 밀 1셰펠에 1/3탈러에 해당한다. 그런데 현재(1816~1841년 브란덴부르크와 폼메른 지역의 평균가에 따르자면) 그 양이면 1탈러 24은(銀)그로센이 지불될 것이다. 로마와 오늘날 가격 사이의 현저

원천이 완전히 없어졌고 그리하여 이탈리아의 곡물과 곡물 경작지가 거의 무가치하게 된 사실을 너무나 명백하게 알 수 있다.

로마 농업의 몰락

이런 결과가, 농업이 국민을 먹여 살릴 수 없는 대규모 공업국가라면 유용하게 여겨졌거나 최소한 무조건 불이익이라고 판단되지는 않았을 것이다. 그러나 공업이 별로 중요하지 않고 농업이 언제나 주요한 산업인 이탈리아와 같은 땅이 이런 방식으로 체계적으로 파괴되었고, ―빵 값이라는 것이 그들에게 결코 충분히 쌀 수 없는―본질적으로 비생산적 수도 주민의 이익 때문에 전체의 복리가 극히 창피스러운 방식으로 희생되었다. 공화정의 소위 황금시대에 국헌이 얼마나 형편 없었는지, 그리고 행정이 얼마나 무능했는지 여기처럼 명백하게 드러나는 곳도 없다. 아주 흠결이 큰 대의제일지라도 최소한 진지한 소청이나 악의 근원을 통찰해 볼 수도 있었다. 하지만 본원 시민 집회에, 앞을 내다보는 애국자들이 내는 경고의 목소리는 결코 들리지 않았

하지 않은 이 차이가 곡물 가치의 상승과 은 가치의 하락에 기인한 것인지는 판단하기 어렵다. 그 밖에 이 시기와 후 시기의 로마에서 곡물가격이 실제로 오늘날보다 더 강하게 등락했는지 아주 의심스럽다. 위에서 인용된 프로이센 1셰펠 당 4와 7그로셴이라는 값과―예컨대 1셰펠이 99그로셴(= 1메딤노스 = 15드라크마: Polyb. 9, 44)이었던 한니발 전쟁 시기, 198그로셴(1모디우스 = 5데나리우스: Cic. Verr. E, 92; 214)이었던 내전 시기, 심지어 218그로셴(5모디우스 = 27 1/2 데나리우스: Euseb. chron. p. Chr. 7 Scal.)까지 치솟았던 아우구스투스 치하의 대궁핍 시기 등의―최악의 전쟁과 기근 시기의 가격을 비교하면, 물론 그 차이는 엄청나다. 그러나 이런 극단적인 경우들로는 교훈을 얻기가 어렵고, 양 극단은 동일한 조건에서 오늘날에도 여전히 반복될 뿐이다.

다. 모든 정부는 정부라면 개입했어야 했다. 그러나 로마 원로원 무리는 선의의 경신(輕信)으로 저렴한 곡물가에서 참된 인민의 행복을 보았을 것이다. 그리고 스키피오가와 플라미니누스가 사람들에게는 희랍인들을 해방하거나 공화정적 왕권 통제를 행사하는 일이 더 중요했다. 이렇게 배는 곧장 쇄파(碎波)를 향하여 돌진했다.

농민의 몰락

소규모 토지 소유가 참된 순이익을 더 이상 내지 못한 이래, 농민들은 가망 없이 몰락했다. 더군다나 점차 그들도, 여타 계급들보다는 늦었지만, 초기 공화정의 윤리적 태도와 검소한 운영 방식을 잃었기에 더 그러했다. 이탈리아 농민의 토지가 매입 또는 포기에 의해 대규모 토지 소유로 병합되는 것은 시간 문제였을 뿐이다.

올리브·포도주 재배와 목축

농민과 달리 농장주는 자기 뜻을 관철시킬 수 있었다. 자기 땅을 옛 방식에 따라 소규모의 기한부 임차인들에게 맡기는 것이 아니라, 새로운 방식으로 노예들을 사용하여 경영함으로써 이미 그 자체로 농민보다 값싸게 생산했다. 그리하여 일찍이 새로운 방식이 적용되지 않은 곳에서도 결국, 시킬리아 노예에 의한 곡물 생산과의 경쟁은 이탈리아 농장주들로 하여금 노예로 곡물을 생산하도록, 다시 말해 가족이 딸린 자유인이 아니라 처자식이 없는 노예를 써서 경영하도록 강요했다. 게다가 농장주는 경쟁자들을 상대로 경작 방식의 개선과 변화로 버틸 수 있었고—자본과 사고력은 없고, 생필품만 갖고 있는 농민에게는 어려운 일이었는바—미미한 토지 임차료로도 만족할 수 있었다. 로마의 농장 경영에서 곡물 경작의 후퇴는 바로 이런 이유 때문이다.

곡물 생산은 노동 인력을 유지하는 데 필요한 크기로 축소되었고,[10] 올리브와 포도주의 재배와 목축업이 증가했다. 이 종목들은 유리한 이탈리아의 기후 상황 때문에 외국과의 경쟁을 두려워할 필요가 없었다. 이탈리아 포도주, 이탈리아 올리브유, 이탈리아 양모는 국내 시장만이 아니라 외국으로도 진출했다. 생산 곡물이 넘쳐나던 파두스계곡은 이제 이탈리아반도의 절반에 돼지고기와 베이컨을 공급했다. 이는 로마 토지경영의 경제적 결과에 관해 알려진 바와도 완벽히 부합한다. 즉 부동산에 투하된 자본은 6푼이라도 좋은 수익으로 인정되었다고 볼 만한 이유가 있다. 당시 그보다 두 배 높았던 평균적 자본 이자와도 부합하는 것으로 보인다. 목축업은 대체로 농업보다 나은 결과를 낳았다.

---

[10] 그 때문에 카토는, 포도와 올리브만이 아니라 기타 더 많은 곡물을 재배했음에도 불구하고, 자신이 기술한 바 있는 두 재산을 그냥 '올리브 농장olivetum과 포도원vinea'이라고 불렀다. 실로 포도원의 소유자가 통을 준비해야 한다고 지시받은 800쿨레우스는 1년의 최고 수확량이었다면, 100모르겐iugera 전부에 포도가 식재되었어야 한다. 모르겐 당 8쿨레우스의 수확 자체가 거의 유례없는 일이었기 때문이다(Colum. 3, 3). 그런데 바로(rust. 1, 22)는 포도원의 소유자라면 이전의 수확물을 팔기도 전에 포도를 새로 수확해야 할 상황이 닥칠 수 있다고 이해했는데 정당한 이해다.

농업에서는 포도원이 가장 수익이 좋았고, 다음으로는 채소 농장과 올리브 재배가 괜찮았고, 초지와 곡물 밭이 가장 나빴다.[11] 모든 유형의 농업이 그에 적합한 조건에서 그 유형에 맞추어진 땅 위에서 이루

---

[11] 로마 농장주가 자기 자본에서 평균 6푼을 증식했다는 사실은 콜루멜라(3, 3, 9)에서 추론할 수 있다. 비용과 수확의 더 정확한 계산은 포도원의 경우만 가능하다. 콜루멜라가 모르겐iugerum 당 다음과 같은 비용 계산을 해놓았기 때문이다.

토지 구매대금	1,000세스테르티우스
모르겐 당 일꾼 노예 구매대금	1,143세스테르티우스
포도덩쿨과 말뚝	2,000세스테르티우스
최초 2년간 상실한 이자	497세스테르티우스
	4,640세스테르티우스 = 336탈러

수확을 적어도 900세스테르티우스(65탈러)의 값이 나가는 60암포라를 최소한으로 계산했다. 이것은 17퍼센트의 이익에 해당한다. 그러나 그것은 부분적으로 과장된 것이다. 불량 수확물은 차치하더라도 수확의 비용(제2권 361쪽)과 포도덩쿨, 말뚝, 노예의 관리유지비가 산정에서 빠져 있기 때문이다. 초장, 목초지, 숲의 총수익을 그 농장주는 모르겐 당 최대 100세스테르티우스로 계산했고 곡물 밭의 총수익은 그보다 더 적게 계산했다. 실로 수도에서의 모디우스 당 평균 가격인 1데나리우스에 따라 모르겐 당 밀의 평균 수익을 25모디우스라 하더라도 100세스테르티우스를 넘지 않았으며, 생산지 가격은 그보다 더 낮았을 것이다. 바로(3, 2)는 대규모 농장의 통상적 총 수익을 모르겐 당 150세스테르티우스로 계산했다. 이에 상응하는 비용 계산은 전해지지 않는다. 여기에서의 경작이 포도원보다 비용이 훨씬 덜 들었다는 사실은 자명하다.

이 모든 보고가 카토 사후 100년도 더 지난 것이다. 그는 우리에게 목축이 농사보다 더 수익이 좋다는 일반적인 정보만을 준다(Cicero, De off. 2, 25; 89; Colum. 6, praef. 4, 2, 16, 2 참조; Plin, H. n. 18, 5, 30; Plutarch, Cato mai. 21). 물론 어느 곳에서나 농경지를 목초지로 바꾸도록 권할 수 있다는 뜻은 아니고, 산 위와 기타 적합한 목초지에서 가축 떼를 기르는 것에 투하된 자본이 작물재배에 적합한 땅에서의 농사보다 상대적으로 더 나은 이익을 낳는다고 이해되어야 한다. 이때에 목초지에서 농장주에게 활동력과 지능이 없는 것이 고도로 발전한 포도와 올리브 재배에서보다 훨씬 덜 해롭게 작용한다는 사정도 고려되어야 할 것이다. 카토에 따르면 농경지의 수익은 다음과 같이 단계적으로 낮아진다. 즉 1. 포도원, 2. 채소밭, 3. 포도재배로 인하여 높은 수익을 가져오는 목초 덤불, 4. 올리브 재배, 5. 건초를 생산하는 초장, 6. 곡물 밭, 7. 덤불, 8. 벌채용 숲, 9. 가축 사료용 도토리 숲이다. 이 아홉 가지 구성은 카토의 모범적 농사 계획에 반복적으로 나타난다. 곡물 재배보다 포도재배가 더 높은 순수익을 낸다는 증거는 637년 게누아 시와 그 시에 종속한 지역들 간에 내려진 중재 결정에 따라 그 도시가 세습임차료로 포도주의 1/6, 곡물의 1/12을 받았다는 사실에서도 찾을 수 있다.

어지는 것은 당연한 전제다. 이미 이것은 점차 소규모 경작을 대체하여 도처에서 대규모 경영이 일어나게 되기에 그 자체 충분한 상황이었다. 입법으로 이 추세에 대처하는 것은 어려웠다. 그 와중에 뒤에서 다시 언급해야 할 클라우디우스 법(로마 건국 536년, 기원전 218년)이 원로원 가문들이 투기에서 배제되고 그럼으로써 그 가문들의 엄청난 자본이 특히 토지에 투자되도록, 다시 말해 오래된 농민의 거처가 마름의 땅과 목초지로 바뀌도록 인위적으로 강요한 것은 해로운 결과를 낳았다.

더 나아가 농장운영과 비교할 때 국가에 훨씬 더 불이익한 목축업에 특별한 우대가 있었다. 우선, 목축업이 실제로 대규모 운영을 요구했고 이익도 대규모였던 토지이용의 유일한 방식으로 이 시기 자본의 양과 자본가의 감각에 부합했다. 이와 같은 상황에서 농장 토지의 확대가 수월치 않았고 재산을 불리는 데 한계가 있었기 때문에, 농장 관리를 위해 주인이 지속적으로 있을 필요는 없었지만 자주 와야 했다. 반면, 목초지는 무제한으로 확대 가능하고 소유자가 신경 써야 할 바가 별로 없다. 이런 이유에서 사람들은 이미 비옥한 농지 자체를 경제적 손실을 보면서까지 목초지로 전환하기 시작했다. 이것을 입법이—정확히 언제인지는 모르지만, 아마도 이 시기에—물론 금지했으나 성공적이지 못했다. 게다가 공유지 점유가 이에 유리하게 작용했다. 통상 점유의 규모가 컸지만, 큰 농장들만 생겨난 것이 아니다. 어떤 공유지 점유자들은 국가가 임의로 철회할 수 있고 법적으로 항상 불안한 토지에 대규모 경작 비용을 들이기를, 즉 포도나무와 올리브나무 심기를 꺼렸다. 그 결과 이 토지들은 주로 목초지로 이용되었다.

화폐경제

로마의 화폐경제를 위와 유사한 방식으로 포괄적으로 기술하는 것은, 한편으로는 고대 로마에 이에 관한 전문 저작이 없기 때문에, 다른 한편으로는 토지이용보다 훨씬 더 다양하고 다면적인 화폐경제의 본성 자체 때문에 불가능하다. 확실히 말할 수 있는 것은, 화폐 운영은 기본적 특성상 농업 경영처럼 로마 고유의 것이 아니었고, 오히려—현대의 대규모 경제처럼—어디서나 대규모로 운영되는 동일한 모습을 보이며 고대 문명에 전반적으로 공통된다는 점이다. 화폐 제도에서는 특히 상업적 도식이 우선 희랍인들에 의해 확정되었고, 로마인들은 그것을 받아들이기만 한 것으로 보인다. 그러나 화폐 운영에 있어서도 실행의 엄밀함과 영역의 광범함은 극히 로마적인 것으로서, 로마 경제의 정신과 위대성은 좋게도 나쁘게도 특히 화폐 운영에서 드러났다.

대부업

로마 화폐경제의 출발점은 대부업이었다. 로마인들은 상업의 어떠한 분야도 금전대부자(fenerator)와 은행업자(argentarius)의 영업만큼 열정적으로 실천하지 않았다. 대규모 금전운영에서, 고객을 위해 지불금을 수령하고 지급하고, 금전을 대출하고 차입하고, 내외국을 가리지 않고 금전업무를 매개하는—이것들이 발전된 화폐경제의 표지들인데—업무가 개별 자본가로부터 은행업자에게로 이전된 것은 이미 카토 시대에 완성 상태에 이르렀다. 은행업자들은 부자들의 회계를 담당했을 뿐만 아니라, 이미 도처에서 소규모 분야까지 진입하여 점점 더 빈번하게 속주들과 피호국가들에 지점을 가졌다. 전 제국에 걸쳐 돈을 구하는 자에게 돈을 마련해 주는 업무는 로마인들이 독점하기 시작했다.

도급업자들의 투기

그와 밀접히 관련된 것이 예측불가의 기업 영역이었다. 도급에 의한 업무수행 체계가 로마 전체의 거래를 석권했다. 이 추세는 국가가 자신의 모든 복잡한 징수, 조달, 급부, 건축 등의 업무를 일정액을 수령하거나 지급하여 자본가 개개인 또는 자본가 단체에 위탁하면서 선도했다. 사인들도 계약이 허용되는 모든 사항과 관련하여, 예컨대 건축, 추수, 심지어 상속재산의 분할, 파산재산의 관리를 도급하는 계약을 체결했다. 파산시에는 도급을 맡은 자가—흔히 은행가—전체 재산을 수령하고 파산자의 채무를 완전히 또는 일정한 비율까지 갚고, 경우에 따라서는 초과분까지도 지급할 의무를 부담했다.

상공업

로마 국민경제에서 해외 무역이 일찍부터 어떠한 탁월한 역할을 했는지 잘 알려져 있다. 더 나아가 해외 무역이 이 시기에 누렸던 호황은 로마 재정에서 이탈리아항구 관세의 중요성 증대가 증명해 준다. 해외 무역 중요성 증대와 관련하여 더는 논의할 필요 없을 정도로 명백한 원인들 외에, 속주에서 이탈리아 지배 민족이 갖는 특권과 우월한 지위를 통해, 또 많은 피호국에서 로마인과 라티움인들에게 조약으로 부여한 관세면제를 통해 해외 무역이 인위적으로 증대되기도 했다. 반면 산업은 비교적 뒤처졌다.

수공업만은 불가결의 것이었다. 그런데 카토가 캄파니아의 농장주에게 노예 의복류와 신발류, 쟁기, 통, 자물쇠 등 필요품들은 로마에서 사라고 조언한 데서 짐작건대, 수공업이 로마에 집중됐다. 양모 소재가 많이 쓰였기 때문에 피륙 생산과 수익성은 늘 수밖에 없었다.[12] 하지만 이집트나 쉬리아에서와 같은 산업을 이탈리아로 이식하거나 그런 산업을 외국에서 이탈리아 자본으로 운영하려는 시도는 보이지 않았다. 이탈리아에서도 아마가 재배되었고 자주색 염료가 제조되었지만, 후자의 산업은 본질적으로 희랍적 타렌툼에 속했고, 도처에서 이집트 아마포와 밀레토스 또는 튀로스의 자색 염료 수입이 내국 생산을 능가했다. 그에 반하여 곡물 재배와 목축을 대규모로 운영하려는 로마 자본가들이 이탈리아반도 밖 토지를 어느 정도 차용하고 매수했다. 이렇게 시작된 투기는 후에 대규모로 발전했다. 특히 시킬리아 주민에게 부과된 거래 제한―이 제한 자체가 로마 투기자들의 이익을 위해 도입되지 않았다 해도―덕에 로마 투기자들은 토지취득을

---

[12] 로마 피륙 생산의 산업적 의미는 로마 희극에서 축융세탁업자가 훌륭히 연기했던 역할로부터 명백하게 알 수 있다. 축융세탁업자의 작업용 구덩이가 갖는 수익성은 카토가 입증한다 (Plutarch, Cato mai. 21).

위한 일종의 독점권을 얻었다.

노예의 업무관리

모든 다양한 분야에서의 업무수행은 대체로 노예를 통해 이루어졌다. 금전대여자와 은행업자는 그들의 업무범위를 확대하여 자기의 노예 또는 피해방자의 감독 하에 지사나 은행지점을 세웠다. 국가로부터 항구 관세를 도급받은 회사는 모든 징수 업무에 주로 소속 노예와 피해방자를 썼다. 건축 기업가는 건축가 노예를 매입했다. 개최자의 예산으로 연극 또는 검투 행사의 개최실무를 맡은 자는 연극 또는 검투에 숙련된 노예단을 매입하거나 훈련시켰다. 상인은 자기 물품을 노예나 피해방자의 감독 하에 자기 배에 실어 들여와 도소매로 동일한 방식으로 판매했다. 광산과 공장 운영이 노예로만 이루어진 사실은 더 말할 필요가 없다.

　노예들의 사정은 아주 비참했고 대체로 희랍 노예들보다 나빴다. 그러나 산업 노예들은, 최후에 언급된 무리를 제외하면, 대체로 농장 노예들보다는 사정이 참을 만했다. 그들은 많은 경우 가족이 있었고 사실상 독자적 재산관리권도 가졌으며, 자유(해방)와 자기 재산을 취득할 가능성도 완전히 배제되지는 않았다. 이런 사정은 노예 계급의 신분상승을 위한 참된 토대였다. 이 벼락출세자들은 종으로서의 미덕과—종종—종으로서의 악덕에 힘입어 로마 시민 계급에 진입하여 아주 큰 부를 축적했고, 윤리적으로, 경제적으로, 정치적으로 적어도 노예들만큼 로마 공동체의 퇴락에 기여했다.

로마 상거래의 범위와 화폐

이 시기 로마 무역은 당시 정치적 세력 확장과 완전히 부합하고 그에 못지않게 대단했다. 외국과 활발했던 거래의 뚜렷한 그림을 원하는 자는 문헌, 특히 이 시기의 희극작품들을 펴보기만 하면 된다. 그 안에 페니키아의 상인이 페니키아어를 말하면서 무대에 등장하고, 희랍어 및 다른 언어와 합성된 희랍어 단어와 문장에 의한 대화가 넘쳐난다.

　로마 상거래의 범위와 세력은 화폐금융 사정을 고려할 때 가장 확실히 추적할 수 있다. 로마의 데나리우스는 로마 군단들과 함께 전진했다. 시킬리아의 조폐소가, 최후로는 로마 건국 542년(기원전 212년) 쉬라쿠사이의 조폐소가 로마의 정복으로 말미암아 폐쇄되거나 작은 단위의 화폐 주조로 제한되었다. 그리하여 시킬리아와 사르디니아에서 데나리우스는 적어도 이전의 은화와 병존적으로, 아니 아마도 곧바로 독점적 법정 통화가 되었다는 점은 앞서 기술했다(제3권 96쪽). 그에 못지않은 속도로 로마 은화는 히스파니아도 침투했다. 그곳에는 대규모 은광이 있었고 지역 화폐가 거의 존재하지 않았다. 아주 일찍부터 로마 방식으로 조폐하기 시작한 히스파니아 도시들도 있었다. 카르타고가 제한된 범위에서만 조폐했기 때문에, 로마 조폐소 외에는 지중해 서부에 의미 있는 조폐소가 없었다. 다만 예외적으로 마살리아 조폐소, 아폴로니아와 뒤라키온에 있었던 일뤼리아 희랍인들의 조폐소들이 있었다. 그리하여 이 조폐소들은 로마가 파두스강 유역에 정착하기 시작했을 때 로마의 발밑에 복속되었고, 은의 주조권은 보유했지만 대체로—마살리아인들은 특히—가지고 있던 드라크마를 로마의 3/4 데나리우스로 조정하게 되었다.

로마 정부도 자기 나름대로 데나리우스를 "victoriatus"(승리의 여신 주화)라는 이름으로 우선 북부 이탈리아를 위해 주조하기 시작했다. 로마에 의존하는 이 새로운 방식이 마살리아만이 아니라, 북부 이탈리아와 일뤼리아 지역을 석권했고, 이 지역의 주화들이 북쪽의 야만인 지역까지 진출했다. 예컨대 마살리아주화는 로다누스강 유역 전체를 거슬러 올라가 알프스지역까지, 일뤼리아 주화는 오늘날 트란실바니아까지 나아갔다. 이 시기에 로마의 직접 통치와 마찬가지로 로마 주화도 아직 지중해 동부까지는 확대되지 못했다.

그러나 여기에 해외와의 국제 거래의 적절하고 자연스러운 매개물, 즉 금이 등장했다. 로마 정부가 엄격한 보수적 태도로—한니발 전쟁 시 재정적 긴급 상황 때문에 어쩔 수 없었던 잠정적 금화 주조만은 예외로(제3권 252쪽)—변함없이 이탈리아민족에게 원래 있었던 동화 외에는 은화 주조만을 고수했다. 그러나 이미 화폐 없이 금의 무게를 재어 거래가 이루어질 수 있는 상황이었다. 로마 건국 597년(기원전 157년)에 로마 국고에 있었던 현금 가운데서 (주조되었건 안 되었건) 은은 1/6도 안 되었고, 5/6는 금괴였다.[13] 게다가 의심의 여지없이 로마의

---

[13] 국고에는 1만 7,410로마 파운드의 금, 2만 2,070파운드의 주조되지 않은 은, 1만 8,230파운드의 주조된 은이 있었다. 금의 은에 대한 법정 비율은 금 1파운드가 4,000세스테르티우스, 또는 1:11.91였다.

거대 자본가들의 모든 금고에서 금은 본질적으로 이와 동일한 비율로 존재했다. 그리하여 이미 당시에 금은 대규모 거래에서 1등을 차지하고 있었고, 이로부터 추론할 수 있듯, 일반 거래에서도 외국과의, 특히 필립포스와 알렉산드로스대왕 이래 금화 체제로 바꾼 동부 지역와의 거래가 압도적이었다.

로마의 부

이런 막대한 거래로부터 로마 자본가들이 획득한 이득 전부는 금방이든 오래 걸리든 여하튼 로마에서 합류했다. 많은 자본가가 외국으로 갔지만, 그곳에서 쉽게 오랫동안 머물러 있을 수는 없었고, 조만간 로마로 되돌아왔기 때문이다. 로마에서 그들은 획득한 재산으로 부동산을 사들이거나, 이탈리아에서 투자하거나 취득한 자본력과 관계망을 통해 로마를 기반으로 거래를 계속했다. 나머지 문명세계를 누르고 로마가 점한 돈의 우위는 정치적 우위나 군사적 우위처럼 완전하고도 확고했다. 로마가 다른 나라들과 가졌던 관계는 오늘날 영국이 대륙에 대해 갖는 관계와 같다. 어떤 희랍인은 손아래 스키피오 아프리카누스에 관해 "로마인 치고" 부자가 아니었다고 보고한다. 당시 로마에서 부를 어떻게 이해했는지는 대략 다음에서 짐작할 수 있다. 루키우스 파울루스는 10만 탈러(60탈란톤)의 재산이 있었지만 원로원 의원으로서는 부유하다고 인정되지 못했고, 손위 스키피오 아프리카누스의 딸들 각자가 가졌던 9만 탈러(50탈란톤)는 혼인지참재산으로 적절한 액수로 여겨졌는 데 반하여, 그 세기 가장 부유했던 희랍인은 재산으로 50만 탈러(300탈란톤) 이상을 갖지 못했다.

상인 정신

그리하여 상인정신이 로마 민족을 사로잡은 것은 전혀 놀라운 일이 아니다. 아니, 오히려 상인정신이 로마에 낯선 것이 아니었기에, 로마에서 자본가 정신이 이제 삶의 모든 방향과 자리에 침투했고 집어삼켰다. 농업과 국가 통치는 자본가들의 사업 대상이 되기 시작했다. 재산의 유지와 증대는 대체로 공적 및 사적 윤리의 일부였다. 카토는 아들을 위해 집필한 처세 문답서에 이렇게 썼다. "과부의 재산은 줄어들 수 있다. 하지만 남자는 자기 재산을 증대시켜야 한다. 사망했을 때 출납부가 상속받은 것보다 더 많이 취득했다는 것을 증명해 줄 수 있는 자는 명예로울 뿐 아니라 신적 정신으로 가득 차 있다." 그리하여 급부와 반대급부가 있는 곳에서는, 무방식으로 체결된 모든 거래계약도 준수되었다. 법률이 없더라도 필요하다면 상관습과 법정 관행을 통해서 피해 입은 측에 소권이 부여되었다.[14]

그러나 무방식의 증여약속만은 법 이론에서나 실무에서나 무효였다. 폴뤼비오스의 보고에 의하면, 로마에서는 의무적인 것이 아니라

---

[14] 매매 계약, 임대차 계약, 조합 계약 등의 소구 가능성이, 그뿐만 아니라 일반적으로 무방식이지만 소구할 수 있는 계약에 관한 이론 전체가 여기에 토대를 갖는다.

면 아무도 누군가에게 증여하지 않았고, 변제일 전에는—가까운 친척들 사이에서도—땡전 한 푼 지급하지 않았다. 심지어 입법도 무상으로 남에게 그냥 주어버리는 것을 낭비라고 보는 이런 상인 정신에 굴복했다. 증여와 유증, 보증의 인수 등은 이 시기에 민회 결의에 의해 제한되었다. 최근친이 아니라면 상속에서 최소한 세금을 내야 했다. 이와 밀접하게 관련되어 상인적 시간 엄수, 정직성, 체면 등이 로마의 전 생활에 침투했다. 출납부를 쓰는 것은 모든 보통 남자에게 윤리적 의무였다. 그리하여 잘 갖추어진 모든 집에는 '장부책 방tablinum'이 따로 있었다. 모든 이는 유언 없이 별세하지 않도록 신경 썼다. 하루를 유언 없이 살았던 것이 카토가 자기 삶에서 후회스럽다고 고백한 세 가지 중 하나였다.

로마의 관행에 따르면, 우리가 상인의 회계출납부에 통상 부여하는 정도의 법정 증명력이 가정의 장부에도 부여되었다. 평판에 흠이 없는 남자의 말은 그에게 불리하게뿐만 아니라 유리하게도 쓰였다. 정직한 사람들 간에 분쟁이 있으면, 통상 한 당사자가 서약을 요구하고 상대 당사자가 서약함으로써 해결되었다. 이렇게 함으로써 법적으로도 유효하게 분쟁이 해결되었다. 그리고 어떤 전통적 규칙에 따르면, 심판인은 증거가 없는 경우 우선 흠 없는 자에게 유리하고 흠 있는 자에게 불리한 판결을 내렸고, 두 당사자의 평판이 동등한 경우에 비로소 피고에게 유리하게 판결했다.[15] 특히 이미 예리하지만 점점 더 예리해지

---

[15] 이에 관한 주된 개소는 겔리우스 14, 2에 있는 카토의 단편이다. 문서계약에 의한 채권, 즉 채권자의 회계 장부의 차변에 기입만 되어도 채권자가 갖는 채권에서도 계약 당사자에 대한 신뢰의 이런 법적 고려는—증언이 자기 자신의 이익을 위한 것임에도—상황 이해의 열쇠를 준

는 '고결한 사람은 대가를 받고 몸을 쓰는 노역을 하지 않는다'라는 규칙이 강화되는 것을 보면 관행적 체면이 있었음을 분명히 알 수 있다. 그리하여 관리, 장교, 심판인, 후견인, 기타 모든 공공 업무를 담당하는 고결한 자들은 업무수행에 대해 기껏해야 실비 보상 외에 다른 대가는 받지 않았다. 그 밖에 친지들(amici)끼리 서로 처리해주는 업무, 보증, 소송 대리, 임치(depositum), 사용-대차(commodatum), 기타의 일반적 사무관리(procuratio) 등의 업무들도 동일한 원칙에 따라 처리되었다. 그리하여 이런 업무로 대가를 받는 것은 부적절했고, 대가를 약속받았더라도 소를 제기하는 것은 허용되지 않았다.

사람이 얼마나 완전히 상인화될 수 있는지는, 이 시기 로마의 삶에서 결투가—심지어 정치적 결투까지—금전지급이나 소송으로 대체될 수 있었다는 사실이 가장 명쾌하게 보여준다. 개인의 명예 문제를 해결하는 통상적 방식은 다음과 같았다. 모욕한 자와 그 피해자가 모욕적 주장의 진실 혹은 허위를 놓고 돈을 걸고 소를 제기하여 사실 확정 문제를 법에 정해진 방식으로 심판인들에게 가져간다. 피해자 또는 모욕자에 의한 돈내기 도전에 오늘날 결투 도전처럼 법이 개입하지 않았으나, 명예의 문제로서 피할 수 없었다.

다. 그리하여 후에 이런 상인적 신용이 로마의 삶에서 자취를 감추었을 때 문서계약도 정식으로 폐지된 것은 아닐지라도 저절로 사라졌다.

회사들

상인이 아니라면 이해하기 어려운 강도로 추구되던 상인 정신의 가장 중요한 결과들 중 하나가 회사제도의 엄청난 확장이다. 로마에서 회사제도는 이미 자주 언급된 '국가 업무를 매개자를 통해 처리하게' 하는 정부 방책에 의해 아주 유리한 양분을 섭취했다. 이 업무처리의 규모를 볼 때 자연스럽기도 했고 더 큰 확실성을 위해 종종 국가가 개별 자본가가 아니라 자본가들의 단체가 위탁과 공납을 인수하도록 정했기 때문이다. 이 기업들의 본에 따라 대규모 거래들의 판이 짜졌다. 심지어 공동으로 독점 가격을 정하기 위해 회사제도에 아주 특징적인 경쟁 회사 간 합병을 로마인들도 실행했다는 자취도 찾아볼 수 있다.[16]

특히 해외 업무와 기타 큰 위험이 상존하는 업무들에서 회사제도가 고대에 알려져 있지 않은 보험을 거의 대체할 정도의 차원으로까지 발전했다. 이른바 해상대차가 아주 일반적이었다. 이것은 오늘날의 대규모 모험거래에 해당하는데, 해외 거래의 위험과 이익이 선박과 화물의 주인과 이 항해에 신용을 준 모든 자본가에게 비례적으로 분배되었다. 그러나 독자적으로 투기하기보다 소액으로 다수의 투기에

---

[16] 올리브 수확을 위해 체결한 약정을 위해 카토(*agr*. 141)가 제시한 주목할 만한 모범 계약서에 다음과 같은 문구가 있다. "올리브 수확과 압착이 더 비싸게 체결되게 할 목적으로 [지원자들의 경쟁에서] 아무도 철회할 수 없다. 다만 [공동 지원자 중 한 명이 다른 지원자를] 즉시 자신의 협력자로 지명하는 경우에는 철회할 수 있다. 그런 식으로 되지 않은 경우에는, 모든 경쟁자는 농장 소유자 또는 그에 의해 선임된 감독자의 신청에 의해 [약정을 체결하는 한 회사의] 모든 경쟁자가 [경쟁의 배제를 위해 담합하지 않았음을] 서약하여야 한다. 그들이 서약하지 않으면, 약정된 대가가 지급되지 않는다." 일을 맡는 자가 하나의 회사이지 자본가 개인이 아닌 것은 묵시적으로 전제되어 있었다.

참가하는 것이 로마의 일반적 경제 규칙이었다. 카토는 자본가들에게 배 한 척에 자기 돈을 싣지 말고 49명의 다른 자본가들과 함께 50척의 배를 보내 각 배에서 1/50씩 이익을 얻으라고 조언했다. 이를 통해 초 래된 거래의 심각한 문제점들을 로마의 상인은 시간적 정확함을 갖춘 근면함으로 또—순수한 자본가적 입장에서 볼 때 우리의 상사제도보 다 훨씬 선호될 만한—노예 및 피해방자 관리를 통해 극복했다. 이렇 게 상업 회사들이 100가지의 부수적 효과와 함께 모든 저명인사의 경 제생활에 침투했다. 폴뤼비오스의 증언에 의하면, 로마에 공개적이건 익명이건 조합원으로 국가업무의 위탁에 참여하지 않은 재산가가 없 었다. 또 그만큼 더 모든 이가 통상 자기 자본의 상당한 지분을 상업 회사에 투자하고 있었을 것이다.

로마가 가진 부의 크기보다 더 놀라운 그 존속기간은 앞의 모든 것 에 의존했다. 큰 가문들의 존속이 몇 세기에 걸쳐 거의 같은 모습을 유지했다는, 이런 종류로 아마도 유일하다고 앞에서 강조되었던 현상 이 여기에서 일부 편협하면서도 공고한 상인적 재산관리 원칙들로 설 명된다.

자본 귀족

로마 경제에서 자본이 일방적으로 강조되자, 순수한 자본주의 경제와 불가분의 관계에 있는 부정이 발생하지 않을 수 없었다. 통치 지배계 급의 등장으로 이미 치명타를 입은 시민 평등이 점점 더 분명해지는 빈부간의 사회적 격차에 의해서도 강력한 타격을 입었다. 이미 언급된 —아마도 무관심한, 사실상 자본가의 오만함과 참람함의 심연을 포함하는— '노동을 하고 돈을 받는 것은 수치스러운 것이다'라는 원칙만큼 아래 계급과의 분열에 영향을 준 것은 없다. 그럼으로써 일용직과, 수공업자와 체면 있는 농장주와 공장주인 사이에서, 병사와 부사관과 군사대장, 서기와 사자(使者)와 관리 사이에 벽이 세워졌다.

위쪽으로도 가이우스 플라미니누스가 발의한 법률(로마 건국 536년, 기원전 218년)이 유사한 경계선을 그었다. 이 법률은 원로원 의원들과 그 아들들이 토지 수확물을 운반하는 용도 외에 선박을 소유하지 못하게 했고, 공공 입찰절차에 참여하지 못하게 했을 뿐 아니라, 로마인들이 "투기quaestus"라고 이해했던 모든 것의 실행을 일반적으로 금지했다.[17] 이런 입법은 원로원 의원들이 주장한 것이 아니라, 우선 정부 구성원들이 정부 자체와 거래하지 못하게 하려 한 민주적 반대 당파의 작품이다. 이후에도 빈번했지만 여기에서 이미 자본가들은 민주 당파와 공동 사업을 실행했고 원로원 의원들의 배제를 통해 경쟁을 피할 기회를 잡았을 수도 있다. 하지만 회사제도가 원로원 의원들이 계속 투기할 수 있는 길을 비밀리에 충분히 열어 주었기 때문에 자본가들의 목적은 아주 불완전하게 성취되었다. 그러나 이 민회결의는 상류층 중에서도 공개적으로 투기하지 못하는 자들과 투기할 수 있는

---

[17] 리비우스 21, 63(Cic. Verr. 5, 18, 45 참조)은 해양 선박에 대한 명령만을 언급한다. 그러나 국가조달계약(redemptiones)도 원로원 의원에게 법률로 금지되어 있던 사실을 아스코니우스(toga cand. p. 94 Orelli)와 카시우스 디오(55, 10, 5)가 보고한다. 리비우스에 따르면, "모든 종류의 투기가 원로원 의원에게 부적절한 것으로 여겨졌다." 그래서 클라우디우스 법은 아마도 그보다 더 나아갔을 것이다.

자들 사이에 경계를 그었다. 그리고 정치적 귀족과 경제적 귀족을 병존시켰다. 후자는 후에 소위 기사 계급으로 불렸는데, 다음 세기의 역사는 통치 계급과 기사 계급 사이의 경쟁관계로 가득차게 된다.

로마 자본주의 발전의 취약성

일방적인 자본력이 초래한 또 하나의 결과는 전적으로 무익하고 국민경제 전반에 걸쳐 극히 생산적이지 못했던 거래 분야의 불균형이었다. 으뜸을 차지했어야 할 공업은 오히려 꼴찌를 차지했다. 상업은 꽃피긴 했으나 철저히 수동적이었다. 북쪽 국경에서 로마인들은, 켈트족이나 게르만족의 땅으로부터 아리미늄 및 기타 북 이탈리아 시장으로 흘러들어온 노예와 맞바꿀 상품이 전혀 없었던 것으로 보인다. 로마 건국 523년(기원전 231년)에 로마 정부는 켈트족 땅으로의 은화 유출을 금지한 바 있다. 심지어 희랍, 쉬리아, 이집트, 퀴레네, 카르타고와의 거래에서도 대차대조가 필연적으로 이탈리아에 불리할 수밖에 없었다. 로마는 지중해 국가들의 수도가 되고, 이탈리아는 로마의 교외가 되기 시작했다. 로마인들은 더 이상을 원하지도 않았고, 수도뿐이기만 한 도시가 그러하듯 대단한 무관심 하에서 수동적으로 거래할뿐이었다. 그러나 그들은 실로 충분한 돈을 가졌고 그것으로 필요 여부를 막론하고 무엇에든 지불할 수 있었다. 반면 모든 사업 중 가장비생산적인 금전거래와 징수업무는 로마 경제의 참된 자리이자 튼튼한 보루였다. 마지막으로 로마 경제에서 부유한 중산층과 그나마 괜찮은 하류층을 만들어낼 요소들은 불행한 노예운영 체계 아래 사그라져 갔고 기껏해야 비참한 피해방자 계급의 증가에 기여했을 뿐이다.

자본가들에 관한 평판

그러나 무엇보다 순수한 자본주의 경제에 내재하는 뿌리 깊은 부도덕성이 사회와 공동체의 골수를 갉아먹었고, 인간애와 조국애를 절대적 이기주의로 대체했다. 국민 중 더 나은 자들은 투기 과잉이 불러올 타락을 예리하게 감지했다. 그리고 무엇보다도 대중의 본능적 증오와 선량한 정치인들의 거부감이 오래 전부터 법률에 의해 제재되었고, 명확한 법문으로 여전히 금지되어 있는 영리적 대부업을 향했다. 이 시대의 한 연극에서는 다음과 같은 대사를 볼 수 있다.

> 실로 나는 포주들과 너희 폭리자들을 똑같이 본다.
> 저들은 거래를 비밀리에, 너희는 공개적으로 한다.
> 저들은 술집으로, 너희는 이자로, 모두 사람들을 벗겨 먹는다.
> 나라는 너희들 잡으려고 아주 많은 법률을 제정했다.
> 허나 제정하는 만큼 너희는 위반한다. 숨을 곳은 늘 있기에.
> 너희는 법률을 마치 식어버린 온수처럼 볼 뿐이다.
> Eodem hercle vos pono et paro; parissumi estis ibus.
> Hi saltem in occultis locis prostant: vos in foro ipso.
> Vos fenore, hi male suadendo et lustris lacerant homines.

Rogitationes plurimas propter vos populus scivit,

Quas vos rogatas rumpitis: aliquam reperitis rimam.

Quasi aquam ferventem frigidam esse, ita vos putatis leges.

개혁당파의 지도자 카토는 이 희곡작가보다 더 열정적으로 농업론 서문에 외친다. "이자부로 대금하는 것은 이익이 된다. 그러나 명예로운 일은 아니다. 그리하여 우리 조상들은 도둑은 2배액이지만 이자 받는 자는 4배액으로 배상할 책임이 있다고 법률에 정해놓았다. 이로써 이자 받는 자를 도둑보다 얼마나 더 나쁜 시민으로 보는지 알 수 있다." 다른 곳에서는 금전대여자와 살인자 간에 큰 차이가 없다고 했다. 그의 행위는 그의 말에 뒤지지 않았다. 사르디니아 총독 재직 시 카토는 엄격한 사법권 행사로 로마 은행가들을 궁지로 몰았다. 원로원 지배 계급은 압도적 다수가 투기 경제를 불쾌하게 생각했고, 속주에서 금융가들보다 평균적으로 더 청렴함과 명예를 갖추어 행동했을 뿐 아니라 더 빈번히 그들의 저지세력이 되었다. 단, 로마 고위관리들의 잦은 교체와 그들 간 사법권한의 불가피한 불평등은 그런 추세를 제어하려는 노력을 좌절시킬 수밖에 없었다.

농업에 대한 자본주의 체제의 반응

파악하기 어렵지 않은 바, 투기를 경찰력으로 감독하는 것보다는 전체 국민경제에 변화 방향을 제시하는 것이 훨씬 중요하다는 것을 사람들은 파악하게 되었다. 주로 이런 맥락에서 카토와 같은 사람들은 가르침과 실례로써 농경을 찬양했다. 바로 앞에서 인용한 서문에서 카토는 또 다음과 같이 말했다. "우리 조상들이 유능한 사람에 대해 상찬연설을 했을 때, 그를 유능한 농부나 농장주로 상찬한 것이다. 그런 사람은 최고의 상찬을 받은 것으로 인정되었다. 상인은 내가 보기에 대담하고 영리추구에 밝다. 그러나 그의 일은 위험과 불행에 너무나 노출되어 있다. 그에 반하여 농부는 가장 용감한 자이자 유능한 군인이다. 다른 어떤 업도 농업보다 명예롭고, 안전하고, 증오와 거리가 먼 것은 없었다. 농업과 관계 맺는 자는 결코 사악한 생각을 품지 않는다." 자기 재산은 오로지 두 수입원, 즉 경작과 절약에서 나온다고 카토는 말하곤 했다. 그 말이 아주 논리적으로 생각한 것이거나 정확히 진리에 부합하는 것도 아니지만,[18] 동시대나 후대에 로마 토지 소유자의 모범으로 인정받은 것은 이유 없지 않다. 하지만 유감스럽게도, 분명히 선의에서 크게 상찬 받은 농업이라는 치료제 자체에 자본주의 경제라는 독이 퍼져 있었다는 점은 현저하기도 하고 고통스럽기도 한 진실이었다. 목축업의 경우 이 점이 명백했다. 이 때문에 목축업은 대중에게는 가장 사랑받았지만 결코 윤리 개혁당파의 호의를 사지 못했다.

그러나 농업은 어떠했나? 로마 건국 제3세기에서 제5세기까지 채

---

[18] 자기 재산 일부를 카토는 다른 로마인들처럼 목축, 상업 기타 사업에 투자했다. 그러나 노골적으로 법률을 위반하는 것은 그의 방식이 아니었다. 그는 원로원의원으로서 할 수 없었던 국가 임대차 투자도 이자놀이도 하지 않았다. 후자와 관련하여 그가 자기 철학에 어긋나는 일을 실행했다고 비난하는 것은 불공평하다. 그도 영위했던 해상 소비대차fenus nauticum는 법률에서 금지된 이자놀이가 아니었고 본질상 해운 및 화물운송 사업에 속했던 것이다.

무이자의 명목으로 노동하는 농부에게 지대를 박탈하여 무위도식의 지대수입자의 수중에 바치는 방식으로 자본이 노동을 상대로 수행했던 전쟁은, 라티움의 자본을 주로 로마경제의 확대와 지중해 지역 전반에 걸쳐 만연하던 투기로 투입함으로써 상쇄되었다. 그런데 확대된 사업지역도 증가한 자본량을 더 이상 처리할 수 없게 된다. 동시에 한편으로는 원로원 의원들의 자본을 인위적으로 이탈리아 토지 소유에 투자되도록 하고, 다른 한편으로는 곡물가격에 영향력을 행사하여 이탈리아 경작지를 체계적으로 가치 절하되도록 하는 제정신 아닌 입법작업이 이루어졌다. 이렇게 이때 자유노동 또는—고대에는 본질적으로 동일한 것이었지만—농업경제를 상대로 하는 자본의 제2전역(戰役)이 시작되었다. 제1전역이 가혹했다 해도 제2전역과 비교하면 그나마 부드럽고 인간적인 것으로 보일 정도였다. 자본가들은 더 이상 농민에게 이자를 받고 돈을 빌려주지 않았는데, 소규모 자영농민이 더 이상 의미 있는 잉여를 얻지 못했기 때문에 그 자체 이미 실행불가능한 것이었다. 그들은 그리 단순하지도 과격하지도 않았다. 그들은 대신 농지를 사들여 노예를 시켜 운영하고 관리인이 관리하는 농장으로 변경하는 것이 고작이었다. 이것도 농업이라 불렸다.

그러나 사실상 본질적으로 토지산물 생산에 자본주의 경제를 적용했을 뿐이다. 경작자에 관한 카토의 기술은 탁월하고 완전히 옳다. 그런데 그 기술이 그가 추천한 경제 자체에 부합하는가? 드물지는 않았을 것인데, 로마 원로원 의원이 카토가 기술했듯이 그런 농장을 네 개가졌다면, 소규모 토지 소유 시기에 100~150가구에 이르는 농부가족들이 먹고살 수 있었던 동일한 공간에서 지금은 자유인 한 가족과 대부분 미혼인 노예 50명이 살게 되었다. 이것이 기울어 가는 국민경제를 개선할 치료약이었을지 몰라도, 불행하게도 그 치료제는 질병과 너무나 닮아 있었다.

이탈리아의 발전

이런 경제의 종합적 결과는 변화된 인구 상황에서 너무나도 명백했다. 물론 이탈리아 지역들의 사정은 매우 불균등했으며 부분적으로는 좋기까지 했다. 아펜니누스산맥과 파두스강 사이 지역들의 식민화에서 다수 건설된 경작지들은 그렇게 빨리 사라지지는 않았다. 이 시기가 끝나고 멀지 않았던 시점에 이 지역을 방문한 폴뤼비오스는 아름답고 활력이 넘치는 많은 인구를 상찬했다. 곡물 입법이 올바르게만 되었어도 시킬리아가 아니라 파두스강 지역이 수도의 곡창이 될 수 있었을 것이라고도 했다. 마찬가지로 피케눔과 소위 "갈리아 경작지 *ager Gallicus*"는 로마 건국 522년(기원전 232년)의 플라미니우스 법에 따른 국유지 분배를 통해 수많은 농부를 얻었다. 그 농부들은 한니발 전쟁 중에 가장 많이 사라졌다. 에트루리아와 움브리아에서는 신민 공동체의 내부 사정이 자유민 농민 계층의 흥성에 유리하지 않았다. 수도 시장이라는 이점이 완전히 박탈될 수 없었고, 한니발 전쟁의 타격을 대체로 피했던 라티움, 외부와 격리된 마르시아와 사비눔 골짜기에서는 사정이 나았다.

반면 남부 이탈리아는 한니발 전쟁이 제대로 황폐화시켰고 일부 작은 지역 외에 한때 3만 명의 군대를 출전시킬 수 있었던 두 대도시 카푸아와 타렌툼은 몰락했다. 삼니움은 로마 건국 5세기의 심각한 전쟁들에서 회복했다. 로마 건국 529년(기원전 225년)의 조사에 의하면 삼니움은 라티움 도시 전부가 낼 수 있었던 병력 절반을 낼 수 있었고, 아마도 당시 로마시 경작지*ager Romanus*를 제외하면 반도에서 가장 번영하던 지역이었다. 그러나 한니발 전쟁은 그 땅을 다시 황폐화시켰고, 스키피오 군대에 대한 그곳 토지의 분배도, 중요한 기여였지만, 손실을 보충하지는 못했다. 한니발 전쟁에서 그때까지 인구가 많았던 지역인 캄파니아와 아풀리아가 우군과 적군 모두에게 더 형편없이 취급받았다. 후에 아풀리아에서도 토지 분배가 있었지만 여기에 건설된 식민지는 번성하지 못했다. 인구가 더 많은 곳은 여전히 아름다운 캄파니아평야였다. 그러나 카푸아와 여타 한니발 전쟁에서 해체된 여러 공동체는 국가소유가 되었고 그곳을 실제로 가진 자들은 계속해서 소유자가 아니라 소규모 임차인이었다. 마지막으로 한니발 전쟁 전부터 인구가 아주 적었던 루카니아와 브루티움 지역에서 전쟁 자체의 엄중함과 후속된 형벌집행으로 그 수가 크게 줄었다. 그리고 로마에서도 이곳 농업을 다시 진작하기 위한 일을 많이는 하지 않았다. 발렌티아(비보*Vibo*, 현재 몬텔레오네)를 예로 들자면, 그곳에 건설된 식민지는 번영을 누리지 못했다.

인구 절벽

여러 지역의 정치적·경제적 사정의 불균등과 개별 지역의 상대적 번영에도 불구하고 전체적으로 퇴보는 뚜렷했다. 퇴보는 이탈리아의 전반적 상황에 대한 반박할 수 없는 증거들로 증명된다. 카토와 폴뤼비오스는 이탈리아가 로마 건국 5세기 말보다 로마 건국 6세기 말에 인구가 훨씬 더 줄었고 결코 제1차 카르타고 전쟁시처럼 병력을 동원할 수 없다는 데 의견이 일치했다. 점증하는 징병의 어려움, 군단 복무를 위한 자격요건 완화의 필요, 파병 분담인수에 대한 동맹국들의 불만 고조 등이 이를 입증한다. 그리고 로마 시민 총인구가 동일한 내용을 알려준다. 레굴루스의 아프리카 원정 직후 로마 건국 502년(기원전 252년)에 29만 8,000명의 무장능력 있는 남자가 있었다. 30년 후 한니발 전쟁 개시(로마 건국 534년, 기원전 220년) 직전에는 27만 명, 즉 10퍼센트가 감소했고, 다시 20년 후 한니발 전쟁 종료(로마 건국 550년, 기원전 204년) 직전 21만 4,000명, 즉 1/4이 감소했다. 그리고 특별한 상실이 없었던 북이탈리아평야에, 특히 대규모 시민식민지 건설이 실감나는 특별한 인구 증가를 이룬 한 세대 후, 그럼에도 인구수는 이 시기의 초기 수준에 다시 도달하지 못했다. 이탈리아 전체 인구와 관련된 유사한 수적 지표가 남아 있다면, 그 숫자는 의심의 여지없이 상당한 인구 손실을 보여줄 것이다. 국민 활력의 쇠퇴는 잘 드러나지 않는다. 하지만 농업서 저자들은 육류와 우유가 서민들 식탁에서 점점 더 사라졌음을 증언한다.

그 밖에 노예 수는 증가하고 자유인 수는 감소했다. 아풀리아, 루카니아, 브루티움에서 카토 시기에 목축이 농업을 앞질렀다. 반야생의 목동노예들은 여기에서 집 주인이나 마찬가지였다. 아풀리아에서 그런 야생 목동들에 불안을 느껴 강력한 주둔군을 배치하지 않을 수 없었다. 로마 건국 569년(기원전 185년)에 그곳에서 바쿠스 축제와 결합된 대규모 형태의 노예들 음모가 발각되어 7,000명이 유죄판결 받았다. 그런데 에트루리아에서도 로마 군단이 노예 집단을 향해 진군했다(로마 건국 558년, 기원전 196년). 라티움에서는 세티아나 프라이네스테와 같은 도시들이 도망 노예들에게 습격당하기까지 했다(로마 건국 556년, 기원전 198년).

나라는 현격하게 쪼그라들었고 자유 시민들의 공동체는 해체되어 주인 계급과 노예 계급으로 분화되었다. 시민과 동맹세력들을 살육하고 황폐화시킨 것이 우선은 카르타고와의 두 장기전이었지만, 로마의 자본가들 역시 하밀카르나 한니발처럼 이탈리아 인민의 힘과 수를 감소시키는 데 기여했다. 정부가 원조할 수 있었는지 아닌지는 아무도 말할 수 없다. 그러나 대체로 선량하고 활기 넘치는 로마 귀족들에게 상황의 처절한 심각성에 대한 통찰과 최고도의 위험에 대한 인식이 전혀 보이지 않았다는 사실은 경악스럽고 수치스러운 일이다.

로마의 귀족 여성, 제1차 카르타고 전쟁에서 로마 함대가 파괴되도록 만든 여러 제독들 중 1인의 여자형제가 하루는 로마 광장에서 혼잡한 군중을 만났을 때, 큰소리로 주위에, '지금이야말로 내 형제를 다시 함대 지휘관으로 세워 시민들의 사혈을 통해 로마 광장을 숨쉴 만하게 만들 적시다'라고 외쳤다(로마 건국 508년, 기원전 246년). 물론 그렇게 생각하고 말한 자는 소수다. 하지만 이런 무도한 연설은 범죄적 무관심의 적실한 표현에 다름 아니었다. 그 무관심으로 상류의 유산 계급은 시민과 농민 등 하류의 계급을 멸시한 것이었다. 누구도 몰락은 원치 않았겠지만, 그들은 몰락을 그대로 방치했다. 결국 당시 많은 자유인이 그나마 행복을 누리고 번영으로 흥성하던 이탈리아 땅은 급속도로 황폐해졌다.

제13장
신앙과 관습

로마적 엄격성과 자부심

로마인에게 삶은 엄격한 제한 속에 이루어졌고 귀족일수록 자유롭지 못했다. 전능한 관습이 로마인의 사고와 행위를 구속했다. 엄격하고 심각하게—또는 라티움어의 고유한 표현을 빌자면—슬프고 힘들게 산 것이 로마인의 자랑이었다. 자기 집의 기율을 유지하는 것과 공동체 사안에 물심양면으로 참여하는 것 말고 로마인에게 더 큰 일은 없었다. 그러나 개인이 공동체의 한 지체가 되기만을 원하고 그렇게 될 수밖에 없었기에, 모든 개별 시민이 공동체의 명예와 세력을 마치 개인적 소유물로 느꼈고, 그것은 이름 및 가계와 함께 자손에 계승되었다. 그리하여 각 세대가 무덤에 묻히고 후속하는 각 세대는 오랜 명예의 목록에 새로운 기여를 하듯, 로마 귀족 가문들의 강력한 시민으로서의 집단적 존엄이 커져 갔다. 이런 현상은 후대의 세계가 다시는 경험치 못한 것이었고, 낯설면서도 위대한 이 자취들은 다른 세상에 속한 것처럼 보인다. 또 로마인은 살아가는 동안 엄격한 시민적 단순함과 평등함에 의해 탄압까지는 아니더라도 침묵하는 가슴 속에 자신을 폐쇄하도록 강요되며, 죽고 나서야 의사를 표명할 수 있었던 사실도 이런 강력한 시민의식의 고유한 특성에 속했다. 다른 모든 현상보다 로마적 삶 안에서 후대인에게 경탄스러운 로마 정신을 알게 해주는 데 적합한 감각적 폭력성과 함께 고귀한 자의 장례식에서도 시민의식이 두드러졌다.

로마의 장례식

공동체 공지인이 외쳐 시민들의 참석을 초청하는 아주 특이한 행렬이 있었다. "전사가 죽었다. 올 수 있는 자는 다 와서 루키우스 아이밀리우스를 수행하라. 그는 자기 집에서 실려 나갈 것이다." 행렬은 곡하는 여인들, 연주하는 자, 춤추는 자들에 의해 개시된다. 춤추는 자 중 한 사람은 망인의 흉내를 낸 옷을 입고 가면을 쓴 채로 몸짓과 행동으로 죽은 저명인을 다시 한 번 대중에게 보여준다. 그 다음 이 행렬의 가장 화려하고 고유한 부분, 즉 조상들의 행진이 따른다. 이때에 다른 모든 화려함은 빛을 잃는데, 로마의 최고 귀족들은 장례식 중 오로지 이 부분에만 집중하라고 자기 후손들에게 명할 정도였다. 왕정기 또는 그 이전 시기부터 존재한바, 고등 안찰관이나 기타 높은 관직을 역임한 조상들을 위해 채색까지 한 밀랍 가면들이 사후에 제작되어 가족용 큰 방의 목판 벽에 세워져 집 안 최고의 장식으로 기능했음은 이미 앞에서 언급했다. 가족 중 누군가가 죽으면, 주로 배우가 이 가면을 장례식에서 쓰고 생전의 관직표식을 차는데, 조상들은—각자 생전 최고의 장식으로 꾸며지는데 개선장군은 황금 자수된 외투를, 호구감찰관은 자색 외투를, 집정관은 자색 가장자리의 외투를 입은 채 수종리들과 기타 관직의 표식들을 갖추고—모두 수레에 실려 망자를 마지막으로 호송한다. 중후한 자색과 황금 자수로 된 덮개와 섬세한 아마천이 깔린 상여 위에 망자 자신이 역임했던 최고 관직의 장식을 완전히 갖추고, 그가 도륙한 적군의 무구와 익살스럽게 또는 진지하게 받은 화관에 둘러싸여 눕혀진다. 상여 뒤로 검은색 옷을 입고 장식은 하지 않은 조객이 따른다. 망자의 아들들은 머리를 가리고 딸들은 가리지 않는다. 그 다음 친척, 친족, 친구, 피호민, 피해방자들이 따른다. 이렇게 행렬은 로마 광장으로 나아간다. 여기에서 시신은 세로로 세워진다. 조상들은 수레에서 내려 귀족 의자에 앉는다. 그럼 망자의 아들 또는 최근친 친족이 연단에 올라 원형으로 앉아 있는 조상들 각각의, 마지막으로 망자의 이름과 업적을 모인 군중에게 열거하여 공포한다.

그것을 미개의 관습이라 할 수도 있다. 물론 세련된 감정을 지닌 민족이라면 놀라운 망자들의 부활을 고도로 발달된 문명 시기에 이르도록 놔두지는 않았을 것은 확실하다. 그런데 폴뤼비오스 같이 아주 냉정하고 경건하지 못한 희랍인들도 망자 축제의 장엄한 순진성에 압도되었다. 살아 있는 자들 사이에서 마치 실체적인 것처럼 아주 먼 세대들이 함께 행진했다는 사실과, 노고와 명예를 충분히 겪은 한 시민이 조상들과 함께 있게 되었을 때 이 조상들이 그를 환영하기 위해 로마 광장에 나타났다는 사실은 필연적으로 로마적 삶의 엄중함, 균일함, 자랑스러운 존엄에 부합했다.

희랍의 새로운 영향

그러나 이제 한계점에 이르렀다. 로마의 세력이 더 이상 이탈리아에 머물 수 없고 멀리 동서로 뻗어나가자, 옛 이탈리아의 고유함도 끝났고 그 자리를 희랍 문명이 대신하게 되었다. 유사 이래 이탈리아는 희랍 영향 하에 있기는 했다. 젊은 희랍과 젊은 이탈리아 둘이 순진함과 독창성을 갖고 어떻게 정신적 자극을 주고받았는지, 또 어떻게 후에 외적 방식으로 로마가 희랍의 언어와 발명품들을 실용적으로 활용하려 전력을 기울였는지는 이미 살펴보았다. 그러나 이 시기 로마인들의 희랍적 성향은 그 원인 및 결과가 본질적으로 새로운 것이었다. 이제 로마인들은 보다 풍부한 정신적 삶의 필요성을 느끼기 시작했고 정신적 무력감 앞에서 실로 소스라치게 놀랐다. 영국이나 독일 같은 예술적 재능이 큰 민족들도 생산성의 휴지기에 있을 때에 별 볼일 없는 프랑스 문화를 대체물로 이용하기를 꺼려하지 않았을진대, 이탈리아 민족이 불타는 열정으로 혼신을 다하여 희랍의 장려한 보물뿐만 아니라 정신적 발전의 타락한 오물로 돌진한 것도 전혀 놀랍지 않다.

그러나 불가항력적으로 로마인들을 희랍적 소용돌이로 휩쓸어 들어간 것은 더 심오하고 내면적인 것이었다. 희랍 문명은 여전히 희랍적이라고 자칭했지만, 더 이상 그렇지 못했고 오히려 인류주의적 또는 세계동포주의적이었다. 희랍 문명은 정신적 영역에서는 완전히, 정치 영역에서도 일정 정도, 상이한 민족들의 통일체를 형성하는 과제를 해결했다. 그리고 동일한 과제가 이제 더 넓은 영역인 로마로 옮겨 오게 됨으로써 로마는 알렉산드로스 대왕의 다른 유산과 함께 헬레니즘도 승계하게 된다. 그리하여 헬레니즘은 이제 단순한 자극이나 부수물이 아니라 이탈리아 민족의 골수를 관통했다. 물론 생명력 넘치는 이탈리아의 고유성이 외적 요소에 저항하기도 했다. 매우 격렬했던 투쟁 후에야 이탈리아 농민은 세계시민적 대도시민에게 들녘을 내주었다. 그리고 우리에게서 프랑스 예복이 독일의 전통 예복을 부활시켰듯이, 로마에서도 헬레니즘에 대한 반격이—이전 세기들에는 아주 낯선 방식으로—원칙적으로 희랍적 영향에 저항하는 경향을 일깨웠고 매우 빈번히 무지막지한 어리석음과 가소로움으로 전락했다.

정치 영역의 헬레니즘

옛 방식과 새 방식 간의 투쟁이 벌어지지 않았을 만한 인간의 행위나 사고 영역은 없었다. 정치 상황조차 그에 압도되었다. 당연히 난파할 운명이었던 것으로 앞에서 기술된 바 있는 '희랍인들을 해방한다'는 경이로운 기획, 마찬가지로 이와 관련된 왕에 대항하는 공화정들의 희랍적 연대 사상과 동방 전제정에 대항하는 희랍 정체의 전파 —이 둘은 예컨대 마케도니아 처리에서 결정적 역할을 했다—등은, 카르타고에 대한 공포가 옛 정파의 고정 관념이었듯, 새 정파의 고정 관념이었다. 카토가 카르타고에 대한 공포를 가소로울 정도로까지 과도하게 주장했다면, 범희랍주의는 여기저기서 마찬가지로 바보스러운 아첨을 향유했다. 그리하여 안티오코스왕을 제압한 자는 희랍 의상을 입고 있는 자신의 입상을 세웠을 뿐만 아니라, 제대로 된 라티움어 이름인 '아시아티쿠스Asiaticus'가 아니라 의미나 언어에서 모순됨에도 불구하고 장엄한 반(半)희랍적 별칭 '아시아게누스Asiagenus'를 취했다.[1] 희랍적 영향에 대한 지배 민족의 이런 입장은 라티움화가 이탈리아 전체를 석권했지만 희랍인들 거주지만은 그렇게 하지 못하는 중요한 결과를 초래했다. 이탈리아의 희랍 도시들은 전쟁으로 파괴되지 않은 한 여전히 희랍적이었다. 이 시기에 로마인들이 별로 신경쓰지 않았던 아풀리아는 희랍 영향이 완벽히 석권했고 희랍 문명이 꽃피면서 그곳의 지역 문명은 완전히 소멸한 것으로 보인다. 이에 관해 전승은 침묵하지만, 철저히 희랍어 명각(銘刻)만을 갖는 다수의 화폐들, 미적 감각보다 장식적이고 화려한 희랍 방식에 따라 이탈리아 중 여기에서만 제작된 채색 도기는 우리에게 아풀리아가 완전히 희랍 방식과 희랍 예술을 받아들인 것을 보여준다.

그러나 이 시기 헬레니즘과 로마의 민족주의적 저항이 충돌한 진정한 전장은 신앙, 관습, 예술, 문예의 영역이었다. 동시다발적으로 여

---

[1] 아시아게누스가 원래 마그네시아의 그 영웅 및 그 후손들에 대한 호칭이었다는 사실은 화폐나 명문에서 확인된다. 카피톨리움 책력에서 그를 아시아티쿠스로 불렀다면, 이것은 동시대가 아닌 후대의 여러 번 있었던 수정의 자취들 중 하나이다. 전자의 별칭 아시아게누스는 아시아게네스Ἀσιαγενής의 변형이다. 후대 저자들이 아시아게네스도 사용했지만 아시아의 정복자가 아니라 아시아 출신을 가리켰다.

러 방향으로 움직이기에 하나의 개요로 종합되기 어려운 큰 원리들
간의 충돌에 관해 기술하지 않으면 안 된다.

로마의 신앙심

오래된 우직한 신앙이 이탈리아인들에게 아직도 살아 있음은 이탈리
아의 신앙심이라는 주제가 동시대 희랍인들을 경탄하고 경악하게 만
든 사실이 아주 명확히 보여준다. 아이톨리아인들과의 분쟁에서 로마
사령관이 전투 중에 사제처럼 기도하고 희생제물을 드린 것 말고는
아무 일도 하지 않았다는 소문이 돌았다. 반면 희랍인 폴뤼비오스는
동포들에게 다소 진부한 훈계를 했는데, 신에 대한 경건이 정치적으
로 유용함을 상기시키고 한 나라가 영리한 사람만으로 이루어지는 것
이 아니고 대중에게는 종교 의식(儀式)들이 합목적이라고 지적했다.

종교 관련 지출

희랍에서는 이미 오래전 옛일이 된 민족 종교를 이탈리아는 여전히
갖고 있었지만, 종교가 이미 신학으로 경화(硬化)되기 시작했다. 신앙
의 초기 경화 현상이 예배와 사제 제도의 변화된 재정 상황에서 가장
확정적으로 두드러졌다. 공적 예배는 점점 더 지루해졌을 뿐만 아니
라, 무엇보다 비용이 증가했다. 신들을 위한 연회의 개최를 감독한다

는 중요한 목적 때문에 로마 건국 558년(기원전 196년)에 조점관, 목교관, 신탁관리관의 세 단체 외에 3인의 연회관리관으로 구성되는 네 번째 단체(3인 연회관리관tres viri epulones)가 추가되었다. 신들만이 아니라 신들의 사제들도 연회를 열 자격이 있었으나, 각 단체가 자기의 연회 행사는 열정과 신심으로 헌신적으로 개최했기 때문에, 원칙적으로 연회를 관리할 새로운 단체는 필요하지 않았다. 성직자들은 연회 말고도 공적 의무 면제권이 있었다. 사제들은 심각한 위기 상황에서도 공적 의무에 참여치 않을 권리를 주장했고, 매우 힘겨운 어떤 논쟁 후에야 내지 않던 세금을 강제로 납부하게 되었다(로마 건국 558년, 기원전 196년).

공동체뿐만 아니라 개인에게도 신앙이 점점 더 값비싼 품목이 되었다. 종교단체를 위한 출연과 비용이 드는 종교적 목적의 계속적 의무를 부담하는 관례는 오늘날 가톨릭 국가들에서처럼 로마에서도 만연해 있었다. 특히 공동체의 최고 성직자 및 최고 사법 당국이 이 종교적 출연(出捐)은 법적으로 당연히 재산 상속인 등 기타 취득자가 함께 인수해야 하는 부담으로 정한 때부터 심한 압박을 주는 재산적 부담이 되기 시작했다. 우리에게 있어 "가시 없는 장미"라는 의미로 로마인들은 "제사 없는 상속"이라는 관용어를 말했다. 재산에서 내는 십일조의 서약은 통상적인 것이 되어 매월 두 번 로마의 우시장Forum Boarium에서는 공공 연회가 열렸다. 대모신(大母神)에 대한 동방적 숭배와 함께 특히 종교적 폭거 중 매년 일정한 날에 가가호호 방문하여 푼돈 출연을 강요하는(stipem cogere) 관행도 로마에 들어왔다. 마지막으로 하급의 사제와 예언자들은 당연히 무언가 받지 않으면 아무 일도 하지 않았다. 로마의 연극 무대에서 부부 간의 막후 대화에 식품비용, 유모비용, 선물비용 외에 종교관련 지출도 있다는 것은 분명 실생활을 반영한 것이다.

> 게다가, 여보, 다음 축제날에 나한테 뭔가 좀 있어야 하는데.
> 신전지기녀, 예언녀, 해몽녀, 점쟁이녀에게 바칠.
> 저 여자가 나를 어떻게 보는지 봐봐! 망신이지, 아무것도 못 준다면.
> 제녀(祭女)에게도 제대로 주어야 할 텐데.

이 시기 로마는 예전에 은의 신을 만들듯 금의 신을 만들지는 않았다. 그러나 종교 생활의 가장 높은 영역과 가장 낮은 영역 모두에서 사실상 금의 신이 지배했다. 라티움 지역 종교의 오랜 자부심인 재정지출의 절도(節度)는 상실되어 회복 불가능한 상태였다.

신학

동시에 옛 단순함도 사라졌다. 이미 이성과 신앙의 서자인 신학은 신학에 고유한 힘겨운 지루함과 엄숙한 무사려로 오래된 지역 신앙을 물들였고, 동시에 지역 신앙의 정신을 몰아내는 일에 돌입했다. 예컨대 유피테르 사제의 의무 및 특권 목록은 탈무드에 나올 만한 것이었다. 실수 없이 이행된 종교적 의무만을 신들이 가납한다는 자연 규칙을 준수했기에, 실제로 하나의 희생의식이 되풀이된 실수 때문에 연달아 30번까지 반복되기도 했다. 또 이를 주관하는 관리가 언어나 거동에서 실책을 범한다거나 음악이 제 시간에 쉬지 않아, 예배의 일환이기도 했던 경기들이 열리지 않은 것으로 되어 처음부터 몇 번씩 반복되었는데, 심지어 일곱 번이나 연거푸 다시 시작되기도 했다.

경건하지 못한 정신

이런 과도한 세밀함에서 경화가 이미 보였다. 그에 대한 반응은 곧 나타난 무관심과 불신앙이었다. 이미 제1차 카르타고 전쟁(로마 건국 505년, 기원전 249년) 중에 전투 개시 직전 전조(前兆)를 묻는 관행을 집정관 스스로 노골적으로 조롱하는 일이 발생했다. 물론 이 집정관은 순탄한 시대나 역경의 시대에 언제나 시간을 앞서갔던 특별한 클라우디우스가문 출신이었다. 이 시기 말에 이미 조점 지식이 소홀히 되었고 ─카토의 말을 빌자면─다량의 조류와 조점에 관한 옛 지식이 조점 관단의 나태로 잊혀 사라진다는 불평불만이 높아졌다. 사제단의 본질을 관직이 아니라 지식으로 보았던 루키우스 파울루스와 같은 조점관은 이미 드문 예외적 인물이었다.

정부는 정치적 의도를 관철시키기 위해 점점 더 공개적 또는 노골적으로 징조를 이용했음에 틀림없다. 폴뤼비오스의 견해에 따르면, 정부는 민족 토착 종교를 대중을 속이는 데 유용한 미신으로 취급했다. 그리하여 이런 준비된 상황에서 희랍적 불신앙은 거침이 없었다. 예술 애호가 시작되면서 이미 카토 시대에 경건한 신상들이 여느 가

구처럼 부쟈의 방을 꾸미기 시작했다. 초기 문학이 종교에 더 위험한 상처를 냈다. 물론 문학이 노골적 공격을 감행할 수는 없는바 예컨대 희랍의 우라노스를 모방하여 사투르누스를 천부(天父, pater caelus)로 만든 엔니우스가 문학을 통해 직접적으로 종교 관념에 덧붙인 희랍적 표상은 의미 있는 것이 아니었다. 하지만 로마에서 에피카르모스 Epicharmos와 에우헤메로스Euhemeros 교설의 확산은 큰 영향을 초래 했다. 후기 피타고라스학파가 시킬리아의 옛 희곡작가 메가라의 에피 카르모스(로마 건국 280년, 기원전 470년 경)의 저술로부터 이끌어낸 또 는 대부분 그의 이름을 모용해서 주장한 문학적 철학은, 제우스에게 서는 공기를, 영혼에서는 태양 미립자를, 희랍의 신들에서는 자연 물 질을 보았다. 이 자연 철학이 후기의 스토아 철학처럼 전체 성격상 로 마 종교에 친연성이 있었기에 민족 종교를 '우의(愚意)'에 불과한 것으 로 만들어 해소시키는 데 적합했다.

역사화를 통해 종교를 분해해 버리는 것은 메세네의 에우헤메로스 (로마 건국 450년, 기원전 300년)가 쓴 《신성한 비망록》의 입장이다. 이 비망록은 저자의 경이로운 외국 여행에 관한 보고문의 형태로 신들에 관해 돌아다니는 소문들에 관해 문서를 철저하고 면밀히 검토하여 신 들은 과거에도 없었고 지금도 없다는 결론에 이르렀다. 이 책의 특징 을 알기 위해, 크로노스가 자식들을 잡아먹은 이야기가 아주 오래전 존재했다가 제우스왕이 폐지한 식인풍습으로 설명했다는 점을 언급 하면 족할 것이다. 무미건조함과 명확한 취지에도 불구하고 또는 오히 려 그 취지 때문에 이 책은 희랍에서 과분한 성공을 거두었고 그곳에 서 통용되던 철학들과 함께 이미 사망한 종교를 매장하는 데 일조했다.

　엔니우스가 파괴적인 것으로 악명 높은 에피카르모스와 에우헤메로스의 글을 일찍이 라티움어로 번역했다는 사실은 종교와 새로운 철학 간의 명백하고 의식적인 충돌의 분명한 징표다. 번역자들은 로마의 공권력 앞에서 자신의 공격이 희랍의 신들에 대한 것이지 로마의 신들에 대한 것은 아니라고 자신을 정당화했을지 모른다. 그러나 그런 변명은 너무 뻔했다. 이 경향들이 등장할 때마다 그의 특유한 신랄함으로 무차별적으로 공격했고, 소크라테스도 도덕을 해쳤고 종교 범죄를 범했다고 말한 카토는 확신을 갖고 있었다.

민족 토착 미신과 외국 미신

이로써 옛 토착 종교는 현저히 기울었다. 그리고 원시림의 강력한 수목들은 뿌리 뽑혔고, 땅은 무성히 자라는 가시덤불과 그때까지 유례없던 잡초들로 덮였다. 각양각색의 토착 속신(俗信)과 외국 미신이 서로 섞이고 병존하고 투쟁했다. 이탈리아의 어느 부족도 옛 신앙을 새로운 미신으로 바꾸지 않고는 배기지 못했다. 에트루리아인들에게 내장과 번개에 관한 지식이 그러했듯, 사비눔인들, 특히 마르시아인들에게는 새 관찰과 뱀 주문의 자유 기예가 만발했다. 심지어 라티움 민족에서, 아니 로마에서조차—비교적 적기는 했지만—유사한 현상들을 만날 수 있었다. 예컨대 프라이네스테의 신탁과 로마에서 로마 건국 573년(기원전 181년)에 발견된 누마왕의 분묘와 특이하고 들어본 적

없는 종교의식을 정한 누마왕의 서적이 그러했다. 이와 더불어 서적이 아주 새 것처럼 보였다는 사실 이외에 종교에 목마른 자들에게 서적에 관해 허락된 것은 없었다. 원로원이 매장물 발견에 개입하여 두루마리 서적들은 곧장 불 속에 던져졌기 때문이다. 이렇게 국내 가공은 모든 불합리를 충족시키기에 충분했다. 하지만 사람들은 그것만으로 결코 만족할 수 없었다. 당시 이미 초민족적인 동방의 신비주의가 스며든 헬레니즘은 불신앙뿐만 아니라 아주 도발적이고 위험한 형태의 미신을 이탈리아로 가져왔다. 이 속임수는 이국적 매력이 특별했다.

퀴벨레 숭배

칼데아의 점성술사들과 생일 별자리를 해석하는 자들은 이미 로마 건국 6세기에 온 이탈리아에 퍼져 있었다. 그런데 훨씬 더 의미 있었던, 아니 세계사적으로 획기적이었던 것은 프뤼기아의 대모신(大母神)을 로마 공동체의 공인된 신으로 받아들인 것이다. 정부는 한니발 전쟁의 불안했던 최후 몇 년 중(로마 건국 550년, 기원전 204년)에 이 여신을 승인하지 않을 수 없었다. 그리하여 특별 사절이 소아시아 켈트족 땅의 도시 페시누스Pessinus로 가서, 그곳 사제단이 외지인에게 관대하게 기증한 거친 들돌을 참된 어머니 퀴벨레로 모셔왔고, 공동체는 이를 미증유의 장엄함으로써 받았다. 실로 기쁜 사건을 영원히 기억하기 위해 상류층 사이에서 구성원들이 서로 돌아가며 복무하는 사교단체가 설립되었다. 이 단체는 초기 문벌형성을 크게 추동한 것으로 여겨진다. 퀴벨레 숭배의 허용으로 동방의 신 숭배는 공식적으로 로마에 발을 딛게 된다. 새로운 신들을 위한 거세된 ― 켈트인(Galli)이라 불리는 ― 사제들이 머물고, 로마 시민이 경건한 거세제도에 몸을 맡기지 않도록 로마 정부가 엄격하게 관리했지만, 그럼에도 "대모신"의 굉장한 장관, 거세사제들의 장이 앞장서서 피리와 북 음악에 맞추어 화려한 동방 의복을 입고 거리마다 집집마다 사제단과 구걸하며 매우 감각적이고도 금욕적으로 행동한 것이 국민의 심정이나 가치관에 중대한 영향을 미쳤음에 틀림없다.

바쿠스 숭배

그것이 어느 방향으로 갔는지, 너무 빨리 너무 끔찍하게 드러났다. 몇 년 뒤(로마 건국 568년, 기원전 186년) 최악의 위선적 종교의식, 즉 바쿠스를 숭배하는 비밀 야간 축제가 로마 관청에 신고되었다. 희랍 사제에 의해 최초 에트루리아로 와서 암종처럼 주위를 갉아먹으면서 빠르게 로마로 들어왔고 결국 전(全)이탈리아에 전파된 이 축제는 도처에서 가정을 파탄 나게 하고 최악의 범죄, 전대미문의 불륜사건들, 유언장 위조, 독살 등을 야기했던 것이다. 이 때문에 7,000명 이상이 형사 처벌되었다. 대부분 사형에 처해졌고, 장래를 위한 대비로 엄격한 법 규정이 제정되었다. 그렇지만 의식들을 완전히 잡지는 못했다. 6년 후(로마 건국 574년, 기원전 180년) 다시금 3,000명이 유죄판결을 받고도 끝날 기미가 보이지 않는다고 담당 관리가 불만을 토로할 정도였다.

억압책

물론 이런 부조리하기도 하고 공익을 해치기도 하는 미신숭배행위를 억제하는 데 있어 이성적 사람들 모두는 생각이 일치했다. 이 지점에서 경건한 옛 신앙의 신자들 및 희랍 계몽주의의 추종자들이 모여 그들을 조롱하고 분노했다. 카토는 관리인에게 다음과 같이 지시했다. "그는 주인이 미리 알지 못하고 지시 하지도 않은 희생제물을 드리지도 말고 사사로운 제물을 드리지도 않는다. 다만, 화덕과 집 마당 축제 시 제단에는 희생을 드릴 수 있다. 그리고 장복점술가, 예언자, 칼데아 사람에게 자문을 구하지 말아야 한다." 사제가 우연히 자기 동료를 만났을 때 어떻게 웃음을 참기 시작하는가 하는 유명한 물음은 카토의 말이고, 원래는 에트루리아의 장복점술가에게 적용되던 것이었다. 바로 이런 의미에서 엔니우스는 진정한 에우리피데스 방식으로 구걸하는 예언자들과 그들 추종자들을 다음과 같이 비난한다.

> 미신의 사제들, 뻔뻔한 예언자 무리가
> 게으름 때문에, 굶주림이 시키는 대로, 미쳐서
> 남들에게 자신들도 모르는 길을 보여주며
> 구걸하러 가서는 보물을 약속한다.

그러나 이런 시대에 이성은 처음부터 비이성을 상대로 질 수밖에 없는 시합을 하는 것이었다. 물론 정부도 개입했다. 경건한 사기꾼들은 경찰력으로 처벌되었고 추방되었다. 특별히 허가 받지 않은 모든 외국 예배는 금지되었다. 프라이네스테에서 비교적 허물없는 신탁을 구하던 관행도 로마 건국 512년(기원전 242년)에 직권으로 저지되었고, 이미 언급한 바이지만 바쿠스 숭배는 엄혹하게 처벌되었다. 그러나 머리들이 일단 완전히 미쳐버리면, 상급자의 명령도 머리를 제 상태로 되돌리지 못한다. 여하튼 정부가 얼마나 양보해야 했는지 또는 실제로 양보했는지는 이미 기술한 바에서 명확하다. 긴급 상황 발생 시 국가의 명으로 에트루리아의 현자들에게 질의했고 그리하여 정부 차원에서 에트루리아 귀족 가문들에서 에트루리아 지식의 전승을 야기했던 로마의 관습, 비윤리적이지 않고 여성들에게 제한된 데메테르 비교(秘敎)의 허용은 순진했고 비교적 무심했던 외국 의식의 초기 수용 중의 하나로 칠 수 있을 것이다. 그러나 대모신(大母神) 경배 허용은 새로운 미신들을 상대로 정부가 얼마나 무력했는지, 또 미신이 정부에까지 만연해 얼마나 심각했는지를 아주 명백히 보여준다. 또한 바쿠스 축제와 같은 의식들에 아주 뒤늦게야 우연한 신고에 기하여 관청이 대응한 것은 용서할 수 없는 태만 또는 그 이상의 것이었다.

관습의 엄격함

이 시대의 고상한 시민들의 생각에 따를 때 로마의 사생활은 어떠해야 했는지는 본질적으로 카토의 생활에서 우리에게 전승된 상으로부터 간취할 수 있다. 카토는 정치가로, 변호인으로, 저술가로, 투기가로 활발히 활동했지만, 가정생활이 언제나 삶의 중심이었다. 그는 위대한 원로원 의원이 되기보다 좋은 남편이 되는 것이 낫다고 했다. 그의 가정 기율은 엄격했다. 노예들은 명령 없이 집을 떠날 수 없었고 가정 내에 일어난 일을 외부 사람에게 얘기할 수 없었다. 중한 처벌은 멋대로 부과되지 않았고, 마치 재판과 같은 절차에서 판결되고 집행되었다. 얼마나 엄격하게 진행되었는지는 노예 중 하나가 주인의 위임 없이 체결했다가 주인의 귀에 들어가게 된 매매 거래 때문에 목을 맸다는 사실에서 알 수 있다. 예컨대 식탁에서 접대 관련 실수 등 가벼운 범죄 때문에 전직 집정관은 식사 후에 잘못한 노예에게 손수 채찍질하면서 횟수를 세곤 했다.

부인이나 아이들에 대해서도 덜 엄격한 것은 없었지만 방식은 달랐다. 카토도 성인 자식들과 부인에게 손을 댄다는 것은 죄라고 선언했다. 아내를 고를 때 그는 돈을 위한 혼인을 부정하고 좋은 가문 여부를 고려하도록 충고했다. 그러나 그는 노년에 가난한 피호민의 딸과 혼인했다. 나아가 그는 남자의 절제에 대해 노예 국가들에서와 비슷한 태도를 취했다. 그는 아내를 철저히 그저 필요악으로 보았다. 그의 저작은 수다스럽고, 사치를 좋아하고, 제어하기 어려운 아름다운 여성의 비난으로 넘쳐흐른다. 그는 이렇게 말했다. "여자들은 모두 귀찮고 오만하여, 남자들에게 여자가 없다면 우리의 삶은 덜 불경해질 것이다."

그에 반하여 적출 자녀들의 교육은 그에게 너무 소중하기도 했고 명예에 관련된 일이었고, 그가 보기에 부인의 존재 의의는 오로지 아이들 때문이었다. 부인은 통상 아이들을 직접 젖 먹였고, 그녀가 아이들에게 여자노예의 젖을 빨게 했다면, 아마도 그녀도 대신 여자노예의 아이들에게 젖을 먹였을 것이다. 이것은 인간관계, 모성 공동체, 젖형제 관계 등을 통해 노예제도의 엄격성을 완화하려는 노력이 두드러지는 몇 안 되는 특성들 중 하나이다. 아이들의 목욕과 기저귀 처리에는 가능하면 노년의 사령관이 직접 입회했다. 경외감을 가지고 그는 아이들이 순진할 수 있도록 감독했다. 그는 다음을 확실히 말해 준다. 베스타 제녀들이 앞에 있을 때와 마찬가지로 그의 아이들이 앞에 있을 때 추잡한 말을 입에 담지 않도록, 또 그의 딸이 보는 앞에서 결코 아내를—폭풍우로 겁에 질린 경우를 제외하고는—포옹하지 않도록 조심했다.

자기 아들의 교육은 카토의 다양하고 빈번했던 명예로운 활동 중 가장 아름다운 부분이었다. 붉은 뺨의 소년은 창백한 아이보다 쓸모 있다는 자신의 원칙에 충실하게 늙은 군인은 몸소 자기 아이를 모든 종류의 신체단련에 입문시켰고 씨름, 기마, 수영, 검술, 더위와 추위 견디기 등을 가르쳤다. 그러나 카토는 로마인이 유능한 농부이자 군인이기만 하면 되었던 시기는 지나갔다고도 생각했다. 또 자기를 혼내고 벌주며 자신의 존경을 얻었던 선생이 노예임을 알게 되었을 때 아이들이 마음에 부정적 영향을 받을 수밖에 없음도 알았다. 그리하여 그는 로마인들이 통상 배우는 읽기, 쓰기와 나라의 법을 아이에게 직접 가르쳤다. 심지어 노령에도 희랍인들의 일반교양을 파고들어 로마인에게 쓸모 있다고 여긴 바를 자기 아들에게 모국어로 전수할 수 있을 정도였다. 저작 전체도 우선은 아들을 염두에 둔 것이었고, 역사 저작은 아들을 위해 크고 뚜렷한 글자로 손수 필사하기도 했다.

그는 단순하고 검소하게 살았다. 그의 엄격한 검약정신은 사치를 전혀 허용치 않았다. 어떤 노예의 가격도 1,500데나리우스(460탈러)를, 어떤 의상의 가격도 100데나리우스(30탈러)를 초과할 수 없었다. 그의 집에서 양탄자를 볼 수 없었고 오랫동안 안벽에 백회가 칠해지지 않은 채였다. 노예들과 같은 음식을 먹고 마셨고 식사비용이 30아스(21그로셴) 넘는 것을 허용치 않았다. 전쟁 시에 포도주가 완전히 식탁에서 금지되었고, 물도 경우에 따라서는 식초를 탄 물만 마셨다. 하지만 그도 환대를 반대하지 않았다. 도시에서 사교 단체 구성원들과 지냈듯이 지방에서는 이웃 농장주들과 즐거이 함께 오래 식탁에 앉았다. 그의 다양한 경험과 순발력 넘치는 재치는 그를 가장 인기 있는 동료로 만들었고, 그는 주사위 놀이나 포도주 병 어느 것 하나 싫어하지 않았는데, 그의 농장경영 장부에 과식하거나 과음한 경우를 위한 좋은 조리법도 있다.

그는 일평생 활발하게 움직였다. 분초를 나눠 활용했다. 매일 저녁 그는 낮에 들은 것, 말한 것, 행한 것을 곱씹어 보았다. 그렇게 그는 친구들, 공동체, 대화와 즐거움 등을 위한 시간 외에 자기 일을 위한 시간을 확보할 수 있었다. 모든 것이 빨리 군말 없이 행해졌다. 그에게는 소란함, 사소한 일의 과장이 가장 큰 혐오 대상이었다. 그렇게 동시대인과 후손들에게 로마의 참된 모범시민으로 인정받았고 희랍의 나태와 비윤리성과 대비되는 로마의—물론 약간 거칠었긴 하지만—활력과 도덕을 체화시킨 사내였다. 후대의 한 시인은 다음과 같이 말했다.

외국 문화는 수천의 사기들로 가득 있을 뿐,

세상 누구도 로마 시민보다 더 잘 살지는 못하네.

내겐 백 명의 소크라테스보다 한 명의 카토가 중요하다.

그런 판단들을 역사가 무조건적으로 수용하지는 않는다. 다만, 이 시기의 타락한 희랍 문명이 로마인의 삶과 생각에서 이룩한 혁명에 주목하는 자는 외국 문화에 대한 비판을 강화하지, 완화하지는 않으리라고 생각할 것이다.

새로운 문화

가족 유대는 무서운 속도로 느슨해졌다. 남창과 여창 등 성매매 산업은 흑사병처럼 퍼져나갔다. 사정이 이러했기에 법률로는 결코 본질적으로 대처할 수 없었다. 카토가 호구감찰관(로마 건국 570년, 기원전 184년)으로 혐오스러운 향락목적의 노예들에게 부과했던 고율의 세금은 큰 충격을 주지 못했고, 결국 2년 정도 후에 재산세 일반과 함께 사실상 소멸하고 말았다. 이미 로마 건국 520년(기원전 234년)에 큰 불만이 제기된 바 있었던 불혼독신(不婚獨身)과 이혼 현상은 자연스럽게 증가했다. 귀족 가문들 내에서 부인과 의붓아들이 공모해, 집정관 보궐선거에서 의붓아들을 집정관직에 당선시키려고, 집정관 가이우스 칼푸르니우스 피소를 독살하는 등 끔찍한 범죄들이 발생했다. 이 음모는 성공하기까지 했다(로마 건국 574년).

여성 해방도 시작되었다. 옛 관행에 따르면 혼인한 여자는 법률상

당연히 가부장권과 유사한 남편 권력 하에 들어가고, 혼인하지 않은 여자는 가장 가까운 남자 종친의 가부장권 못지않은 후견 하에 들어갔다. 혼인한 여자는 자기 재산을 가질 수 없었고, 가부 없는 미혼녀와 과부는 여하튼 재산 관리권이 없었다. 그러나 이제 여자들이 재산 법적 독립성을 추구하기 시작하여, 한편으로 법적 잠탈 방식, 특히 가장혼인으로 종친에 의한 후견을 배제하고 자기 재산의 관리권을 수중에 넣으려 했고, 다른 한편으로, 위와 비교할 때 더 나은 방식은 아니지만, 혼인 시에 엄격한 법률에 의하면 필수적이었던 남편 권력을 배제하려 했다. 여자들의 수중에 모인 자본의 양이 당시 정치인들이 보기에 위험할 정도여서 여자를 유언에 따라 상속인으로 지정하는 것을 금지하거나(로마 건국 585년, 기원전 169년), 극히 자의적 실행으로써, 유언이 없으면 여자들에게 귀속하던 상속재산을 대부분 박탈하는 희한한 수단까지 사용했다. 마찬가지로 남편 권력과 가부장 권력과 결합되어 있던 가내 법정이 사실상 점점 고물이 되어 쓰이지 않게 되었다. 공적 사안들에서도 여자들이 의사를 갖게 되었고 때로—카토가 말했듯이—"세계의 지배자들을 지배하기" 시작했다. 민회에서도 여자들의 영향력은 느낄 수 있었다. 속주에서는 이미 로마 여성의 입상까지 세워지고 있었다.

사치

의상, 장식, 가구, 건물, 식탁의 사치가 증가했다. 특히 로마 건국 564

년(기원전 190년) 소아시아 원정 이후 에페소스와 알렉산드레이아를 지배했던 아시아 – 희랍적 사치가 공허한 세련과 돈, 시간, 즐거움 모두를 망치는 하잘것없는 것과 함께 로마로 들어왔다. 여기 로마에서도 여자들이 앞장섰다. 카토의 격렬한 비난에도 그들은 칸나이 전투 직후(로마 건국 539년, 기원전 215년) 황금 장식, 화려한 의상, 마차를 금지했던 민회 결의가 카르타고와의 평화 협정 후(로마 건국 559년, 기원전 195년) 다시금 폐지되도록 했다. 여자들의 강렬한 반대자에게도 이제 이 품목들에 높은 세금을 부과하는 것 외에 다른 방도는 없었다. 대체로 쓸데없는 다량의 신상품들, 즉 화려한 장식의 은 식기, 청동을 댄 식사용 긴 의자, 소위 아탈로스풍 의상, 황금으로 촘촘히 자수된 양탄자 등이 로마로 들어왔다.

이런 새로운 사치가 집중된 곳은 바로 식탁이었다. 이제까지 사람들은 예외 없이 하루 한 번만 따뜻한 음식을 먹었다. 이제 점심식사, 그러니까 두 번째 식사prandium도 따뜻하게 먹는 것이 드물지 않게 되었다. 하루의 주된 식사가 기존의 두 단계로는 불충분하게 되었다. 이제까지 여자들은 집에서 손수 빵을 굽고 요리를 했고 손님을 치를 때에만 전문 요리사를 고용했다. 이제 요리가 과학이 되기 시작되었다. 좋은 가문에서는 따로 요리사를 두었다. 분업은 필수적이 되었고 부엌일은 빵 굽기와 요리로 분화되었다. 로마 건국 583(기원전 171년)경 로마에 제빵점이 최초로 생겼다. 사람들은 생선과 기타 해산물들을 맛있게 먹는 법을 길게 제시한 시들을 읽었고 이론에 머물지 않았다. 폰토스의 정어리, 희랍의 포도주 등 외국산 진미들이 로마에서 사랑받기 시작했다. 지역의 일반 포도주에 염수(鹽水)를 섞어 코스Cos 포도주의 맛을 내는 카토의 방법은 로마의 포도주 판매상들에게 심각한 타격을 입히지 못했을 것이다. 손님과 그의 소년노예가 부르던 오래된 관행인 민요 가창과 전설 낭송은 아시아 출신의 여자 하프 주자들 sambucistriae에게 밀려나 사라졌다. 그때까지 로마에서도 식사시간 중 많이 마시기는 했으나, 진정한 통음을 위한 주연은 몰랐다. 이제 제대로 된 주연이 유행하기 시작했다. 여기에서는 약간만 희석되거나 아예 희석되지 않은 포도주를 큰 술잔으로 마셨다. 로마인들도 "희랍식으로 마신다graeco more bibere" 또는 "희랍식으로 한다(=폭음한다) pergraecari, congraecare"고 부른 의무적·순차적 음주 방식에 따라 마셨다. 이런 술판이 벌어진 다음이면 으레 로마인들의 오랜 습관인 주사위 놀이가 뒤따랐는데, 입법이 개입되어야 할 정도에 이르렀다. 일하기 싫어하고 배회하는 상황이 눈에 띄게 늘어났다.[2] 카토는 어슬렁거

---

[2] 플라우투스는 자신의 《쿠르쿨리오》의 일탈송(逸脫頌, parabasis)에서 당시 광장의 상황을—해학은 약하지만 분명하게—묘사하고 있다.

> 너희들이 어느 곳에서 어떤 사람을 발견할지 내가 알려주마.
> 너희들 중 말하고 싶은 자가 있다면 시간을 뺏기지 않도록
> 올바른 사람이나 사악한 사람, 좋은 사람 또는 나쁜 사람 가리지 않고.
> 위증자를 찾는가? 민회로 가라.
> 거짓말쟁이나 허풍선이를 원하는가? 클루아키나Cluacina로 가라.
> [방탕한 부자 유부남들을 만나려면 잡화시장으로.
> 남창 아이는 저기 건물에 있고 흥정하려는 자도 있군.]
> 어시장에선 공공자금을 횡령해 술 마시러 가는 자들이 있고
> 용감한 사내들과 계산에 활수한 자들이 아래시장에서 다니고 있다.
> 중앙 하수도 근처엔 사기꾼들만 돌아다니고,
> 뻔뻔한 수다쟁이, 못된 애새끼들도 우물 옆에 서 있네.
> 독설로 그들은 아무것도 아닌 것에 사람들에게 욕을 하는데
> 정말 퍼부어서 혼 좀 나야 할 듯.
> 오래된 천막들 밑에 앉아서 이자 받고 돈 빌려주는 자들에게
> 카스토르 신전 아래로 갈 때는 급하게 가지만 받는 건 별로 없다.

리는 것을 저지하기 위해 로마 광장에 뾰족한 돌을 깔자고 제안했다. 로마인들은 웃어 넘겼을 뿐 계속해서 배회하고 주변을 엿보는 즐거움을 실컷 향유했다.

유흥의 폭증

경악할 만한 유흥의 만연에 관해서는 알아보았다. 종교 의식으로 쳐야 할 중요치 않은 내기와 전차경주를 제외하고도, 이 시기 초에 9월 나흘간의 유일한 전(全) 국민 축제가 최고한도의 비용으로(제2권 326쪽) 개최되었다. 이 시기 말에 이 국민 축제가 적어도 6일간 진행되었고, 그 밖에 4월 초 대모신 축제 메갈렌시아, 4월 말 케레스 및 플로라 여신 축제, 6월 아폴로 신 축제, 11월 평민 축제가 있었고, 모두 수일간 열렸다. 종교심에 기초한 수많은 종류의 경건이 빈번히 구실로 작동하여 새로운 축제가 추가되어 결국 국민 축제가 끊이지 않게 되었다. 그중 이미 언급했던(제4권 268쪽) 십일조에 의한 잔치, 신들의 잔

투스쿠스 골목에는 자기를 파는 자들
벨라브룸에는 제빵인, 푸주한, 장복술사도 있고
채무자들은 기한을 좀 늘려달라고 하다가 고리대금업자랑 파산경매장에.
방탕한 부자 유부남들이 레우카디아 오피아의 집에도 있네.

괄호 안의 시구는 최초의 로마 광장 설치(로마 건국 570년, 기원전 184년) 후에야 삽입된 구절이다. 이 시기에 제빵업자(pistor, 원래는 제분업자)의 영업은 미식 판매와 술집이 결합되어 있었다(Fest. v. alicariae p. 7 Müller; Plaut. Capt. 160; Poen. 1, 2, 54; Trin. 407). 정육업자도 마찬가지였다. 레우카디아 오피아(Leucadia Oppia)는 아마 형편없는 집을 가지고 있었을 것이다.

치, 개선 및 장례 축제 등이, 특히 에트루리아-로마 종교의 특징에 의해 정해진 상당 시간, 즉 세기saecula가 끝난 후 로마 건국 505년(기원전 249년)에 최초로 개최된 백년제가 중요했다. 동시에 가문 축제들도 증가했다. 제2차 카르타고 전쟁 중 귀족들 사이에 대모신 도입일에 개최되었던 연회가 확립되었다(로마 건국 550년, 기원전 204년). 서민들을 위해선 그와 유사한 사투르날리아(로마 건국 537년, 기원전 217년 이래)가 열렸다. 두 축제는 모두 그 후 외국인 사제와 요리사 간 견고히 결합된 영향력 하에 있게 되었다.

배회하는 자 누구에게라도 로마는 매일 어디든 어슬렁거릴 수 있는 이상적 상태였다. 그것도 모든 구성원에게 활동이 삶의 목적이고 게으른 향유가 관습상·법률상 배제된 공동체에서 그러했던 것이다! 이때 이런 축제들 내에서 비도덕적인 요소들이 점점 더 압도하게 되었다. 국민축제의 장려한 마지막은 여전히 경주였다. 이 시기의 한 시인은 마차에게 출발 신호를 주려는 찰나, 집정관에 군중의 모든 눈이 쏠렸던 순간의 긴장감을 바로 눈앞에 있듯 묘사했다.

그러나 그때까지의 유흥은 이미 불충분해졌다. 사람들은 더 새롭고 다양한 유흥거리를 요구했다. 내국인 격투 및 권투선수 외에 희랍 선수까지 경기장에 섰다(로마 건국 568년, 기원전 186년에 최초로). 연극 공연은 후에 기술하겠다. 로마에 희랍 희극과 비극이 도입된 것은 미심쩍지만, 이 시기 최고의 성취였다. 토끼와 여우를 대중 앞에서 도망하게 하여 쫓는 것은 이미 오랫동안 즐겨왔다. 이제 이런 천진했던 사냥놀이가 공식 사냥행사가 되었다. 그리하여 아프리카의 야생 동물, 흑표범과 사자가 (로마 건국 568년, 기원전 186년에 최초로 등장) 비싼 비용으로 로마로 수송되었다. 이런 맹수들은 죽이거나 죽임을 당하면서 수도 구경꾼들의 눈요깃거리가 되었다. 에트루리아와 캄파니아에서 인기 있었던 더 끔찍한 검투경기도 로마에 도입되었다. 로마 건국 490년(기원전 264년) 최초로 로마 광장에서 유흥의 목적에서 사람의 피가 흘렀다.

물론 이 비도덕적 구경거리에 대한 비난은 준엄했다. 로마 건국 486년(기원전 268년)의 집정관 푸블리우스 셈프로니우스 소푸스는 부인이 장례식 검투경기에 갔다는 이유로 이혼장을 보냈다. 정부는 외국 맹수의 로마 반입을 민회 결의로 금지시키고 공동체 축제에 검투사들이 등장하는 것도 엄격히 막았다. 그러나 이 상황에서도 정부는 제대로 된 권력도, 필요한 활력도 없었다. 동물 사냥은 억제할 수 있었던 것 같지만, 장례식 같은 사적 의례에서 검투사들이 등장하는 것은 금하지 못했다. 다만 대중이 비극배우보다 희극배우를, 희극배우보다 줄타기 광대를, 줄타기 광대보다 검투사를 좋아하는 것과 연극 무대가 고의적으로 희랍식 생활의 방탕함 안에서 흥청거리는 것을 막지 못했다.

무대·음악 공연에서의 교양은 애초 포기되었다. 로마 축제 개최자의 의도는 희랍의 무대가 전성기에 그러했듯 시의 힘으로 전 관객을 —일시적일지라도—최고의 정서 수준으로 높이려는 것이 결코 아니었다. 또한 우리의 극장처럼 일부 선택된 사람들에게 예술적 즐거움을 주려는 것도 아니었다. 로마에서 개최자들과 관객들이 어떠했는지는 로마 건국 587년(기원전 167년) 개선 축제 공연이 잘 보여준다. 이 축제에서 원래 희랍 피리 주자들이었던 사람들이 연주에서 실수하자,

감독이 음악 대신 서로 권투를 하라고 지시했는데 환호가 그칠 줄 몰랐던 것이다. 더 이상 희랍 전염병만이 로마 풍속을 타락시킨 것은 아니다. 오히려 제자가 스승을 패륜적이게 만들었다. 희랍에는 없었던 검투 경기가 공공연히 로마 모방자라 공언했던 안티오코스 에피파네스왕(로마 건국 579~590년, 기원전 175~164년)에 의해 쉬리아 궁정에 최초로 도입되었다. 그 경기가 처음에는 더 인문적이었고 예술 감각이 있었던 희랍 관중에게 즐거움보다는 혐오감을 불러일으켰지만 그곳에서도 결국 관철되었고 점차 더 넓은 지역에서 인기를 얻게 되었다.

생활과 윤리에서의 이 혁명은 당연하게도 경제적 혁명도 야기했다. 수도의 생활은 점점 더 큰 비용이 들었지만 선호되었다. 집세는 전대미문의 고공 행진을 했다. 새로운 사치품들에 말도 안 되는 가격이 지불되었다. 흑해산 정어리 한 통이 1,600세스테르티우스(120탈러)로 농장 노예보다, 미소년 노예 하나가 2만 4,000세스테르티우스(1,800탈러)로 농장보다 더 비쌌다. 그리하여 지위 고하를 막론하고 돈이, 아니 돈만이 기치가 되었다.

이미 오랫동안 희랍에서는 공짜로 무엇인가를 하는 이가 없었다. 이 점은 희랍인들도 뻔뻔하지만 솔직하게 인정한 바이다. 제2차 마케도니아 전쟁 때부터는 로마인들이 이 관점에서도 희랍화되기 시작했다. 존경은 법률적 긴급 지지대를 갖추어, 예컨대 일한 것에 대해 금전을 취하는 것은 민회 결의에 의해 금지되었어야 했다. 명예로운 관행상 무상으로 자문에 응하는 법률가들만은 민회 결의에 의해 제한될 필요가 없던 아름다운 예외였다. 도둑질을 노골적으로 하지는 않았다. 그러나 약탈과 구걸, 수공업자나 투기꾼들의 사기, 이자와 곡물에 의한 폭리, 심지어 순수하게 윤리 관계였던 우정이나 혼인의 경제정략적 이용 등 졸부가 될 수 있는 모든 굽은 길들이 허용된 듯했다. 특히 혼인은 양측에서 투기의 대상이었다. 금전혼이 통상적이 되었고 배우자들이 서로 주고받은 예물의 법적 효력을 부정할 필요성마저 대두되었다. 이런 상황에서 수도를 사방에서 불 지르려는 계획이 적발된 것은 전혀 놀라운 게 아니다. 더 이상 노동 자체에서 즐거움을 찾을 수가 없고 단지 가능한 한 빨리 쾌락을 얻기 위해 노동할 뿐이었다면, 누구라도 범죄자가 될 수밖에 없던 것이다. 운명은 모든 로마인 위에 권력과 부가 주는 모든 영화를 아낌없이 뿌렸다. 그러나 판도라의 상자는 실로 의심스러운 가치의 선물이었다.

제14장
문학과 예술

로마 문학은 거의 다른 민족에서는 볼 수 없는 고유한 자극들에 기초
한다. 로마 문학을 제대로 평가하기 위해 우선적으로 이 시기의 국민
교양과 유흥에 주목할 필요가 있다.

언어 지식

모든 정신적 교양은 언어에서 출발한다. 로마에 특히 그러했다. 오늘
날의 개념에 따르면 아직 소년인 나이에 벌써 재산의 무제한적 관리
를 맡았던 사회, 경우에 따라 소년이 민회 앞에서 연설을 해야 하는
사회에서 연설과 문서가 큰 의미를 가졌고, 모어(母語)의 유창하고 섬
세한 구사에 큰 가치가 부여되었을 뿐만 아니라 일찍부터 소년들은

그런 능력을 갖추기 위해 노력했다.

희랍어도 이미 한니발 시기에 이탈리아에 널리 퍼져 있었다. 상류층에 옛 문명의 일반 통용어에 대한 지식은 이미 오래전부터 퍼져 있었고, 이제 변화된 위상에 따라 빈번해진 해외 교류에서 상인이나 정치인에게 필수는 아니지만 아마 상당한 중요성을 가졌을 것이다. 대부분 태생 희랍인 또는 혼혈희랍인이었던 이탈리아의 노예와 해방노예를 통해 희랍어와 희랍 지식은 일정한 정도, 특히 수도 로마의 주민의 경우 하류층에까지 파고들었다. 이 시기 희극을 보면 우리는, 수도의 하류층에게도 희랍어를 반드시 전제해야만 이해할 수 있는 라틴어가 널리 확산되었음을 확신할 수 있다. 이것은 스턴Sterne의 영어나 빌란트Wieland의 독일어를 이해하기 위해 불어 지식이 전제되는 것과 마찬가지이다.[1] 원로원 가문의 사람들은 희랍 청중 앞에서 희랍어로 연설하는 것에 그치지 않고, 그 연설을—티베리우스 그락쿠스(로마 건국 577년과 591년, 기원전 177년과 163년의 집정관)가 로도스에서 연설을 그렇게 행했듯이—공간(公刊)했고, 한니발 시기에는 연대기를 희

---

[1] 일군의 희랍식 표현들, 즉 stratioticus, machaera, nauclerus, trapezita, danista, drapeta, oenopolium, bolus, malacus, morus, graphicus, logus, apologus, techna, schema 등은 전적으로 플라우투스 언어의 특징이다. 번역어는 드물었는데, 앞에 언급된 영역 밖의 단어들만 번역이 추가되었다. 예컨대 《무뢰배Truculentus》(1, 1, 60)의 시구 "φρόνησις est sapientia 관용은 지혜다"에서 그러하다. 《카시나 Casina》(3, 6, 9)의 "πράγματά μοι παρέχεις—Dabo μέγα κακόν, ut opinor" 처럼 희랍어를 조각내어 섞어 쓰는 것도 일상적이었다. 《박키스라는 이름의 두 소녀Bacchides》(240)에서 "opus est chryso Chrysalo" 처럼 희랍어 말장난도 있었다. 엔니우스도 '알렉산드로스'와 '안드로마케'의 어원론적 의미를 관객이 이미 알고 있다고 전제했다(Varro, LL l. 7, 82). 가장 특이한 것은 ferritribax, plagipatida, pugilice 등의 단어 또는 《허풍선이 군인miles gloriosus》(213) "euge! euscheme hercle astitit sic dulice et comoedice! 어이쿠 맙소사! 멋진 모습으로 섰구나. 노예처럼, 희극배우처럼!" 처럼 반(半)희랍 단어 형태들이다.

랍어로 작성하기도 했다. 그러한 문필 활동에 관해선 뒤에 더 언급하겠다. 개인들은 더 나아갔다. 플라미니누스를 희랍인들은 로마의 언어로 경의를 표하면서 칭송했다. 그도 상찬으로 화답했는바, "아이네아스 후예들의 위대한 사령관"은 희랍어 이행시(二行詩)를 읊으면서 희랍 신들에게 희랍 방식에 따라 봉헌물을 바쳤다.[2] 카토는 또 다른 원로원 의원이 뻔뻔하게도 희랍식 향연에서 적절히 변주(變調)하여 희랍어 낭송을 한 사실을 듣고 이를 비난했다.

이런 시대적 영향 하에 로마 교육은 발전했다. 기초 지식은 일반적으로 퍼져 있었지만 고대는 우리 시대에 비추어 크게 뒤처진다는 것은 편견이다. 하류층과 노예도 많이 읽고 쓰고 계산했다. 예컨대 카토도 마고의 전례에 따라 관리 노예의 읽고 쓰는 능력을 전제했다. 로마에서 기초 교육 및 희랍어 교육이 이 시기 훨씬 이전에 큰 범위에서 이루어졌음은 분명하다. 그러나 단순히 외적 훈련 대신 실질적 정신도야를 목표로 하는 교육은 이 시기에 시작되었다. 그때까지 로마에서 희랍어 지식은 시민생활에서건 일상생활에서건 특출한 지위를 보장하지 않았다. 예컨대 오늘날 스위스의 독일 지역 어느 시골 마을에서 불어 지식이 가진 지위와 비슷할 것이다. 이런 원로원 의원을 최고(最古)의 희랍 연대기 작가들은, 저녁에 쟁기를 놓고 집에 오면

---

[2] 플라미니누스의 이름으로 지어진 이 명문들 중 하나는 다음과 같다.

재빠른 말을 다루는 것이 기쁨이었던 제우스의 아들들이여,
스파르타의 자손들, 튄다레우스 집안의 왕들이여,
아이네아스의 후예 티투스가 당신들께 최고 예물을 봉헌합니다.
헬레네 민족에게 자유를 부여함으로써.

베르길리우스의 책을 서가에서 꺼내는 홀슈타인 늪지의 많이 배운 농부 정도로 여겼다. 희랍어 능력을 과시하려는 자는 멍청한 거짓 애국자로 여겨졌다. 확실히 카토 시대에는 여전히 희랍어를 전혀 못하거나 조금밖에 못해도 상류층, 즉 원로원 의원 또는 집정관이 될 수 있었다.

그러나 이미 변화가 진행되고 있었다. 이탈리아 민족의 내적 해체 과정이—특히 귀족 계급에서—이미 아주 깊이 진척되어, 민족성의 대체물로 일반 인문 교양은 이탈리아에서도 불가피한 것이 되었다. 발전된 문명의 갈구도 이미 아주 강력해졌다. 희랍어 교육은 이런 갈구에 사실상 자동적으로 응했다. 이에 예전부터 고전 문학, 특히《일리아스》와《오뒷세이아》가 토대가 되었다. 이로써 희랍 예술과 학문의 넘쳐나는 보물이 이미 이탈리아인들의 눈앞에 펼쳐져 있었다. 커다란 외적 교육 혁명 없이 자연스럽게, 경험적 언어 수업은 좀 더 높은 수준의 문학 수업으로 바뀌었고, 문학 관련 일반교양은 학생들에게 좀 더 향상된 수준에서 전수되었다. 학생들은 당시의 시대정신을 지배하던 희랍 문학, 즉 에우리피데스의 비극과 메난드로스의 희극에 뛰어들기 위해 획득한 지식을 이용했다.

유사한 방식으로 라티움어 교육도 더 큰 중요성을 가지게 되었다. 로마 상류층은 모어를 희랍어로 바꾸지는 않더라도 최소한 우아하게 만들어 변화된 문화 상황에 적응시켜야 할 필요를 느끼기 시작했다. 사람들은 이를 위해서도 모든 면에서 희랍인들에게 의존하지 않을 수 없음을 간파하고 있었다. 로마 경제 구조 때문에 대가를 받는 사적 업무처럼 기초 모어 교육도 주로 노예, 해방노예 또는 외인의 손에, 즉 주로 희랍인들 또는 반(半)희랍인들 손에 맡겨졌다.[3] 라티움어 자모가 희랍 자모와 거의 같고, 두 언어가 눈에 띄게 친연성이 있기에 모든 일이 좀 더 쉽게 이루어졌다. 하지만 이것은 가장 사소한 것이다. 훨씬 더 깊게 개입한 것은 라티움어 교육에서 희랍 교육이 가졌던 형식적 의미였다.

청소년을 위한 고급 정신 교양에 적합한 형식과 내용을 찾는 것이 얼마나 말할 수도 없이 어려운지, 또 일단 찾아낸 재료와 형식을 버리는 것이 또 얼마나 훨씬 더 어려운지를 아는 자는 라티움어 교육의 높아진 필요에 대응하는 유일한 방법으로, 희랍 언어와 문학 교육이 제시하는 해결책을 단순히 라티움어 교육에 적용하는 것뿐임을 이해할 것이다. 오늘날 죽은 언어에서 살아 있는 언어로 교육 방법을 바꾸면서도 아주 유사한 과정이 우리 눈앞에서 펼쳐진다.

하지만 아쉽게도 최선의 방법이라 할 이런 적용 과정은 없었다. 물론 라티움어로 읽고 쓰기를 12표법으로도 배울 수는 있었다. 하지만 라티움어 교양은 문학을 전제하는데 그런 문학이 로마에는 존재하지 않았다.

---

[3] 예컨대 손위 카토의 노예 킬론Chilon이 그러했다. 그는 자기 주인을 위해 아동을 가르치는 교사로 돈을 벌었다(Plutarchos, *Cato mai.* 20).

연극과 희랍의 영향

또한 두 번째 좋은 것도 결여되었다. 로마 국민 유흥의 확대는 이전에 기술했다. 거기에서 오래 전부터 연극 무대가 중요한 역할을 했다. 엄밀하게는 전차경주가 다른 모든 걸 압도하는 주된 유흥이었으나, 언제나 딱 한 번 축전 마지막 날에 거행되었을 뿐이고 그전의 날들은 실질적으로 연극에 바쳐졌다. 하지만 상당기간 무대 공연들은 주로 춤과 잡기로 이루어져 있었고 즉흥적 무대 공연은 대화도 줄거리도 없었다. 비로소 사람들은 실제로 연극을 찾기 시작했다. 로마 국민 축전은, 무료함을 달래고 소일거리를 마련하는 재주 때문에 자동적으로 로마의 유흥 관리인이 된 희랍인들의 완전한 지배하에 있었다. 그런데 희랍에서 연극만큼 사랑받고 다채로운 민중 유흥은 없었다. 연극은 곧 로마 축전 주최자들과 조력자들의 눈에 들어왔다. 로마의 상고 무대 공연에도 연극으로 발전할 맹아가 있었을 것이다. 하지만 그로부터 연극을 발전시키는 것은 시인과 청중 모두에게 독창성을 요구했으나, 그러한 독창성은 로마인에게 완전히 없었거나 적어도 이 시기에는 찾을 수 없었다. 그러한 독창성이 있었더라도, 군중 오락을 담당한 자들의 성급함은 고상한 과실이 성숙하도록 안정과 여유를 허락하지 못했을 것이다. 여기에서도 민족이 충족시킬 수 없는 외부를 향한 필요가 있었다. 그들은 연극을 원했지만 작품이 없었다.

로마 문학의 발흥

바로 이런 요소들에 로마 문학이 기반을 둔다. 그리하여 로마 문학의 결핍은 원래 필연적으로 주어진 것이었다. 모든 참된 예술은 개인의 자유와 삶에 대한 즐거운 향유에 기초했는데, 그러한 예술의 맹아가 이탈리아에서 없지 않았다. 하지만 로마 발전이 자유와 즐거움을 공속감과 의무 의식으로 대체했고, 예술은 그러한 발전에 질식하여 성장하는 대신 시들어버렸다. 로마 발전의 정점은 문학이 없던 시기이다. 로마 민족성이 해체되고 희랍적·세계시민적 경향이 관철되기 시작했을 때 비로소, 그러한 경향에 뒤따라 로마에서 문학이 등장했다. 그리하여 원래부터 어쩔 수 없는 내적 필연성에 따라 희랍적 토양 위에 있었고 특수한 로마적 민족의식과 확연히 대립하고 있었다.

무엇보다 우선 로마의 시는 시인의 내적 충동에서가 아니라, 라티움어 교과서를 필요로 했던 학교와 라티움어 연극을 필요로 했던 무대의 외적 요청에서 나왔다. 그런데 무대와 학교, 두 제도는 철저히 반(反)로마적이었고 혁명적이었다. 멍하니 바라보는 극장에서의 게으름은 보수적 로마인들의 고지식한 진지함과 활동 정신에는 혐오스러운 것이었다. 로마 시민들 사이에서 주인이나 노예도, 백만장자나 거지도 없다는 것, 무엇보다 같은 신앙과 같은 교육이 모든 로마인을 포괄하여야 한다는 공동체 로마의 심오하고도 위대한 생각에 비추어, 학교와 배타적일 수밖에 없는 학교 교육은 아주 위험했고, 나아가 평등의식에 위협적이었다.

학교와 극장은 새로운 시대정신의 가장 효율적 지렛대가 되었는바

라티움어를 사용했기 때문에 더욱 그러했다. 아마도 로마인은 로마인이면서 희랍어로 말하고 쓸 수 있었고, 이때 삶의 내면은 완전히 희랍적이면서 말만 라티움어를 사용했던 것이다. 이 기간 내내 직접적인 정치적 정신적 영역에서 희랍정신이 뿌리를 내린 것, 대규모 군중을 상대로 하는 최고 흥행사와 교사가 상호 긴밀한 결합 하에 로마 문학을 창조한 것은, 찬란한 로마 보수주의의 시대가 크게 환영할 일은 아니었지만, 그 자체로 아마도 가장 주목할 만하고 역사적 교훈이 되는 일이었다.

리비우스 안드로니쿠스

최초 로마 시인에 이후 로마 문학 발전의 싹이 있었던 것으로 보인다. 희랍인 안드로니코스(로마 건국 482년, 기원전 272년 이전~로마 건국 547년, 기원전 207년 이후)는 후에 로마 시민 루키우스[4] 리비우스 안드로니쿠스로 불렸는데, 어린 나이인 로마 건국 482년(기원전 272년)에 타렌툼 포로들과 함께 로마로 왔고, 세나*Sena*의 정복자 마르쿠스 리비우스 살리나토르(로마 건국 535년, 기원전 219년 및 로마 건국 547년, 기원전 207년 집정관)의 소유가 되었다.

그의 노예업무는 연기와 필사 및 라티움어와 희랍어 수업이었다.

---

[4] 해방노예는 필수적으로 두호인patronus의 개인명을 따른다는 후대의 규칙은 공화정의 로마에서는 아직 적용되지 않았다.

집 안팎에서 주인 아이들만이 아니라 다른 부잣집 자제들을 가르쳤다. 교육에 아주 뛰어난 그를 그의 주인은 해방했다. 또 그의 작업을 자주 활용했던 정부도 로마 건국 547년(기원전 207년) 한니발 전쟁의 전황이 유리하게 바뀌자 그에게 감사송(感謝頌)을 의뢰했고, 그를 위한 배려에서 아벤티누스 언덕의 미네르바 신전에 시인과 배우 단체의 공동 예배소를 허가했다. 그의 작가활동은 이중적 지위에서 가능했다. 교사로서 그는 《오뒷세이아》를 라티움어로 번역하여, 그 작품의 희랍어 본문을 희랍어 수업의 기초로 삼았고 라티움어 번역문은 라티움어 수업의 기초로 삼았다. 이 가장 오래된 로마 교과서는 그 후 수백 년간 수업에서 확고한 위치를 차지했다. 배우로서 그는 다른 이들처럼 자기가 볼 글을 썼을 뿐만 아니라, 그것을 책으로 출판하기까지 했다. 그는 글을 공개된 장소에서 낭독도 하고 복제하여 퍼뜨렸다. 더욱 중요했던 것은 그가 본질적으로 옛 서정시적 무대시를 희랍극으로 대체한 것이다. 최초 연극이 로마 무대에서 상연된 것은 제1차 카르타고 전쟁 종료 1년 후인 로마 건국 514년(기원전 240년)이었다. 로마 언어로 그것도 희랍인이라기보다 로마인이라고 해야 하는 자에 의해 서사시, 비극, 희극이 창작된 것은 역사적 사건이었다. 물론 그의 작업은 예술적 가치를 운위할 정도는 아니었다. 그의 작업은 독창성을 전혀 요구하지 않았다. 번역에 불과한 작업은 야만적이었는바, 순진하게 고유한 질박함을 내세우지 않고 이웃 민족의 고등 예술을 학생처럼 더듬거리며 꼼꼼하게 모방하는 것에서 더욱 분명히 느껴진다. 원본에서 멀리 이탈한 것은 자유가 아니라 모방의 조야함에서 비롯되었다. 줄거리는 재미없고 과장되었고 언어는 거세고 딱

딱했다.[5] 학교의 필수 강독 본문을 제외하면 아무도 리비우스의 시를 두 번 다시 손에 들지 않았다는 옛 예술 비평가들의 말을 우리는 쉽게 믿을 수 있다. 하지만 이 작업은 여러 관점에서 후대에 결정적 영향을 주었다. 로마의 번역 문학시대를 열었고 희랍 운율은 라티움 운율로 귀화했다. 이것이 극에서만 일어나고 리비우스의 '오뒷세이아'

---

[5] 리비우스의 비극 중 하나에 다음과 같은 구절이 있다.

> quem ego néfrendem álui lácteam immulgéns opem.
> 내 젖이 넘쳐 나와 이가 없는 그를 양육했다.

호메로스의 시구 《오뒷세이아》, 12권 16행 이하)

> οὐδ᾽ ἄρα Κίρκην
> ἐξ᾽ Αίδεω ἐλθόντες ἐλήθομεν, ἀλλὰ μάλ ὦκα
> ἠλθ ἐντυναμένη. ἅμα δ ἀμφίπολοι φέρον αὐτη
> σῖτον καὶ κρέα πολλὰ καὶ αἴθοπα οἶνον ἐρυθρόν.
> 키르케는 우리가 하데스에서 돌아온 것을 알아채고선
> 준비하고 신속히 접근했고 그녀와 동행한 시녀들은
> 빵과 많은 고기와 타는 듯한 붉은 포도주를 날라 왔습니다.

가 다음과 같이 번역되었다.

> tópper cíti ad aédis – vénimús Círcae:
> simúl dúona córam (?) – pórtant ád návis.
> mília ália in ísdem—ínserínúntur.
> 신속히 서둘러 우리는 키르케의 집에 왔다.
> 동시에 그들은 물건들을 우리 배들로 날랐다.
> 수천 개의 다양한 것들이 그 배들에 실렸다.

가장 눈에 띄는 것은 번역자의 야만성보다 무지다. 키르케가 오뒷세우스에게 가는 것이 아니라 오뒷세우스가 키르케에게 가는 것으로 만들었다. 더욱 가소로운 오류는 αἰδοίοισιν ἔδωκα (《오뒷세이아》 15권 373행)를 ʼlusiʼ (Festus, affatim, p. 11)로 번역한 것이다. 그런 것들은 역사적으로도 그냥 보아 넘길 오류가 아니다. 이런 것에서 최초로 운문을 짓던 학교 선생들의 정신형성 단계를 알 수 있다. 그 밖에도 안드로니쿠스가 타렌툼에서 태어났지만 그의 모어(母語)가 희랍어가 아니었음을 알 수 있다.

에서는 민족 고유의 사투르누스 운율이 쓰였다고 할 때, 이유는 비극과 희극의 단장격과 장단격이 서사시의 장단단격보다 훨씬 쉽게 라티움어로 모방할 수 있었기 때문임이 명백하다.

그러나 문학 발전의 이런 예비단계는 곧 극복되었다. 리비우스의 서사시와 극은 후대에 예술품보다─의심의 여지없이 정당하게도─동작도 표정도 없이 뻣뻣한 다이달로스의 입상과 같이 진귀품으로 인정되었다. 하지만 이런 토대가 일단 확고하게 정립되자 서정시, 서사시, 극시가 발전했다. 이런 문학 발전의 추적은 역사적으로 아주 긴요하다.

연극

생산성 크기와 대중 영향력에서 극은 문학 발전의 정점에 서 있었다. 확정된 입장료를 받는 상설 극장이 고대에는 없었다. 희랍뿐만 아니라 로마에서도 연극은 연례적 혹은 특별한 시민 유흥행사의 구성요소였다. 당연히 우려를 야기했던 민중 축제의 확산에 정부가 실제로 취했거나 취했다고 생각되는 조치 중의 하나는 석조 극장의 건축 금지였다.[6] 대신 축제 때마다 배우들의 무대(proscaenium, pulpitum)와 장식배경(scaena)을 갖춘 목조물이 세워졌다. 그리고 무대 전면에는 반원

---

[6] 그러한 건물이 이미 로마 건국 573년(기원전 179년)에 아폴론 축전 경기를 위해 플라미니누스 경기장circus에 세워졌다(Liv. 40, 51; W. A. Becker, Topographie der Stadt Rom, S. 605). 그러나 아마도 금방 다시 철거되었을 것이다.

모양으로, 계단도 자리도 따로 없는 경사진 관람석(cavea)이 표시되었다. 그리하여 관객들은 간이의자를 스스로 가져오지 않는 한 쪼그려 앉기도 하고 눕기도 하고 서기도 했다.[7] 여자들의 자리는 이른 시기에 이미 구별되었고 가장 위쪽 가장 나쁜 자리에 한정되었다. 또 자리와 관련하여 이미 기술된 바처럼(제4권 159쪽) 로마 건국 560년(기원전 194년) 원로원 의원에게 가장 아래쪽 가장 좋은 자리의 지정석이 유보될 때까지 법적 차별은 없었다.

관객

관객은 결코 점잖지 못했다. 물론 상류층도 일반 민중 유흥에 참석하길 주저하지 않았다. 도시의 창건자들은 심지어 신분 때문에 이런 행사에 의무적으로 모습을 보여야 했던 것으로 보인다. 시민 축제의 본질상 노예와 외국인은 참석할 수 없었고, 반면 부인과 자식이 있는 모든 시민은 입장이 무료였다.[8] 그리하여 관객은 오늘날 공개된 불꽃놀

---

[7] 로마 건국 599년(기원전 155년)에는 극장에 좌석이 없었다(F. W. Ritschl, *Parerga zu Plautus und Terentius*, Bd. 1., Leipzig 1845, S. XVIII, XX, 214; O. Ribbeck, *Die römische Tragödie im Zeitalter der Republik*, Leipzig 1875, S. 285). 그렇지만 플라우투스풍 서막의 저자들뿐만 아니라 플라우투스 본인이 앉아 있는 관객을 언급했다면(Mil. glor. 82; 83; Aulul. 4, 9, 6; Trucul. 말미; Epid. 말미), 관객 대부분이 의자를 가지고 왔거나 바닥에 앉았음에 틀림없다.

[8] 여자들과 아이들은 언제나 로마 극장에서 허용된 것으로 보인다(Val. Max. 6, 3, 12; Plutarchos, Quaest. Rom. 14; Cicero, *De har. resp.* 12, 24; Vitruviuus, 5, 3, i; Suetonius, Aug. 44 등). 그러나 노예는 법적으로 배제되었고(Cicero, *De har. resp.* 12, 26; Ritschl, *Parerga*, Bd.1, S. XIX, 223) 외국인도 동일했을 것이다. 물론 공동체의 귀빈은 예외였다. 그들은 원로원 의원들 아래 또는 옆에 자리잡았다(Varro, 5, 155; Iust. 43, 5. 10; Suetonius, Aug. 44).

이 행사나 무료행사에서 볼 수 있는 것과 크게 다르지 않았을 것이다. 물론 진행이 그렇게 질서 있지는 못했다. 아이들은 소리쳤고 여자들은 떠들고 새된 소리를 질렀으며 여기저기 매춘부는 무대 쪽으로 길을 뚫고 있었다. 집행관들에게는 축제날이 결코 쉴 수 있는 날이 아니었고, 외투를 빼앗거나 몽둥이를 휘두르기도 했다.

희랍극 도입으로 연극배우에 대한 요구도 높아졌는데, 유능한 자들이 넘쳐나게 있었던 것 같지는 않다. 한 번은 배우가 부족해서 나이비우스의 작품은 비전문가들로 공연되어야 했다. 하지만 이로써 예술가의 지위가 바뀌는 것은 아니었다. 시인, (이 시기의 이름으로) "작가scriptor", 배우와 작곡자는 여전히 천시되던 임노동자 계급에 속했을 뿐만 아니라 여전히 대중의 통념상 확연하게 열등했고 경찰력에게 냉대 받았다. 모든 고상한 사람들은 그런 직업을 멀리했다. 통상 본인도 배우였던 연예단 단장(dominus gregis, dominus factionis 또는 choragus)은 대체로 해방노예였고 단체 구성원들은 대체로 그의 노예였다. 우리에게 알려진 작곡자들은 모두 비자유인이었다. 임금은 적기만 한 것이 아니라 —이 시기 직후에 희곡작가의 사례금 8,000세스테르티우스(600탈러)가 이례적으로 많은 것으로 언급된 바 있다—실패하지 않은 때만 축제 담당 관리가 지급했다. 지급과 함께 모든 게 끝났다. 아티케에 있었던 문학 경연과 명예상을 로마는 아직 몰랐다. 우리 시대처럼 이 시기 로마에서도 갈채와 야유가 있었고 매일 한 작품만 공연된 것으로 보인다.[9] 예술은 임금을 받기 위해 행해지고 예술가는 명예가 없고 치

---

[9] 플라우투스 서막 작품들(Cas. 17; Amph. 65)에서 상이 수여되었다고 추론할 수 없다(Ritschl, Parerga,

욕만 있는 상황에서 새로운 로마 국민극장은 독창적은 고사하고 예술적으로 발전할 수조차 없었다. 고상한 아테나이인들의 고상한 경쟁심이 아티케 연극에 활력을 불어 넣은 반면, 로마 연극은 대체로 그것의 복제품에 그쳤고, 로마인들은 아티케 극이 구체적 부분에서 풍부한 기품과 기지를 전개하는 데 놀라워할 뿐이었다.

희극

비극은 희극에 완전히 압도되었다. 기대했던 희극 대신 비극이 시작되면 관객은 이마를 찌푸렸다. 이 시기에 플라우투스나 카이킬리우스 같은 희극작가들은 있었지만 전문 비극작가는 없었고, 우리에게 이름이 알려진 이 시기의 극들은 비극 한 편 당 희극 세 편이었다. 물론 로마 희극작가들, 또는 아예 번역자들은 우선적으로 당시 희랍 무대를 석권했던 작품들에 손을 댔다. 그들은[10] 특히 아티케 신(新)희극, 특히

Bd.1, S. 229). 게다가 Trin. 706도 희랍의 원작에 속하지 번역자에 속하는 것이 아니다. 시상단이나 상에 대한 작품해설집didascaliae, 서막 및 모든 전승의 완전한 침묵이 결정적이다.

하루에 한 편만 공연되었다는 사실은 관중이 연극 시작할 때 집으로부터 와서(Poen. 10) 끝나면 집으로 갔다(Epid. Pseud. Rud. Stich. Truc. 말미)는 보고에서 추론할 수 있다. 그 개소들에서 알 수 있듯이, 두 번째 아침 후에 극장에 왔고 점심식사 하러 집에 돌아갔다. 그리하여 우리의 계산법에 따르자면 연극은 대략 정오부터 두시 반까지 계속되었다. 막 사이에 음악이 삽입된 플라우투스의 연극 한 편도 대체로 그 정도 길이로 상연되었다(Hor. epist. 2, 1, 189 참조). 타키투스(ann. 14, 20)가 관객이 "하루 종일" 극장에 있다고 했다면, 그 후의 사정일 뿐이다.

[10] 소위 아티케 중기 희극이 약간 이용된 것은 역사적으로 고찰되지 않는다. 왜냐하면 이것은 덜 발전한 메난드로스 희극에 불과하기 때문이다. 구(舊)희극을 이용했다는 흔적은 발견되지 않는다. 로마의 경쾌 비극—예컨대 플라우투스의 《암퓌트리온》—을 로마 문학사가는 린톤풍의 극fabula Rhinthonica이라 칭한다. 아티케 신희극도 그런 식의 풍자를 사용했는데 왜 로마인들

가장 유명했던 작가 킬리키아 솔로이의 필레몬(로마 건국 394?~492년, 기원전 360?~262년)과 아테나이의 메난드로스(로마 건국 412~462년, 기원전 342~292년)에 번역 범위를 국한했다. 희극은 로마 문학 발전만이 아니라 전체 국민 발전에도 매우 중요해서 역사조차도 상세히 다룰 이유가 있다.

아티케 신(新)희극적 성격

작품들은 물릴 정도로 천편일률적이다. 거의 예외 없이, 청년이 아버지의 돈 또는 유곽 포주의 비용으로, 더없이 고상하지만 윤리의식이 아주 의심스러운 애인을 얻게 되는 소재를 다루었다. 행복한 사랑의 길은 흔히 일정한 금전편취를 통해 성취되고, 사랑에 빠진 주인이 사랑과 금전에 관한 불운을 한탄할 때 필요한 돈과 사기술책을 제공하는 영악한 하인은 없어서는 안 될 주된 추동력이다. 사랑의 기쁨과 슬픔, 눈물 젖은 이별장면, 마음의 격심한 고통 때문에 자해하려는 애인 등은 모두 빠지지 않는 필수 고려 대상이었다. 옛 문학비평가가 말하듯, 사랑 또는 사랑에 빠짐은 메난드로스 문학의 고유한 숨결이다. 적어도 메난드로스에서는 필연적으로 혼인이 대미를 장식한다. 관객의 큰 교화와 만족을 위해 여주인공의 덕이 완전하지는 않지만 최소한

이 번역을 위해 시기적으로 가까운 이 작가들이 아니라 오히려 린톤 등 구(舊)작가들을 원용하여 이름지었는지 알기는 어렵다.

더럽혀지지도 않은 것으로서 부각되곤 했고, 여주인공은 어떤 부자의 잃어버린 딸임을, 그리하여 모든 면에서 좋은 배필임을 증명한다.

이런 애정극 이외에 감상극도 있다. 예컨대 플라우투스 희극 중《삭구(索具)Rudens》에서 난파와 망명권이,《서푼Trinummus》과《포로Captivi》에서 애정 사건 없이 친구의 친구에 대한, 노예의 주인에 대한 고상한 희생이 다루어진다. 이때 인물과 상황들은 융단 문양처럼 아주 구체적인 것까지 그대로 반복된다. 숨어 엿듣는 자의 방백, 집 대문의 두드림, 심부름으로 뻔질나게 나다니는 노예 등은 꼭 있어야 했다. 확정된 수로 제한된 고정 가면, 예컨대 여덟 개의 노인가면, 일곱 개의 하인가면 등은 통상 작가가 고르기만 하면 되는 붙박이 장치처럼 취급되었다. 희극은 구희극의 서정적 요소인바 합창을 버리고 처음부터 대화나 기껏해야 낭송에 제한되었다. 정치적 희극은 이런 요소 말고도 모든 참된 열정과 시적 고취가 없었다. 작품들은 당연히 대단하고 진정한 시적 영향력을 주장하지 않았다. 작품들의 매력은 무엇보다 지성을 쓰게 한다는 점인데 소재를 통해서뿐만 아니라—그때 신희극은 더 큰 내적 공허함과 줄거리의 외적 복잡성 때문에 구희극과 다르다—구체적 내용의 전개를 통해서도 그러하다. 이때 특히 섬세하게 다듬어진 대화가 작가의 승리이자 대중의 기쁨이었다. 예를 들어《카시나》는 두 신랑 및 신부로 꾸민 한 군인의 퇴장과 함께 진정 팔스타프적으로 끝나는바—물론 이 시기 아티케의 식탁에서도 참된 대화 없이 고정된 오락이 제공되었다—심한 장난과 잘 조화되는 혼란과 혼동, 농담, 익살, 수수께끼 등이 사실상 희극의 큰 부분을 채운다. 작가들은 에우폴리스나 아리스토파네스처럼 위대한 민족을 위해 글을 쓰지 않고, 머리는 좋지만 행동은 꺼리는 타락한 무리들처럼 수수께끼나 풀고 몸짓 맞추기 놀이로 소일하는 교양 집단을 위한 글을 썼다. 때문에 희극 작가들은 시대상을 전혀 주지 않으며—이 시기의 위대한 역사적·정신적 운동에 관해서 희극들에서 아무것도 알 수 없는데, 우리는 필레몬과 메난드로스가 알렉산드로스나 아리스토텔레스의 동시대인임을 기억해야 한다—이들의 희극은 기껏해야 교양 있는 아티케 사회의 우아하고 충실한 상을 전해주며 한 번도 여기서 벗어나지 않았다.

라티움의 흐릿한 모방은 아티케 원본을 아는 주된 원천인데 원조의 우아함은 완전히 지워지지 않았다. 특히 가장 재능 넘치는 메난드로스를 모방한 작품들에, 메난드로스가 보았고 직접 살았던 삶이 혼란과 혼돈의 모습이 아닌 사랑스러운 일상 모습으로 반영되었다. 부녀간, 부부간, 주인과 노예 간이 친밀한 집안 사정이 애정관계 등 기타 사소한 갈등과 함께 보편타당하게 모사되어 아직도 생동감을 발산한다. 예컨대《스티쿠스》의 대미를 장식하는 노예 잔치는 사정의 제한됨, 두 연인과 다른 또 한 명의 애인의 화해 속에서 동류 가운데 타의 추종을 불허하는 우아함을 갖추고 있다. 화장하고 한껏 치장한 머리 단장에 다양한 색깔로 금사(金絲) 자수된 옷을 입은 혹은 심지어 무대에서 화장하는 우아한 매춘부들도 의미심장하다. 그들에 이어 등장하는 뚜쟁이들은《쿠르쿨리오》에서처럼 아주 저속한 종류도 있고, 기적희극의 스카파처럼 괴테의 늙은 바바라 같은 가정교사형도 있다. 또 도와줄 형제나 동료들이 없지 않았다. 늙은 배역들은 아주 풍부하고 다양했다. 엄격하고 인색한 아버지, 부드럽고 마음약한 아버지, 관대하고 후한 아버지, 사랑에 빠진 노인, 태평한 늙은 총각, 질투하는 나이든 가모와 그 가모와 한 패를 이루어 가부에 대적하는 늙은 처녀노예 등이 교대로 등장했다. 이에 반하여 젊은이의 역할은 후퇴하여 첫사랑의 연인도, 여기저기에서 만날 수 있는 품격 있는 모범생 아들도 큰 의미를 갖지 못했다. 노예 세계는 유능한 종, 엄격한 관리인, 감시하는 늙은 양육노예, 마늘 냄새 풍기는 농장노예, 건방진 시동(侍童) 등 수많은 직업의 종류를 형성했다. 고정 배역으로 '식객parasitus'이 있었는데 그는 부자의 식탁에서 함께 잔치에 참여하는 것을 허락받기 위해 손님들을 농담이나 몸짓 흉내로 웃기거나, 경우에 따라 도기 조각들을 자기 머리에 던지게 했다. 식객은 당시 아테나이에서 공식 직업이었고, 특히 재치와 일화를 모은 책을 준비하는 식객이 등장하는 경우 그것은 확실히 단순한 문학적 허구가 아니었다. 그 밖에 사랑받은 배역은 전대미문의 양념장을 뽐내고 숙련된 도둑처럼 빼돌릴 줄도 아는 요리사,《거짓말쟁이Pseudolus》의 발리오를 전형적인 예로 들 수 있는바 모든 악행을 기꺼이 했다고 인정하는 뻔뻔한 포주가 있었다. 알렉산드로스 대왕 후계자들 치하에 성행했던 용병 관행을 엿볼 수 있는 허풍선이 군인, 직업적 사기꾼 즉 밀고자, 후안무치한 환전상, 엄숙한 멍청이 의사, 사제, 선원, 어부 기타 등등. 끝으로 메난드로스의 미신 믿는 자, 플라우투스《냄비 희극Aulularia》의 인색한 자 등 전형적인 성격인물이 추가된다. 희랍 민족 문학은 마지막 창작에서도 불멸의 조형력을 유지했다. 하지만 인물 묘사는 신(新)희극에서 이미 내적 공감보다 외적 복사에 의존했고, 진정으로 문학적 인물을 만들어내는 과제일수록 더욱 그러했다. 특징적인 것은, 방금 열거된 인물들에서 심리학적 진리가 대부분 추상적 개념발전으로 대표되었다는 것이다. 자린고비는 손톱 조각을 모으고 흘린 눈물을 물 낭비라고 불평한다.

하지만 신(新)희극의 심층 성격분석 결핍과 더불어, 전반적으로 문학적이고 윤리적인 공허함은 오히려 국민 전체에게 부담이 되었을 뿐 희극작가들에게 부담이 되지 않았다. 희랍 문명의 특색이 사라지고 있었다. 조국, 민족 신앙, 가정, 모든 고상한 행동과 생각은 약해졌고 문학, 역사, 철학은 내부에서 고갈되었다. 이제 아테나이인들에게 학교, 어시장, 유곽 외에는 아무것도 남지 않았다. 인간 실존을 빛나게 하는 것이 존재 이유인 문학이 이런 상황에서, 메난드로스 희극이 우리에게 제공해주는 이상의 무엇을 성취할 수 없다는 것은 놀라울 일도 아니며 비난할 일도 아니다.

동시에 이 시기의 문학이 아류 모방물로 전락하지 않으면서, 타락한 아티케의 삶을 외면할 수 있는 곳에서는 늘, 즉시 이상(理想)에서 힘과 활력을 얻었다는 점은 매우 특이하다. 이 시기의 영웅주의 희화극의 유일한 사례인 플라우투스의 《암피트뤼온》에서는 동시대 연극 무대의 모든 여타 잔재들보다 신선하고 문학적인 바람이 느껴졌다. 약간 역설적으로 보이는 선한 신들, 영웅세계의 고귀한 형상들, 익살스러운 겁쟁이 노예들이 서로 극히 놀라운 대조를 만들고, 기묘한 극 전개 이후 신의 아들이 천둥과 번개 속에서 태어나는 장면은 위대하다 할 정도의 종결효과를 낳는다. 신화 역설화의 이 과제는 당시 아티케의 삶을 묘사하는 통상적 희극의 과제와 비교할 때 비교적 순수하고 시적이다. 특별한 불평이 역사적·윤리적 관점에서 시인들에게 결코 제기될 수 없고 개별 시인 개인에게 그가 자기 시대의 수준에 머물렀다고 비난해서는 안 된다. 희극은 민중의 삶을 지배하는 타락의 원인이 아니라 결과였다. 특히 로마 민중의 삶에 미친 희극의 영향을 평가하기 위해서 온갖 섬세함과 장식 아래에 자리한 심연의 지적이 필요하다. 다른 작가들은 풍부히 사용했지만 메난드로스는 어느 정도 피한 거칠과 외설은 작은 것이었다. 훨씬 더 나쁜 것은 유일한 오아시스가 애정과 쾌락뿐인 끔찍한 삶의 황폐화, 열정처럼 보이는 것이 오로지 사기꾼들에게서만 찾아지는 가공할 이야기였다. 사기꾼들의 머리를 돌리게 하는 것은 오로지 사기였고 그들은 사기영업에 열정을 가졌다. 그리고 무엇보다 특히 메난드로스의 작품들이 만들어낸 비윤리적 윤리성을 들 수 있다. 악은 철폐되었고 덕은 상을 받았고, 일정한 실수들은 혼인 중에 또는 후에 덮였다. 예를 들어 플라우투스의 희극 《서푼Trinummus》과 여러 테렌티우스의 작품들에서, 노예에 이르기까지 모든 사람에게는 덕성의 일부가 혼합되어 있었다. 모두는 속임수에 넘어간 훌륭한 사람들이었고, 아마도 훌륭한 소녀들이었고, 어울려 다니는 촉망받는 연인들이었다. 도덕적 상식과 깔끔하게 표현된 윤리 규칙은 산딸기처럼 널려 있다. 사기 치는 아들과 속은 아버지가 최종적으로 모두 유곽에 술 마시러 가는 《박키스라는 이름의 두 소녀》처럼 화해의 끝에 완전히 코체부식 타락이 존재한다.

로마 희극에 끼친 희랍 영향

이런 기초 위에 그리고 이런 요소로부터 로마 희극이 성장했다. 독창성은 희극에서 미학적 구속만이 아니라 아마도 우선 국가 감시 때문에 배제되었다. 우리에게 알려진 많은 이런 라티움어 희극 중에 특정 희랍 희극의 모방이 아니라고 주장하는 희극은 없다. 희랍 작품과 작가 이름이 함께 언급되어야 제목이 완성되었다. 빈번한 일이었지만 작품의 "새로움" 논쟁은 동일한 것이 이미 앞서 번역되었는가의 논쟁이었다. 희극은 빈번히 외국을 무대로 삼았고 필연적으로 그럴 수밖에 없었다. 이런 예술유형(희랍 복색 희극fabula palliata) 전체는, 무대가 대체로 로마 밖 아테나이이고, 인물들이 희랍인이거나 적어도 로마인이 아니었기 때문에 그렇게 명명되었다. 구체적 부분에서, 특히 교양 없는 로마인도 그렇지 않음을 확실히 느꼈을 사항에서도, 희랍 의상은 엄격히 실행되었다. 이렇게 로마라는 이름과 로마인의 이름은 회피되었고, 로마인들은 언급될 때 희랍어로 "외국인barbari"이라고 불렸다. 마찬가지로 무수히 등장하는 화폐와 주화의 명칭 중에 로마 주화는 등장하지 않는다.

이런 것들이 정말 자유 선택에 따른 것들이라고 한다면, 이는 나이비우스나 플라우투스와 같이 위대하고 뛰어난 작가들을 두고 할 수 없는 이상한 생각이다. 로마 희극의 괴이하고 어색한 치외법권적 성격은 의심의 여지없이 미적 고려가 아닌 완전히 다른 고려에 의해 정해진 것이다. 아티케 신(新)희극이 시종일관 그렸던 사회적 현실이 한니발 시기의 로마로 고스란히 이전된 것은 로마 시민 질서와 윤리에 대한 공격이 될 수도 있었다. 하지만 통상 이 시기의 연극이 완전히 원로원에 종속적이었던 안찰관과 법무관에 의해 개최되었고, 예컨대 장례식 경기처럼 예외적 축제마저도 정부 허가를 받지 않으면 안 되었기 때문에, 그리고 나아가 로마 경찰이 흔히 모두를, 최소한 희극배우들을 정중히 대하지 않았기 때문에, 희극은 로마 국민 축제에 편입된 후에도 여전히 로마인을 무대에 세울 수 없었고 마치 외국에 추방된 것처럼 되었다.

정치적 중립

칭찬 때문이건 비난 때문이건 생존 인물의 실명을 거론할 권리나 시대상의 위험한 암시는 훨씬 더 결정적으로 작가들에게 불허되었다. 플라우투스 시기와 플라우투스 이후의 전체 희극 목록에서 우리가 아는 한 불법행위 소송이 소재가 된 적이 없다. 또 이탈리아인들의 활발한 지역의식에 비추어 특히 우려스러운 지역 비난의 흔적을—완전히 무해한 농담을 제외한다면—불행한 카푸아인들이나 아텔라인들(제3권 280쪽)에 대한 의미심장한 조롱, 특이하게도 프라이네스테인들의 거만함과 부정확한 라티움어에 대한 다양한 비꼼 외에 거의 만날 수 없다.[11] 플라우투스 작품들에 등장하는 일반적 현재 사건과 상황은 성

---

11 Bacch. 24; Trin. 609; Truc. 3, 2, 23. 전반적으로 그리 엄밀하지 않았던 나이비우스도 프라이네스테인들과 라누비움인들은 조롱했다(Com. 21, Ribb.). 프라이네스테와 로마와의 일정한 긴장이 자주 대두되었다(Liv. 23, 20, 42, 1). 퓌로스 시기의 처형들(제2권 234쪽), 술라 시기의 재난은

공적 전쟁수행의 기원[12] 또는 평화 시대의 기원밖에 찾을 수 없다. 곡물이나 고리대금, 낭비, 후보매수, 지나치게 빈번한 개선식, 실효한 벌금에 대한 영업적 추심자, 압류하는 세금청부업자, 올리브유 상인의 비싼 가격을 향해 일반적 비방이 있었다. 딱 한 번《쿠르쿨리오》에서 로마 시장의 작태에 대해, 아티케 구(舊)희극의 일탈송을 연상케 하는 별로 도발적이지 않은(제4권 283쪽) 꽤 긴 비난이 가해졌다. 하지만 경찰의 관점에서 극히 정상적인 이런 애국적 노력에 시인 플라우투스도 직접 개입한다.

그런데 내가 바보 같은가, 나라를 걱정하는 것이,

확실히 이 긴장과 관련되어 있다. Capt. 160; 881에서와 같은 별 것 아닌 농담은 검열을 통과했다. 눈에 띄는 것은 마살리아에 대한 상찬(Cas. 5, 4, 1)이다.

[12] 《상자Cistellaria》의 서막이 이렇게 끝난다. 현존하는 문학 작품들에서 한니발 전쟁에 대한 동시대의 유일한 언급으로 볼 수 있다.

> Haec res sic gesta est. Bene valete, et vincite
> Virtute vera, quod fecistis antidhac;
> Servate vostros socios, veteres et novos;
> Augete auxilia vostris iustis legibus;
> Perdite perduelles: parite laudem et lauream
> Ut vobis victi Poeni poenas sufferant.
> 이 일은 이렇게 이루어졌다. 안녕하길 그리고 승리하길,
> 진정한 용맹으로. 지금까지 당신들이 해왔듯이.
> 너희의 동맹들을 보호하길, 오래되거나 새로운 동맹들 모두.
> 너희의 정의로운 법률로 그들에게 원군을 늘리길.
> 원수들은 멸하길. 찬양과 칭송을 받을 준비를 하길,
> 정복된 페니키아인들이 너희의 형벌을 받음으로써.

제4행은 의무를 이행치 않은 라티움 식민시들에게 로마 건국 550년(기원전 204년)에 부과된 추가적 의무에 관련된 내용이다(Liv. 29, 15. 제4권 210쪽을 보라).

관리들이 있으면 그들이 책임질 일일 텐데?

Sed sumne ego stultus, qui rem curo publicam

Ubi sunt magistratus, quos curare oporteat?

　전체적으로 보면, 로마 건국 6세기의 로마 희극보다 정치적으로 더 체제순응적인 희극을 생각하기 어렵다.[13] 로마 최초의 저명한 희극작가 그나이우스 나이비우스만이 이례적이다. 그도 로마의 독창적 희극을 쓰지 않았지만, 남아 있는 그의 단편들은 모두 로마의 현실과 인물에 관련되어 있다. 무엇보다 그는 태연히 테오도토스라는 화가의 이름을 들어 조롱했을 뿐 아니라 자마의 정복자까지도 다음과 같이 공격했다. 이 작품은 아리스토파네스마저도 자랑스러워 할 것이다.

위대한 일을 명예롭게 완성시킨 그 사람,

모든 민족 사이 홀로 뛰어난 그의 행적이 여전히 생생한데,

그를 집으로 가친(家親)이 외투를 입혀 애인에게서 떼어냈다.

Etiam qui res magnas manu saepe gessit gloriose,

Cuius facta viva nunc vigent, qui apud gentes solus praestat,

Eum suus pater cum pallio uno ab amica abduxit.

[13] 그리하여 플라우투스에 있어서도 당시의 사건에 대한 암시가 있다고 인정하는 것은 극히 신중하여야 한다. 최근의 조사에서 이런 종류의 다수의 잘못된 정신적 예리함이 제거되었다. 그러나 Cas. 5, 4, 11에서 나오는(Ritschl, Parerg. 1. 192) 바쿠스 축전에 대한 언급은 검열에 걸리는 것이 아니었을까? 반대로 생각할 수도 있을 것이다. 즉《카시나》와 다른 몇몇 작품(Amph. 703; Aul. 3, 1, 3; Bacch. 53, 371; Mil. Glor. 1016; 또 특히 Men. 836)에서의 바쿠스 축전에 대한 언급으로부터 이 작품들은 바쿠스 축전을 언급하는 것이 아직 위험하지 않았을 때에 쓰인 것이라고 추론할 수 있다.

다음 시구도 마찬가지다.

우리는 자유로운 단어들을 자유 축제에서 말한다.

Libera lingua loquemur ludis Liberalibus.

다음과 같이, 나이비우스는 경찰행정에 반하여 자주 글을 썼고 위험한 질문을 던졌을 것이다.

너희는 너희의 강력한 국가를 어찌 그리 빨리 망쳤는가?

Cedo qui vestram rem publicam tantam amisistis tam cito?

이에 대해 나이비우스는 다음과 같은 정치적 죄악의 목록으로 답했다.

희한한 연설가들, 바보 같은 어린 놈들이 등장했다.

Proveniebant oratores novi, stulti adulescentuli.

하지만 로마 경찰은 아티케 경찰과 달리 비난과 정치적 논쟁의 특권을 연극에 허용하거나 인용할 생각이 없었다. 나이비우스는 그런 유사한 비난으로 투옥되었고 다른 희극에서 공개적으로 참회하고 사죄할 때까지 수감되어 있어야 했다. 이런 일들이 그를 고향에서 쫓아낸 것 같다. 그의 후계자들은 그를 교훈으로 삼았다. 한 사람은 동료인 나이비우스처럼 강제적 입단속에 굴복하는 것이 심히 불쾌하다고 매우 노골적인 의사를 표명하기도 했다. 그리하여 한니발의 정복만큼 특별한 일이었지만, 민족 감정이 가장 열렬했던 이 시기에 정치적 색조를 전혀 띠지 않는 민중 무대가 생겨났다.

로마 희극 구성의 특성

그러나 윤리 및 경찰행정의 엄하고 지독한 제한 속에 문학은 질식되었다. 자유 로마의 상황과 비교하여 프톨레마이오스 왕조와 셀레우코스 왕조 치하의 작가가 오히려 부럽다고 한 나이비우스의 말은 부당하지 않다.[14] 개개의 성공은 당연히 원작의 성질과 번안의 재능에 의해 결정되었다. 하지만 희극 전체가 동일한 공연 조건과 동일한 관객에 맞추어져 있는 한, 개별적으로 상이하더라도 번역 작품 중 일정한 주인공들은 일치할 수밖에 없었다. 하지만 전체건 부분이건 구성은 극히 자유로웠고 반드시 그래야 했다. 왜냐하면, 원작은 원작이 그리는 공동체를 향해 공연되고 거기에 그 주된 매력이 있었지만, 이 시기 로마 관객은 아티케 관객과 달랐고, 외국 세계를 올바르게 이해할 수

---

[14] 《타렌툼의 소녀Tarentilla》의 눈에 띄는 개소가 다른 것을 의미할 수는 없다.

> 내가 여기 극장에서 갈채 받아 증명한 것,
> 그것을 어떤 왕도 감히 깰 수 없을 것이다.
> 얼마나 크게 여기에서 이런 자유를 노예상태가 능가하는가!
> Quae ego in theatro hic meis probavi plausibus,
> Ea non audere quemquam regem rumpere:
> Quanto libertatem hanc hic superat servitus!

준이 되지 못했기 때문이다. 희랍인 가정생활의 우아함과 인도주의
도, 감성도 겉치레뿐인 공허함도 이해하지 못했다. 노예들의 세계도
완전히 달랐다. 로마의 노예는 가재도구였고 아티케의 노예는 시종이
었다. 노예의 혼인이 있거나 주인이 노예를 인간으로 대우하는 대화
를 나누는 경우, 로마 번역자들은 관객에게 아테나이의 일상인 그런
일을 불쾌하게 생각지 말라고 당부했다.[15] 그리고 후에 로마를 배경으
로 하는 희극이 쓰이기 시작했을 때에도, 영악한 하인의 역할은 배제
되어야 했다. 로마 관객에게 주인을 무시하고 좌지우지하는 노예들은
용인될 수 없었기 때문이다. 단, 희극이 희랍에서 로마로 이전되면서
도 일상적 인물보다는 퇴폐적이고 익살스러운 특수 인물들이 살아남
았다. 로마 번역자는 이들 인물 가운데 메난드로스의 혼인 중매인 타
이스, 여자 달 마술사, 탁발사제 등 가장 훌륭하고 독창적인 역할 몇
몇은 제거하고, 주로 희랍적 식탁 사치 때문에 이미 로마 관객에게도
대체로 익숙했던 이국적 직업을 주로 취급했다. 요리사와 익살꾼이
플라우투스 희극에서 의도적으로 훨씬 더 활기찬 역으로 묘사되었는
바, 희랍 요리사는 당시 로마 광장에서 매일 영업에 나섰고, 익살꾼은
카토가 관리 노예를 가르쳐 고용을 막아야겠다고 느낄 정도로 익숙해
져 있었다.

---

[15] 근대적 희랍이 노예제를 어떻게 생각했는지를 에우리피데스에서도 간취할 수 있다(Ion, 854;
   Helena, 728 참조).

   어떤 한 가지만이 노예들을 수치스럽게 하기 때문이다.
   이름... 반면에 다른 모든 것들은 자유인들보다 더 나쁜 건 없다,
   노예도. 훌륭한 자라면.

마찬가지로 번역자는 원작의 우아한 아티케적 대화를 거의 이용할 수 없었다. 로마의 도시민과 농민에게 아테나이의 세련된 주점과 유곽은 마치 독일 소시민에게 팔레 르와얄Palais Royal의 신비함과 같았다. 요리 기술은 결코 번역자의 생각에 떠오를 수 없었다. 만찬 연회는 로마도 수시로 모방했지만, 도처에서 다양한 종류의 빵, 세련된 양념, 또는 생선요리보다 걸쭉한 로마식 돼지구이가 인기를 얻었다. 원작에서 아주 중요한 역할을 한 희랍 수사학과 철학의 수수께끼와 권주가는 번역에는 간헐적으로 등장할 뿐이다.

줄거리의 구성

로마 번역자들은 로마 관객을 고려하여 원작을 훼손하고, 예술작품 구성에서 아주 부적절하게 삭제하거나 짜깁기할 수밖에 없었다. 원작의 모든 등장인물이 제거되다시피 했고 동일한 작가 또는 다른 작가의 작품에서 인물들을 가지고 와서 끼워 넣었다. 물론 이런 행위는 원작의 외적 합리적 재구성과 기존 인물들과 동기를 고려할 때 보기보다 심각한 것은 아니었다. 게다가 적어도 과거에는 작가들이 작품 구성과 관련해서 극한의 자유권을 행사했다. 원래 아주 훌륭했던 작품 《스티쿠스Stichus》(로마 건국 554년, 기원전 200년 초연)의 줄거리는, 두 자매 각각에게 부재중인 남편들과 이혼할 것을 아버지가 재촉했고 자매는 남편들이 장사로 얻은 막대한 이익을 얻어 장인에게 줄 선물로 처녀를 데리고 집으로 돌아올 때까지 페넬로페의 역할을 한다는 것이다. 대중에게 특별한 인기를 얻었던 《카시나》는 극의 중심이 되는 신부(新婦)의 이름인데 카시나는 전혀 등장하지 않은 채 그냥 아주 간단하게 폐막사(閉幕辭)에서 "후에 이어 상연됨"이라고 대단원이 지어진다. 아주 빈번히 줄거리가 급격히 단절되기도 하고 이음줄이 끊어지기도 하는 등 미완성의 징후들이 보인다. 이런 사정의 원인은 로마 번역자의 미숙함보다는 로마 관객의 미적 규칙에 대한 무관심에서 찾아야 할 것이다. 하지만 취향이 점차 형성되었다. 후기 작품들에서 플라우투스는 확실히 더 주의를 기울였고, 《포로》, 《거짓말쟁이》 또는 《박키스라는 이름의 두 소녀》의 경우 그런 작품들과 비교하여 아주 훌륭히 구성되었다. 그의 후계자 카이킬리우스는 특히 예술적인 주제를 다루는 데 좀 더 탁월했다고 전해진다.

로마의 야만

소재의 개별적 부분까지 로마 관객에게 가능한 한 생생하게 묘사하려는 작가의 노력과 작품이 외국적이어야 한다는 경찰 규정은 극단적인 모습까지 초래했다. 극단적으로 대립했다. 로마의 신들, 로마의 제사 용어, 군사 용어, 법률 용어들이 희랍 세계에서 낯선 모습으로 등장했다. 예컨대 로마의 안찰관aediles이나 3인관tresviri이 희랍어 용어 아고라노미agoranomi나 데마르키demarchi 등과 괴이하게 섞인 채 사용되었다. 배경이 아이톨리아나 에피담노스인 작품들은 주저 없이 벨라브룸 *Velabrum*이나 카피톨리움*Capitolium*으로 관객을 이끌었다. 희랍 토대

위에 로마 지역색이 섞인 이런 얼룩덜룩한 작품은 이미 그 자체로 야
만화였지만, 그럼에도 순진하여 빈번히 익살스럽기도 했던 이런 수정
은—아티케 교양을 갖추지 못한 관객들 때문에 번역자들은 필수적이
라고 생각했는데—작품을 철저하게 개조하여 조야한 형태로 만드는
것보다 훨씬 더 참아줄 만했다. 물론 이미 아티케 신(新)희극 시인들
가운데 일부는 우악스러움을 추가할 필요가 없는 경우도 있었다. 예
를 들어 플라우투스의《당나귀Asinaria》와 같은 작품이 타의 추종을 불
허할 정도로 무미건조하고 비속했던 것은 번역자 때문만은 아니었다.
여하튼 로마 희극에서 거친 소재들이 지배적이었는바, 번역자들이 작
품을 그렇게 수정하거나 편집했기 때문임이 분명하다. 노예에 대한
계속되는 구타와 후려치는 채찍에서 카토식 가정 규율을, 그리고 부
녀자들에 대한 끝없는 비난 속에서 카토식 여성 혐오를 명백하게 볼
수 있다. 로마 번역자들은 우아한 아티케 대화에 양념을 치려고 그들
이 발명한 해학들 중 일부에서는 믿을 수 없을 정도의 무사려와 조야
함이 드러난다.[16]

---

[16] 예컨대, 플라우투스의《스티쿠스》에서 아버지가 자기 딸들과 함께 좋은 부인이 갖추어야 할
품성에 관해 제기한 시험은 원래는 매우 점잖은 것이었지만, 처녀와 과부 중 누구와 결혼하는
것이 더 나은지를 묻는 부적절한 질문이 끼어들었다. 질문의 의도는, 마찬가지로 적절치 못한
말과—여성 화자의 입을 통해—여성에 대해 완전히 말도 안 되는 상투적인 내용으로 대답하도
록 만드는 것이었다. 하지만 이것은 다음 사례와 비교하면 사소한 예에 불과하다. 메난드로스
의《목걸이Plocium》에서 남편이 친구에게 자기 문제를 푸념한다.

> 나는 상속받은 괴물인 아내가 있지. 내가 얘기 안 했던가,
> 이걸? 정말 안했다고? 그녀는 내가 사는 집과 땅의 주인이야.
> 주변 모든 것의 주인...
> 우리에겐, 신이시여, 힘든 것 중 가장 힘든 것으로 그녀가 있지.
> 모든 이들에게 그녀는 고통이네. 나만이 아니라.

운율 취급

반면 운율 취급과 관련해서, 유연하고 음악적이었던 시구가 대체로 번역자들의 자랑이었다. 원작에서 지배적이었고 대화에 유일하게 적합했던 온건한 얌보스의 3보격이 라티움어 번역에서 매우 빈번히 얌보스나 트로카이오스 4보격으로 교체되었는데, 초보적 번역자의 미숙함보다는 어울리지 않는 곳에서조차 긴 시구의 화려한 음향을 좋아하는 로마 관객의 성숙하지 않은 취향에서 원인을 찾아야 한다.

무대 장치

마지막으로 작품 연출에서도 연출이나 관객 모두 미적 무관심에서는 동일한 성격을 보였다. 이미 주간이라는 공연 시간 제약 때문에 자연스러운 행위의 연극을 포기하고 여자 역할도 남자가 맡았고 배우 목

아들에게도 그렇고, 딸에게는 가장 그러하네.
— 물론, 여부가 있겠나.—잘 알고 있네.

탁월한 단순성으로 인하여 우아했던 이 대화가 카이킬리우스의 라티움어 번역에서는 다음과 같이 상스러운 대화로 바뀌었다.

그런데 니 마누라 괴팍하지, 안 그래?—홍, 물어 뭐해? —
왜 그래?—그 얘기는 하고 싶지 않네.
내가 집에 들어가서 앉자마자 그녀는 곧바로 입을 맞추네.
굶주린 입맞춤을.—입맞춤은 잘못된 거 전혀 없지 —
네가 밖에서 마신 걸 토하게 하려는 거니까.

소리의 인위적 강화가 필수적으로 요구되었던 희랍 무대는 무대 장치적으로나 무대 음향적으로나 소리를 공명시키는 가면 사용에 완전히 의존할 수밖에 없었다. 이것은 로마에서도 잘 알려진 사실이었다. 그리하여 로마의 비전문가공연에서 출연자들은 예외 없이 가면을 쓰고 등장했다. 하지만 희랍 희극을 로마에서 상연하던 배우들에게 필수적으로 제공되어야 할 훨씬 더 기술적인 가면은 제공되지 못했다. 그리하여 다른 모든 것은 차치하더라도 흠 있는 무대 음향 장치[17] 때문에 배우가 자기 목소리를 적절한 수준 이상으로 긴장시켜야 했을 뿐 아니라 리비우스 안드로니쿠스로 하여금 비예술적 해결책을 찾을 수밖에 없도록 했다. 노래는 따로 서 있던 가수가 부르고, 배우는 침묵하며 연기하도록 만들었던 것이다. 또한 로마의 축제개최자에게 장식과 설치에 필수적인 비용을 댈 수 있는 예산이 거의 없었다. 아티케 무대에서도 일반적으로 집들의 길거리를 무대 배경으로 설치하고 움직이는 장식은 없었다. 다양한 장비들 외에 특히 집안 내부를 무대로 끌어내 보여줄 장치도 있었다. 하지만 로마 극장은 이런 것이 없었다. 그렇기 때문에 모든 것, 심지어 산후 조리마저 길거리에서 이루어진다고 해서 작가를 비난할 수 없는 것이다.

---

[17] 로마인들이 석조 극장들을 세웠을 때조차, 희랍의 건축가가 배우들을 배려했던 그런 음향 장치가 이 극장들에는 없었다(Vitruv. 5, 5, 8).

미적 결과

로마 건국 6세기의 로마 희극은 이렇게 만들어졌다. 희랍 연극의 도입 방식은 문화 수준의 격차에 의해 역사적으로 극히 중요한 그림을 보여준다. 원작도 심미적·윤리적 관점에서 수준이 높지 않았으나 모작은 더 낮았다. 구걸하는 동냥아치들의 세계는 로마 번역가들이 공연 종목에 끼워 넣으려 해서 들어가긴 했지만, 로마에서 섬세한 성격이 제거된 채 비참하고 기이한 관점만을 제공했다. 희극은 현실 토대 위에 서있지 못했고 인물과 상황을 자의적으로 마구 뒤섞었다. 원작의 생활상이 번역에서 뒤틀려버렸다. 희랍적 격투를 피리 연주, 무도단, 비극배우, 운동선수 등을 동원하여 광고하고 나서 결국 격투를 주먹다짐으로 바꿀 수 있는 연출이 빈번한 시절에(제4권 286쪽), 후대 작가들이 비난하듯이, 권투선수, 밧줄광대, 검투사 등이 보이기만 하면 연극을 보다가도 거기로 우르르 몰려가는 대중에게 로마 작가들은 하류층의 임노동자였고, 더 나은 통찰과 취향과 무관하게 대중의 경박함과 조야함에 굴복하지 않을 수 없었다. 그럼에도 작품 내의 이국적이고 인위적인 것을 억누르고 일단 적절한 궤도에 오른 데 기뻐하며 자체적으로 의미 있는 창조물들을 만들어내고 그 와중에도 두각을 드러낼 만큼 신선한 재능들이 얼마든지 있었다.

나이비우스

그런 재능의 정점에 그나이우스 나이비우스가 있었다. 그는 로마에서 최초로 작가라 불릴 자격이 있었고—현존하는 보고들과 얼마 되지 않는 단편들로 우리가 의견을 형성할 수 있다면—모든 정황상 가장 특이하고 의미 있는 재능들 중 하나였다. 그는 리비우스 안드로니쿠스보다 나이 어린 동시대인이자 많은 면에서 그에게 의존했다. 그는 문학 활동을 상당히 이른 시기에 시작했고 아마도 제1차 한니발 전쟁 후에 끝난 것으로 보인다. 인위적인 문학에서 늘 그러하듯 그도 선배가 육성한 모든 예술유형, 서사시, 비극, 희극 모두에서 동시에 활동했으며 운율에서도 선배를 충실히 따랐다. 그럼에도 두 작가와 그들의 작품들 사이엔 거대한 심연이 가로놓여 있었다. 나이비우스는 해방노예도 교사도 배우도 아니었고 상류층도 아니었지만 아마도 캄파니아의 라티움 공동체에 속한 흠 없는 시민이었고 제1차 카르타고 전쟁 참전 군인이었다.[18] 리비우스 안드로니쿠스의 문체와 극명하게 달

---

[18] 나이비우스의 신상 기록은 완전한 혼란 상태다. 그가 제1차 카르타고 전쟁에서 싸웠기 때문에 로마 건국 495년(기원전 259년) 후에 태어났을 수는 없다. 로마 건국 519년(기원전 235년)에 그의—아마 최초의—연극들이 상연되었다(Gell. 12, 21. 45). 통상 인정되듯 그가 이미 로마 건국 550년(기원전 204년)에 사망했다는 것을 바로(Cic. Brut. 15, 60)가 의심했는데 물론 타당하다. 그것이 참이라면, 한니발 전쟁 중에 적지로 도주했을 것임에 틀림없다. 스키피오에 대한 조롱조의 시구들(제4권 313쪽)도 자마 전투 이전에 쓰였을 수가 없다. 그의 생애를 로마 건국 490년(기원전 264)에서 로마 건국 560년(기원전 194년) 사이로 정할 수 있을 것이다. 그렇다면 그는 로마 건국 543년(기원전 211년)에 전사한 두 스키피오(Cic. De rep. 4, 10)의 동시대인이 될 것이고, 리비우스 안드로니쿠스보다 10살 연하, 플라우투스보다 10살 연상이 될 것이다. 그가 캄파니아 출신이라는 점은 겔리우스가 언급했고, 그가 라티움족이라는 것은—더 이상의 증거가 필요하다면—자신이 묘비명에 적었다. 그가 로마 시민이 아니라 캄파니아의 칼레스 또는 다른 라티움 도시의 시민이라면, 로마 경찰이 그를 그렇게 무자비하게 다룬 것이 더 쉽게 설명된다. 그는 결코 배우는 아니었는바, 군대에서 복무했기 때문이다.

랬던 나이비우스의 문체는 평이하고 명확했고, 경직과 가식이 없었고 심지어 비극에서도 거의 의도적으로 격정을 피했다. 드물지 않았던 모음 충돌이나 후에 제거된 기타 파격에도 불구하고 시구는 가볍고 아름답게 진행되었다.[19] 우리에게 고트셰트의 문학이 그러하듯, 리비우스 안드로니쿠스의 유사 문학이 순수한 외적 충동에 의해 앞으로 나아갔고 희랍인들의 고삐 안에서만 움직인 반면, 그의 후계자는 로마 문학을 해방시키고 작가의 참된 수맥 지팡이로, 민족사와 희극이라는 민족문학의 원천들을 이탈리아에서 찾아냈다. 서사시는 더 이상 학교 교사에게 독본만을 제공한 것이 아니라, 독자적으로 듣고 읽는 대중을 상대했다. 이제까지 극본을 쓰는 것은 무대 의상 준비처럼 배우 본인의 부수적 업무이거나 배우를 위한 기계적 업무였으나, 나이비우스는 그 관계가 뒤집혀 배우가 작가의 보조가 되었다. 그의 문학 활동은 민족적 성격이 두드러졌다. 이는 그의 진지한 민족극과 민족 서사시—우리가 뒤에서 살펴볼 것이다—에서 가장 분명하게 드러났

---

[19] 예컨대 리비우스의 시구들과 나이비우스의 비극 《뤼쿠르구스Lycurgus》의 단편들을 비교해 보라.

왕의 몸에 대한 경호를 맡은 너희들이
가라. 잎으로 덮인 장소로 즉시 나아가라.
그곳에서는 수목이 생래의 것이지 파종에 의한 것이 아니다.

또는 《길 떠나는 헥토르Hector Profisciscens》에서 헥토르가 프리아모스에게 한 유명한 말을 보라.

당신에게 칭찬을 들으니 기쁩니다, 아버지. 큰 칭송을 받으신 영웅에게서.

그리고 《타렌툼의 소녀》에 나오는 매혹적인 시구를 비교해 보라.

누구에겐 끄덕이고 누구에겐 눈짓한다. 누군 사랑하고 누군 잡는다.
Alii adnutat, alii adnictat; alium amat, alium tenet.

다. 그의 모든 문학적 성취 중 그의 재능에 가장 들어맞고 가장 성공적인 것으로 보이는 희극에서도 이미 언급했다시피 아마도 외적 고려만이 작가를 —실제로 그러했던 것처럼— 희랍 원본을 견지하도록 규정지었다. 다만 그가 신선한 해학과 현재에 대한 충일한 활기에서 후계자들을, 또 아마도 무미건조한 원본을 훨씬 능가하는 것을, 아니 일정한 의미에서 아리스토파네스 식의 궤도로 오르는 것을 막지 못했다. 그는 이를 자각했고 그의 비문에 민족에게 그가 어떤 존재였는지 다음과 같이 표명했다.

> 불멸자가 필멸자를 비탄하는 건 합당한 일,
> 카메나 여신들도 시인 나이비우스를 비탄한다.
> 그리하여, 그가 명부(冥府)의 보고(寶庫)로 넘겨진 후
> 로마에서 말해지던 라티움어는 실종되었다.

하밀카르와 한니발을 상대로 한 전투들을 체험하고 심지어 직접 싸우기도 했으며, 심하게 요동치며 강력한 기쁨과 환호로 흥청이던 시기에 문학적으로 최고는 아닐지라도 제대로 된 능숙하고 민족적인 표현을 할 수 있었던 남자에게 그런 사내와 시인으로서의 자부심은 딱 들어맞는다. 그가 관청과 어떤 분쟁에 연루되었는지, 또 아마 그 때문에 로마에서 추방되어 어떻게 우티카에서 삶을 마쳤는지는 이미 이야기되었다(제4권 313쪽). 여기에서도 개인의 삶은 공동선에, 아름다움은 유용성에 굴복했다.

플라우투스

외적 지위나 문학적 소명 의식이나 나이비우스의 젊은 동료 티투스 막키우스 플라우투스(로마 건국 500?~570년, 기원전 254?~184년)는 훨씬 뒤지는 것 같았다. 원래 움브리아계였지만 당시 아마 이미 라티움화된 작은 도시 사시나*Sassina*출신인 플라우투스는 처음에 로마에서 배우로서 돈을 벌었고 그렇게 번 돈을 상업적 투기에 다 날리고 희랍 희극을 번역하는 극장 작가로 살았다. 다른 문학 영역에서는 활동하지 않았고 아마도 전문 작가를 바라지도 않았을 것이다. 그런 수공업적 희극 번안가들이 당시 로마에서 상당수 있었던 것 같은데, 통상적으로 이들의 작품을 출판하지 않았기 때문에[20] 그 명성은 없는 것이나 진배없었다. 그리고 공연목록에 속하는 작품 중 보존된 것들은 후대에 그들 중 가장 유명한 자였던 플라우투스의 것으로 알려졌다. 다음 세기의 문학 연구가litteratores들은 "플라우투스 작품"으로 130편까지 세었다. 여하튼 그중 많은 부분은 플라우투스가 개정했을 뿐이거나 전혀 몰랐다.

핵심작품들은 아직 현존한다. 번역가의 문학적 성격을 제대로 판단하는 것은 불가능하진 않다 하더라도 원본들이 전승되지 않아 어려운 일이다. 번역이 좋은 작품이든 나쁜 작품이든 무차별적으로 옮겼다는 사실, 번역이 경찰이나 관객대중에게 굴복했다는 사실, 미적 요구들

---

[20] 이런 가정은 필요해 보인다. 안 그랬으면(출판했다면) 옛 사람들이 플라우투스 작품들이 진작인지 가작인지 따지는 데 있어서 왔다 갔다 했을 일은 없었을 것이기 때문이다. 엄밀한 의미에서 고대 로마의 다른 저자들에서 문학적 특성과 관련하여 유사한 불확실성을 찾을 수가 없다. 다른 많은 외적 관점에서와 같이 이런 측면에서도 플라우투스와 셰익스피어 사이에 현저한 유사성이 존재한다.

에 관객만큼이나 무관심했고 관객을 위해 원작들을 우습고 비속한 형
태로 바꾸었다는 사실은 모두 개인 번역가가 아니라 전체 번역 체계
에 대한 비난이었다. 반면 플라우투스에게 고유한 것으로 거장다운
언어와 다양한 음률의 가공, 상황을 연극에 걸맞게 형성하고 이용하
는 드문 재능, 거의 언제나 재치 있고 빈번히 탁월했던 대화, 특히 무
엇보다 행복한 재미, 풍부한 욕설 관련 어휘, 변덕스러운 단어조합,
신랄하고 조롱 섞인 묘사와 상황으로 가득 차 항거할 수 없는 매력을
발산하는 짓궂고 참신한 해학 등은 전직 배우였음을 알게 해주는 탁
월한 특징들이다. 의심의 여지없이 번역가 플라우투스는 이때도 독자
성보다 원작의 훌륭한 점을 고수했다. 작품들에서 확실히 작가의 기
여로 보이는 부분들은 완곡히 말해서 평범하다. 하지만 왜 플라우투
스가 진정한 로마의 민족 시인이자 로마 연극의 핵심이 되었고 그 지
위를 유지했는지, 더 나아가 로마 세계의 쇄망 후에도 연극이 반복적
으로 그에게 돌아올 수밖에 없었는지 이해할 수 있다.

카이킬리우스

이 시기의 세 번째이자 마지막인—엔니우스가 희극은 썼지만 성공과
는 거리가 너무 멀었다—유명 희극 작가 스타티우스 카이킬리우스를
나름대로 판단하기는 훨씬 더 어렵다. 사회적 신분과 직업은 플라우
투스를 닮았다. 메디올라눔 지역 켈트족의 땅에서 태어난 그는 인수
브리아 전쟁포로로(제3권 107쪽, 285쪽) 로마에 와서 극장에서 희랍극

번역 일을 처음에 노예로, 후에 해방노예로 맡았다가 이른 죽음을 맞이한 것으로 추정된다(로마 건국 586년, 기원전 168년). 그의 언어는 순수하지 않았으나 출신을 생각하면 이해할 만한 일이다. 그에 반하여 이미 기술한 바처럼(제4권 319쪽), 좀 더 엄격한 구성을 위해 노력했다. 동시대인들에게 그의 작품들은 별로 받아들여지지 못했다. 후대 관객들도 카이킬리우스보다는 플라우투스나 테렌티우스를 더 쳐주었다. 하지만 로마의 진정한 문학시대라 할 수 있는 바로와 아우구스투스 시대의 비평가들은 희랍 희극의 로마인 번역가 중 카이킬리우스를 으뜸으로 보았는데, 이는 예술비평가들이 문학적 평범함을 일방적 탁월함보다 좋게 평가한 데 기인하는 것 같다. 예술비평은 플라우투스보다 더 규칙적이고 테렌티우스보다 더 힘차다는 이유만으로 카이킬리우스를 품었겠지만, 그는 둘보다 훨씬 못했을 수 있다.

도덕적 효과

그리하여 문학사가는 로마 희극 작가들의 주목할 만한 재능은 인정할지라도 그들의 번역 작품 목록에 예술적으로 의미가 있거나 순수한 업적을 인정하지 않는데, 역사적·풍속적 판단은 필연적으로 훨씬 더 가혹할 것임에 틀림없다. 번역 작품 목록의 기초를 이루는 희랍 희극 자체는 관객의 타락 정도와 그 수준이 같았으므로 윤리적으로 문제없었다. 다만 옛 엄격함과 새로운 타락 사이에서 요동치던 시기에 로마 연극은 희랍 정신뿐만 아니라 악덕을 가르치는 고급 학교였다. 이런 아티케-로마 희극은 뻔뻔함이나 감성에서나 비윤리적인 데다가 사랑을 참칭하는 몸과 영혼의 매춘으로, 역겹고도 부자연스러운 고귀함으로, 유곽 생활의 일관된 상찬으로, 촌부적 조야함과 외국적 세련됨의 혼합으로 로마-희랍적 도덕 타락을 설파하는 지속적 설교였으며 그렇게 받아들여졌다. 이에 대해 플라우투스의 《포로》 후기에 다음과 같은 증거가 있다.

관객 여러분, 이 연극은 아주 윤리적으로 만들어진 것입니다.
여기에는 오입도 치정도 없으며,
아기 바꿔치기나 금전 사기도 없습니다.
노예를 사랑하는 청년이 부친 몰래 그녀를 해방하는 일도 없습니다.
다만, 작가들이 이런 희극을 쓰는 일은 아주 드문 일입니다.
이 희극은 좋은 사람을 더 좋게 만듭니다. 이제 괜찮으셨다면
배우들이 마음에 드셨다면, 지루하지 않으셨다면, 이 신호를 보내시어
윤리를 최고로 치는 분들로서 저희에게 갈채를 주시길.

우리는 여기에서 윤리적 개혁세력이 희랍 희극을 어떻게 평가했는지 볼 수 있다. 또 우리는 도덕적 희극이라는 흰 까마귀와도 같은 형용모순에서도 도덕성이 도덕적 순결함에 대한 더욱 확실한 조롱에만 유용한 것임을 첨언할 수 있다. 이 연극들이 타락의 중요한 자극제가 되었음을 누가 의심할 수 있을까? 한 번은 이런 희극을 저자가 직접 알렉산드로스왕 앞에서 낭독했음에도 왕이 전혀 흥미를 느끼지 못하자, 작가는 자기가 아니라 왕 탓이라고, 즉 이런 작품을 즐기려면 술

판도 벌리고 치정으로 주먹다짐도 하는 데 익숙해야 한다고 변명했다. 그 저자는 자기 일을 알았던 것이다. 그리하여 로마 시민들이 점차 희랍 희극에 취미를 갖게 되었을 때 어떤 대가로 이 일이 일어났는지 우리는 안다. 로마 정부를 비난할 것은 이 문학 분야에 정부가 별로 한 일이 없다는 사실이 아니라 오히려 그 문학을 용인했다는 사실이다. 연단이 없어도 악은 강력하다. 하지만 그렇다고 해서 악에게 연단을 만들어준 것 자체가 면책되는 것은 아니다. 로마 사람들과 제도들이 희랍 희극을 직접적으로 접촉하는 일은 없었다는 것은 진지한 방어라기보다 핑계에 불과했다. 오히려 더 자유롭게 놔두었더라면 그리하여 작가의 소명이 더 고귀하게 되도록 또 어느 정도 로마 문학이 독자적으로 발전하게 했다면, 희극은 윤리적으로 해가 덜했을 것이다. 왜냐하면, 문학이 윤리적 힘이기도 하고, 문학이 깊은 상처를 주었다면 치료도 할 수 있기 때문이다. 사실 그랬지만, 이 영역에서도 정부는 일을 너무 적게 했고 또 너무 많이 했다. 정부에 의한 연극 규제의 정치적 중립성과 도덕적 위선은 로마 국민이 무서운 속도로 해체되는 데 상당 부분 기여했다.

민족 희극과 티티니우스

그러나 로마 희극 작가가 조국의 상황을 묘사하고 동료 시민들을 연극에 올리는 것을 정부가 허용치 않았다고 하여, 라티움 민족 희극의 발생이 철저히 저지된 것은 아니었다. 로마 시민들은 이 시기에 아직 라티움 민족과 동일하지 않았고, 작가들은 자유로이 자기 작품을 아테나이나 마살리아는 물론 라티움 권리를 갖는 이탈리아 도시들을 배경으로도 상연했다. 사실 이런 식으로 라티움의 평복 희극(fabula togata)[21]이 생겨나게 된다. 문헌적 증거에 따르면 이런 작품을 지은 가장 이른 시기의 작가 티티니우스는 이 시기 말에 활약했을 것이다.[22] 이 희극도 아티케 신(新)희극의 음모 작품 토대 위에 서 있었고 다만 번역이 아니라 번안이었다. 연극 배경은 이탈리아였고 배우들은 이탈

---

[21] '평복(토가)를 입은togatus' 이라는 말은 법적 언어사용 및 전문적 언어사용 일반에서 외인 뿐만 아니라 로마 시민과 대조되는 이탈리아인도 가리킨다. 그리하여 무엇보다도 *formula togatorum*(CIL. I. 200, v. 21, 50)은 군단에서 복무하지 않는 이탈리아 병역의무자들의 명부이다. 히르티우스에게서 최초로 나타났다 얼마 안 있어 통상의 언어사용에서 다시 사라진, 알프스 이쪽의 갈리아에 대한 '평복(토가) 입은 갈리아Gallia togata' 라는 명칭도, 로마 건국 665년(기원전 89년)에서 로마 건국 705년(기원전 49년)까지의 시기에 대부분의 공동체가 라티움권을 가졌던 한에서, 이 땅을 법적 지위에 따라 가리키는 것이다. 베르길리우스(*Aen.* i. 282)는 마찬가지로 그가 로마인과 함께 지칭한 '토가를 입은 민족gens togata' 이라는 표현에서 라티족을 생각한 것으로 보인다. 이에 따라 '평복(토가) 희극fabula togata' 도—fabula palliata가 희랍을 배경으로 했듯—라티움을 배경으로 상연된 희극으로 여길 수 있다. 양자에 외국으로의 무대 이전은 공통된다. 수도 로마와 로마 시민권을 무대에 올리는 것은 희극 작가에게 전혀 허락되지 않았다. 실제로 토가 입은 극이 라티움권을 갖는 도시들만 배경으로 삼을 수 있었다는 것은, 우리가 아는 한 티티니우스와 아프라니우스의 작품들이 배경으로 삼은 모든 도시들—세티아, 페렌티눔, 벨리트라이, 브룬디시움—이 동맹시 전쟁까지 라티움 권리 또는 동맹 권리를 가졌다는 사실이 증명해준다. 전(全) 이탈리아로 시민권 확대를 통해 희극 작가들은 더는 라티움을 배경으로 삼지 않게 되었다. 즉 법적으로는 라티움 공동체의 지위를 가졌던 알프스 이쪽의 갈리아는 수도의 극작가들에게 너무 멀리 떨어져 있었고, 이로써 '토가 입은 극' 은 사라진 것으로 보인다. 그러나 카푸아나 아텔라와 같은 법적으로 열위에 있던 이탈리아 공동체들이 이 틈을 메웠으며(제3권 280쪽; 제4권 310쪽), 그런 한에서 '아텔라 극fabula Atellana' 이 어느 정도 토가 입은 극의 연속이었다.

[22] 티티니우스에 관해 문헌 언급은 없다. 다만, 바로의 한 단편에 따르면 그가 테렌티우스(로마 건국 558~595년, 기원전 196~159년)보다 연장자인 것으로 보인다(Ritschl, Parerga, Bd. 1, S. 194). 그 이상은 이 개소에서도 알아낼 수 없으며, 그곳에서 비교된 두 집단 중 두 번째 집단(트라베아, 아틸리우스, 카이킬리우스)이 대체로 첫 번째 집단(티티니우스, 테렌티우스, 아타)보다 나이가 많지만, 그렇다고 젊은 집단의 최고령자가 나이 많은 집단의 최연소자보다 어리다고는 할 수 없을 것이다.

리아 민족의상인 평복(토가)을 입고 등장한다. 특유의 신선함을 가진 라티움 생활과 활동이 주도적이었다. 작품들은 라티움 중소 도시들의 서민적 삶 속에서 움직였다. 《여자 하프 주자Psaltria》, 《페렌티눔의 여인Ferentinatis》, 《여자 피리주자Tibicina》, 《여자 법률가Iurisperita》, 《세탁업자들Fullones》과 같은 제목들이 이를 잘 보여준다. 예컨대 속물 시민이 알바왕의 신발을 모방해서 신발을 제작케 한 경우 등 구체적 상황 몇 가지는 이런 경향을 더욱 확증해 준다. 여성 배역이 남성 배역보다 압도적으로 많다.[23] 작가는 진정한 민족적 자부심으로 퓌로스 전쟁의 위대했던 때를 상기시키기도 하고 라티움으로 새로 편입되어 라티움어를 이해하지 못하고 오스키말이나 볼스키말만 쓰는 새로운 이웃들을 깔보기도 한다.

그들은 오스키말이나 볼스키말로 떠든다. 라티움어를 모른다.

이 희극은 희랍 희극이 그러했듯 수도의 무대에 속했다. 그러나, 당시 카토와 후의 바로에서 보이듯, 좋든 나쁘든 대도시적인 것에 대한 시골적인 것의 저항이 언제나 지배적이었다. 로마 희극이 희랍 희극에서 출발했던 것과 아주 흡사한 방식으로 프랑스 희극에서 출발한 독일 희극에서 프랑스의 '리제트Lisette'는 즉시 '매춘부 프란치스카

---

[23] 우리가 알고 있는 티티니우스의 희극 열다섯 편 가운데 여섯은 남자 역할(baratus? caecus, fullones, -Hortensius-, -Quintus-, -varus-)에 따라, 아홉은 여자 역할(Gemina, iurisperita, prilia? privigna, psaltria 또는 Ferentinatis, Setina, tibicina, Veliterna, Ulubrana?)에 따라 이름 붙여졌다(여자 법률가iurisperita와 여자 피리주자tibicina, 두 개는 남자 직업을 풍자한 것이다). 단편들에서도 여자들의 세계가 지배한다.

Franziska'로 대체되었듯이, 동일한 문학적 강력함은 아니지만 최소 동일한 방향과 유사한 효력으로 희랍적 희극과 나란히 로마의 민족 희극이 로마에 등장했다.

비극과 에우리피데스

희랍 희극처럼 희랍 비극도 이 시기에 로마로 왔다. 비극은 희극보다 좀 더 가치 있고 어떤 측면에서는 좀 더 쉬운 획득물이었다. 비극의 기초인 희랍의 서사시, 특히 호메로스의 서사시는 로마인들에게 낯설지 않았고 이미 로마의 전설과 뒤섞여 있었다. 수용에 적극적인 외국인은 영웅 신화의 관념적 세계에서 아테나이의 생선시장에서보다 훨씬 더 편안함을 느꼈다. 하지만 비극도, 덜 저돌적이고 덜 비속하지만, 반(反)민족적인 희랍화의 흐름을 촉진시켰다. 이때 당시의 희랍 비극 무대를 주로 에우리피데스(로마 건국 274~348년, 기원전 480~406년)가 지배했다는 사실이 결정적으로 중요하다. 특출난 이 작가와 더 특출난 (동시대와 후대에 끼친) 그의 영향력을 여기에 망라하여 묘사하기란 쉽지 않다. 하지만 이후 희랍 또는 희랍－로마 시기의 정신적 운동이 그에 의해 추동되었기에 본질적 특성을 개요만이라도 말하지 않을 수 없다.

  에우리피데스는 문학을 더 높은 단계로 끌어올린 시인이면서, 이런 진보 과정에서 문학적 창조력보다 무엇이 전제되어야 옳은가를 훨씬 더 많이 보여준 시인이다. 윤리적으로나 문학적으로 전체 비극의 요체가 되는 심오한 언명인바 '행동은 겪음이다'는 고대 비극에서도 마찬가지이다. 고대 비극도 행위자를 묘사했지만, 고유한 개별화는 아직 드물었다. 아이스퀼로스에서 사람과 운명의 쟁투에서 비롯하는 위대함은, 쟁투 세력 각각을 막연하게만 파악하는 데 의존한다. 《프로메테우스》와 《아가멤논》에서 본질적 인간의 문학적 개별화가 약하게만 느껴진다. 소포클레스는 인간의 일반적 조건에 처해 있는 인간 즉 왕, 노인, 자매의 본성을 포착한다. 하지만 그의 배역 누구도 인간의 소우주를 모든 측면에서 발휘하지는 못한다. 따라서 목표가 달성되긴 했지만 최고에 이르지는 못했다. 인간 전체의 묘사와 그 자체 완성된 개별 형상들의 더 높은 문학적 전체성은 최고의 성취였다. 그러므로 희랍의 셰익스피어에 비교하자면 아이스퀼로스와 소포클레스는 미완성일 뿐이었다. 에우리피데스가 있는 그대로의 인간 묘사를 감행한 것은 문학적 진보라기보다는 논리적 진보, 어떤 의미에서는 역사적 진보였다.

에우리피데스는 고대 비극을 파괴할 수 있었지만 근대 비극을 창조할 수는 없었다. 어디에서든 그는 중도에 멈춰서 있었다. 영혼 생명의 표현이 특수에서 일반으로 전환되는 가면들은 전형적 고대 비극에 필수적이었지만 성격비극과는 어울리지 않았다. 하지만 에우리피데스는 그것을 고수했다. 놀라울 정도로 섬세한 감각으로 옛 비극은 연극적 요소에서 벗어난 자유로운 운신을 허용할 수 없었기에 그런 요소를 순수하게 보여준 적이 없다. 오히려 신과 영웅의 초인적 세계에서 가지고 온 서사시적 재료들과 서정적 합창을 통해 어느 정도 늘 그런 요소를 구속했다. 우리는 에우리피데스가 이런 구속을 깼다는 것을 느낄 수 있다. 그의 재료들은 적어도 반(半)역사적 시대까지 내려갔고, 그의 합창 가곡들은 후퇴하여 후기에는 빈번히 가곡들을 제거하여 전체 작품에 해를 끼치지 못하게 했다. 하지만 그는 인물들을 완전히 현실 토대에 세운 것도 아니었고 합창단을 완전히 제거한 것도 아니었다.

에우리피데스는 극히 위대한 역사적·철학적 운동이 전진한 시기이면서 다른 한편 모든 문학의 원천인 순수하고 평범한 민족적 성격이 흐려진 시기의 완벽한 표현이었다. 옛 비극작가들의 외경할 만한 경건함이 그들 작품을 하늘의 찬란함으로 충일하게 만들었다면, 옛 희랍인들의 옹색한 지평과 폐쇄성이 청중도 만족시키는 힘을 행사했다면, 에우리피데스의 세계는 사변의 흐린 조명 아래 신들이 제거되고 관념화되어 등장한다. 게다가 우울한 정념은 먹구름을 뚫는 번개처럼 내려친다. 내면 깊숙이 박힌 옛 운명 신앙은 사라졌다. 운명은 외적 강제력으로 지배한다. 노예들은 족쇄를 끌며 이를 간다. 절망의 신앙이라는 미신이 시인의 마음속에서 정령처럼 말한다.

필연적으로 이 시인은 자신을 압도하는 조형 개념이나 전반적으로 진실한 문학적 영향력에 결코 이르지 못한다. 때문에 이 시인은 비극작품 구성에서 어느 정도 아무래도 좋다는 식으로 행동했고 심지어 드물지 않게 그냥 완전히 망쳤으며, 줄거리나 배역 두 측면 모두에서 작품 중심을 제시하지 못했다. 서론에서 매듭을 묶고 기중기의 신 등 서툰 방식으로 매듭을 푸는 경박함이 바로 에우리피데스가 퍼뜨린 방식이다. 그의 영향력은 전부 세밀함에 있다. 대단한 기술로 채울 수 없는 문학적 전체성의 흠결을 덮기 위해 모든 노력을 집중했다. 에우리피데스는 이른바 효과의 거장이다. 통상 갖는 감각적·감정적 색채와 더불어, 종종 더 나아가 연애, 살인, 근친상간 등을 결합해 육감적 감각을 자극하기도 했다. 자살하는 폴뤽세나의 묘사, 비밀스러운 사랑으로 몰락하는 파이드라의 묘사, 무엇보다 비의를 통해 황홀경에 빠진 바쿠스 사제들의 장엄한 묘사는 그 가운데 가장 아름다운 것이다. 하지만 이런 묘사들은 예술적이지도 윤리적으로 순수하지도 않았다. 이 시인이 페넬로페를 묘사할 능력이 없다는 아리스토파네스의 비난은 전적으로 근거 있는 말이다.

에우리피데스 비극에 통속적 동정이 도입된 것도 그렇다. 헬레나의 메넬라오스, 안드로마케, 가련한 농부 엘렉트라, 병들고 망한 상인 텔레포스 등 쇠약해진 주인공들이—대체로 그 둘 다지만—역겹거나 가소롭다면, 그에 반하여 오히려 통속적 현실 분위기 안에서 행위가 이루어짐으로써 감동적 가족극이 되거나, 많은 작품 가운데 특히 《아울리스의 이피게니아》, 《이온》, 《알케스티스》 등 거의 감상적 희극이 된 작품들은 큰 즐거움을 준다. 또한 잘 되지는 않았지만 이 시인은 연극에 지성적 관심을 도입하려 했다. 그리하여 옛 비극처럼 감정을 움직이는 것이 아니라 오히려 호기심을 불러일으키는 계산된 복잡한 줄거리가 이에 속한다. 또 잘 다듬어진, 그러나 종종 우리 비(非)아테나이인들은 그냥 참아 넘길 수 없는 대화도 이에 속한다. 그리하여 에우리피데스의 작품에 장식 정원의 꽃처럼 흩어져 있던 잠언들도 여기에 속했다. 또 특히 결코 직접 체험에 의거하지 않고 합리적 고려에 기초한 에우리피데스의 심리학도 마찬가지다. 물론 출발 전에 적절하게 여비를 챙긴 것을 보면 에우리피데스의 메데이아는 생활에 즉하여 묘사된 것이다. 선입견 없는 독자라면 모성애와 질투 사이의 영혼 갈등에 관해서 에우리피데스로부터 많은 것을 얻지는 못할 것이다.

하지만 무엇보다 에우리피데스의 비극에서 문학적 효과는 시대적 경향으로 대체된다. 직접 일상 문제에 개입하지 않고, 철저히 정치적 문제보다 사회적 문제에 주목한 에우리피데스는 자신의 내적 결론에서 동시대의 정치적·철학적 급진주의와 일치했고 옛 아티케의 민족성을 해체시키는 새로운 세계시민적 인도주의의 최초 최고의 사도였다. 무신론적이고 비(非)아티케적 시인이 동시대인들에게 받은 반발은 바로 이에 의거한다. 동시에 젊은 세대와 외국이 감동과 사랑의, 잠언과 경향의, 철학과 인도주의의 이 시인에게 가졌던 경탄할 만한 열광도 이에 의거한다.

희랍 비극은 에우리피데스와 함께 비극 자체를 넘어섰고 붕괴되었다. 세계시민적 시인의 성공은 이런 사실에 의해 더욱 촉진되었다. 아리스토파네스의 비판은 윤리적으로나 문학적으로 완전히 옳았다. 하지만 문학은 역사적으로 결코 절대 가치만큼의 영향력을 행사치 못하고, 다만 시대정신을 예지한 만큼의 영향력만을 발휘할 수 있다. 이런 관점에서 에우리피데스를 능가할 자가 없다. 알렉산드로스가 그를 열심히 읽은 사실, 아리스토텔레스가 그를 보면서 비극 시인 개념을 형성한 사실, 아티케의 새로운 문학과 조형예술이 그로부터 발전한 사실은 모두 이렇게 이루어진 것이다. 아티케 신(新)희극은 에우리피데스를 희극에 옮긴 것 말고는 한 일이 없다. 후에 각종 그릇에서 우리가 볼 수 있는 화가 유파는 주제를 더 이상 옛 서사시가 아니라 에우리피데스 비극에서 가져왔다. 그리하여 결국 옛 헬라스가 새로운 헬라스에 양보할수록 이 시인의 명성과 영향력은 점점 더 올라갔고, 이집트나 로마 같은 외국에서 대체로 희랍 문화는 직간접적으로 에우리피데스에 의해 규정되었다.

로마의 비극

에우리피데스적 희랍 문화는 다양한 통로로 로마에 흘러들었고 아마더 빨리 더 깊게 번역이 아닌 간접적 방식으로 영향을 주었다. 비극무대가 로마에서 희극 무대보다 훨씬 더 늦게 열린 것은 아니다(제4권 297쪽). 하지만 한니발 전쟁 중에 숙고되었던 비극 연출의 큰 비용과관중의 자질은 비극 발전을 분명 가로막았다(제4권 299쪽). 플라우투스의 희극 작품들에서 비극이 자주 언급되지는 않지만, 대부분은 원작에서 인용됐을 것이다. 이 시기 최초로 유일하게 성공한 비극 작가는 나이비우스와 플라우투스의 젊은 동시대인 동료 퀸투스 엔니우스(로마 건국 515~585년, 기원전 239~169년)였다. 엔니우스의 작품들을동시대 희극 작가들이 모방했고, 후대 사람들은 제정기에 이르기까지관람하고 낭송했다.

우리에게 로마의 비극 무대는 희극보다 훨씬 덜 알려져 있다. 대체로 후자와 동일한 현상이 전자에서도 반복된다. 작품 목록도 주로 희랍 작품들의 번역으로 이루어졌다. 소재는 트로이아 포위가 선호되었는데 그것과 직접적 관련성을 갖는 전설들에서 취해졌다. 이 신화 영역만이 로마 관객에게 학교 수업을 통해 알려져 있었기 때문일 것이다. 그 외에도 감각적으로 잔혹한 소재들이 압도했다. '에우메니데스', '알크마이온', '크레스폰테스', '멜라니페', '메데이아'에서의 모친과 자식 살해, '폴뤽세나', '에렉테우스의 자손들', '안드로메다', '이피게니아'에서의 처녀 인신공양 등이 다루어졌다. 이 비극들의 관객이검투사 경기를 즐겨보던 사람들이라는 것을 떠올리지 않을 수 없다.

여인과 유령 역할이 가장 깊은 인상을 남긴 것으로 보인다.

원작 가공에 있어서 가면이 없어진 것 외에 합창단이 가장 달라진 부분이다. 희극용으로 세워진 로마 무대에는 합창단을 위해 중앙 제단을 특별히 갖춘 무도 공간(orchestra)이 없었다. 아니, 오히려 로마에서는 그 공간이 일종의 특급 객석으로 기능했다고 말하는 편이 더 적확할 것이다. 따라서 음악 및 낭송과 함께 예술적으로 편성된 합창단의 무도가 로마에서는 없을 수밖에 없었다. 합창단이 있는 경우에도 그 의미는 아주 작았다. 구체적으로는 운율을 바꾸거나 작품을 줄이거나 손상시키는 일이 없지 않았다. 예컨대 에우리피데스 《이피게니아》의 라티움어 판에는 다른 어떤 비극 작품의 모방인지 가공자의 발명인지는 모르겠지만 여성 합창단이 군인 합창단으로 바뀌었다. 우리가 생각할 때 로마 건국 6세기의 라티움어 비극들을 결코 좋은 번역이라고 할 수 없다.[24] 하지만 엔니우스의 비극은 에우리피데스 원작에

---

[24] 여기서 에우리피데스와 엔니우스의 《메데이아》 시작 부분을 비교해 보자.

εἴθ ὤφελ᾽ Ἀργοῦς μὴ διαπτάσθαι σκάφος Κόλχων ἐς αἶαν κυανέας Συμπληγάδας μηδ᾽ ἐν νάπαισι Πηλίου πεσεῖν ποτε τμηθεῖσα πεύκη, μηδ᾽ ἐρετμῶσαι χέρας ἀνδρῶν ἀριστέων οἳ τὸ πάγχρυσον δέρος Πελίᾳ μετῆλθον. οὐ γὰρ ἂν δέσποιν᾽ ἐμὴ Μήδεια πύργους γῆς ἔπλευσ᾽ Ἰωλκίας ἔρωτι θυμὸν ἐκπλαγεῖσ᾽ Ἰάσονος.	Utinam ne in nemore Pelio securibus Caesa accidisset abiegna ad terram trabes, Neve inde navis inchoandae exordium Coepisset, quae nunc nominatur nomine Argo, quia Argivi in ea dilecti viri Vecti petebant pellem inauratam arietis Colchis, imperio regis Peliae, per dolum. Nam nunquam era errans mea domo efferret pedem Medea, animo aegro, amore saevo saucia.

대해, 플라우투스의 희극이 메난드로스의 원작에 대해 그러는 것보다, 훨씬 명료한 상을 우리에게 보여준다.

비극의 도덕적 효과

로마에서 희랍 비극의 역사적 지위와 영향력은 희랍 희극의 그것과 완전히 동질적이다. 문학 유형의 차이 때문이지만, 비극은 희랍적 경향이 좀 더 정신적이고 순수하게 등장했고, 이 시기 비극 무대와 그 대표자 엔니우스는 훨씬 더 결연하게 반(反)민족적이고 선동적인 경향을 의식적으로 보여주었다. 엔니우스는 로마 건국 6세기의 가장 중요한 작가라고 하기는 어렵지만, 가장 영향력 있는 작가로서 태생적으로 라티움인이 아니라 반(半)희랍인이었다. 메사피아 출신으로 희랍식 교육을 받고 나이 서른다섯에 로마로 이주하여 살았다. 처음에는 거

아르고선이 짙푸른 심플레가데스를 뚫고 날아 콜키스 땅에 닿지 않았다면. 아예 펠리온 동산에서 전나무를 잘라 펠리아스왕을 위해 황금양모피를 찾으러 가는 영웅들의 손에 노를 주지 않았으면 좋았을 텐데! 그랬더라면 메데이아는 이아손에 대한 사랑의 격정에 엄습되어 이올코스에 배로 가지 않았을 텐데.	펠리온 숲에서 도끼로 전나무 둥치가 잘려 넘어가지 않았다면. 아르고라는 이름의 배가 건조되기 시작하지 않았다면. 그 배로 희랍 정예들이 콜키스로 황금 양털을 찾아 왔으니. 펠리아스왕의 기만책으로. 그럼 메데아가 고통스러운 심정으로 상처입고 큰 사랑의 고뇌에서 자기 땅을 벗어나 방황하지 않았을 텐데.

원본과 번역의 차이, 즉 동어반복과 부연설명뿐만 아니라 별로 알려져 있지 않은 쉼플레가데스, 이올코스 땅, 아르고 등의 신화적 이름의 제거 또는 설명은 일정한 시사점을 준다. 원본에 대한 오해는 엔니우스에게 드물다.

류 외인으로 로마 건국 570년(기원전 184년)부터 제한된 상황이긴 했지만 로마 시민으로 라티움어와 희랍어 수업으로, 또는 작품에서 나오는 수입으로, 또는 푸블리우스 스키피오, 티투스 플라미니누스, 마르쿠스 풀비우스 노빌리오르처럼 현대적 희랍 문화의 진흥을 원하며 자신이나 조상들에게 찬가를 바치는 작가에게 보수를 지급할 용의가 있는 로마 거물들의 기부로 생계를 유지했다. 소수이긴 했지만 공적(功績) 기록을 위임 받은 일종의 '계관 시인'으로서 전장에까지 따라갔다. 또한 그는 이런 직업에 필요한 피호민 속성을 스스로 우아하게 묘사하기도 했다.[25] 원래부터 또 평생 줄곧 세계시민으로서 그는 자신에

---

[25] 《연대기》 제7권의 개소를 이 시인의 자기 성격기술로 보았던 옛 사람들이 옳았다. 그곳에서 집정관이 절친한 친구를 불렀다.

> 그와 함께 그가 아주 자주 기꺼이
> 자기 식탁과 대화를, 자기 일을
> 한 무더기 나눈다. 지친 상태로 그 날의
> 대부분을 중요한 일들을 처리한 후에
> 넓은 광장에서 또 성스러운 원로원에서 받은 조언으로
> 그에게는 그 집정관이 터놓고 대소사도, 농담도
> 말할 것이다. 말하기에 좋고 나쁜 모든 것을
> 내뱉을 것이다, 하고 싶은 대로. 그리고 그에게 안전하게 맡길 것이다.
> 그와 많은 쾌락과 유흥을 나눌 수 있다, 은밀히건 공공연하게건
> 그의 품성은 사악한 생각이 설득하지 못한다,
> 경솔하게든 악의에서든 악행을 하도록. 학식 있고 신의를 지키는
> 유쾌한, 언변 좋고 자기 몫에 만족하며 복 받은 사람.
> 할 말을 잘 알아 적시에 말하고 편하게
> 말은 적게 한다. 많은 묻힌 옛 것을 파악하고, 오래됨은
> 그를 옛 윤리와 새 윤리를 겸수하도록 만들었다.
> 신과 인간에 관한 많은 옛 법률도.
> 신중하게 그는 들은 말을 전할 수도 침묵할 수도 있었다.

끝에서 두 번째 행을 "multarum rerum leges divumque hominumque"로 읽을 수도 있다.

게 영향을 줬던 민족적 성격들, 즉 희랍, 라티움, 오스키까지—하나에만 절대적으로 치우치지 않게—받아들일 줄 알았다. 예전 로마 작가들에게 희랍 문화가 뚜렷한 목표였다기보다 문학 활동의 결과로서 등장했다면, 그리하여 다소 민족적 토대에 서려고 시도했다면, 엔니우스는 오히려 그의 혁명적 경향을 아주 명확하게 의식하고 있었고 눈에 보일 정도로 새로운 언어에 기초한 희랍적 경향을 이탈리아에서 전파하는 데 힘썼다. 그의 가장 유용한 도구는 비극이었다.

남아 있는 그의 비극 작품을 보면 희랍의 전체 비극 작품 목록, 특히 아이스퀼로스와 소포클레스의 작품 목록이 그에게 아주 잘 알려져 있었다는 사실을 알 수 있다. 그러므로 그가 대부분의 작품들, 인기를 얻은 모든 작품들에 있어서 에우리피데스를 모방했다는 사실은 더더욱 우연이 아니다. 선택과 가공에 있어서 그는 부분적으로 외적 고려도 했다. 하지만 그것만으로는 그가 그토록 결연하게 에우리피데스 안의 에우리피데스를 부각시키고 합창단을 원작에서보다 더 소홀히 다룬 일, 감각적 효과를 희랍 작가보다 더 예리하게 강조한 일, 그가 《튀에스테스》와 아리스토파네스에게 받은 불멸의 조롱으로 아주 유명한 《텔레포스》 같은 작품들을—군주들의 고뇌와 고뇌의 군주들과 함께—아니 심지어 전체 줄거리가 민중 종교의 부조리함을 문제 삼고 자연철학적 관점에서 민중 종교를 비난하는 경향이 아주 명확한 《여자 철학자 메날리페》 같은 작품을 택한 일을 설명할 수가 없다. 기적에 대한 신앙을 표적으로—일부는 삽입된 문구라는 것이 증명되지만[26]—

---

[26] 4권 271쪽 참조. 에우리피데스(Iph. Aul. 956)에서 나오는 정의에 따르면 예언자는

아주 날카로운 화살들이 도처에서 날아다녔는데, 다음과 같은 장황한 비난 글이 로마의 연극검열을 통과했다는 것이 놀랍기만 하다.

하늘의 신들이 있다고 나는 언제나 말했고 계속 말할 것이다.
허나 내 생각에 그들은 인간이 뭘 하는지 신경 쓰지 않는다.
그랬다면 선인은 잘 되고 악인은 안 되었을 테니. 어디 그런가? 　　.

엔니우스가 교훈시 하나에서 이런 비종교성을 학문적으로 설교했다는 사실은 이미 언급했다(제4권 271쪽). 계몽이 그의 주된 임무였을 것이다. 여기저기 등장하는 급진적 성격의 정치적 저항들,[27] 희랍적 식탁의 즐거움에 대한 찬양(제4권 282쪽), 특히 로마 문학에서 최후의 민족적 성격인 사투르누스 운율의 제거와 희랍 6보격 운율로의 교체 등도 서로 완벽하게 부합한다. "다양한 면모의" 시인이 모든 과제를 균질한 간결함으로 행했다는 사실, 닥틸로스로 구성되지 않는 언어

참된 것은 조금, 거짓인 것은 많이 말하는 사람이다,
운이 좋을 때에는. 운이 없으면, 망한다.

라티움어 번역자는 이것을 별점 치는 자들을 탄핵하는 다음 논쟁으로 바꿔 놓았다.

그는 점성술가의 성좌를 하늘에서 찾고 관찰한다.
암염소나 전갈이나 기타 짐승의 이름이 생기는 때에는
발 앞에 무엇이 있는지 아무도 살피지 않으면서 하늘의 영역을 탐구한다.

[27] 《텔레푸스》에서 다음의 문구를 볼 수 있다.

공공연히 중얼거리는 것은 평민에게 범죄다.
Palam mutire plebeio piaculum est.

에서 6보격을 가공해 냈다는 사실, 언어의 자연적 흐름을 막지 않으
며 익숙하지 않은 운율과 형식으로 확고하고 자유롭게 나아간 사실
모두는 사실상 로마적이라기보다 희랍적인 뛰어난 형식 재능을 증명
한다.[28] 그가 우리를 불편하게 하는 경우, 그것은 로마의 조야함이 아
니라 희랍의 두운법[29]이다. 그는 위대한 작가는 아니지만, 우아하고

---

[28] 형식과 내용에서 탁월한 다음 시구들은 에우리피데스의 《불사조》의 번안이다.

> 그런데 진정으로 용감한 사내가 활기차게 사는 것이 어울린다.
> 그리고 용감하게 정직한 자로서 적수들을 소환하는 것도.
> 자유다. 가슴에 순수함과 확고함을 가지고 있는 것이.
> 다른 해로운 것들은 밤의 어둠 속에 숨겨져 있다.

여러 종류의 시 모음집에 속해 있던 《스키피오》에 회화적 시행들이 있다.

> ― 하늘의 광활한 공간이 침묵 속에 서 있었고,
> 포악한 넵투누스는 험악한 파도에 휴식을 과했다.
> 태양은 나는 발굽의 말들이 갈 길을 제어했다.
> 영원한 강들은 멈춰 섰으며, 나무들도 바람이 사라졌다.
> ― mundus caeli vastus constitit silentio,
> Et Neptunus saevus undis asperis pausam dedit.
> Sol equis iter repressit ungulis volantibus;
> Constitere amnes perennes, arbores vento vacant.

마지막 개소는 이 시인이 원작들을 가공한 방식을 보여 준다. 그 방식이란 원래 소포클레스의
비극 《헥토르를 되사기Hectoris Lystra》에서 헤파이스토스와 스카만드로스 사이의 전투를 지켜
보던 자가 했던 말의 확장이다.

> 스카만드로스가 멈춰 섰나 보다. 나무들에 바람이 불지 않는다.
> Constitit credo Scamander, arbores vento vacant.

이것은 궁극적으로 《일리아스》(제21권 381행)에서 유래한다.

[29] 《불사조》에는 다음의 시구가 있다.

> ―어리석다, 갈망하는 것을 갈망하면서 갈망하여 갈망하는 자는.

쾌활한 재능을 가진 자였고 활발한 문학적 감수성을 지녔다. 그는 자신을 작가로 느끼는 문학적 거드름이 없었고 희극적 피는 완전히 결여되어 있었다. 우리는 조야한 현자들을 깔보는 희랍화된 시인의 자부심을 이해할 수 있다. "그 시구들은 숲의 정령들과 켈트족 도사들이 노래하곤 했다." 또한 우리는 그가 그의 예술문학에 대해 가진 열광을 이해할 수 있다.

> 안녕하신가, 시인 엔니우스여? 당신은 필멸자들에게
> 불의 노래를 가슴 깊은 곳에서 불러주는구나.

이 재능 많은 자는 돛을 한껏 펴고 순항 중임을 잘 의식하고 있었다. 희랍 비극은 그때부터 줄곧 라티움 민족의 재산이 된 것이다.

민족 비극

더 외딴 항로를 더 불리한 바람이 불 때 더 과감한 뱃사람은 더 먼 목적지로 향했다. 나이비우스는 성공하진 못했지만 엔니우스처럼 로마 무대를 위해 희랍 비극을 가공한 것만이 아니라, 다른 한편 진지한 민

— stultust, qui cupita cupiens cupienter cupit.

이것이 아주 터무니없는 두음 반복의 예가 아니다. 심지어 십자말놀이도 등장한다(Cic. *De div.* 2, 54, 111).

족 비극(관복 비극fabula praetextata)을 독자적으로 창작하려 했다. 외적 장애는 방해가 되지 못했다. 그는 소재들을 로마 전설이나 동시대의 지방 민담에서 고향의 무대로 가져왔을 것이다. 《로물루스와 레무스의 양육》 또는 《늑대》가 그러하다. 거기에 알바의 아물리우스왕이 등장한다. 그리고 《클라스티디움》도 마찬가지인데 거기서 로마 건국 532년(기원전 222년) 있었던 켈트족에 대한 마르켈루스의 승전이 기려졌다(제3권 115쪽). 그의 발자취를 따른 엔니우스도 《암브라키아》에서 로마 건국 565년(기원전 189년; 제4권 96쪽)에 있었던 후원자 노빌리오르의 공성전을 직접 목격하고 묘사했다.

하지만 이런 민족 비극의 숫자는 여전히 소수였으며 이 유형은 빠르게 극장에서 사라졌다. 로마의 빈약한 전설과 무미건조한 역사는 희랍 전설과의 지속적 경쟁이 불가능했다. 작품의 문학적 함량은 판단할 수 없다. 다만 전반적 문학 의도가 고려될 수 있다면, 로마 문학에서 로마 민족 비극의 창조만큼 천재성이 발현된 예는 별로 없다. 신들과 아직 가깝다고 느끼던 초기 희랍 비극만이, 프뤼니코스나 아이스퀼로스 등의 작가들만이 직접 체험하고 기여한 업적들을 전설 시대의 업적들에 나란하게 감히 무대에 올렸다. 어디에선가 카르타고 전쟁이 어떤 전쟁이고 결과가 어떠했는지를 생생하게 실감할 수 있다면, 그것은 오직 신과 영웅들을 볼 수 있던 무대에 아이스퀼로스처럼 전투에 직접 참가한 시인이 로마의 왕과 집정관들을 등장시킨 바로 그 작품을 올려서다.

낭송 문학

낭송 문학도 이 시기에 로마에서 시작되었다. 이미 리비우스 안드로니쿠스는 옛 사람들 사이에서 오늘날 출판에 해당한 관행, 즉 시인에 의한 신작 공개 낭송을 로마로 도입했다. 그는 로마의 자기 학교에서 작품을 낭독했다. 문학이 빵을 구하지 않았거나 최소한 노골적으로 구하지 않았기 때문에, 이 분야는 연극 문학처럼 공공 여론의 비호감을 얻지는 않았다. 이 분야에서 탁월했던 로마인 한둘이 이 시기 말에는 작가로 공식 등단했다.[30] 그러나 낭송 문학은 주로 연극 문학을 하던 작가들이 영위했다. 그리하여 낭송 문학의 역할은 대체로 연극 문학보다 열등했다. 사실 이 시기 고유한 독자도 로마에 극소수만 있었을 뿐이다.

사투라

무엇보다 서정 문학, 교육 문학, 경구 문학이 약했다. 애써 저자 이름을 기록한 종교적 성악곡, 항상 사투르니우스 운율로 쓰인 신전 기념비들과 묘비 명문들은 엄밀한 의미에서 문학에 속하지 못했다. 그나

---

[30] 이 시기에 카토 외에 "전직 집정관이자 시인"으로 불린(Sueton. *Vita Terent.* 4) 사람이 퀸투스 라베오(로마 건국 571년, 기원전 183년 집정관)와 마르쿠스 포필리우스(로마 건국 581년, 기원전 173년 집정관)였다. 그러나 그들이 작품을 출판했는지는 불확실하다. 심지어 카토의 출판여부도 의심스럽다.

마 문학이라고 할 수 있는, 나이비우스가 언제나 사투라라고 부른 소
(小)문학이 등장한다. 이 명칭은 원래 리비우스 안드로니쿠스 이래로
희랍극에 의해 무대에서 축출된, 줄거리 없는 옛 극시를 가리키는 것
으로, 낭송 문학에 우리의 '혼합시'에 해당하는 것이 있었지만, 명확
한 예술 유형 또는 방식을 가리키는 것은 아니고, 서사적이지도 연극
적이지도 않은, 임의의—주로 주관적인—소재와 형식을 취한 시를
가리킨다. 민족 교훈시(제2권 330쪽)의 초기 형태와 연관되어 사투르
니우스 운율로 쓰인, 나중에 더 언급할 카토의 《윤리에 관하여》를 비
롯하여, 특히 엔니우스의 소품들이 사투라에 속한다.

　이 영역에서 아주 생산력 있던 엔니우스는 소품들을 사투라 문집에
넣거나 따로 분리하여 출판했다. 이 중에는 조국의 전설이나 동시대
의 역사를 소재로 하는 서사시 소품들, 에우헤메로스가 쓴 종교 소설
의 가공물, 에피카르모스라는 이름하에 유통된 자연철학 작품들의 가
공물(제4권 271쪽), 고급 요리법 작가 겔라의 아르케스트라토스가 쓴
식도락의 가공물, 더 나아가 삶과 죽음 간의 대화, 이솝 우화, 격언 모
음, 풍자 및 경구들이 있다. 별것 아닐지언정 검열이 없는 이 영역에
서 극히 자유롭게 활보한 작가의 다양성과 교훈적–조어적 경향을 확
실히 보여준다.

나이비우스의 운문 연대기

민족 연대기에 운율을 넣으려는 시도가 좀 더 큰 문학적·역사적 의미

가 있다. 문학적 형태를 부여하여 신화적 역사와 동시대 역사를 연관성 있는 서사로 만든 것은 다시금 나이비우스였다. 그는 특히 제1차 카르타고 전쟁을 나쁜 것과 좋은 것 모두 실제 그대로 간단명료하게 민족 고유의 반(半)산문투 사투르니우스 운율로 썼다.[31] 이때 어떠한 사실도 비문학적이라고 폄하하지 않고 포함시켰으며, 특히 역사 시기의 묘사에서는 줄곧 현재 시제를 유지하면서 문학적 약동이나 장식을 전혀 사용하지 않았다. 이 작가의 민족 비극에 관해 이미 언급된 바가 이 작업에도 그대로 적용된다. 비극과 마찬가지로 희랍인의 서사시는

---

[31] 아래의 단편들을 보면 그 음조를 알 수 있다. 디도에 관해 그는 다음과 같이 썼다.

> 친근하고 박식하게 그녀는 물었다.—아이네아스가 어떻게
> 도시 트로이아를 떠났는지를.

그 후에는 다음을 썼고,

> 손을 저 위 하늘로 자기 손을 뻗으며 왕
> 아물리우스가, 신들에게 감사드린다.

간접 구조가 눈에 띄는 연설의 일부를 쓰기도 했고,

> 그들이 그 가장 용감한 사내들을 버린다면,
> 국민에게 큰 수치가 될 것이다. 이민족들에 의한.

로마 건국 498년(기원전 256년)의 말타 상륙에 관해서는 아래처럼 썼고,

> 로마인이 멜리테로 항해한다. 완전히 섬을
> 불태우고, 황폐화하고, 파괴한다. 적들을 괴멸시킨다.

마지막으로, 시킬리아 전쟁을 끝낸 강화조약에 관해서는 이렇게 썼다.

> 그들(카르타고인들)은 이것도 약속한다. 배상은 루타티우스를
> 만족시키는 것으로 할 것이라는 것도. 그(루타티우스)는 많은 포로와
> 인질을 시킬리아인들이 되돌려 보낼 것을 약속한다.

본질적으로 영웅시대 위주로 돌아간다. 그에 반하여 나이비우스의 기획은 문학의 찬란함으로 현재를 꿰뚫어 비춘다는 완전히 새로운, 그 기획만큼은 질투가 날 정도로 위대한 생각이었다. 그럼에도 실행 측면에서 나이비우스의 연대기는 여러 관점에서 흡사한 중세의 운문 연대기 이상은 아니었겠지만, 확실히 이 시인이 자신의 작품에 특별히 만족했던 이유가 있다. 공식적 기록 외에는 역사 문헌이라는 것이 전혀 없었던 시기에, 동포를 위해 당대 사건들과 이전 시기를 줄거리 있는 보고로 문학적으로 꾸미고, 또 그중에서도 아주 위대한 순간들을 극적으로 생생하게 보여주는 것은 결코 사소한 일이 아니었다.

엔니우스

나이비우스가 자신에게 부과했던 임무를 엔니우스도 자신에게 부과했다. 하지만 대상의 동일성은 민족 작가와 반(反)민족 작가의 정치적·문학적 대립을 현격하게 드러낼 뿐이다. 나이비우스는 새로운 소재를 위해 새로운 형식을 탐색했지만, 엔니우스는 새로운 소재를 희랍적 서사의 형태들로 맞추거나 강제했다. 닥튈로스 육보격이 사투르니우스 시구를 대체했는바, 조형적 생생함을 추구하는 호메로스 후예들의 장식적 방식이 단순 역사 서사를 대신했다. 가능하다면 호메로스가 곧바로 번역되었다. 예컨대 헤라클레아 전사자들의 매장이 파트로클로스 매장의 전범에 따라 묘사되었고, 이스트리아인들과 싸운 군대 대장 마르쿠스 리비우스 스톨로의 투구에는 다른 이가 아닌 바로 호메로스의 아약스가 붙어 있었다. 독자는 호메로스가 무사 여신을 부르는 것까지 읽을 수 있었다. 서사시의 장치들이 완벽하게 구비되었다. 예컨대 칸나이 전투 이후 신들의 회합에서 유노는 로마인들을 용서하고, 유피테르는 부인의 동의를 받고서 그들에게 카르타고를 상대로 종국적 승리를 약속했다.

《연대기》도 엔니우스의 신조어 사용과 희랍화 경향을 여지없이 보여준다. 신들 세계를 단순히 장식적으로 사용한다는 것이 이미 그런 성격인 것이다. 작품 초입의 경이로운 꿈에서 어떻게 지금 퀸투스 엔니우스 안에 살고 있는 혼이 전에는 호메로스 안에, 더 전에는 공작 안에 머물렀는지를 전형적 피타고라스 방식으로 보고하고 있다. 이어 완전히 자연철학적으로 사물 본질, 육체와 정신의 관계를 설명했다. 소재 선택마저도 동일한 목적들에 봉사한다. 언제나 희랍화된 시인들은 희랍적–세계시민적 경향에 최고 대우를 했고, 로마 역사의 날조에서 그러했다. 엔니우스는 강조했다. 로마인들은 "스스로를 희랍인(Graeci)이라 불렀고, 희랍 본토인들은 다른 이름(Graii)으로 부르곤 했다"

큰 상찬을 받은 《연대기》의 문학적 가치는 엔니우스의 장단점에 관한 앞서의 일반적 언급에서 쉽게 짐작할 수 있다. 카르타고 전쟁의 위대한 시기에 이탈리아 민족감정의 폭발에 활발히 공감한 시인도 벅찬 감정을 느끼며, 빈번히 호메로스의 단순함을 기꺼이 복제하고 로마의 장엄과 품격이 행간에서 더 자주 압도적으로 울려 퍼지게 했다. 물론 필연적으로 매우 느슨하고 무신경했을 서사시적 구성에도 하자가 있었는데, 안 그랬으면 잊혔을 영웅이나 두호인을 위한 별책을 사후에 보충하기도 했다. 전체적으로 《연대기》는 분명 엔니우스의 최고 실패작이다. 제2의 《일리아스》를 쓴다는 계획은 자기비판이 되었다. 엔니우스는 작품에서 최초로 서사시와 역사의 '바뀐 아이'를 문학에 도입한 자였다. '바뀐 아이'는 그때부터 여태껏 죽지도 살지도 못하는 처지의 유령으로 그 안에서 돌아다니고 있다.

하지만 이 서사시는 한편으로 성공했다. 엔니우스는 클롭슈톡이 독일의 호메로스라고 자처한 것보다 더욱더 천진하게 로마의 호메로스라 자처했다. 게다가 동시대인들과 후세 사람들에게 그렇게 여겨졌다. 로마 문학의 아버지에 대한 경외는 지속적으로 세대에서 세대로 이어졌다. 세련된 퀸틸리아누스도 말했다. "엔니우스를 존경하자. 오래된 성스러운 숲을 존경하듯이. 숲의 천 년 묵은 참나무들은 아름답다기보다 경이롭다." 누구라도 이에 경탄하는 자는 베르길리우스의 《아이네이스》, 셰익스피어의 《헨리왕》, 클롭슈톡의 《메시아》 등 흡사한 현상들을 떠올릴 것이다. 물론 민족 문학적 큰 발전이 있었다면 호메로스 《일리아스》와 엔니우스 《연대기》의 평행비교가 희극적으로 보일지도 모른다. 그것은 사포와 카르신을 비교하거나 핀다로스와 빌라모프를 비교하는 것과 같기 때문이다. 하지만 그런 발전은 로마에서 일어나지 않았다. 특히 작품 소재에 관한 귀족들의 관심에 비추어, 또 작가의 위대한 형식 재능에 비추어 《연대기》는 로마 최고(最古)의 독창적 작품으로 남아 있다. 이 작품은 이후 교양인들에게 읽을 만하고 읽을 수 있는 것으로 인정되었다. 놀랍게도 반(反)희랍적 문필가의 이런 완전히 반(反)민족적인 서사시에 후대가 올바른 로마의 모범이라고 경의를 표하는 일이 일어났다.

산문 문학

운문 문학보다 얼마 늦지 않아서 매우 상이한 방식으로 로마에서 산문 문학이 생겨났다. 산문 문학에는 로마 운문을 성급하게 키운 학교와 무대를 통한 인위적 촉진도 없었고, 특히 로마 희극이 걸려든 엄격하고 제한된 검열이라는 인위적 장애도 없었다. 게다가 산문 작가의 활동은 '유랑 가수'가 붙여진 오명 때문에 그랬던 것처럼 처음부터 좋은 사회에서 추방되지도 않았다. 그리하여 산문 작품이 동시대 운문 작품보다 덜 유포되고 활발하지 않았지만, 훨씬 자연스럽게 발전했다. 그리고 이 시기 운문 문학이 거의 하류층 손에 있고 저명인사 가운데 성공한 시인으로 아무도 나타나지 않는 반면, 이 시기 산문 작가 중에 원로원 의원이 아닌 사람이 거의 없었다. 산문 문학은 언제나 최고 귀족 집단, 즉 전직 집정관과 전직 호구감찰관, 파비우스 가문, 그락쿠스 가문, 스키피오 가문에서 나왔다. 보수적이고 민족적인 경향이 분명 운문보다는 산문과 더 잘 부합한다. 하지만 여기, 산문 문학에서 특히 중요한 영역인 역사 기술의 소재와 형식에 희랍적 방향이 강력한 영향을 주었다. 아니, 과도하게 개입했다.

역사 기술

한니발 전쟁 시기까지 로마에 역사 기술은 없었다. 연대기 기록은 문학이 아니라 서류 기재였고, 원래부터 문학 관련의 모든 발전을 지양

했다. 이탈리아 경계를 훨씬 넘어 확장된 로마 통치권에도 불구하고, 게다가 탁월한 로마 사회가 문학적으로 그렇게 비옥한 희랍과 항상 접촉했음에도 불구하고 로마 건국 6세기 중반 이전 로마의 행적과 운명을 저술하여 당대와 후대에 알려야 한다는 필요가 부각되지 않았다는 사실은 로마의 본질적 성격을 잘 보여준다. 하지만 결국 그럴 필요를 실감했을 때에 로마 역사는 저술 형식의 완성도와 독자층이 결여되어 있었다. 두 가지를 다 이루려면 위대한 재능과 상당한 기간이 필요했다. 그리하여 우선 민족사를 모국어 운문 또는 희랍어 산문으로 기록함으로써 이 어려움을 어느 정도 해결했다. 나이비우스(로마 건국 약 550년, 기원전 약 204년 저술)와 엔니우스(로마 건국 581년, 기원전 173년 저술)가 남긴 운문 연대기는 이미 언급했다. 두 연대기는 모두 로마의 최초 역사 서술에 속하며, 나이비우스의《연대기》는 로마 최고(最古)의 역사서라고 할 수 있다. 이와 거의 동시에 퀸투스 파비우스 픽토르(로마 건국 553년, 기원전 201년 후),[32] 한니발 전쟁 동안 국정에 활발히 참여한 귀족의 희랍어 저서, 그리고 스키피오 아프리카누스의 아들, 푸

---

[32] 가장 오래된 로마의 역사서가 희랍어로 쓰였다는 것은 디오뉘시오스(1, 6)와 키케로(div. 1, 21, 43)를 볼 때 명백하다. 동일한 이름(퀸투스 파비우스 픽토르) 하에 퀸틸리아누스와 후대 문법학자들에 의해 인용된 라티움어 연대기들은 문제이다. 동일한 이름하에 신관법에 관한 매우 상세한 라티움어 기술도 인용되기 때문에 어려움은 가중된다. 그러나 로마 문학의 발전 역사를 파악할 수 있는 누구도 후자를 한니발 전쟁 시기의 것으로 여기지 않는다. 게다가 더 후대의 연대기 작가 퀸투스 파비우스 막시무스 세르빌리아누스(로마 건국 612년, 기원전 142년 집정관)와 혼동되고 있는지, 또는 파비우스 및 아킬리우스와 알비누스의 희랍어 연대기들의 라티움어 번안이 존재하는지, 또는 파비우스 픽토르라는 이름을 갖는 두 명의 연대기 작가가 있었던 것인지의 문제는 미해결인 채로 남겨두어야 하지만, 이 시기의 라티움어 연대기들도 문제가 있는 것으로 보인다. 파비우스와 동시대인인 루키우스 킹키우스 알리멘투스가 썼다는 역사 저작들도 희랍어로 쓰였는데, 후대 아우구스투스 시기의 짜깁기인 것 같다.

블리우스 스키피오(로마 건국 590년, 기원전 164년 사망)의 희랍어 저서가 생겨났다.

전자들은 이미 어느 정도 발전된 문학기법이 사용되었고, 문학적 소양을 어느 정도 갖춘 대중에게 읽혔다. 후자는 희랍적 형식들이 완성되고, 라티움 경계를 훨씬 넘는 소재에서 알 수 있듯이, 우선적으로 교양을 갖춘 외국으로 보내졌다. 전자의 길은 평민 작가들이 갔고, 후자의 길은 상류층 작가들이 갔다. 독일의 성직자와 교수들의 저술 활동 말고도 귀족 문학이 프랑스말로 이루어지던 프리드리히대왕의 시기와 같았다. 글라임과 람러 같은 자들이 독일의 전쟁 찬가를 지었고, 왕과 장군들은 프랑스어 전쟁사를 저술했다. 로마 작가들의 운문 연대기는 물론 희랍 연대기도 고유한 라티움어 역사기술이 아니었다. 이런 역사기술은 카토에서 비로소 시작되었는데, 이 시기 말까지 출판되지 않은 카토의 《기원사》가 가장 오래된 라티움어 역사 저술이자 로마 문학 최초의 의미 있는 산문 작품이다.[33]

물론 이 모든 작품은 희랍적 의미에서는 아니지만,[34] 순수 연대기의 기재 방식과 정반대로 어느 정도 체계적으로 일관된 이야기가 기술된 실용적 역사서. 전체적으로 볼 때 이 작품들은—제목만을 보면 나이비우스의 작품은 제1차 카르타고 전쟁만을, 카토의 작품은 초창기 역사만을 다루지만—로마 건설에서부터 저자의 시기까지 이르는 민

---

[33] 카토의 저술활동 전체가 그의 노년에 이루어진 것이다(Cicero, *Cato* 11, 38; Nepos, *Cato* 3). 《기원사》 전반부의 저술도 로마 건국 586년(기원전 168년)보다 앞서지 않지만 그렇다고 크게 뒤지지도 않는다(Plin. *nat*. 3, 14, 114).

[34] 폴뤼비오스(40, 6, 4)는, 확실히 파비우스와 달리, 희랍광 알비누스가 그의 역사서를 체계적으로 쓰려 노력했다는 점을 강조했다.

족사를 포괄한다. 따라서 이 작품들은 자연스럽게 신화시대, 상고사, 동시대 등 세 부분으로 나뉜다.

로마의 기원사

신화시대 가운데 아주 상세하게 기술된 도시 로마 발생사는, 앞서 이미 언급한 바(제2권 337쪽), 완전히 다른 두 판본의 존재라는 고유한 난관을 극복해야 했다. 적어도 대강의 개요는 이미 연대기에 문서로 고정되어 있었을 민족 판본과, 로마의 연대기 작가들이 모를 수 없었던 티마이오스의 희랍 판본이 있었다. 전자는 로마를 알바롱가에, 후자는 로마를 트로이아에 연결시킨다. 로마가 전자에는 알바롱가의 왕손 로물루스에 의해, 후자에는 트로이아의 왕손 아이네아스에 의해 세워진다. 이 시기(나이비우스 또는 픽토르의 시기)에 두 전설이 융합된다. 알바롱가의 왕손 로물루스는 로마의 창건자인 동시에 아이네아스의 외손자가 되었다. 아이네아스는 로마를 창건하지 않았고, 대신 로마의 가신(家神)들을 이탈리아로 모셔와 라비니움을 신들에게 봉헌한다. 그의 아들 아스카니우스는 로마의 모도(母都), 라티움의 옛 수도(首都) 알바롱가를 창건한다. 모든 것이 아주 딱하고 서투른 발명이었다. 그때까지 사람들이 믿어왔듯 원래의 로마 가신들이 로마 광장의 신전이 아니라 라비니움의 신전에 모셔졌던 사실은 로마인에게 모욕일 수밖에 없었다. 또한 희랍 판본의 내용이 더욱 유리한 것은 아니었다. 신들이 할아버지에게 분배한 바를 손자에게 비로소 부여했기 때문이다.

하지만 이런 편찬은 그들의 목적에 부합했다. 로마 민족의 기원을 부정하지 않으면서 희랍적 경향도 고려한 셈이며, 또 어느 정도 이 시기 이미 크게 유행한(제4권 291쪽) 아이네아스 가문과의 관련성을 합법적으로 강조한 셈이다. 이렇게 강력한 로마 공동체의 정형화된 공식적 기원사가 마련되었다.

기원 신화와는 별개로 희랍 역사저술가들은 공동체 로마를 별로 고려하지 않거나 아예 무시했다. 그리하여 민족사 기술은 주로 로마 원천에서 나올 수밖에 없었고, 우리가 갖고 있는 얼마 안 되는 지식에서 연대기 외에 어떤 전승들이 초창기 연대기 작가들에게 도움이 된 것인지, 또 그들이 스스로 무엇을 덧붙였는지는 확실하게 알 수 없다. 헤로도토스를 원용하여 삽입한 일화[35]는 최초 연대기 작가들에게 알려지지 않았고 이 부분에서 희랍 소재의 직접적 차용은 증명되지 않는다. 좀 더 특별했던 점은 도처에서, 심지어 희랍의 적(敵) 카토에서조차 분명하게 등장하는 로마를 희랍에 연결시키는 데 그치지 않고, 이탈리아인들과 희랍인들을 동일한 기원의 종족으로 기술하려는 경향이다. 희랍에서 이주한 원(元)이탈리아인들과 원주민들, 이탈리아로 이주한 원(元)희랍인들과 펠라스기인들이 여기에 속한다.

---

[35] 가비이 포위공격 이야기는 조퓌로스와 참주 트라쉬불로스에 관한 헤로도토스의 일화를 기반으로 편찬된 것이고, 로물루스 축출 이야기 중 하나는 퀴로스의 청소년 시절에 관한 헤로도토스의 이야기에 맞추어 쓰인 것이다.

초기 역사

통용되는 이야기는 약하고 헐겁기는 하지만 연결 맥락을 갖고 왕정 시기를 관통하여 공화정 시작점까지 어느 정도 일관되게 진행되었다. 하지만 여기에서 전설이 완전히 고갈되었다. 정무관 명부와 명부에 부기된 얼마 되지 않는 기록에서 어느 정도 일관되고 가독성 있는 이야기를 만들어 내는 것은 전적으로 불가능했다. 문학 작가들이 이것을 가장 크게 실감했다. 그러므로 나이비우스는 왕정기부터 곧바로 시킬리아 전쟁으로 뛰어넘은 것 같다. 18권 중 제3권에서 왕정기를, 제6권에서는 퓌로스 전쟁을 기술한 바 있는 엔니우스는 공화정의 처음 두 세기를 아주 개략적으로만 다루었을 것이다. 희랍어로 저술하던 연대기 작가들이 어떻게 저술했는지 우리는 모른다. 카토는 자기만의 방식을 따랐는바, 그도 "대제관의 집 석판에 새겨져 있는 것, 즉 밀 가격이 얼마나 자주 올랐는지 그리고 일식과 월식이 언제였는지 보고하는 것"에 흥미를 느끼지 못했다. 그는 자기 역사서의 제2권과 제3권을 나머지 이탈리아 공동체들의 발생, 그 공동체들의 로마 동맹 가입을 보고하는 데 바쳤다. 이렇게 그는 매년 정무관들 이름을 앞에다 놓고 사건들을 보고하는 연대기의 질곡을 깼다. 특히 카토의 역사서가 사건들을 "단락별로" 서사했다는 진술도 바로 이것을 가리키는 것이다. 로마의 작품에서 이렇게 현격한 여타 이탈리아 공동체들을 고려하는 모습은 한편으로 저자의 반대 입장을 보여주는바, 그는 수도 로마의 경향에 반하여 철저하게 이탈리아 지방 공동체들에 의거했다. 다른 한편 이는 로마 아래 이탈리아 통일이라는 중요 결과를 독자적으로 기술함으로써 타르퀴니우스왕의 축출부터 퓌로스 전쟁까지 흠결된 로마 역사의 일정한 보충을 보장했다.

당대사

이에 반하여 당대사는 다시금 일관되고 상세하게 다루어졌다. 나이비우스는 그의 지식에 따라 제1차 카르타고 전쟁을, 파비우스는 제2차 카르타고 전쟁을 기술했다. 엔니우스는 《연대기》18권 중에서 적어도 13권을 퓌로스 전쟁부터 이스트리아 전쟁에 할애했다. 카토는 그의 역사서 제4권과 제5권에서 제1차 카르타고 전쟁부터 페르세우스 전쟁을 기술했고, 상세한 기술이 기획된 마지막 두 권에서는 저자의 마지막 20년 생애에서 발생한 사건들을 기술했다. 퓌로스 전쟁에 관해서 엔니우스가 티마이오스 또는 다른 희랍 자료들을 이용했을 수 있다. 전체적으로 보고는 저자 자신의 인식, 목격자들의 증언 또는 다른 보고들에 의거했다.

연설 문학과 서한 문학

역사 문학과 동시에 그 부록처럼 시작된 것이 연설 문학과 서한 문학이다. 카토가 이 문학 유형의 시초다. 초기에는, 대부분 가문의 서고에서 나중에야 발견되는 장례식 연설밖에 없었다. 예컨대 한니발의

적 퀸투스 파비우스가 노인으로서 한창 나이에 죽은 아들을 위해 쓴 연설이 바로 그러하다. 반대로 카토는 노령이 되어, 오랜 공적 활동을 하며 행한 무수한 연설 중 역사적으로 중요한 연설들을 일종의 정치 비망록으로 남겼고, 그런 연설문들을 한편으로 그의 역사서에, 다른 한편으로 외견상 독자적 보충 설명으로 세상에 알렸다. 그는 서한 문집도 남겼다.

타민족의 역사

교양을 갖춘 로마인에게 허용되는 일정한 지식 한에서 비(非)로마 역사도 다루어졌다. 이미 노(老)파비우스에게 로마의 전쟁들뿐만 아니라 해외의 전쟁들도 알려져 있었다. 카토가 투퀴디데스와 희랍 역사가들을 아주 부지런히 읽었던 사실은 확실히 증명된다. 하지만 카토가 독서의 과실로서 일화나 격언을 수집한 것을 제외하고 이 영역에서 남긴 문학 활동에 관해 알려진 것은 없다.

역사의 무비판적 취급

이런 초기의 역사 문학에 전반적으로 순진한 무비판이 지배적이었음은 명백하다. 작가도 독자도 내적·외적 모순에 쉽게 불쾌해하지 않는다. 예를 들어 두 번째 타르퀴니우스왕은 부친이 죽을 때 이미 성인이었고 39년 후에야 통치권에 도달했는데도 젊은이로서 왕좌에 올랐다. 퓌타고라스는 왕들의 축출 약 한 세대 전에 이탈리아에 왔는데, 무엇도 로마 역사가들이 그를 현인왕 누마의 친구로 보는 것을 막지 못했다. 로마 건국 262년(기원전 492년)에 쉬라쿠사이로 파견된 국가사절은 그곳에서 86년 후(로마 건국 348년, 기원전 406년) 왕좌에 오르는 노(老)디오뉘시오스와 협상한다.

이런 순진한 무비판이 특히 로마 연대기를 취급할 때 대두된다. 로마의 시간계산법에 따르면 로마 창건은 카피톨리움 신전 봉헌 240년 전, 갈리아족에 의한 화재 360년 전이다. 희랍의 역사서에도 언급되는 후자의 사건은 희랍 기록에 따르면 아테나이 집정관 퓌르기온의 해(기원전 388년, 98번째 올륌피아 경기)에 해당한다. 이에 따르면 로마 창건은 8번째 올륌피아 경기에 해당한다. 이것은 이미 당시에 표준으로 인정받던 에라토스테네스의 시간계산에 따르면 트로이아 함락 후 436년이다. 그럼에도 공통된 이야기에서 로마 창건자는 트로이아 아이네아스의 외손자라는 내용은 유지된다. 유능한 회계사처럼 계산법을 검토한 바 있는 카토는 물론 모순을 알아챘다. 하지만 그도 해결방책을 제안하지 않은 것 같다. 모순 해결을 위해 알바롱가 왕들의 명부를 삽입한 것은 확실히 그가 아니다.

당시를 석권했던 동일한 무비판이 일정한 정도 역사시대의 기술까지 지배했다. 보고들은 예외 없이 강력한 당파 색채를 띠었다. 때문에 제2차 카르타고 전쟁의 시작에 관한 파비우스의 보고를 폴뤼비오스는 그 특유의 냉정한 신랄함으로 비판했다. 하지만 여기서 비난보다 불신이 적합한 것이었다. 동시대를 살았던 로마인에게 한니발에 대한 정당한 판단을 요구한다는 것은 다소 우스운 일이다. 하지만 순진한 애국주의를 제외한다면, 의식적 사실 왜곡이 로마 역사의 아버지들에게서 증명되지는 않는다.

학문

학문 교육과 해당 저술활동의 시작도 이 시기에 속하는 일이다. 그때까지 수업은 본질적으로 읽기와 쓰기, 국법에 국한되어 있었다.[36] 점차 로마인들에게 희랍인들과의 내적 접촉으로 일반교양이라는 개념이 생겼고, 희랍의 교양을 그대로 로마에 이식하려는 것은 아닐지라도 로마의 교양을 어느 정도 수정하려는 노력은 강화되었다.

문법

무엇보다 모어(母語) 지식이 라티움어 문법으로 발전하기 시작했다. 희랍어학은 친연성 있는 이탈리아 언어에 이전되었다. 문법 활동은 로마 저술 활동과 거의 동시에 시작되었다. 이미 로마 건국 520년(기원전 234년)경에 쓰기교사 스푸리우스 카르빌리우스가 라티움어 알파

---

[36] 플라우투스(*Mostell.* 126)는 부모들이 아이들에게 읽기와 권리와 법률을 가르친다고 보고한다. 플루타르코스(*Cato Mai.* 20)도 동일한 보고를 하고 있다.

벳을 정하고 그 안에 들지 못한 문자 g(제2권 348쪽)에, 없어도 되는 z 의 자리를 부여한 것으로 보인다. 이는 현대 유럽 알파벳에서도 그대 로다. 정서법의 확정은 로마 학교교사들이 계속 가공했을 것이다. 라 티움어의 무사 여신들도 학교 선생님의 히포크레네샘을 결코 부정한 적이 없고 언제나 문학 옆에 정서법에 힘을 썼다. 여기에서도 클룹슈 톡처럼 특히 엔니우스는 모음 운을 쓰는 어원놀이를 이미 완전히 알 렉산드레이아식으로 연습했으며,[37] 그때까지 통상적인 이중 자음 기 호 대신 좀 더 정확한 희랍의 중복 표기 체제를 도입했다. 물론 나이 비우스와 플라우투스에게서 그런 것은 발견되지 않는다. 아마도 민족 성향 작가들은 로마에서도 정서법과 어원을, 시인들이 흔히 그러하 듯, 무시했을 것이다.

수사학과 철학

수사학과 철학은 이 시기 로마인들에게 여전히 낯선 것이었다. 연설 은 너무나 확고하게 공적 생활의 중심에 있어서 외국인 교사가 담당 할 수가 없었다. 진정한 연설가 카토는 "영원히 말하기를 배우지만 결 코 말할 수 없는" 어리석은 이소크라테스 방식이라는, 분노에 찬 조롱 을 가득 쏟아 부었다. 희랍 철학은 교훈적, 특히 비극 문학의 중개로

---

[37] 그의 에피카르모스 시들에서 유피테르Iuppiter는 '원조하는 것quod iuvat'이고 케레스Ceres는 '곡식을 생산하는 것quod gerit fruges'이다.

일정한 영향력을 로마인들에게 행사하긴 했지만, 농민적 무지와 불길한 본능이 섞인 우려의 눈으로 관찰되었다. 카토는 노골적으로 소크라테스를 수다꾼이며 조국의 신앙과 법률을 저버린 범법자로 정당하게 처형된 혁명가라 불렀다. 철학에 기운 로마인들도 철학을 어떻게 생각했는지는 아래 엔니우스의 말로 표현될 수 있을 것이다.

난 철학을 원한다. 다만 조금! 철학에 전념할 건 아니니.
내 생각에, 맛만 봐야지 들이켜서는 안 된다.

그럼에도 카토 저술에서 볼 수 있는 문학적 윤리론과 수사학적 지침은 로마의 핵심이라고 할 수 있는데, 이렇게 표현하고자 하는바, 희랍 철학과 수사학의 로마적 부산물*caput mortuum*이다. 카토가 윤리 저작에 원용한 직접 전거는 질박한 전통 윤리의 분명한 상찬 외에 피타고라스의 도덕 저술일 것으로 추정된다. 연설술 저작을 위해 카토는 자신이 열심히 공부했던 투퀴디데스와 데모스테네스의 연설을 원용했을 것이다. 이런 저작들의 취지를, 후대가 준수하지는 않았지만 많이 인용한바, "주제를 파악하면 말은 뒤따른다"[38]는 연설가의 황금 규칙에서 찾을 수 있다.

---

[38] Rem tene, verba sequentur.

의학

카토는 유사한 일반적·교육적 지침서를 의학, 전쟁, 농경, 법학과 관련해서도 썼다. 이 모든 분과는 어느 정도 희랍의 영향력 아래에 있었다. 자연학과 수학이 로마에서 인기가 없었지만, 그와 관련된 응용 학과들은 어느 정도 로마에 받아들여졌다. 가장 현저했던 분과는 의학이었다. 로마 건국 535년(기원전 219년)에 희랍 의사 펠로폰네소스의 아르카가토스가 최초로 로마에 정착하여 외과 수술로 명성을 드높이자, 국가는 그에게 집을 제공했고 로마 시민권을 부여했다. 그러자 그의 동료들이 떼를 지어 이탈리아로 몰려들었다. 물론 카토는 외국 의사들을 더 나은 명분에 적합했을 열정을 가지고 비난했을 뿐 아니라, 자신의 체험과 희랍의 의서들에 따라 편찬한 의학 관련 소책자로 가부장이 동시에 가정의이기도 했던 좋은 옛 관습을 부활시키려 시도했다. 고집스러운 그의 비난에 의사들과 대중은 합리적이게도 별로 신경 쓰지 않았다. 이 직업은 로마에서 가장 수입이 좋은 직업 중 하나였는데 외국인들이 독점했고 수세기 동안 로마에는 희랍 의사들만 있었다.

수학

당시까지 로마에서 시간을 측정하는 데 대한 미개한 무관심은 어느 정도 줄어들었다. 로마 건국 491년(기원전 263년)에 최초로 로마 광장에 해시계가 설치되면서 희랍의 시간(ὥρα, hora)이 로마인들 사이에서도 적용되기 시작했다. 그리하여 위도 4도쯤 남쪽에 위치한 카타나에서 제작된 해시계가 로마에 설치되어 그 후 1세기 동안 생활이 그 시계에 맞추어 돌아간 것이다. 이 시기 말경에 수학에 관심을 갖는 귀족들이 생겼다. 마니우스 아킬리우스 글라브리오(로마 건국 563년, 기원전 191년 집정관 역임)는 신관단이 재량에 따라 윤월을 넣고 빼도록 허용하는 법률로 달력상의 혼란을 제어하려 했으나 실패하여 사태가 더 악화됐는데, 그것은 로마 사제들의 몰이해보다는 비양심 때문이었다. 희랍식 교양을 갖춘 마르쿠스 풀비우스 노빌리오르(로마 건국 565년, 기원전 189년 집정관 역임)는 로마 달력을 일반 대중에게 알리려 노력했다. 로마 건국 586년(기원전 166년)의 월식을 예견했을 뿐만 아니라 지구에서 달까지 거리를 계산해내 천문학 저술가로 등장한 듯한 가이우스 술피키우스 갈루스(로마 건국 588년, 기원전 166년 집정관 역임)는 동시대인들에게 근면과 지력의 천재로 경탄의 대상이었다.

농업과 전쟁술

농업과 전쟁술에서 우선 물려받은 체험과 자기 경험이 결정적이라는 것은 자명한 일이다. 우리 시대까지 전승된 카토의 두 농업지침서 중 하나도 이를 극명하게 드러내고 있다. 그렇지만 다른 고등 정신 영역과 마찬가지로 이런 하위의 영역들에서도 희랍, 라티움, 심지어 페니키아 문화의 영향력이 강력했고 그리하여 해당 외국 문헌은 고려되지 않을 수 없었다.

법학

하지만 법학은 낮은 정도로만 그러했다. 이 시기 법학자들의 활동이 본질적으로 여전히 당사자들의 질의에 답하고 젊은 청중을 가르치는 것이었다. 하지만 구술 교육에서 이미 전통적 근본 규칙이 형성되고 저술 활동이 완전히 없지 않았다. 법학에서는 카토의 짧은 요약본보다 섹스투스 아일리우스 파이투스의 《3부서Tripartita》가 중요하다. "영리한 자catus"라고 불린 그는 최초의 직업 법률가였고 공익 활동에 기하여 로마 건국 556년(기원전 198년)에 집정관, 로마 건국 560년(기원전 194년)에 호구감찰관이 되었다. 《3부서》는 12표법의 모든 문장, 특히 옛 말투라 이해가 어려운 표현에 주석을 달고 소송 방식서를 붙였다. 이때 이 주석 작업에서 희랍 문법 학습의 영향이 있음을 부정할 수 없지만, 소송 방식서는 오히려 이전에 있었던 아피우스(제2권 347쪽)의 수집과 로마 민족이 이룩한 소송절차의 법적 발전에서 영향을 받았다.

카토의 백과전서

대체로 이 시기 학문 상황은 카토가 그의 아들을 위해 쓴 지침서 전반에 확실히 들어 있다. 이 책은 일종의 백과전서로 "유능한 남자vir bonus"는 연설가, 의사, 농부, 전사, 법률가로서 어때야 하는지를 간결체로 기술했다. 교양학과와 전문학과의 차이는 아직 없었고, 필수적이고 유용한 학문으로 인정되는 것을 올바른 로마인은 추구했다. 이

때 엄격한 의미에서 과학적 언어 교육이 필요충분조건으로서 아직 형식적 발전을 이루지 못했던 라티움어 문법은 배제되었다. 음악과 수학과 자연학도 모두 배제되었다. 학문에서 철저히 직접적이고 실천적인 것만 가능한 한 간결하고 단순하게 요약되어야 했다. 이때 아마도 희랍 문헌이 활용되었을 것이다. 하지만 왕겨와 허섭스레기의 덩어리에서 유용한 경험칙을 어쩌다가 발견하기 위해서일 뿐이다. "희랍 책들은 일견할 뿐 철저히 공부할 필요는 없다." 이것은 카토의 한 구절이다. 이런 식으로 희랍적 현학과 불분명함과 더불어 희랍적 예리함과 심오함도 배제된 가정 구급 편람이 생겨났다. 바로 이 저작이 희랍 학문에 대한 로마인의 입장에 지속적으로 결정적 영향력을 미쳤다.

로마 문학의 성격과 지위

세계지배와 함께 시문과 문학도 로마로 들어왔다. 키케로 시대를 살았던 시인의 입을 빌자면,

> 두 번째 카르타고 전쟁 후 무사 여신이 경쾌한 발걸음으로
> 들어왔다. 로물루스의 거친 호전적 민족에게.

사비눔어와 에트루리아어 지역에서도 정신적 운동이 없지 않았다. 에트루리아어의 비극이 언급되는 것과 도기 용기들의 오스키어 명문을 보면 제작자들이 희랍 희극을 알았다는 것이 분명하고, 로마의 희

랍적 문학과 비슷하게 희랍적 문학이 동시적으로 형성되고 있지 않았는지 곧 묻게 된다. 하지만 관련 지식이 전부 소실되어 여기에 역사의 빈틈이 있을 수밖에 없다.

희랍적 문학

로마 문학은, 그 절대적 가치를 심미가들은 크게 문제시할 수 있지만, 우리가 판단할 수 있는 한에서 보자면, 로마 역사를 알고자 하는 사람에게, 이탈리아의 발전이 완결되고 이 땅이 좀 더 일반적인 문명으로 진입하기 시작한 로마 건국 6세기, 무기 소리가 시끄럽고 희망찬 미래를 향하던 로마 건국 6세기 이탈리아의 내적 정신생활을 비추는 거울이다. 또한 로마 문학 안에서 이 시기 내내 민족의 총체적 삶에 침투한, 과도기를 특징짓는 상충이 지배한다. 희랍-로마 문학의 흠결을 편견 없는, 2000년의 경이로운 녹에 호도되지 않는 눈은 놓칠 수 없다. 로마 문학은 희랍 문학 옆에서 시칠리아 오렌지 숲 옆에 서 있는 독일 오렌지 정원 같다. 둘 다 즐거움을 줄 수 있겠지만, 그것들을 나란히 상정하는 것 자체가 불가능하다. 외국어로 쓴 로마 저술보다 모어 라티움어로 쓴 저술이 확실히 더 그러하다.

상당수의 작품은 로마인의 작품이 아니라, 라티움어를 비로소 배워서 익혔던 이방인의, 반(半)희랍인의, 켈트인의, 심지어 아프리카인의 작품이었다. 이 시기 저자로 대중 앞에 섰던 자들 중에 이미 언급했듯이 상류층 사람으로 증명되거나 고향이 고유한 의미에서 라티움으로 입증되는 사람은 아무도 없다. 저자의 명칭까지 이국적이었다. 엔니우스도 분명하게 자신을 '시인poeta'이라고 불렀다.[39] 하지만 로마 문학은 외국적일 뿐만 아니라, 학교 교사가 저자가 되고 다중이 독자대중이 될 때에 생기는 온갖 흠결로 가득 차 있다. 우리는 희극이 대중을 고려함으로써 예술적으로 얼마나 조야해졌는지를, 아니 사나운 폭도처럼 전락했는지를 보았다. 최고 영향력을 가진 로마 작가들 중 두 사람은 원래 교사였는데 나중에야 작가가 된 사실도 보았다. 민족 문학의 쇠퇴 후에야 성장한 희랍 언어학은 죽은 몸을 가지고 실험한 것이라면, 라티움에서는 문법의 정초와 문학의 기초는 오늘날 이교도 선교처럼 처음부터 같이 갔다. 사실상 로마 건국 6세기의 희랍화된 문학, 수공업적이고 고유한 생산성은 없는 문학, 바로 그 천박한 외국 예술유형의 철저한 모방, 번역목록, 서사시의 바뀐 아이를 편견 없이 본다면, 이것들을 이 시기 질병의 증후로 보고 싶은 생각이 들 것이다.

이런 판단은, 완전히 부당하지 않더라도, 일면적으로만 옳다. 무엇보다 이런 인위적 문학이 민족 문학은 물론 민족 문학 유사의 것에도 도달할 수 없었던 민족에게서 나왔다는 사실을 생각하여야 한다. 현대적 개인 문학이 낯설었던 고대에, 창조적 문학 활동은 본질적으로

---

[39] 4권 342~43쪽에 인용된 시를 참조하라.

> Enni poeta, salve,
> Versus propinas flammeos medullitus.

poeta라는 이름이 유래한 것이 ποιητής가 아니라 비속 희랍어 단어 ποητής라는 사실을—아티케의 도공들에게 ἐπόησεν히 통상적이었던 것과 마찬가지인데—주목할 만하다. 또 'poeta'는 엄밀하게 서사시와 서정시의 작가만을 가리켰고 극작 시인들은 제외했다. 이 시기에 극작 시인은 오히려 'scriba'라 불렸다(Festus, v. scriba, p. 333 M.).

성장의 두려움과 기쁨이 함께하는 신비스러운 시간에 있게 된다. 희랍의 서사시와 비극작가의 위대함에도 불구하고, 그 문학의 본질은 인간적 신들과 신적 인간들의 태고적 이야기들의 편찬에 있었다. 고대 문학의 토대가 라티움에는 전혀 없었다. 신들의 세계도 형태가 없었고, 전설이라 할 만한 것도 없었다. 그런 곳에서 문학의 황금 사과도 멋대로 번성할 수 없었다.

여기에 더 중요한 것이 있다. 이탈리아의 내적·정신적 발전과 외적·국가적 발전에 의해, 개인의 고등 정신이 형성되지 못하게 하는 로마의 민족성을 견지하면서 희랍 문화를 배제하는 것이 더 이상 불가능한 지점에 도달했다. 우선 이런 혁명적이고 비(非)민족적이지만, 민족 간의 정신적 균형을 위해서 불가결했던 희랍 문화의 전파에 의해 이탈리아에서 로마-희랍 문학이 역사적으로, 심지어 문학적으로 정당화된다. 새롭고 독창적인 작품은 그 공방에서 하나도 나오지 않았다. 다만 로마-희랍 문학은 정신적 지평을 헬라스에서 이탈리아로 확장했다. 외부만 살펴보아도 희랍 문학은 독자에게 일정한 양의 내용 지식을 전제한다. 예컨대 셰익스피어 극의 가장 중요한 성질에 속하는 자기완결성이 고대 문학에는 낯설었다. 희랍 신화 연작을 모르는 자는 모든 서사시 소리꾼과 비극의 배경을, 아니 전반적 이해까지도 빈번히 놓칠 것이다. 이 시기 로마 대중에게, 플라우투스의 희극이 보여준 바와 같이, 호메로스 서사시와 헤라클레스 전설이 잘 알려져 있었고 여타 신화들도 적어도 일반적인 것들은 알려져 있었음을 볼 때,[40] 이런 지식은 학교 외

---

[40] 트로이아 및 헤라클레스 문학권에서 하위 인물들이 등장한다. 탈튀비오스(Stich. 305), 아우토

에 연극이 대중 속으로 들어왔기 때문이고 이렇게 희랍 문학 이해의 시작이 이루어졌다.

하지만 이미 재능 충만한 고대의 비평가들이 정당하게도 강조한 바, 희랍 문학의 언어와 운율이 라티움으로 귀화한 사실은 훨씬 더 깊은 영향을 미쳤다. "정복된 희랍이 야만의 정복자를 예술로 정복했다"면 이것은 우선 거친 라티움어에서 교양 있고 고상한 문학 언어가 만들어져, 단조롭고 진부한 사투르니우스 운율 대신 육각운senarius이 흐르고, 6보격이 몰아치고, 강력한 4보격이, 의기양양한 단단장격이, 예술적으로 얽히고설킨 서정시 운율이 흐르는 모어(母語)가 라티움의 귀에 들어오면서 이루어진 것이다. 시인의 언어는 시라는 관념적 세계의 열쇠이고 시의 운율은 시적 감정의 열쇠이다. 달변이 침묵하고 생생한 비유가 사라진 사람에게, 닥틸로스와 얌보스의 박자가 내적으로 울리지 않는 사람에게, 호메로스도 소포클레스도 할 수 있는 것이 없다. 시적이고 가락 있는 감정이 저절로 이해된다고 말하지 말자. 관념적 감정이 사람 가슴에 자연히 있지만, 적당한 햇빛이 있어야 발아한다. 특히 문학적 감수성이 별로 없던 라티움 민족에게는 외적 보살핌도 필요했다. 널리 퍼진 희랍어 지식에서 희랍 문학이 감수성 있는 로마 대중에게 충분했을 것이라고도 말하지 말자. 문학의 언어와 가락이 고조시키는, 언어가 인간에게 행사하는 비밀스러운 마력은 배워서 익힌 언어가 아니라 모어(母語)에만 있다.

뤼코스(Bacch. 275), 파르타온(Men. 745) 등이 그렇다. 더 나아가 테바이 전설과 아르고 호 전설, 벨레로폰 이야기(Bacch. 810), 펜테우스(Merc. 467), 프로크네와 필로멜레(Rud. 604), 사포와 파온(Mil. 1247) 등이 알려져 있었다.

이런 관점에서만 희랍화된 문학을, 특히 이 시기 로마인들의 작품을 정당하게 평가할 수 있을 것이다. 그들이 에우리피데스의 급진주의를 로마에 이식시키려 했고, 신들을 죽은 사람들이나 가공의 개념들로 해소시키려 했고, 탈(脫)민족적 헬라스에 탈(脫)민족적 라티움을 나란히 세우려 했고, 순수하고 예리한 민족성 전부를 보편 문명이라는 문제 있는 개념으로 해소시키려 했다면, 이런 경향에 각자 나름대로 만족하든 싫어하든 할 수 있으나, 누구도 그 역사적 필연성은 의심하지 못할 것이다. 그리하여 로마 문학의 흠결을 결코 부정할 수는 없지만, 설명되고 어느 정도 정당화되기도 한다. 변변치 않은 내용과 완성도 있는 형식 간의 부조화가 로마 문학을 관통하지만, 이 문학의 고유한 의미는 바로 형식이고 무엇보다 언어와 운율이다.

로마에서 문학이 주로 교사들과 외국인의 손에서 나온 번역과 모방이었다는 사실 자체는 아름답지 않다. 하지만 문학이 우선 라티움에서 헬라스로 가는 다리를 놓으려 했다면, 리비우스 안드로니쿠스와 엔니우스는 로마의 문학 사제였고, 번역 문학은 제일 단순한 수단이었다. 로마 문학이 낡고 내용도 빈약한 원작에 몰두했다는 것은 더욱 아름답지 않다. 하지만 위와 같은 의미에서 합목적적이기도 했다. 아무도 에우리피데스의 시를 호메로스의 시와 나란히 놓으려 하지 않을 것이다. 하지만 역사적으로 《일리아스》와 《오뒷세이아》가 희랍 민족 문화의 성경이었듯이 에우리피데스와 메난드로스는 희랍 세계동포주의의 성경이었다. 그런 면에서 이 방향의 대표자들로서는 대중에게 이런 문학을 소개해야 할 이유가 있었다. 문학적 능력의 한계를 본능적으로 의식한 로마의 가공자들은 특히 에우리피데스와 메난드로스를 견지하고, 결코 소포클레스와 아리스토파네스는 다루지 않았다. 문학이 본질적으로 민족적이라 이식이 지난하게 마련이지만, 에우리피데스와 메난드로스의 문학이 의거하는 지성과 지혜가 근원적으로 '세계시민'이었기 때문이다.

로마 건국 6세기의 로마 작가들이 동시대 희랍 문학 또는 소위 알렉산드레이아 주의를 추종하지 않고, 고전 문학의 가장 풍부하고 순수한 영역은 아닐지라도 희랍 고전 문학에서 모범을 구했다는 점 자체는 지금도 명예롭게 인정할 만하다. 대체로 무수히 많은 반(反)예술적 실책들을 증명할 수 있겠지만, 이것들은 희랍 문화라는 복음을 전도할 때 필연적으로 수반되는 과오일 뿐이다. 그리고 역사적으로, 심지어 심미적으로 선전 행위에 늘 수반되는 신앙적 열정이 그런 과오를 압도했다. 이 복음에 관해 우리는 엔니우스와는 달리 판단할 수 있다. 하지만 신앙에서 방법만큼 내용이 별 문제가 되지 않는다면, 로마 건국 6세기의 로마 작가들도 아낌없이 인정해야 한다. 희랍 세계문학의 힘에 대한 신선하고 강력한 감정, 경이로운 나무를 낯선 땅에 이식한다는 신성한 동경은 로마 건국 6세기의 로마 문학 전체에 퍼져 있었고, 고유한 방식으로 고양된 위대한 시대정신과 하나가 되었다.

후대의 세련된 희랍 문화는 위대한 시대의 문학 활동을 분명 경멸했다. 하지만 오히려 완전하지 못했지만 희랍 문화와 내적 관계를 가진, 그리하여 고급 교양을 갖춘 후손들보다 문학과 더욱 참된 관계를 맺었던 시인들을 우리는 우러러보아야 한다. 대담한 모방에, 울리는 가락에, 이 시기 시인들의 강한 작가적 긍지에 다른 어떤 시기보다 압도적인 위대함이 로마 문학에 존재한다. 그리고 로마 문학의 약점에 실망하지 않는 자라면, 이런 자부심의 시구를 로마 문학에 다시금 적용할 수 있다. 로마 문학은 스스로를 이렇게 기념했는바, "망자들을 위해 가슴 깊은 곳에서 불의 노래를 바쳤다."

민족주의적 반대

이 시기 희랍적 로마 문학이 중요 경향이었던 반면, 동시대 민족 문학이라는 대립자도 강력했다. 전자의 문학이 라티움어를 쓰기는 하지만 형식과 정신에서 희랍적 문학을 창조하여 라티움 민족의식의 파괴를 원했다면, 가장 뛰어나고 순수한 라티움 민족 구성원들은 희랍 문화 자체와 그에 뇌동(雷同)하는 희랍적 문학을 거부하고 추방할 수밖에 없었다. 카토 시대의 로마인은 제정기 로마인이 기독교에 직면했던 것처럼 희랍 문학에 직면했다. 해방노예와 외인들은, 기독교 공동체의 핵심을 이루었듯이, 문학 공동체의 핵심을 이루었다. 귀족들, 특히 정부는 기독교처럼 희랍 문학도 오로지 적대 세력으로만 보았다. 로마 정부가 사도와 감독들을 처형했던 것과 비슷한 원인에서 로마 귀족은 플라우투스와 엔니우스를 천민으로 보았다.

　여기에서도 특히 외부세력에 대항하여 열정적으로 고향을 대표한 카토가 있었다. 그에게 희랍 문인과 의사들은 철저히 부패한 희랍 민족의 가장 위험한 찌꺼기였기에,[41] 로마의 방랑 가수를 형언할 수 없

---

[41] 그(카토)는 다음과 같이 말했다. "내 아들 마르쿠스야, 이 희랍인들에 관해 아테나이에서 체험한

을 정도로 경멸했다(제2권 328쪽). 그리하여 사람들은 카토와 그 동지들을 심하게 비난하곤 했다. 물론 카토도 특유의 무뚝뚝함으로 불쾌감을 곧잘 드러냈다. 엄밀히 고찰해 보면 구체적 사안들에서 카토가 옳았다고 할 수밖에 없는데, 다른 어느 곳도 아닌 바로 이 영역에서 민족주의적 반대가 단순한 방어적 태도를 넘어섰음을 인정할 수밖에 없다. 카토보다 어린 동시대인이자, 역겨운 희랍화 때문에 희랍인들에게조차 조롱감이 된, 희랍어 시구까지 지은 아울루스 포스투미우스 알비누스가 역사서 서론에서 자신은 로마인이므로 희랍어가 서툴 수밖에 없다고 변명했는바, 그가 이해하지 못한 일에 관여했다고 유죄 판결 내리는 것은 정당하지 않은가? 아니면 공장식 희극 번역가의 영업이 혹은 빵과 보호를 위해 영웅을 노래하는 시인의 영업이 2000년 전에 지금보다 좀 더 명예로웠던 것인가? 아니면 그 밖에 시로써 누구든지 로마 권세가들을 칭송하고 카토에게도 칭찬을 퍼부은 엔니우스를 노빌리오르가 위대한 업적을 노래할 가수로 암브라키아로 데려간 것을 카토가 비난해서는 안 되는가? 아니면 카토가 로마와 아테나이에서 알게 된 희랍인들을 개선불능의 비참한 무리라고 비난할 이유가 없었던가? 당시의 교양과 희랍 문화에 비추어 이런 반대는 정당했

바를 말해 주겠다. 그들의 저작을 한 번 살펴는 보되 철저히 공부하지는 않는 것이 유익하다는 것을 증명하겠다. 근본적으로 부패하고 통제 불능의 종족이다. 나를 믿어라. 신탁만큼이나 참이다. 그 국민이 그들의 교육을 가져오면, 모든 것을 망칠 것이고, 그들이 이리로 의사들을 보낸다면 또한 확실히 그러할 것이다. 그들은 약으로 모든 야만인들을 죽이기로 음모를 꾸몄다. 그럼에도 값으로 돈은 받는다. 그래야 신뢰를 얻고 우리를 더 쉽게 없앨 수 있기 때문이다. 그들은 우리를 야만인이라 부른다. 아니, 더 경멸스러운 이름인 오피코이라 부른다. 그래서 나는 너에게 의사들에 대한 금지령을 내린다." 열정적인 그 사람(카토)은 라티움어에서는 추한 의미를 갖는 오피코이라는 이름이 희랍어에서는 아주 괜찮은 의미를 갖는다는 것을, 또 희랍인들이 너무나 순진해서 이탈리아인들을 그 이름으로 부른다는 것을 알지 못했다(제1권 186쪽).

을 것이다.

하지만 카토에게 교양과 희랍 문화에 무턱대고 반대했다는 죄명은 부합하지 않는다. 오히려 라티움 문학을 창출하고 희랍 문화의 자극에 반응하여야 할 필요성을 아주 명확하게 느꼈던 것은 민족 당파의 큰 공적이었다. 그들의 생각에 따르면, 라티움 문학은 희랍 문학의 모방이 되어서는 안 되고, 로마 민족성을 침해하지 말아야 하고, 희랍 영향의 열매도 이탈리아 민족성에 걸맞게 발전해야 한다. 개인 통찰보다 시대의 활기를 증명해주는 천재적 본능으로 로마인들은, 문학적 창조성의 완전한 결여 때문에 로마의 독자적 정신 발전을 위한 유일한 재료가 역사임을 깨달았다. 희랍은 아니었지만 로마는 국가였다. 역사를 가지고 로마 서사시와 로마 연극을 창작하려는 나이비우스의 대담한 시도나 카토의 라티움어 산문 창작도 강력한 애국심의 발로였다. 물론 신화적 신과 영웅을 로마의 왕과 집정관으로 대체하기 시작한 것은 산을 쌓아 올려 하늘에 닿으려던 거인들의 기획과 닮았다. 신들의 세계가 없으면 고대 서사시와 고대 연극도 없다. 문학은 대체재가 없다.

아피우스의 윤리시와 농업시라는 옛 로마 모범에 따라 교훈시를 민족 운율로 지으려는 카토의 시도는 결과에서는 아니지만 의도에서는 존중할 만한 것이었다. 그는 좀 더 절제되고 합리적인 모습을 보여주었는바, 그로서 구제불능인 운문은 반대당파에 맡겼고, 그에게 더 나은 토대가 제공된 산문에 전념했다. 그리하여 그는 고유한 다재다능함을 모어(母語)로 산문 문학을 창작하는 데 바쳤다. 이 노력은 그가 독자를 우선 가족 범위로 한정했기에 그리고 당시 독보적이고 선구적이었기에 더욱 로마적이고 존중받을 만하다. 그렇게 그의 《기원사

Origines》, 기록된 국가 연설 및 전문 저술들이 생겨났다. 물론 그 저술들은 민족정신을 지키면서 민족적 소재를 다루지만, 반(反)희랍적인 것은 아니었고 오히려 본질적으로—물론 반대당파의 저술과 다른 방식으로—희랍 영향 하에서 생겨났다. 주저의 이념과 제목까지도 희랍의 '창조 이야기κτίσεις'에서 차용한 것이다.

연설 저작들도 동일하다. 그는 이소크라테스를 조롱했지만 투퀴디데스와 데모스테네스를 배우려 노력했다. 또 '백과전서'인 《기원사》는 본질적으로 희랍 문헌 연구의 결과이다. 적극적이고 애국적이었던 이 인사가 시도한 모든 활동 가운데, 비교적 사소한 저술 활동보다 영향력이 크거나 조국에 도움이 된 것은 없었다. 연설과 학술 관련 저술에서 그에게 수많은 훌륭한 후계자들이 생겨났다. 희랍의 연설문 작성 Logographie에 비교될 수 있는 독창적인 역사 저술 '기원 이야기'를 로마에서 어떤 헤로도토스도 투퀴디데스도 따르지 않았지만, 실용학문 및 역사학의 저술 활동이 로마인에게 존경할 만한 일을 넘어 명예스러운 일임이 그에 의해 또 그를 통해 확인되었다.

건축

마지막으로 건축예술과 조형예술의 상황에 시선을 돌리면, 건축술과 관련하여 사치의 단초가 공공 건축보다 사적 건축에서 보인다. 이 시기 말에서야, 특히 카토가 호구감찰관직을 맡았을 때(로마 건국 570년, 기원전 184년) 사람들은 공동 필요 외에 수도관에서 물을 내려받는 수조(lacus)를 돌로 만들거나(로마 건국 570년, 기원전 184년), 주랑을 세우거나(로마 건국 575, 580년, 기원전 179, 174년), 특히 아티케의 법정과 공회당들, 소위 바실리카를 로마에 도입하는 등 사치의 쾌적함에 눈을 뜨기 시작했다. 오늘날 상점가에 상응하는 건물, 포르키우스 공회당, 즉 '은세공업자의 전당'이 카토에 의해 로마 건국 570년(기원전 184년)에 원로원 의사당 옆에 세워졌다. 다른 건물들도 곧 들어서, 점차 시장의 양 옆에서 상점을 이 휘황한 주랑의 회당들이 대체했다.

늦어도 이 시기라고 보아야 할 건축 혁명이 더 깊이 생활에 개입했다. 거실(atrium), 마당(cavum aedium), 정원 및 정원 주랑(peristylium), 서재(tablinum), 예배실, 부엌, 침실 등이 점차 분화되었다. 건물 내부의 기둥은 마당과 거실의 열린 지붕을 지탱하기 위해 또 정원 주랑에 사용되기 시작했다. 이때 어디서나 희랍 모범이 복제되고 사용되었을 것이다. 다만 건축자재는 여전히 단순했다. 바로는 말한다. "우리 선조는 구운 벽돌집에서 살았고 습기를 막기 위해 중간 정도 높이의 석재 기초만을 놓았다."

조형예술과 회화

로마 조형예술에서 조상(祖上)의 밀랍 부조 외에 다른 자취는 찾기 힘들다. 회화와 화가는 좀 더 언급할 것이 있다. 마니우스 발레리우스는 로마 건국 491년(기원전 263년)에 메사나 부근에서 카르타고인들과 히에론을 상대로 거둔 승리를 원로원 의사당 옆벽에 그리도록 했다. 이것은 로마 최초의 프레스코 역사화였고, 많은 동종의 프레스코 화가 뒤따랐다. 조형예술 영역에서도, 문학 영역의 민족 서사시와 민족극에서 벌어진 일이 머지않은 시점에 일어났다. 나이비우스가 조롱한 테오도토스라는 화가가 언급된다.

그는 지붕 아래 틀어박혀 독방에 앉아
희롱하는 가신(家神)들을 황소 물건으로 그렸다.

우시장(Forum Boarium) 내 헤르쿨레스 신전에 그림을 그렸던 브룬디시움의 마르쿠스 파쿠비우스는 노령에 이르러 희랍 비극의 가공자로서 이름을 얻는다. 소아시아인 마르쿠스 플라우티우스 뤼코에게 도시 아르데아의 유노 신전에 있는 그의 아름다운 작품들 때문에 이 공동체가 시민권을 부여했다.[42] 하지만 이런 일들에 있어서 로마의 예술 실천이 아주 저급의 일이었고 예술이라기보다는 수공예였고, 문학보다 배타적이었음에도 로마 예술도 희랍인 및 반(半)희랍인들의 지배로 넘어갔다는 점이 명백하게 드러난다.

그에 반하여 시간이 좀 지난 후 귀족 사이에서 비(非)전문적인 수집가로서의 관심이 최초로 드러난다. 그들은 코린토스 식 또는 아테나이 식 신전의 장려함에 경탄하고 로마 신전 지붕 위의 구태의연한 점

---

[42] 플라우티우스는 이 시기 또는 다음 시기 초기에 속하는 사람이다. 그의 초상(Plin. H. n. 35, 10, 115) 옆의 육보격 설명서를 보면 엔니우스보다 더 오래된 것일 수 없기 때문이다. 아르데아에 대한 시민권 부여는 동맹시 전쟁 전의 일일 수밖에 없는데, 아르데아는 동맹시 전쟁으로 독립을 상실했기 때문이다.

토상들을 경멸했다. 심지어 루키우스 파울루스 같은 사람도, 스키피오보다 카토의 동지였지만, 페이디아스의 제우스 상을 전문적 감식안으로 관찰하고 평가한 바 있다. 점령된 희랍 도시들에서 예술 작품 보물들을 가져오는 것은 마르쿠스 마르켈루스가 최초로 쉬라쿠사이의 점령(로마 건국 542년, 기원전 212년) 후 대규모로 시작했다. 이 사건이 옛 기율을 존중하던 인사들로부터 신랄한 비난을 받고, 예컨대 노령의 엄격한 퀸투스 막시무스는 타렌툼의 점령(로마 건국 545년, 기원전 209년) 직후 신전 입상에 손대지 말며 분노한 신들을 그냥 타렌툼인들에게 남겨 주라고 명했지만, 이런 신전 약탈은 점점 더 빈번해졌다. 특히 로마 희랍주의의 두 대표자인 티투스 플라미니누스(로마 건국 560년, 기원전 194년)와 마르쿠스 풀비우스 노빌리오르(로마 건국 567년, 기원전 187년), 게다가 루키우스 파울루스(로마 건국 587년, 기원전 167년)에 의해 로마 공공 건축물들은 희랍의 명작들로 가득 차게 되었다. 여기에서도 로마인들은, 예술 관심이 문학 관심처럼 희랍 교양의, 즉 현대적 문명의 본질적 부분임을 의식하기 시작했다. 하지만 희랍 문학의 전유는 일정한 문학 활동 없이 불가능했지만, 예술 영역은 단순히 감상과 조달만으로 충분한 것으로 여겨졌다. 그리하여 로마 문학은 인위적 방식으로 발전한 반면, 예술의 고유한 발전을 위한 시도는 한 번도 이루어지지 않았다.

연표(기원전)

- 508/7년 : 타르퀴니우스 집안의 몰락. 공화정의 시작.

- 508년 : 카르타고와 첫 계약.

- 508/7년 : 에트루리아의 왕 포르센나의 로마 정복

- 507년 : 카피톨리움언덕에 유피테르 신전 봉헌

- 506년 : 라티움지방을 공격하던 에트루리아인들을 아리키아에서 격퇴.

- 500년 : 사르디니아와 시킬리아 서부 지역을 카르타고가 차지. 시킬리아
  에서 참주정 유행. 클라우디우스집안의 이주.

- 496년 : 레길루스호수에서 라티움 사람들을 맞아 승리.

- 495년 : 볼스키와 전쟁. 볼스키지역에 식민지 건설.

- 494년 : 상민들이 로마를 떠나 성산(聖山)으로 이탈. 호민관 제도 도입.

- 493년 : 라티움 지역 도시들과 연맹 협약.

- 486년 : 헤르니키인들의 연맹 가입.

- 485/84년 : 볼스키 및 아이퀴에 승전.

- 483~474년 : 베이이와 전쟁.

- 480년 : 카르타고가 시킬리아 히메라에서 희랍인들에게 패함.
- 477년 : 크레메라의 명문 파비우스집안의 몰락.
- 474년 : 퀴메 해전, 쉬라쿠사이의 히에론 1세가 카르타고 – 에트루리아 연합함대를 무찌름.
- 473년 : 메사피아와 이아퓌기아가 타렌툼과 레기움에게 승리.
- 471년 : 푸블릴리우스 법, 호민관을 상민회를 통해 선출.
- 458년 : 독재관 루키우스 큉크티우스 킹킨나투스가 아이퀴인들을 물리침.
- 451년 : 12표법 제정, 450년 보강.
- 449년 : 발레리우스 호라티우스 법, 호민관을 승인.
- 447년 : 재무관 도입.
- 445년 : 카눌레이우스 상민회 의결, 시민과 상민의 통혼 허용.
- 443년 : 호구감찰관 도입.
- 438~426년 : 베이이 및 피데나이와 전쟁.
- 426년 : 피데나이 정복.

- 421년 : 삼니움이 카푸아와 퀴메를 정복함.

- 406~396년 : 베이이와 전쟁.

- 400년경 : 켈트족이 알프스를 넘어옴.

- 396년 : 켈트족이 파두스 강을 건넘.

- 395/4년 : 팔리스키와 전쟁.

- 394~92년 : 아이퀴와 전쟁.

- 391년 : 볼스키 정복. 클루시움에 출현한 켈트족과 첫 번째 조우.

- 388년 : 카밀루스 추방.

- 387년 : 에트루리아에 4개의 분구 설치. 켈트족 세노네스인들과의 알리
  아 전투에서 참패, 카피톨리움언덕을 제외한 로마 전체가 정복당함. 켈
  트족은 상당한 전리품을 얻고 철수.

- 387~385년 : 쉬라쿠사이의 디오뉘시오스 1세 아드리아해역에 진출.

- 384년 : 마르쿠스 만리우스 카피톨리누스 유죄판결 받고 사형됨.

- 382년 : 프라이네스테와 전쟁.

- 380년 : 로마 재건.

- 367년 : 리키니우스-섹스티우스 법, 귀족과 평민의 평등.

- 363년 : 켈트족 남부 이탈리아까지 진출. 360년 라티움지방에 출몰.

- 362~358년 : 헤르니키인들과의 전쟁.
- 358년 : 로마와 라티움과 헤르니키인들 간에 연맹 결성.
- 354년 : 삼니움과 동맹.
- 353년 : 카이레의 굴복. 100년 동안의 평화.
- 348년 : 카르타고와 제2차 협약.
- 354년 : 아우룽키 정복.
- 343년 : 카푸아와 공동방위조약.
- 343~41년 : 제1차 삼니움 전쟁.
- 340년 : 로마 패권에 반대하는 라티움 도시들의 반란.
- 338년 : 라티움 복속. 카푸아와 동맹조약.
- 334년 : 켈트족과 평화조약.
- 329년 : 볼스키 복속. 프리베르눔 정복.
- 327/26년 : 네아폴리스와 동맹. 루카니아와 동맹.
- 326년 : 포이텔루스 법, 채권소송절차 완화.
- 326~304년 : 제2차 삼니움 전쟁.
- 321년 : 카우디움협곡에서 로마군 무조건 항복.
- 315년 : 루케리아 식민지 건설.

- 312년 : 호구감찰관 아피우스 클라우디우스 카이쿠스의 개혁. 투표권 확대. 아피우스대로 건설.
- 311년 : 삼니움과 에트루리아의 동맹. 전함 건조.
- 310년 : 바디모니스호수에서 에트루리아를 물리침.
- 309년 : 루키우스 파피리우스 쿠르소르가 삼니움을 물리침.
- 307년 : 집정관과 법무관 임기 연장.
- 306년 : 카르타고와 제3차 협정. 로도스와 무역협정.
- 304년 : 삼니움과의 평화. 중부와 남부 이탈리아에서의 영향력 강화.
- 303년 : 타렌툼과 협정.
- 300년 : 오굴리누스 법, 상민에게 사제직 개방.
- 298~290년 : 제3차 삼니움 전쟁.
- 298년 : 삼니움, 루카니아, 사비눔, 움브리아, 에트루리아, 켈트족 연합과 전쟁.
- 295년 : 에트루리아와 켈트족과의 센티눔 전투에서 승리.
- 294년 : 에트루리아와 강화조약.
- 291년 : 아풀리아가 패권에 들어옴. 라티움 식민지 베누시아 건설.
- 290년 : 삼니움과 강화조약. 사비눔 정복.

- 287년 : 호르텐시우스 법 통과로 신분 투쟁 종식. 상민회 의결이 법적 효력을 가짐.
- 285~282년 : 켈트족과 전쟁.
- 283년 : 세노네스 지역 점령. 세나 갈리카 식민지 건설.
- 282년 : 바디모니스호수에서 보이이인들과 에트루리아인들을 물리침.
- 282~272년 : 타렌툼과 전쟁.
- 281년 : 에피로스의 퓌로스왕과 타렌툼의 동맹. 헤라클레아에서 로마 참패.
- 279년 : 아우스쿨룸에서 퓌로스에 패함. 퓌로스에 대항하기 위해 카르타고와 동맹.
- 278~276년 : 퓌로스의 시킬리아 지배.
- 275년 : 베네벤툼 전투. 퓌로스가 이탈리아를 떠남.
- 273년 : 이집트의 프톨레마이오스 2세와 선린조약을 맺고 무역 시작.
- 272년 : 타렌툼과 강화조약.
- 268년 : 피케눔 정복. 베네벤툼과 아리미눔에 라티움 식민지를 건설.
- 264~241년 : 시킬리아를 놓고 카르타고와 전쟁(제1차 카르타고 전쟁).
- 263년 : 메사나의 쉬라쿠사이인들과 카르타고인들이 히에론2세와 로마

동맹을 공격하다.

- 262년: 로마가 함선을 건조하여 아크라가스의 카르타고인들을 타격하다.
- 260년: 뮐라이 해전에서 로마가 카르타고를 이기다.
- 259년: 루키우스 코르넬리우스 스키피오가 코르시카섬을 정복하다.
- 256년: 에크노모스곶에서 카르타고인들을 물리치다.
  마르쿠스 아틸리우스 레굴루스 지휘 하에 아프리카로 건너가다.
- 255년: 투네스에서 로마인이 타격을 입다.
  귀향하던 함대가 폭풍으로 많은 희생을 보고 전함을 새로 건조하다.
- 254년: 로마가 파노르모스를 정복하다.
- 253년: 아프리카해안으로 원정을 떠나다.
  귀향길에 또다시 폭풍을 만나다.
- 252년: 테르마이와 리파라섬을 점령하다.
- 250년: 파노르모스에서 로마군이 승리하다.
- 249년: 드레파눔 앞바다에서 카르타고군이 승리하다.
- 246~240년: 하밀카르 바르카스가 시킬리아의 최고 명령권을 쥐다.
- 244~242년: 에뤽스산 전투.
- 241년: 헌납에 의한 로마 함대의 건조.

가이우스 루타티우스 카툴루스가 에게해섬 해전에서 승리하다.

카르타고가 시킬리아를 포기하다.

- 241~238년: 카르타고에서의 군 반란.
- 241년: 백인대 민회의 개혁.
- 237년: 카르타고가 사르디니아를 먼저 로마에 양도하다.

코르시카를 다시 점령하다.

하밀카르가 히스파니아로 가다.

- 236년: 리구리아인에게로 출정하다.
- 232년: 북부 이탈리아에서 켈트족이 침입하다. 로마 시민에게 켈트 지역 이 분배되다.
- 229~228년: 제1차 일뤼리아 전쟁.

일뤼리아 강도떼와의 전투.

- 228년: 로마는 코린토스와 아테네에 사절을 보내다.
- 227년: 시킬리아와 사르디니아, 코르시카에서의 행정개혁.
- 226년: 로마가 하스드루발과 에브로-동맹을 맺다.
- 225년: 켈트족의 에트루리아 침입, 클루시움에서 로마군이 패배하고 텔 라몬에서 승리하다.

- 224년: 보이이족의 투항.
- 222년: 클라스티디움에서 인수브레스족을 무찌르다. 메디올라눔 점령.
- 219년: 제2차 일뤼리아 전쟁. 로마가 일뤼리아해안의 주도권을 잡음.

  한니발이 사군툼을 점령하다.

  로마가 카르타고에 선전포고하다.
- 218~201년: 한니발 전쟁(2차 카르타고 전쟁)
- 218년: 한니발이 이탈리아로 출정, 알프스산을 넘다.

  한니발이 티키누스에서 푸블리우스 코르넬리우스 스키피오를, 트레비
  아강에서 티베리우스 셈프로니우스 롱구스를 공격하다.
- 217년: 트라시메누스호수에서 가이우스 플라미니누스의 패배.

  한니발 남부 이탈리아로 진군.

  로마군이 사군툼 점령.
- 216년: 칸나이에서 참패
- 215년: 한니발이 마케도니아의 필립포스 5세와 쉬라쿠사이의 히에론과
  동맹을 맺다.
- 215~205년: 제1차 마케도니아 전쟁.
- 212년: 마르켈루스가 쉬라쿠사이를 정복하다.

한니발이 타렌툼을 함락하다.

로마군이 아이톨리아인과 필립포스를 대항해 손을 잡다.

- 211년: 로마군이 카푸아를 점령하다.

"성문 앞 한니발Hannibal ad portas"이란 말 유행.

스키피오 부자가 에브로에서 패배하고 전사하다.

- 210년: 로마군이 아크라가스를 점령. 카르타고군 시킬리아를 포기하다.

푸블리우스 코르넬리우스 스키피오가 히스파니아에서 대리집정관으로

사령관이 되다.

- 209~206년: 카르타고군이 히스파니아에서 퇴각하다.

- 209년: 스키피오의 신카르타고 점령.

- 208년: 바이쿨라 전투, 하스드루발 이탈리아로 진군하다.

- 207년: 하스드루발 메타우루스 전투에서 패배하다.

- 206년: 스키피오 일리파에서 승리, 히스파니아에서 카르타고의 주도권

이 끝나다.

아이톨리아인이 마케도니아의 필립포스와 단독강화.

- 205년: 카르타고가 필립포스와 동맹을 갱신하다.

카르타고의 마고가 게누아에 상륙하고 리구리아인을 선동하다.

- 204년: 스키피오의 아프리카 원정.
- 202년: 자마 전투에서 스키피오가 한니발을 이기다.
- 201년: 강화협정 — 카르타고가 히스파니아를 포기하고 마시니사 아래 있는 누미디아인들이 독립하고 카르타고의 해상권이 무너지다.
- 200~197년: 제2차 마케도니아 전쟁.
- 200년: 보이이족과 인수브레스족의 봉기.
- 197년: 티투스 큉크티우스 플라미니누스가 필립포스 5세를 테살리아의 퀴노스케팔라이에서 이기다.
  히스파니아의 두 속주가 반란을 일으키다.
- 196년: 인수브레스 정복.
  티투스 큉크티우스 플라미니누스가 희랍 도시들의 독립을 선포하다.
  안티오코스 3세가 유럽을 건너다.
- 195년: 마르쿠스 포르키우스 카토가 히스파니아로 파견되다.
  한니발이 안티오코스 3세에게 피신하다.
- 194년: 로마인들이 희랍도시들을 점유하다.
- 192~188년: 안티오코스 3세와 아이톨리아인이 로마를 대항해 싸우다.
- 191년: 안티오코스가 테르모필라이 전투에서 패하다.

보이이족의 복속.

- 191~189년: 남부 히스파니아의 반란을 제압하다.
- 190년: 시퓔로스산의 마그네시아에서 안티오코스가 패전하다.
- 189년: 소아시아 갈라티아인들을 공격하다.

  아이톨리아인들을 암브라키아의 정복으로 물리치다.
- 188년: 아파메이아의 휴전.
- 187년: 아이밀리우스대로를 건설하다.
- 186년: 바쿠스 축제를 금하는 원로원결의.
- 185년: 아풀리아에서 노예반란이 일어나다.
- 184년: 호구감찰관 마르쿠스 포르키우스 카토.
- 183년: 한니발과 스키피오의 사망.
- 181년: 식민지 아퀼레이아를 건설하다.
- 180년: 공직연령제한법(lex Villia Annalis).

  티베리우스 셈프로니우스 그락쿠스가 히스파니아에 부임하다.
- 171~168년: 제3차 마케도니아 전쟁.
- 168년: 루키우스 아이밀리우스 파울루스가 퓌드나에서 페르세우스를 물
  리치다.

마케도니아를 네 개 지구로 분할하다.

로마에서 재산세가 소멸되다.

안티오코스 4세에게 이집트를 포기하도록 강요하다.

- 167년: 페르세우스가 소유한 희랍 예술품과 도서가 로마로 옮겨지다.

- 160년: 폼프티눔 소택지의 매립이 시작되다.

- 157~155년: 달마티아의 복속.

- 155년: 프톨레마이오스 8세의 퀴레네를 로마가 점령하다.

- 154~133년: 히스파니아의 켈티베리아인들과 루시타니아인들이 반란을 일으키다.

- 150년: 카토는 카르타고의 파괴를 주장하다.

- 149~146년: 제3차 카르타고 전쟁.

찾아보기

옮긴이

김남우

연세대학교 철학과를 졸업했고, 서울대학교 서양고전학 협동 과정에서 희랍 서정시를 공부했고, 독일 마인츠에서 로마 서정시를 공부했다. 서울대학교에서 호라티우스 서정시 연구로 박사학위를 취득했다. 정암학당에서 연구 책임자로 키케로 연구 번역을 맡고 있으며, 희랍문학과 로마문학, 희랍어와 라티움어를 가르치고 있다. 베르길리우스의 《아이네이스 I》, 프리드리히 니체의 《비극의 탄생》, 키케로의 《투스쿨룸 대화》와 《설득의 정치》, 에라스무스의 《격언집》, 스넬의 《정신의 발견》 등을 번역했다.

성중모

서울대학교 대학원 법학과에서 고전기 로마법의 소유물반환청구소송에 관한 연구로 석사학위를, 독일 본 대학교 법과대학에서 민법상 첨부에 의한 손해보상청구권의 학설사적 연구로 박사학위를 취득했다. 현재 서울시립대학교 법학전문대학원에서 민법을 교수하며 민법, 로마법, 서양법사를 연구하고 강의한다. 《개설 서양법제사》와 키케로의 연설모음 《설득의 정치》를 공역했고, 《유스티니아누스 법학제요》와 아리스토텔레스의 《아테나이 국제》를 번역하고 있다.

몸젠의 로마사 제4권 — 희랍 도시국가들의 복속

- ⊙ 2019년 2월 28일 초판 1쇄 발행
- ⊙ 2020년 9월 15일 초판 2쇄 발행
- ⊙ 글쓴이   테오도르 몸젠
- ⊙ 옮긴이   김남우·성중모
- ⊙ 펴낸이   박혜숙
- ⊙ 책임편집   정호영
- ⊙ 디자인   이보용
- ⊙ 펴낸곳   도서출판 푸른역사

　우) 03044 서울시 종로구 자하문로8길 13

　전화: 02) 720-8921(편집부) 02) 720-8920(영업부)

　팩스: 02) 720-9887

　전자우편: 2013history@naver.com

　등록: 1997년 2월 14일 제13-483호

ISBN　979-11-5612-130-5　94900
　　　978-89-94079-82-0　94900 (세트)

·잘못 만들어진 책은 교환해드립니다.